«Si no fuera el rec[...]
Reed trazó en est[e...] Reed, Alma M., author
—Yucatán fundam[...] Peregrina
romance con el líde[r...]
inspirada en ella, a[...]
que hizo inseparable de la República mexicana el nombre de
esa periodista, que un día llegó de los Estados Unidos y es el
hallazgo que Michael K. Schuessler pone en manos del lector.»

Miguel Capistrán

«Esta memoria entintada hace que la piel de una leyenda oral se
vista, por fin, de historia: de un sueño socialista violentamente
detenido; de una pasión amorosa interrumpida; de un periodo
fascinante y terrible en el México posrevolucionario.»

Adriana Malvido

«Con este libro se devela un epitafio: el alma de Peregrina
se detuvo, en una última visita, en la laja de corazón hecha
santuario amoroso por el guardián de los indios.»

Sara Poot Herrera

«Después de más de cincuenta años, me complace entregar a
los lectores este relato excepcional de la vida de una norteamericana que se entregó de manera total a México.»

Michael K. Schuessler

Contemporánea

Alma Marie Sullivan Reed, mejor conocida como Alma Reed, nació en San Francisco, California, Estados Unidos. Realizó sus estudios en la Universidad de California, donde se especializó en religión antigua, arqueología e historia. Una de sus principales labores fue la de periodista como corresponsal en México para *The New York Times Magazine*. En 1923 su trabajo la llevó a Yucatán, acompañando a una expedición de arqueólogos y antropólogos norteamericanos que habían sido comisionados por el Instituto Carnegie, con la misión de proponer el rescate de los sitios arqueológicos mayas de la región. Durante su estancia, conoció al gobernador de Yucatán y caudillo revolucionario, Felipe Carrillo Puerto, con quien desarrolló una relación romántica, misma que es relatada en las páginas de *Peregrina*. Este manuscrito no sería descubierto sino hasta después de la muerte de Alma. La historia de su viaje, por otra parte, la publicaría a su regreso a Nueva York en un reportaje aclamado como "La mayor empresa arqueológica de América". La obra de Alma está inspirada en la cultura prehispánica de México, misma que logró difundir en Estados Unidos. Pronto se consolidó como máxima promotora de José Clemente Orozco. Su labor en favor de la cultura y la historia de México, así como de otros países entre los que destacan Grecia y Líbano, le llevó a gozar de gran reconocimiento a nivel mundial. Después de su muerte, en 1966, respetando sus deseos, sus cenizas fueron llevadas a la ciudad de Mérida, Yucatán, y fueron depositadas en el Cementerio General, frente a la tumba de Felipe Carrillo Puerto.

Michael K. Schuessler es doctor en Lenguas y Literaturas Hispánicas, egresado de la Universidad de California, Los Ángeles; miembro del Sistema Nacional de Investigadores y profesor titular del Departamento de Humanidades en la Universidad Autónoma Metropolitana, Cuajimalpa, en la Ciudad de México. Experto en la cultura mexicana, ha publicado varios libros, entre ellos: *Artes de fundación: teatro evangelizador y pintura mural en la Nueva España*, *México se escribe con J*, *Perdidos en la traducción* y *Elenísima*, cuya edición en inglés fue nominada al Premio Pulitzer.

Alma M. Reed
Peregrina

Edición y estudio preliminar:
Michael K. Schuessler

Prólogo:
Elena Poniatowska

Traducción:
Ileana Villarreal Jirash

DEBOLS!LLO

Peregrina

Primera edición: octubre, 2020

D. R. © 1966, Alma M. Reed
con autorización de la San Francisco Society
for the Prevention of Cruelty to Animals (SF SPCA)

D. R. © 2020, derechos de edición mundiales en lengua castellana:
Penguin Random House Grupo Editorial, S. A. de C. V.
Blvd. Miguel de Cervantes Saavedra núm. 301, 1er piso,
colonia Granada, alcaldía Miguel Hidalgo, C. P. 11520,
Ciudad de México

www.megustaleer.mx

D. R. © Michael K. Schuessler, por edición y estudio preliminar
D. R. © Elena Poniatowska, por el prólogo

Penguin Random House Grupo Editorial apoya la protección del *copyright*.
El *copyright* estimula la creatividad, defiende la diversidad en el ámbito de las ideas y el conocimiento,
promueve la libre expresión y favorece una cultura viva. Gracias por comprar una edición autorizada
de este libro y por respetar las leyes del Derecho de Autor y *copyright*. Al hacerlo está respaldando a los autores
y permitiendo que PRHGE continúe publicando libros para todos los lectores.

Queda prohibido bajo las sanciones establecidas por las leyes escanear, reproducir total o parcialmente esta obra
por cualquier medio o procedimiento así como la distribución de ejemplares
mediante alquiler o préstamo público sin previa autorización.
Si necesitas fotocopiar o escanear algún fragmento de esta obra diríjase a CemPro
(Centro Mexicano de Protección y Fomento de los Derechos de Autor, https://cempro.com.mx).

ISBN: 978-607-319-185-2

Impreso en México – *Printed in Mexico*

El papel utilizado para la impresión de este libro ha sido fabricado a partir de madera
procedente de bosques y plantaciones gestionadas con los más altos estándares ambientales,
garantizando una explotación de los recursos sostenible con el medio ambiente y beneficiosa para las personas.

Penguin
Random House
Grupo Editorial

Este libro está dedicado a Alma Reed, la Peregrina, y a todas las extraordinarias mujeres de Estados Unidos cuyas contribuciones a la vida y a la cultura posrevolucionaria de México han permanecido en el olvido, sin haber sido debidamente valoradas, durante más de setenta y cinco años. Espero que esta publicación constituya un paso, por modesto que sea, en el camino hacia la revaluación crítica de sus esfuerzos y de su compromiso con México.

MICHAEL K. SCHUESSLER

Prólogo

En los cincuenta y sesenta, en el elevador del periódico *Novedades*, subía a la redacción de *The News* —diario estadounidense adherido a *Novedades*— una mujer que solía canturrear del primer al tercer piso, cerraba los ojos y apenas si los abría cuando teníamos que bajar las dos. Usaba vestidos anticuados, con encajes y olanes, y cuando vestía de negro, se veía muy guapa, porque tenía una cara blanca, pálida, y el negro la hacía todavía más distinguida. Algunas mañanas subí entre ella y Rosario Sansores que rivalizaban en un duelo de sombreros cubiertos de velos, flores y pájaros disecados. Siento no haberle dirigido la palabra, porque sobre sus labios flotaba una sonrisa, pero como siempre estaba cantando, no me atreví a interrumpirla. Ahora que sé cuán importante es Alma Reed, me asombra que *Novedades* no le prestara mayor atención. Nunca oí que se comentaran sus artículos, ni que se dijera que fuera buena periodista. Nunca Fernando Benítez, director del suplemento *México en la Cultura*, encargó un reportaje sobre ella. Le daban un poco el mismo trato despreciativo que a Rosario Sansores, a quien tachaban de cursi. Rosario había venido de Cuba a instaurar, en México, la crónica de Sociales. Nadie mencionaba su poema "Sombra", que se convirtió en una gran canción de la trova yucateca. Rosario Castellanos alguna vez escribió que se sentía muy agradecida con su hijo Gabriel porque era el único que no la confundía con Rosario Sansores. Como Sansores, Alma

Reed no formaba parte del *establishment* intelectual mexicano; las únicas mujeres que tenían acceso eran Frida Kahlo, Elena Garro y, desde luego, Sor Juana Inés de la Cruz.

Si alguna vez supe que Alma Reed había hecho la primera biografía e impulsado a José Clemente Orozco, lo olvidé. Si alguna vez alguien me mencionó que Alma había escrito libros tan importantes en su época, como *The Ancient Past of Mexico* (*El remoto pasado de México*) —publicado por Diana en 1973— o *The Mexican Muralists*, no lo recuerdo. Ahora con la recuperación de su autobiografía y el estudio preliminar de Michael K. Schuessler, me entero que subí y bajé en el ascensor varias veces durante años con un personaje fabuloso.

En la escuela Windsor nos hacían cantar dos canciones: "Caminante del Mayab", de Guty Cárdenas, y "La Peregrina" de Luis Rosado Vega con música de Ricardo Palmerín, y a lo largo de los años escuché el verso "Peregrina de ojos claros y divinos" que no pude asociar con Alma Reed. Ella era la extranjera y yo le atribuía la canción a todas las viajeras que venían a México. Pero ahora veo que la única que lo merecía verdaderamente era Alma Reed, enamorada del gobernador de Yucatán, Felipe Carrillo Puerto, "El dragón rojo" del sureste mexicano.

Columnista bajo el seudónimo de "Mrs. Goodfellow", Reed defendió a los marginados de la ciudad de San Francisco durante las primeras dos décadas del siglo XX por medio de su columna semanal en el periódico de izquierda *The San Francisco Call*. Protectora de braceros, promotora de la obra de Orozco, de Edward Weston y de Ansel Adams, Alma Reed va mucho más allá de la gringuita de quien se enamora un revolucionario del Mayab.

Contratada en 1921 por *The New York Times*, defendió y divulgó el patrimonio arqueológico de México a través de una serie de artículos en *The New York Times Magazine*. Describía las excavaciones de Sylvanus G. Morley en Yucatán y cuando Edward H. Thompson le confió que él había enviado clandestinamente los tesoros arqueológicos del Cenote Sagrado de Chichén Itzá al Museo Peabody vía valija diplomática, Alma no dudó un segundo en revelarlo. Gracias a ella y sus campañas periodísticas y políticas, México recuperó al menos la mitad de su tesoro. También gracias a ella y a sus contactos con el nuevo gobierno revolucionario de México Alma pudo conseguir los datos necesarios para que el dueño del poderoso *Times*, Adolph Ochs Sulzberger, escribiera un editorial a favor del presidente Álvaro Obregón, que precedió al reconocimiento oficial del gobierno de Estados Unidos.

A Alma Reed, Orozco le debe no sólo su primera biografía, sino la venta de sus dibujos *México en Revolución* en Estados Unidos y, más tarde, las comisiones para pintar sus murales en The New School for Social Research, Claremont College, y Dartmouth College. A través de su amistad con Eva Palmer, esposa del poeta griego Ángelos Sikelianos, y la Sociedad Délfica que ellas fundaron en Nueva York, en 1928, Alma pudo darle una difusión que Orozco jamás habría tenido y donde conocería a personajes como Kahlil Gibran y Thomas Hart Benton. Más tarde, Alma Reed fundó los Delphic Studios, en la calle 57, que era —y sigue siendo— la galería de arte, con el único propósito de dar a conocer la obra de Orozco, y luego la de otros artistas como Emilio Amero, Miguel Covarrubias, Roberto Montenegro y Adolfo Best Maugard.

Alma Reed formó parte de un grupo de intrépidas norteamericanas que llegaron a México en pos de la revolución y aquí se dedicaron a estudiar y difundir la cultura mexicana. Entre ellas figuran Frances Toor, Alice-Leone Moats, Anita Brenner, que nació en Aguascalientes, vivió en Estados Unidos y le mostró a Edward Weston su espléndido trasero; también Emily Edwards, la que contrató a Álvarez Bravo para tomar fotos de los murales mexicanos, Tina Modotti, Grace y Marion Greenwood, que pintaron murales en el mercado Abelardo Rodríguez al lado de Fermín Revueltas y Pablo O'Higgins. Más tarde llegarían la fotógrafa Mariana Yampolsky; Margaret Shedd, impulsora del Centro Mexicano de Escritores; la traductora de Juan Rulfo, Irene Nicholson; Ione Robinson, quien sustituyó a Modotti en los amores de Edward Weston;

y Katherine Anne Porter a quien Alma Reed jamás se acercó porque habló mal de ella.

Michael K. Schuessler ya es autor de *La undécima musa: Guadalupe Amor* (1995) y *Elenísima: ingenio y figura de Elena Poniatowska* (2003). Era natural que Michael se inclinara sobre Alma Reed, sobre todo después de descubrir su autobiografía y las cartas de Felipe en un departamento semiabandonado sobre la avenida Melchor Ocampo. Recuerdo que cuando Michael me informó que había encontrado la autobiografía de la Peregrina, pensé que a lo mejor se trataba de un documento apócrifo, ya que Alma Reed llevaba cuarenta años de muerta y nadie parecía recordarla. Sin embargo, un día vino a mi casa después del gimnasio con los primeros capítulos metidos en su mochila. Resultaron una lectura fascinante porque retrataba a la Revolución mexicana en Yucatán (cosa muy poco frecuente) y describía las impresiones de una joven periodista estadounidense que pronto habría de enamorarse de un personaje fascinante de la historia de México, Felipe Carrillo Puerto. Desde la marquesa Calderón de la Barca, los libros de viajeras se han entronizado en México, pero ninguno ha resultado tan aleccionador como el de Alma Reed, quien narra sus aventuras en Yucatán, su asombro ante las utopías socialistas de Felipe, su alma gemela, a quien se refiere como un "dios griego"; él la bautizó como Pixan Halal, que en maya yucateco significa "alma y caña", (Alma Reed).

Su amiga Ethel Turner, viuda de John Kenneth Turner, autor de *México Bárbaro*, le ayudó a corregir su libro y en los últimos dos capítulos le aconsejó incluir detalles como la reacción de los yucatecos ante el asesinato de Carrillo Puerto y la guardia que se monta cada año ante su tumba. Alma Reed no pudo hacerlo porque enfermó. Creyendo que padecía "la turista", se internó en el Hospital Inglés y allí los médicos descubrieron que estaba invadida de cáncer y murió pocos días después, sin saber la gravedad de su estado, el 20 de noviembre de 1966, aniversario de la Revolución mexicana. Falleció sin poder escribir las últimas líneas de su libro que también, como nos expone Michael K. Schuessler, serviría de guion cinematográfico en Estados Unidos sobre el significado de Yucatán en su vida amorosa e ideológica.

En su estudio preliminar, Michael K. Schuessler, extraordinario investigador, descubrió muchos detalles de la intimidad de Alma Reed e hizo exhaustivas investigaciones de archivo —muchas veces con su amigo y maestro Miguel Capistrán— para poder documentar de forma más completa la vida de esta extraordinaria mujer. También entrevistó a la pintora sueca Rosalie Johansson, al veterano periodista Joe Nash, quien llegó de Estados Unidos en su bicicleta hace más de medio siglo y quien después se volvería íntimo amigo de Reed. No obstante, fue gracias al señor Richard Posner, quizá el mejor amigo y confidente de Alma durante los últimos años de su vida, que Michael logró rescatar este valioso texto pues Posner lo había escondido en el fondo de un clóset, detrás de sábanas y almohadas enmohecidas, desde la muerte de la Peregrina.

Michael K. Schuessler es un apasionado de México y, en este sentido, ha seguido los pasos de Egon Erwin Kisch, Carleton Beals, Malcolm Lowry, los hermanos Tibón —Gutierre y Carletto— y muchos otros que vinieron a nuestro país por una temporada y se quedaron muchos más años de lo esperado. Los mexicanos les debemos una visión amorosa y crítica que mucho los honra porque, como decía José Martí, honrar honra.

ELENA PONIATOWSKA

ALMA M. REED "LA PEREGRINA":
ESTUDIO PRELIMINAR

La vida tiene tantos capítulos...
ALMA MARIE SULLIVAN REED
(1889-1966)

La primera vez que oí hablar de Alma Reed fue en 1992, en la recepción del Gran Hotel de Mérida, capital del estado de Yucatán. Llegué después de un viaje de veintiséis horas en camión desde la Ciudad de México, el cual incluyó paradas frecuentes en pueblos y ciudades a lo largo del camino. Aún antes de llegar, me sentí cautivado por el ambiente del lugar —que en su tiempo debió haber sido impresionante—, y muy pronto me enteré de que el propio hotel había sido un punto referencial en la historia política y cultural de la ciudad. Cuando me entregó la llave de mi cuarto, don Eusebio, el recepcionista, me dijo que Fidel Castro había ocupado esa misma suite muchos años antes, cuando él y sus revolucionarios andaban recorriendo las costas del Golfo de México en busca de un barco que los llevara de regreso a Cuba para derrocar al dictador Batista. Dado mi interés en el asunto, comenzó a enumerar los nombres de las muchas personalidades extranjeras que alguna vez se habían hospedado ahí: Charles Lindbergh, Sergei Eisenstein, Douglas Fairbanks, etcétera, hasta que en un momento dado mencionó a una mujer a la que se le conoce popularmente como la Peregrina. Al ver mi falta de entusiasmo ante ese nombre, don Eusebio me aclaró que la Peregrina era Alma Reed, una "gringa" de San Francisco, California, y sorprendido por el hecho de que yo no hubiera oído hablar de una figura tan conocida y celebrada en Yucatán —especialmente porque yo era su paisano—, comenzó a narrarme la historia del romance trágico entre la Peregrina y el héroe revolucionario y gobernador mártir de dicho estado, Felipe Carrillo Puerto (1874-1924). Durante el tiempo que estuvo en Mérida como enviada de *The New York Times Magazine*, a principios de la década de los veinte, Alma Reed conoció, se enamoró y se

Retrato de Felipe Carrillo Puerto con su sombrero Stetson. Tiene la siguiente anotación en tinta roja: "Alma, mi más linda mujercita, te envío esto, me dicen que se me parece. Si estás de acuerdo, consérvalo como mi retrato".

comprometió en matrimonio con ese personaje que fue gobernante carismático y socialista de Yucatán, y que fue conocido entre sus detractores como "El dragón rojo con ojos de jade".

Después de que Alma y Felipe se comprometieron formalmente, ella regresó a San Francisco para preparar su ajuar de novia y todo lo relacionado con la boda. Ella había estado casada con Samuel Payne Reed, pero esto no impidió que se enamorara con fuerza de nueva cuenta, no obstante el reto que implicaba su nuevo compromiso, pues Carillo Puerto era un hombre casado. Una semana antes de que la boda tuviera lugar, en enero de 1924, Alma recibió un telegrama con una noticia devastadora: su prometido, tres hermanos de éste y nueve de sus correligionarios habían sido pasados por las armas por un pelotón de fusilamiento.

Al ocupar la gubernatura de su estado natal en 1923, Carrillo Puerto, que había luchado al lado de Emiliano Zapata haciendo suyo el lema de "Tierra y Libertad", siguiendo al pie de la letra los postulados de la Revolución mexicana, hizo enormes esfuerzos para modernizar su estado, que tan apartado estaba de la capital y cuyos caciques pertenecían a la denominada "casta divina". Esa aristocracia terrateniente yucateca se resistió a aceptar la reforma agraria puesta en práctica por el gobierno federal que afectaba sus latifundios, así como otros avances sociales que echó a andar el gobierno estatal encabezado por Carrillo Puerto; entre otros, la creación de las ligas feministas, impulsadas por Elvia, la hermana de Felipe, por medio de las cuales se instituyó el programa de planeación familiar que vino a ser el primero en el hemisferio occidental, además de otorgar a la mujer yucateca el derecho al sufragio, con lo cual esa entidad federativa se adelantó muchos años al resto de la República mexicana.[1]

---

[1] Para mayor información sobre Elvia Carrillo Puerto y su organización feminista, ver la biografía de Monique J. Lemaitre, *Elvia Carrillo Puerto: La monja roja del Mayab*, México, Ediciones Castillo, 1998.

Alma en Mérida con miembros de la La Liga Feminista del Sureste y su directora, Elvia Carrillo Puerto, la hermana de Felipe (de pie a la derecha), y Raquel Dzib (de pie a la izquierda).

Carillo Puerto también fundó más de cuatrocientas escuelas locales para educar a los mayas que, hasta entonces, vivían en las condiciones de esclavitud impuestas por el sistema de servicio por endeudamiento de las haciendas henequeneras, propiedad de la clase dominante, situación que se refleja con toda claridad en el escudo de armas de la todopoderosa familia Montejo que adorna la fachada de su palacio del siglo XVI en Mérida, donde se ve el pie de un español aplastando la cabeza de un indígena maya. En un acto de reivindicación social que provocaba al *statu quo*, el gobernador socialista decidió reinstaurar el sistema de ejidos, característico del México prehispánico, con el argumento de que la tierra de Yucatán le pertenecía a sus habitantes por derecho legal de nacimiento. También reformó el sistema carcelario y construyó caminos desde Mérida hacia varios pueblos con el propósito de que los campesinos pudieran transportar sus mercancías al mercado con mayor facilidad.

A pesar de su enorme estatura y del color verde de sus ojos, se decía que Carrillo Puerto era descendiente de Nachi Cocom, el último cacique indígena de la federación de Mayapán que luchó en contra de la invasión española[2] a mediados del siglo XVI. En todo caso, luego de haber pasado la mayor parte de su niñez en el campo, en donde entró en contacto directo con los campesinos fundamentalmente indígenas, Carrillo Puerto aprendió el maya yucateco a la perfección e, incluso durante su juventud, tradujo la Constitución mexicana para que la enorme mayoría que no hablaba español pudiera conocer sus derechos.

Como resultado directo de las reformas de inspiración socialista promulgadas durante su breve gubernatura, que duró nada más veinte meses, el 3 de enero de 1924, el primer gobernador de Yucatán elegido democráticamente fue ultimado junto con sus hermanos Edesio, Benjamín y Wilfrido y nueve de sus colaboradores políticos, entre ellos, Manuel Berzunza, el más importante de sus consejeros.

---

[2] Los mayas lo llamaban por su nombre indígena *hPil Zutulché* o simplemente *yaax ich*, que significa "ojos verdes".

Busto funerario de Carrillo Puerto en el Cementerio General de Mérida. Tiene inscrita la siguiente frase: "No abandones a mis indios". Este monumento fue erigido frente al muro donde Carrillo Puerto, tres de sus hermanos y nueve de sus asistentes fueron ejecutados por un pelotón de fusilamiento el 3 de enero de 1924.

Sus asesinos eran agentes de la insurrección encabezada por Adolfo de la Huerta y comandada por el coronel rebelde Juan Ricárdez Broca, originario de Sonora. Los delahuertistas respaldaron a la clase gobernante de Yucatán en sus esfuerzos por recuperar las haciendas de henequén y el derecho a la mano de obra en condiciones de esclavitud, lo que habían perdido luego de la Revolución mexicana. Ese grupo, que se vio obligado a ceder sus privilegios y que tenía el apoyo de la Iglesia católica, desafió abiertamente a la presidencia de Álvaro Obregón, un firme aliado de Carrillo Puerto, y trató, aunque sin éxito, de derrocarlo. A pesar de que De la Huerta condenó las ejecuciones el mismo día que ocurrieron, poco después promovió a Ricárdez Broca al grado de general y lo nombró gobernador provisional de Yucatán. Su gobierno temporal —e ilegítimo— fue de muy corta duración, debido en buena parte a la respuesta inmediata de la Ward Line, que al suspender su servicio de transporte desde y hacia la región, consiguió que se paralizara la industria del henequén, cuyas utilidades eran la columna vertebral de la economía del estado.

En un intento conmovedor por enfatizar el imposible amor eterno de la pareja, don Eusebio entonó las primeras líneas de la canción[3] que todavía mantiene a Reed en la memoria de México y del extranjero. La balada, compuesta a petición de Carrillo Puerto, es un poema del conocido autor Luis Rosado Vega con música de Ricardo Palmerín:

La Peregrina

Peregrina de ojos claros y divinos,
y mejillas encendidas de arrebol,
peregrina de los labios purpurinos
y radiante cabellera como el sol.

Peregrina que dejaste tus lugares,
los abetos y la nieve virginal,
y viniste a refugiarte en mis palmares,
bajo el cielo de mi tierra, de mi tierra tropical.

Las canoras avecitas de mis prados
por cantarte dan sus trinos si te ven,
y las flores de nectarios perfumados
te acarician en los labios, en los labios y la sien.

Cuando dejes mis palmares y mi sierra,
Peregrina del semblante encantador,
no te olvides, no te olvides de mi tierra,
no te olvides, no te olvides de mi amor.

---

[3] Aunque su género es originalmente una danza (que también se conoce como habanera), nombre con que se designa un baile tradicional cubano y el ritmo que lo acompaña, "La Peregrina" se interpreta, casi siempre, a modo de bolero, género de la música popular mexicana que se desarrolló durante las décadas de los treinta y cuarenta.

Manuscrito original de la balada "La Peregrina" de Luis Rosado Vega, reproducido en el número 1359 de la revista *Impacto* de la Ciudad de México.

Don Eusebio no conocía la historia de la canción, sólo sabía que estaba dedicada a la enamorada de Carrillo Puerto, la reportera estadounidense Alma Reed. Más tarde, durante mis investigaciones para esta edición de sus memorias, descubrí "La única y verdadera historia de la Peregrina" en una carta, con fecha de mayo de 1951, que el compositor le había escrito a Ramón Ríos Franco, director de *La Revista Ilustrada*. En ella, su autor narra que Reed, Carrillo Puerto y él iban en auto, de camino a una cena, en un cálido anochecer en Mérida, en que recién había llovido y, de acuerdo con el poeta:

...se sentía tan embalsamado el ambiente que Alma Reed, de manera espontánea e involuntaria, aspiró profundamente y dijo:
—¡Ay, cómo huele!...
Yo le contesté en seguida, con una galantería que cualquier hombre hubiera tenido para una mujer tan bella como era Alma:
—Sí, todo perfuma porque usted está pasando...
Felipe, al punto, me advirtió:
—Eso se lo vas a decir en unos versos.
Y desde luego mi respuesta fue aceptar el compromiso:
—Se lo diré en una canción.
Carrillo Puerto me replicó:
—Te tomo la palabra.

A lo largo de mi primera visita a Yucatán, el recuerdo de Reed se manifestó en numerosas ocasiones, sobre todo al escuchar muy frecuentemente la famosa canción a ella dedicada, pero también en el recuerdo colectivo de los meridanos. Tiempo después, me di cuenta de que la balada de "La Peregrina" no siempre evoca recuerdos agradables para todos, de hecho, en la entrevista que sostuve con una de las nietas de Felipe Carrillo Puerto, ella me confesó que cada vez que esa canción se escuchaba en la radio, su abuela materna cambiaba la estación, pues le hacía recordar a la "gringa oportunista" que le había robado el cariño de su marido.

Desde esa primera visita que hice a Yucatán, en 1992, me cautivó la mujer que, como después me enteré, antes de convertirse en una leyenda viva en México, había comenzado su carrera periodística en San Francisco, bajo el seudónimo de "Mrs. Goodfellow", como columnista para *The San Francisco Call*, una publicación de corte izquierdista. Bajo su rúbrica, documentaba las tragedias e injusticias que vivían los desposeídos de su ciudad natal, y esa labor le ganó el despectivo apelativo de *sob sister*.[4]

---

[4] *Sob sister* es el término con el que en aquel entonces se designaba a una periodista que escribía artículos sentimentales. (N. de la T.)

En el reverso de este curioso fotomontaje se lee: "Alma como Mrs. Goodfellow, distribuyendo regalos entre los mexicanos pobres en San Francisco, antes de su primera visita a México". La otra persona no se ha podido identificar, pero su imagen fue recortada y pegada en la parte inferior de la fotografía original que, al parecer, fue tomada en 1919 o en 1920.

La reputación de Reed como defensora de los derechos humanos y como periodista se estableció en 1921, gracias a la sonada defensa que hizo de Simón Ruiz, un trabajador mexicano indocumentado de dieciséis años que había sido sentenciado a muerte en la horca, después de que su abogado defensor —mismo que el Estado le había asignado— le aconsejara, en un inglés incomprensible, que se declarara culpable de todos los cargos, obviamente fabricados, que se le imputaban. El resultado de la campaña de Reed, que duró varios meses y produjo muchos artículos apasionados en *The Call*, fue nada menos que una reforma al código penal del estado de California para prohibir la ejecución de menores de dieciocho años. Esta ley, aprobada en 1921, fue conocida popularmente como *The Boy-hanging Bill*.[5]

Esa revisión legal lograda por los esfuerzos de Reed, demostró claramente cómo el periodismo podía generar avances efectivos en el gobierno y en la sociedad, y Alma fue una visionaria en ese sentido, al punto de que su absoluto apoyo al gobierno del general Álvaro Obregón, manifestado en varios textos periodísticos suyos, resultaría, pocos años después, en el reconocimiento oficial al gobierno obregonista por parte de Estados Unidos. El continuo apoyo de Reed a los desposeídos que, en el caso de Ruiz, resultó en un cambio de enormes proporciones en el sistema legal del estado de California, la convirtió en la precursora de un tipo de periodismo trascendente, alejado de las excentricidades de "chicas atrevidas" como Nellie Bly, cuyos actos circenses llamaban mucho la atención en ese tiempo. El surgimiento de esta clase de periodismo hay que agradecerlo, en parte, a Fremont Older, dueño del periódico donde Alma trabajaba, pues Older "abrió oportunidades extraordinarias a las mujeres en *The San Francisco Call* y les brindó su apoyo en muchas de las hazañas periodísticas que ellas llevaron a cabo; Older era un hombre que creía que los editores no estaban contratando suficientes mujeres".[6]

La cruzada que Alma emprendió para salvar a Simón Ruiz atrajo la atención del nuevo gobierno revolucionario de México y, en septiembre de 1922, Reed viajó por primera vez a la Ciudad de México como invitada semioficial del presidente Obregón y de su esposa. Desde su llegada, Alma recibió trato

---

[5] Literalmente: la propuesta de ley para evitar el ahorcamiento de niños. (N. de la T.)

[6] Para mayor información sobre las mujeres periodistas durante ese tiempo ver Ishbel Ross, *Ladies of the Press: The Story of Women in Journalism by an Insider*, New York, Harper & Brothers, 1936.

como si fuera miembro de la realeza; su suite del elegante Hotel Regis estaba adornada con arreglos florales y jaulas de pájaros cantores, y en la puerta del hotel había siempre un chofer esperándola para llevarla a sus varios compromisos oficiales, entre ellos, una excursión a las pirámides de Teotihuacan, recorridos a las escuelas que estaba construyendo el nuevo gobierno y comidas con el presidente y la primera dama en la residencia presidencial, que era el antiguo palacio habitado por el frustrado emperador Maximiliano y su esposa Carlota, situado en lo alto del cerro de Chapultepec.

Alma ataviada a la moda flapper de los años veinte. Alrededor de su cuello pende el antiguo cascabel maya de cobre montado sobre el triángulo rojo del Partido Socialista del Sureste, regalo de su adorado Felipe.

Por esas fechas, México apenas estaba saliendo de una revolución armada que había cobrado miles de vidas y que trataba de revindicar a una población fundamentalmente integrada por campesinos, a los que otorgó tierras, ya que ésa había sido su mayor demanda. Se vivía igualmente una revolución cultural impulsada por José Vasconcelos, creador de la Secretaría de Educación Pública, y que en el aspecto artístico, se decía que entregó a los pintores los muros de los edificios públicos para decorarlos, como el gobierno había repartido los latifundios a los campesinos para que ellos los trabajaran. De este apoyo oficial a los artistas plásticos surgiría el movimiento del muralismo mexicano, que trascendía las fronteras del país y del que fueron representantes José Clemente Orozco, Diego Rivera y David Alfaro Siqueiros.

Cuando Reed volvió a San Francisco, Adolph S. Ochs, dueño y editor de *The New York Times*, la mandó buscar a su periódico *The Call*, a donde ella había regresado a trabajar después de su primera visita a México. Al igual que muchos editores de su tiempo, Ochs había seguido la exitosa campaña de Alma para cambiar la ley de la pena de muerte en California y, como ya estaba de nuevo en Estados Unidos, quería que ella escribiera para su periódico. Cuando se reunieron, el magnate del periodismo le ofreció el puesto de corresponsal en California. Halagada, sin duda, pero aún bajo la seducción de su anterior experiencia mexicana, Alma le explicó que lo que en verdad quería era un trabajo que pudiera llevarla de regreso a ese país. Ochs se quedó sorprendido ante semejante petición, sobre todo porque el prestigio y reconocimiento de Alma estaban en pleno apogeo en Estados Unidos. No obstante, Ochs no sólo había viajado a California para encontrarse con Alma, sino que estaba buscando a alguien que pudiera cubrir una expedición arqueológica que pronto se realizaría en el estado de Yucatán.

Después de un breve periodo de negociaciones, Reed fue contratada para cubrir la expedición que el Instituto Carnegie llevaría a cabo en la península de Yucatán, en donde ella debía documentar las actividades y los descubrimientos de los arqueólogos estadounidenses, entre los que estaba Sylvanus Morley, el mayista de la Universidad de Harvard. El plan de Morley era excavar en las ruinas de Chichén Itzá, la ciudad clásica de la cultura maya que estaba ubicada en una exhacienda henequenera que, en ese momento, era propiedad del polémico explorador y arqueólogo estadounidense, Edward H. Thompson, quien vivía ahí con su familia desde 1885.

Como lo relata Alma, ella le resultó "simpática" a Thompson, que, a su vez, la admiraba por su profesionalismo y su capacidad de trabajo, y en muy corto tiempo la hizo su confidente y le reveló que, entre otras cosas, a lo largo de los años, él había recuperado innumerables piezas del fondo del Cenote Sagrado de Chichén Itzá y que, poco a poco, las había estado enviando al Museo Peabody de la Universidad de Harvard por vía de la valija consular. Esta información apareció como noticia exclusiva y con la autorización de Thompson en *The New York*

Edward H. Thompson, arqueólogo estadounidense y dueño de la hacienda Chichén Itzá, en una fotografía que probablemente le dio a Alma durante la reveladora entrevista que sostuvieron en 1923.

Times el 8 de abril de 1923, bajo el título: "El cenote de los sacrificios humanos de los mayas" y, de inmediato, se convirtió en un escándalo internacional, pues México exigió la repatriación del tesoro o bien, un enorme pago como indemnización; la propia Reed trabajó activamente a favor de esa petición. Casi diez años después, en 1930, el Museo Peabody regresó, aunque con evidente renuencia, una parte de este patrimonio nacional mexicano, y eso se debió, en gran medida, a la labor que Alma desempeñó tanto en el ámbito periodístico como en el oficial.

Fue también durante su primera visita a Mérida, en febrero de 1923, cuando Reed conoció al entonces gobernador de Yucatán, Felipe Carrillo Puerto, del que quedó prendada y lo mismo ocurrió por parte de Carrillo Puerto. El suyo fue un romance inmediato y apasionado que, a pesar de que duró menos de un año, dejó una marca definitiva no sólo en la vida y en la obra de la Peregrina, sino en la historia misma del estado de Yucatán y del México de los años veinte del siglo pasado.

Tal como aparece en sus memorias, Reed conoció por primera vez a Carrillo Puerto en una recepción oficial, ofrecida a los científicos y exploradores estadounidenses —los "yucatólogos", como muy pronto los bautizaron en el medio local— que integraban la expedición arqueológica cuyas actividades estaba cubriendo Alma. Luego de ser presentada con el gobernador —cuyas oficinas estaban ubicadas en un lugar denominado: la Casa del Pueblo, en virtud de que él había transformado el Palacio de Gobierno en un centro cultural y en un museo arqueológico para el disfrute de los habitantes de Mérida—, Alma se acercó al general brigadier William Barclay Parsons, que era miembro de la junta directiva del Instituto Carnegie y el integrante de mayor jerarquía en el grupo, para comentarle a éste la impresión que le había provocado el gobernador. Parsons, un ingeniero de vías férreas y creador del sistema del tren subterráneo de Nueva York, supo expresar la reacción de asombro que era evidente en todos sus compañeros expedicionarios al murmurar al oído de Alma lo que ella misma relata en su autobiografía:

En el reverso de la fotografía se lee: "Alma y Felipe (Alma partiendo de Yucatán), octubre, 1923". Ésta es la última fotografía que se conoce de la pareja comprometida. Destaca el hecho de que Felipe lleva en sus manos la bolsa de Alma, mientras ella sostiene un enorme ramo de rosas, sin duda, un regalo de él para su amada Pixan Halal.

—Éste es el dragón rojo más atractivo que yo haya visto en cualquiera de mis safaris... ¿Qué le parece a usted, jovencita? Con total convicción y sin dudarlo, respondí:
—Él es *mi* idea de un dios griego.

La intensidad de su amor y sus sueños utópicos están perfectamente documentados en las cartas y telegramas —casi todos en español— que Carrillo Puerto le envió a Reed a Nueva York y a San Francisco entre abril y diciembre de 1923.[7] Estos documentos epistolares arrojan una luz completamente distinta sobre el gobernador de Yucatán que, como lo revela su correspondencia, estaba cautivado por su "idolatrada Alma", no obstante que corría el rumor de que había tenido amoríos con otras mujeres, entre ellas una estadounidense a la que había conocido en la Ciudad de México unos años antes, así como una supuesta amante en Mérida.[8] Su amor por la "niña periodista", a quien pronto bautizó con el nombre maya Pixan Halal,[9] parecía en verdad genuino, pues en sus cartas Carrillo Puerto la mantenía informada sobre el estatus del divorcio que él había solicitado de su primera

---

[7] Como lo explicaré más adelante en esta introducción, el morral de yute donde encontré una de las versiones de las memorias de Reed contenía también tres sobres de papel manila etiquetados como "Cartas y telegramas de Felipe", "Cartas de noviembre de 1923" y "Las últimas cartas y el poema maya". Estos materiales originales contienen un total de veintisiete telegramas y trece cartas, la mayoría de los cuales están escritos con tinta roja sobre papel membretado de la Liga de Resistencia del Sureste. En 2011, Amparo Gómez Tepexicuapan (Museo Nacional de Historia) y yo reunimos estos documentos en el libro *"Tuyo hasta que me muera": epistolario de Alma Reed (Pixan Halal) y Felipe Carrillo Puerto (h'Pil Zutulché), marzo a diciembre 1923*, México, Conaculta/Memorias Mexicanas, 2011).

[8] Aunque existen pocas pruebas documentales, es muy probable que ese amorío haya sido precisamente con la escritora norteamericana Katherine Anne Porter. De acuerdo con su biógrafa Joan Givner, Porter conoció a Carrillo Puerto poco después de haber llegado a México en 1920 y Carrillo "la llevó a remar al lago de Chapultepec y a bailar al Salón México, en donde le enseñó la última moda en pasos de baile".

[9] Ésta es una traducción literal de su nombre al maya yucateco: *Pixan*, "alma"; *Halal*, "caña" (reed).

esposa, María Isabel Palma de Carrillo, madre de sus cuatro hijos, y así poder casarse con Alma, en San Francisco, el 14 de enero de 1924. Sin embargo, la boda nunca tendría lugar porque Carrillo Puerto fue fusilado el 3 de enero de ese año, y su última misiva lleva fecha del 10 de diciembre de 1923, y de cierta manera presagia en el tono ominoso su muerte violenta, que ocurriría menos de un mes después. Éstas son las últimas palabras que le escribió a su "linda niña":

> Con todo mi cariño te envío recuerdos y espero que tú pienses, lo desgraciado que soy sin ti a mi lado, no tengo ningún consuelo, ni una caricia la más insignificante. Recibe todos los besos de mis labios y todo el amor de este pobre hombre sediento de felicidad. Tuyo hasta que me muera.

El hecho de que Felipe interrumpiera la carta que estaba escribiendo a máquina debido al estallido repentino de una bomba muy cerca de donde estaba y que garabateara en letra manuscrita: "Comunicarme en aerograma lo nuestro y demás mientras te envío clave", enfatiza aún más lo apremiante de la situación en la que se encontraba.

En los apuntes que Katherine Anne Porter dejó para su novela inconclusa, *Historical Present*, (*Presente histórico*) que constituye "un relato completo de un periodo histórico, desde la perspectiva de algunas de las personas que lo vivieron", la autora registra el recuento dramático de cómo Reed, uno de los personajes de la pretendida novela, "estaba de pie en el vestíbulo del hotel [...] toda cubierta de satín blanco con el velo y el tocado de flores de azahar, en el ensayo de su boda, cuando le llegó la noticia de la muerte de Felipe".[10] De acuerdo con Joan Givner, la autora de una biografía de la estancia de Porter en México, la novelista.

---

[10] Citado en Thomas F. Walsh, *Katherine Anne Porter and Mexico: The Illusion of Eden*, Austin, University of Texas Press, 1992, p. 147.

(...) sentía celos y menosprecio por la celebridad de Reed. Pretendía comenzar *Historical Present*, la novela en la que estaba trabajando en 1930, aludiendo a la forma en la que Reed "sacó provecho de la muerte de Felipe" para continuar construyendo su propia leyenda y convertirse en "la heroína de todo México".

De tal suerte, resulta comprensible por la relación que se dio entre ambas y Carrillo Puerto, y donde Alma llevó las de ganar, que Porter aludiera a la Peregrina de una manera no muy favorable en su proyectada novela y esto también explica por qué Reed nunca asistió a las tan famosas conferencias que dio Porter en la Ciudad de México durante las décadas de los cincuenta y sesenta.[11]

Después del asesinato de Felipe en enero de 1924, Alma viajó al norte de África, de nuevo como corresponsal de *The New York Times*, y desde ahí escribió reportajes sobre las excavaciones arqueológicas que se hicieron en Cartago bajo el mando del conde polaco Byron Khun de Prorok. Una serie de cinco artículos, con títulos tan sugerentes como: "La ciencia desentierra los secretos de Cartago", "La maldición todavía ronda sobre Cartago", "La ciencia en busca de la Atlántida perdida", "Cámara subacuática filma ruinas en las profundidades del mar" y "Exploradores buscan rastros de la 'Juana de Arco' africana", aparecieron en el periódico de la ciudad de Nueva York, entre octubre y diciembre de 1924, y dan testimonio del interés renovado de Alma por los estudios clásicos, algo que la había cautivado desde la niñez. Después de estudiar arqueología durante un año en Nápoles, en donde tradujo el tratado arqueológico de G. Consoli Fiego, *Cumae and the Phlegraean Fields* (*Cumae y los campos flégreos*), publicado en 1927, en Roma, viajó a Grecia invitada por su amiga de la infancia Eva Palmer, esposa del poeta griego Ángelos Sikelianos, de quien

---

[11] Para más información respecto de la obra literaria de Katherine Anne Porter en México, véase *Un país familiar: escritos sobre México de Katherine Anne Porter*, México, Conaculta, 1998.

Alma con un atuendo de estilo griego en la Sociedad Délfica, *ca*. 1928 (Underwood & Underwood Studios, Nueva York).

Reed tradujo del griego su obra *La palabra délfica... La dedicatoria*, que publicó el año siguiente. Durante ese periodo, continuó escribiendo para *The Times* y, en 1926, dedicó sendos artículos a uno de los más grandes y misteriosos temas del mundo grecolatino: "El Hades de Virgilio revela sus secretos" y "La Sibila le renueva su desafío al hombre". También durante el tiempo que estuvo en Atenas, Alma participó en el Primer Festival Délfico que Palmer y Sikelianos organizaron, en mayo de 1927, como una forma de devolver la cultura y las tradiciones griegas a sus legítimos herederos.

Animadas por ese espíritu helénico, Alma y Eva viajaron a Nueva York ese mismo año para fundar la primera colonia de la Sociedad Délfica en Estados Unidos, y a principios de 1928 se instalaron en un departamento, en el que había vivido Máximo Gorki, el célebre escritor ruso, ubicado en el número 12 de la Quinta Avenida.

Ese departamento, cerca de Washington Square y de su arco triunfal, fue bautizado como el "Ashram" para rendir homenaje a Mahatma Gandhi, el "apóstol del pacifismo", a quien Alma y Eva admiraban profundamente.[12] Al igual que el lugar en el que Gandhi había vivido, el departamento de Alma en Nueva York se convirtió en un centro de actividades comunales y, al mismo tiempo, fue la sede de un movimiento cultural cuya base era la filosofía antigua, tanto de Oriente como de Occidente. Con el tiempo, los Delphic Studios de Reed se consolidaron como el producto más logrado de ese esfuerzo inicial conjunto. Por desgracia, sólo sobreviven unas cuantas fotografías que retratan el ambiente cosmopolita de ese innovador círculo político y literario.

Un día, en Manhattan, Alma recibió una llamada telefónica de Anita Brenner, una joven mexicana de Aguascalientes que compartía su misma fascinación por México y que vivía en Estados Unidos porque sus padres habían emigrado a San Antonio, Texas, al estallar la Revolución mexicana. Sin embargo, Brenner volvió a México en numerosas ocasiones, sobre todo para desarrollar las investigaciones con los que integró sus célebres libros, entre los que se incluye su estudio sobre el sincretismo religioso y el arte mexicano, *Ídolos detrás de los altares*, originalmente publicado en inglés, en 1929, mientras terminaba su doctorado en la Universidad de Columbia. Durante su conversación telefónica, Brenner le comentó a Alma que el artista José Clemente Orozco estaba viviendo en Manhattan desde diciembre de 1927 y que estaba pasando por una situación económica difícil.

Ya en 1923, durante la segunda visita de Alma a la capital mexicana, cuando ella y Carrillo Puerto eran el centro

---

[12] Algunos de los datos respecto a la estancia de Alma Reed en Nueva York están tomados de la biografía informativa de Antoinette May, *Passionate Pilgrim: The Extraordinary Life of Alma Reed*, Nueva York, Paragon, 1993, pp. 211-243.

Artistas en el departamento de Alma Reed, *ca.* 1932. Esta imagen es cortesía de los Enrique Riverón Papers (1918-1994), resguardados en los Archivos de Arte Americano del Instituto Smithsoniano.

de atención en la ciudad, el secretario de Educación, José Vasconcelos, le había mostrado a Alma los murales que por ese entonces estaba pintando Diego Rivera en la Secretaría de Educación Pública y los que había comenzado Orozco en la Escuela Nacional Preparatoria. En la biografía de Orozco, escrita por ella y publicada en 1955 por el Fondo de Cultura Económica, Reed recuerda que conforme ella y Vasconcelos se acercaban "al patio principal de la preparatoria, donde Orozco estaba absorto en la decoración de una alta bóveda, lo llamó Vasconcelos: 'Orozco, aquí está la periodista americana Alma Reed. A ella le gusta su pintura. ¡A mí no, desgraciadamente! Pero la pared es suya hombre, no mía. ¡Así, pues, sígale!'".[13] Sin duda, las poderosas imágenes con las que Orozco ilustró las luchas campesinas, las contiendas entre las facciones revolucionarias y el libertinaje de las clases altas, al igual que su crítica despiadada a la Iglesia católica, deben haber

---

[13] Alma Reed, *Orozco*, México, Fondo de Cultura Económica, 1955, p. 14.

causado una gran impresión en la joven periodista; de hecho, las declaraciones que hizo durante su primera visita hacen evidente la creciente seducción que México le provocaba. En una entrevista que le hicieron para uno de los periódicos más importantes de la capital, *Excélsior*, Reed declaró que: "México debería ser la Meca de los artistas de todo el mundo: aquí, cada objeto y cada escena es razón suficiente para el arte y la belleza".[14] Ese interés muy pronto la incorporó a las filas de las mujeres estadounidenses que llegaron a México en pos de la Revolución; entre ellas, la propia Katherine Anne Porter, Ione Robinson y Frances Toor, fundadora y editora de la revista *Mexican Folkways*, por mencionar sólo a tres. A pesar de que sus actividades aún no están completamente documentadas, estas mujeres estuvieron comprometidas en importantes esfuerzos culturales durante el periodo al que se le conoce como el Renacimiento Cultural Mexicano, tiempo en el que se pusieron en práctica los ideales educativos y artísticos de la Revolución.

Alma de inmediato se ofreció a ayudar a Orozco y decidió ir a visitarlo en su "estudio situado en el primer piso de una manzana de casas destartaladas de Chelsea, en las calles veintes al oeste de Manhattan".[15] En una carta escrita en junio

---

[14] Citado en Helen Delpar, *The Enormous Vogue of Things Mexican: Cultural Relations Between the United States and Mexico, 1920-1935*, Tuscaloosa, University of Alabama Press, 1992. p. 35.

[15] Alma Reed, *Orozco*, México, Fondo de Cultura Económica, 1955, p. 7. Aquí debe señalarse que la viuda de Orozco, Margarita Valladares, combatió firmemente la idea que se había creado sobre que Reed —a quien, por alguna extraña razón, ella se refiere como "la antropóloga"— hubiera ayudado a su marido tanto como Alma lo decía. En el apéndice de la segunda edición de la *Autobiografía* de Orozco, publicada en 1970 por Ediciones Era, Valladares declara que: "La soledad material, mas no espiritual, en que vivía Orozco y su falta de disimulo de una situación económica poco favorable, fueron elementos que, en su libro, la señora Reed interpretó erróneamente, creando una casi lastimosa imagen en la que la modestia significa algo más que la simple carencia de bienes y la soledad representa desesperanza. Es un conocido estilo de ciertos escritores que, con recursos

de 1928, a su esposa Margarita, Orozco menciona a Reed por primera vez:

> La Anita [Brenner] me dijo el otro día que hay esperanzas de que se venda un dibujo y un cuadrito de los que he hecho aquí. Que por el dibujo se interesa una señorita Alma Reed que fue novia de Carrillo Puerto, aquel gobernador de Yucatán que mataron, que le gustaron muchísimo mis obras, pero naturalmente no me presentó con ella. Esa señorita Reed es íntima de [José Juan] Tablada y fíjate que este majadero no ha sido tampoco para presentarme con ella ni con nadie.[16]

Todavía dos meses después —lo sabemos por su nota del 2 de agosto de 1928— Orozco aún no había conocido a Reed; pero en una segunda carta, escrita más tarde ese mismo día, Orozco le informa a su esposa que Reed está interesada en visitar su estudio:

> (...) Acabo de recibir una carta de Alma Reed, a quien no conozco, pero es la amiga de Tablada y es a quien Anita le enseñó mis dibujos en días pasados. Me dice que hace mucho es una profunda admiradora mía, que "The entire series on the Mexican revolution holds a very intimate appeal to me, but one of them, *Cementery scene*, is irresistible"[17] y me incluye 20 dólares a

---

baratos, pretenden conmover fácilmente la sensibilidad del lector menos proclive a la cursilería. De haber encontrado a Orozco en un *penthouse* de la Quinta Avenida, el libro de la señora Reed no hubiera tenido base, pues su propósito es sugerir, sin decirlo, que Orozco se dejó llevar dócilmente de la mano para alcanzar el éxito". Citado en José Clemente Orozco, *Autobiografía*, México, Ediciones Era, 1970, p. 111.

[16] José Clemente Orozco, *Cartas a Margarita [1921/1949]*, México, Ediciones Era, 1987, p. 117.

[17] En su carta, Orozco cita directamente la carta de Reed, de ahí que el fragmento se deje en inglés; la traducción de la carta de Reed es: "Toda la serie de la Revolución mexicana tiene un atractivo muy íntimo para mí, pero, uno [de los dibujos] en especial, *Escena del Cementerio*, es irresistible". (N. de la T.)

cuenta de 100, precio del dibujo. Quiere venir a mi estudio y traer un amigo para tratar acerca de la publicación en no sé qué.[18] Ya va cambiando tantito la suerte, Miti. ¡Dios te oye![19]

Después de visitar a Orozco por primera vez en su estudio improvisado, Alma recuerda: "A la mañana siguiente decidí ayudar al pintor mexicano a que prosiguiera su carrera en Estados Unidos. Ni siquiera intenté racionalizar la coacción interna que había dado forma a mi decisión".[20] También confiesa: "No tenía yo ideas precisas acerca de lo que pudiera hacer —si acaso podía hacer algo— para impulsar su carrera en Nueva York. Pero podría por lo menos comprarle un cuadro, y quizás inducir a mis amigos a que hicieran lo mismo".[21]

En una carta a su esposa, con fecha del 15 de agosto de 1928, la reacción de Orozco sobre su encuentro con Alma es, también, entusiasta:

El domingo en la noche me presentó la Anita con Alma Reed, es una mujer muy agradable y parece ser muy culta, dice ser una gran admiradora de mis obras. Me dijo que deseaba ilustrar un libro suyo que está escribiendo, con algunos de mis dibujos de la Revolución, que mañana jueves va a venir a mi estudio con una señora que tiene que ver con cuarenta *magazines* para ver mis obras y quizá haya *business*, que quiere un cartel para anunciar unos festivales en Delfos, Grecia, patrocinados por una millo-

---

[18] Valladares comenta sobre este asunto que: "Cuando la señora Reed pensaba, no sin razón, que a los *dealers* les interesaba lo que para ellos era exótico, en este caso *the Mexican Revolution*, su criterio era más comercial que artístico. Pintar a Pancho Villa daba más dinero que reproducir el Puente de Queens. (…) [Orozco] no había ido a Manhattan a hacer folklorismo a larga distancia. Por esta razón prefirió pedirme que le enviara sus obras del tipo que se le pedía para sus primeras exhibiciones en los Delphic Studios". Citado en José Clemente Orozco, *Autobiografía*, *idem*, p. 112.
[19] José Clemente Orozco, *Cartas a Margarita [1921/1949]*, *ibid.*, p. 122.
[20] Alma Reed, *Orozco*, *ibid.*, p. 37.
[21] *Ibid.*, p. 9.

Fotografía de una fiesta en los Delphic Studios, *ca.* 1936. Esta imagen es cortesía de los Enrique Riverón Papers (1918-1994), resguardados en los Archivos de Arte Americano del Instituto Smithsoniano. A pesar de que no se ha podido identificar a todos los invitados, se trata, sin duda, de miembros de la Sociedad Délfica: Alma aparece justo al centro, el muralista José Clemente Orozco en la esquina superior derecha; David Alfaro Siqueiros, de pie, a la extrema izquierda detrás de Khalil Gibran, quien se encuentra de pie a la izquierda de la fotografía.

naria, que hacen cada dos años y a los cuales asisten gentes de todo el mundo, que hay no sé qué grupo de literatos y filósofos ante los cuales voy a ser presentado el invierno próximo, con una conferencia y proyecciones de mis pinturas, que les ha hablado de mí a todos sus amigos y amigas...[22]

Poco después, Alma convenció a su amiga Eva Palmer de que le pidiera al pintor que le hiciera su retrato para lo cual Orozco instaló su caballete en una pequeña habitación de lo que sus dos nuevas amigas estadounidenses llamaban el Ashram, a la que bautizó como "la Pulquería" en recuerdo de estos sitios mexicanos.

---

[22] José Clemente Orozco, *Cartas a Margarita [1921/1949]*, *ibid.*, pp. 121-122.

Un poco después, de acuerdo con el recuento que hace Alma en su biografía de Orozco, publicada por primera vez en español en 1955 por el Fondo de Cultura Económica, el artista pintó dos lienzos y una serie de muebles que él mismo había hecho para decorar lo que el pintor designaba como "el sector mexicano" del Ashram. También pintó un retrato de Alma, pero lo destruyó casi de inmediato, presa del descontrol que sintió Orozco al ver el retrato, muy superior al que él le había realizado y que fue hecho a Reed por el poeta y grabador libanés, Khalil Gibran, otro de los concurrentes habituales de su salón. Ese extraordinario retrato de Gibran lleva la siguiente dedicatoria: "Para Alma Reed: mi querida y agraciada amiga, cuyo corazón habita en el mundo de la verdad y la belleza. K. G. 1928".

Alma Reed a través de la mirada del artista y filósofo Khalil Gibran, uno de los concurrentes habituales de la Sociedad Délfica. Esta imagen es una reproducción tomada de la semblanza de la Peregrina que se publicó en *The News* de la Ciudad de México inmediatamente después de su muerte en 1966. No se sabe si el dibujo se perdió (o se vendió) pues el marco contiene sólo la dedicatoria del artista para Alma y en lugar del dibujo, una foto del poeta libanés.

En su autobiografía, Orozco menciona el hecho de que frecuentaba el Ashram y habla también sobre el profundo impacto que tuvo sobre él el cosmopolitismo de ese lugar:

> Cuando la conocí [a Alma Reed], ella y la señora Sikelianos habitaban un amplio departamento en la parte baja de la Quinta Avenida. Habían venido a Nueva York a solicitar ayuda financiera para la causa del resurgimiento de Grecia y a organizar una excursión a los festivales que cada dos años se celebraban en Delfos. (...) El salón de la señora Sikelianos, literario-revolucionario, era concurridísimo. Unos días acudían griegos, entre ellos el doctor Kalimacos, patriarca de la Iglesia Ortodoxa de Nueva York. Se oía el griego moderno, hablado a la perfección por las dueñas de la casa. Otros días venían hindúes de color bronceado y con turbante, adictos a la causa de Mahatma Gandhi. (...) Alma recitaba sus traducciones de los poemas épicos de Sikelianos, algunos de los cuales ya habían sido editados en un volumen con el nombre de *The Dedication*.[23]

La primera exposición individual de Orozco en Estados Unidos tuvo lugar en el legendario departamento del Greenwich Village en septiembre de 1928 y a la inauguración asistieron alrededor de sesenta invitados. Una de las pruebas más contundentes del interés genuino de Alma por promover al artista mexicano se encuentra en la carta que le envió a Orozco, con fecha del 26 de septiembre de ese mismo año, y que él transcribe en una carta para su esposa Margarita. En ella, Reed le informa al pintor de los avances y de las oportunidades que habían surgido a partir de su primera exposición individual:

---

[23] José Clemente Orozco, *Autobiografía, ibid.*, p. 88. Por su parte, su viuda señala que Orozco: "Aceptaba las invitaciones de la señora Reed, para entrar en contacto con una sociedad extraña y heterogénea y más tarde pintar retratos como el de Eva Sikelianos y el de Julia Peterskin. (…) Sólo así debe interpretarse el que acompañara a la escritora norteamericana a la sociedad Delphic Studios o a cualquier otro acontecimiento similar". p. 112.

Tu exposición cada vez suscita más interés. Ayer vinieron muchas personas importantes y algunas de ellas van a regresar hoy acompañadas por dueños de galerías y gente acaudalada, que son posibles compradores. En vista de este creciente interés, creemos que sería más conveniente mantener tu exposición aquí hasta el viernes por la noche. Existe la posibilidad de que te comisionen retratos, así que sería buena idea que trajeras tu maravilloso autorretrato. Ayer vinieron varios críticos de renombre que, al ver tus obras, hicieron el mismo comentario, aunque cada uno por separado y de manera espontánea: "La disposición y la anatomía en Orozco pasarían por la de Miguel Ángel". Nunca había visto tanto entusiasmo por la obra de ningún artista como el que vi aquí ayer. Muchos de los que vinieron el lunes nos llamaron para expresarnos de nuevo su profunda admiración. (...) Estoy segura de que pronto va a haber resultados muy interesantes respecto a tus obras, pues ya muchos de los amigos más influyentes están muy interesados en ellas. Estamos trabajando para conseguirte un "buen muro" para la "Exposición Arquitectónica" de enero. Hoy vendrán los directores de algunas galerías, entre ellos, Marie Sterner. Creo que voy a tener noticias para ti mañana en la noche.[24]

El éxito de su primera exposición le abrió a Orozco las puertas para que, durante dos semanas, se expusiera su serie *México en la Revolución*, curada por la sofisticada Galería Marie Sterner. Esta nueva exposición se inauguró el 10 de octubre de 1928 y, de acuerdo con Orozco, Alma fue quien pagó los marcos de sus lienzos y las impresiones y los envíos de los catálogos de la exposición. Desafortunadamente, la mayoría de los invitados asistieron por respeto a la dueña de la galería y, durante la inauguración, parecían estar más interesados en los

---

[24] Citado en José Clemente Orozco, *Cartas a Margarita [1921 / 1949]*, *ibid.*, p. 130. La cita es una traducción de la carta original de Alma a Orozco, la cual aparece en *Cartas* en inglés y como nota a pie de página. (N. de la T.)

muebles diseñados por Biederman que en las pinturas de tema revolucionario de Orozco.[25] De acuerdo con Alejandro Anreus, autor de *Orozco in Gringoland*,[26] "la exposición no tuvo ninguna reseña crítica y no se vendió ni un sólo cuadro, cosa que pesó profundamente en el ánimo de Reed y de Orozco".[27] Sin embargo, como lo señala el propio Orozco en la carta que le escribió a su esposa el 11 de octubre de 1928, la señora Sterner le pidió que no pusiera a la venta sus dibujos, pues sin duda "causarían sensación" en París y, por lo tanto, le pidió a la señora Sikelianos que se llevara "toda la colección de los dibujos" a Europa en su siguiente viaje.[28]

---

[25] Antoinette May, *Passionate Pilgrim: The Extraordinary Life of Alma Reed*, Nueva York, Paragon House, 1993, p. 223.

[26] Alejandro Anreus, *Orozco in Gringoland: The Years in New York*, Albuquerque, University of New Mexico Press, 2001. Aquí debo señalar que a pesar de ser una historia cautivadora de los años formativos de Orozco en Nueva York, el texto de Anreus ataca con comentarios de lo más arrogantes la biografía de Reed escrita por Antoinette May porque está: "plagada de inconsistencias y errores y porque está basada, casi en su totalidad, en la propia biografía de Orozco escrita por Reed en 1956" (p. 149, nota 14). Increíblemente, el autor de *Orozco in Gringoland* comete dos graves errores en su capítulo segundo, titulado "Gringoland", en el que asegura que: "(...) Alma Reed murió en México en 1961" no obstante que falleció el 20 de noviembre de 1966 (p. 36). El autor también erróneamente atribuye a Frances Flynn Payne, una promotora del arte mexicano en Nueva York durante ese periodo, el haber creado la revista bilingüe *Mexican Folkways*, fundada y animada en la Ciudad de México por Frances Toor. (p. 28).

[27] *Ibid.*, p. 30. Por extraño que parezca, la esposa de Orozco recibió una versión completamente distinta de lo sucedido: "Las exposiciones en esa galería desconcertaban a la crítica. Las escenas de fusilados, ahorcados, sangre y violencia, nada tenían que hacer junto a las estampas neoyorkinas, menos tormentosas. ¿Cuál era el verdadero Orozco? La confusión era natural consecuencia del hecho de que la señora Reed tratara infructuosamente de 'conducir' a Orozco hacia un escaparate en el cual la tragedia de nuestra revolución se reducía a un *mexican curios*, y de que Orozco, por su parte, perseguía noble y tenazmente otros anhelos". Citado en José Clemente Orozco, *Autobiografía, ibid.*, p. 112.

[28] José Clemente Orozco, *Cartas a Margarita [1921 / 1949], ibid.*, p. 136.

A pesar de todo, Alma seguía teniendo esperanzas en las posibilidades comerciales del artista, pues se consideraba a sí misma y por decisión propia, la "madre, hermana, agente y 'contrabandista' de Orozco".[29] Poco después de la primera exposición, Alma logró reunir los fondos suficientes para rentar un espacio en el último piso del mismo edificio, ubicado al este de la Calle 57, y ahí estableció los Delphic Studios, su propia galería dedicada a la promoción de varios artistas, aunque principalmente de Orozco.[30] Como complemento para sus obras, que iban a estar ahí en exhibición permanente, el pintor mexicano diseñó los muebles y escogió los colores para decorar el estudio.

En una carta al artista Manuel Rodríguez Lozano, con fecha del 11 de octubre de 1929, Antonieta Rivas Mercado, patrocinadora de las artes en México, intelectual ella misma y figura trágica,[31] describe la nueva galería de Reed al mismo tiempo que critica a su fundadora:

> El 10 de noviembre de 1928 casualmente conoció Clemente a Alma Reed. Alma Reed es una Antonieta que no hubiera

---

[29] *Ibid.*, p. 137.

[30] Respecto a la contribución de Alma en la carrera de su esposo en Estados Unidos, Valladares de Orozco es más generosa: "Sin duda, la antropóloga [sic] norteamericana pudo, con todo derecho, escribir con objetividad acerca de la parte que en justicia le correspondió de las actividades de Orozco en esa época. Esencialmente, la galería que ella estableció con el nombre de Delphic Studios, fue muy útil para Orozco, pues le permitió contar con un lugar para exhibir y, desde luego, para vender y desahogar su situación económica. En un principio se suscitó un desconcierto entre ambos, pues la señora Reed esperaba que Orozco produjera obras del mismo tipo de las que había realizado en México, es decir: escenas revolucionarias, paisajes mexicanos, etc., pero él sentía la urgencia de renovarse con los estímulos del ambiente". Citado en José Clemente Orozco, *Autobiografía, ibid.*, pp. 111-112.

[31] Antonieta Rivas Mercado fue hija de Antonio Rivas Mercado, principal arquitecto durante el Porfiriato. Agobiada por problemas personales, en 1931, Rivas se suicidó en la catedral de Notre Dame de París con la pistola de José Vasconcelos, a quien había apoyado políticamente y con quien había tenido una relación sentimental.

conocido a Rodríguez Lozano, toda buena voluntad y desorientación.[32] Hasta ese momento Cleme no había hecho nada. Alma, que está muy bien relacionada, enarbola como listón rojo su tragedia con Carrillo Puerto y, por eso, tiene gran interés en México. Clemente, mexicano, desamparado y con genio, le dio la revancha sobre México que le mató a Carrillo ocho días antes de la boda. Lo adoptó y lleva tres o cinco días de no hacer más que crearle una reputación a Orozco en Estados Unidos. Artículos, exposiciones, pláticas, etcétera. Por fin ha tomado un piso en la Calle 57, la de las mejores galerías de arte, a media cuadra de la Quinta Avenida, en la que va a abrir una galería que (*sotto voce* lo dice Clemente) va a ser de Orozco. Va a pintar un fresco en la fachada que se verá desde la Quinta Avenida —y en febrero hará una exposición (es el mejor mes)—.[33]

En su autobiografía de 1969, *An American in Art: A Professional and Technical Autobiography* (*Un estadounidense en el arte: una autobiografía profesional y técnica*), el muralista estadounidense Thomas Hart Benton recuerda también los Delphic Studios, una organización a la que él se sentía obligado a pertenecer y a cuya fundadora describe a detalle:

La Galería de los Delphic Studios fue fundada por Alma Reed, una mujer rubia, de proporciones voluminosas, bustona y atractiva,[34] que estuvo en México como reportera de alguna

---

[32] En otra carta a Rodríguez Lozano, fechada el 30 de noviembre de 1929, Rivas Mercado desarrolla el mismo tema: "Alma no tiene seso sino buena voluntad, uno de los vicios norteamericanos, sentimentales y falsos, y Clemente es pavoroso y cree que ya tiene derecho a opinar puesto que es genio". Citado en Antonieta Rivas Mercado, *Obras completas de Antonieta Rivas Mercado*, México, Secretaria de Educación Pública, 1987, p. 406.
[33] Citado en *ibid.*, p. 391.
[34] En una carta con fecha del 17 de noviembre de 1929, Antonieta Rivas Mercado hizo su propia valoración —un tanto dura— de los atributos

organización de prensa escrita durante el tiempo de los primeros éxitos de la Escuela Mexicana de Pintores. Alma pretendía resucitar los misterios griegos de Delfos en una forma nueva y moderna. Esto era demasiado esotérico para mí, pero dado que Alma tenía al pintor mexicano, Clemente Orozco, bajo su cuidado y yo admiraba enormemente sus obras, me uní a su organización.[35]

En una carta con fecha del 15 de noviembre de 1930 y que ahora está incluida en su autobiografía: *A Wall to Paint On (Un muro para pintar)*, Ione Robinson, la artista estadounidense que además fue asistente de Diego Rivera, también comenta sobre la Sociedad Délfica y su dueña:

Hay una mujer extraordinaria, de nombre Alma Reed, que tiene una galería llamada "Delphic Studios". Ella va a patrocinar a Orozco. La señora Reed es originaria de California, y me temo que trajo consigo algunas de las dolencias místicas que, a veces, aquejan a la gente de allá. La señora Reed es una mujer muy gorda, y usa largos vestidos negros, ¡pero su cara y sus manos parecen las de una Madonna! Pertenece a una orden griega secreta que se llama la Sociedad Délfica. (Sólo espero que se concentre en vender las obras de Orozco.) La otra noche me invitó a una de sus reuniones. Ahí estaba la señora Hambridge, la esposa de un hombre que supuestamente descubrió la Simetría Dinámica (un sistema para generar fórmulas matemáticas), vestida con velos blancos y sandalias griegas. Todas las demás (son todas mujeres) llevaban cadenas largas con cruces griegas. De pronto, atenuaron las luces y

---

físicos y mentales de Alma: "(…) Alma Reed, blanca, rubia, de piel bonita y rosada, cabellos rubios esponjados, con una melancólica sonrisa (recuerdo de Carrillo Puerto) que se le resbala por la comisura de los labios, aprueba indefinidamente con la cabeza, como aquellos muñecos de porcelana china que decían: sí, sí". Citado en *ibid.*, p. 396.

[35] Thomas Hart Benton, *An American in Art: A Professional and Technical Autobiography*, Lawrence, University Press of Kansas, 1969, p. 61.

comenzó la discusión del arte "en un plano superior". Yo estaba bastante asustada. Cuando la señora Reed habla, mueve las manos en el aire y sus palabras suben y bajan, según el incidente que esté recordando. La parte más dramática de su vida es la de la muerte de su prometido, Felipe Carrillo Puerto, el gobernador mártir del estado de Yucatán, México. Pero a pesar de su simpleza, la señora Reed tiene una cualidad única. Sin importar cuál sea la causa a la que esté dedicada, siempre saca el mayor provecho de cada momento para llevarlo a un clímax. Está empeñada en que Orozco pinte un mural en Nueva York y en que su genio sea reconocido, pues sabe que, con su reconocimiento, Diego Rivera caerá en el olvido.[36]

Desde luego, el desplome de la bolsa en 1929 ocasionó una caída abrupta en el mercado del arte, pero eso no le puso fin a la primera tentativa de Alma en el negocio de las galerías. De hecho, el 15 de octubre de 1930, Reed presentó en los Delphic Studios la primera exposición individual de Edward Weston en la ciudad de Nueva York. La idea de esa exposición se había gestado durante el viaje a Carmel, California, en el que Alma y Orozco conocieron al fotógrafo y en donde Orozco posó para el retrato, ahora famoso, que le hizo. De acuerdo con Orozco, Weston era "el primer fotógrafo surrealista", y eso lo impulsó a proponer la idea de hacer una exposición de sus obras en Nueva York. Ese mismo año, el propio Orozco colgó las cincuenta fotografías que componían la exposición. Más adelante, Alma exhibiría, en su galería de la Calle 57 en Manhattan, las obras de otros fotógrafos estadounidenses prometedores, entre ellas, las de Ansel Adams, que después se quejó de que nunca recibió el dinero de las ocho impresiones que Reed vendió.

El viaje a California fue un viaje profesional, pues ya desde el principio de ese año Alma había negociado que el profesor José Pijoan, director del departamento de Historia del Arte en

---

[36] Ione Robinson, *A Wall to Paint On*, Nueva York, A. P. Dutton & Co., 1946, pp. 150-151.

el Pomona College de Claremont, California, le comisionara un mural a Orozco.[37] Para la realización de esa obra, *Prometeo*, Orozco se inspiró en las ideas y en los individuos que había conocido durante las muchas horas de conversación y debate que había pasado en la Sociedad Délfica. Poco después, Alma consiguió que la New School for Social Research le comisionara otro mural; en su ya mencionada autobiografía, Hart Benton recuerda el papel de Alma en lo que fue el segundo mural de Orozco en Estados Unidos:

> En ese tiempo, Alvin Johnson, fundador de la New School for Social Research, había reunido el dinero suficiente para que se levantara un edificio para la escuela al poniente de la Calle Doce, cerca de la Quinta Avenida. Al enterarse, Alma fue a ver a Johnson y le ofreció los servicios de Orozco como muralista y él los aceptó. Orozco pintaría un mural en el comedor de la escuela a cambio de que se le pagaran los gastos de realización.[38]

La obra cuyo mural principal llevaba por título *La mesa de la hermandad* se presentó el 19 de enero de 1931.

---

[37] De acuerdo con la viuda de Orozco: "La iniciativa para que Orozco realizara la decoración del refectorio del Colegio Pomona, en Claremont, California, partió de José Pijoan, entonces catedrático de historia del arte en la institución, y de Jorge Juan Crespo de la Serna. Ambos conocían perfectamente la obra anterior de mi esposo. (...) Para la señora Reed, el mural de Pomona se convirtió en una nueva e inesperada promoción de las ventas. Ella había asumido por completo la administración financiera de la galería, lo cual Orozco consideró con benevolencia, pues a su modo de ver, se trataba simplemente de quitarle de encima algo para lo que nunca había estado preparado". José Clemente Orozco, *Autobiografía, ibid.*, pp. 112–113.

En una carta al historiador del arte guatemalteco, Luis Cardoza y Aragón, Orozco se queja de la forma cuestionable en la que Reed administra sus obras: "He tratado por todos los medios de que la señora Reed me devuelva mis obras, pero jamás lo he conseguido. Hace con ellas lo que le da la gana, las exhibe sin mi consentimiento y sin tener derecho a ello. ¿Qué control puedo tener en esas condiciones?". *Ibid.*, p. 113.

[38] Thomas Hart Benton, *op. cit.*, p. 62.

Mural de Orozco en la New School for Social Research en el Greenwich Village de Manhattan; el detalle muestra los retratos de Carrillo Puerto y Lenin como héroes universales.

Entre las imágenes del mural está el retrato de Felipe Carrillo Puerto, en la misma pose en la que aparece en la fotografía que el propio gobernador mártir de Yucatán le había dedicado y enviado a Alma después de que se conocieran en Yucatán.

En el reverso de esta fotografía Alma escribió el siguiente encabezado: "Felipe Carrillo Puerto, gobernador mártir de Yucatán, conocido como 'El Abraham Lincoln del Mayab'".

En segundo plano, Orozco pintó la pirámide principal de Chichén Itzá, que Alma y Felipe habían subido juntos casi diez años atrás. Debajo, el artista pintó grupos de mujeres, que evocaban las Ligas Feministas progresistas encabezadas en Mérida por Elvia, la hermana de Felipe Carrillo Puerto, que habían luchado exitosamente por el "sufragio efectivo" de la mujer yucateca. Otros de los líderes del mundo a quienes Orozco retrató en su cena universal fueron Gandhi y Lenin; pero en 1952, la censura del Macartismo obligó a las autoridades de la escuela a cubrir no sólo el retrato de Lenin, sino también el de Carrillo Puerto. En 1932, un año después de que concluyera ese mural, Orozco recibió la invitación para pintar, en Dartmouth College, el que sería su último mural en Estados Unidos; el título de esa obra, *Épica de la civilización americana*, es una clara alusión a su creciente fascinación por el concepto de la "raza cósmica", una idea que había sido propuesta por primera vez por José Vasconcelos al principio de la década de los veinte y que, sin duda, fue moldeándose en la mente de Orozco durante las varias sesiones a las que asistió en la Sociedad Délfica.

Ese mismo año, Reed publicó su primer libro dedicado al arte de Orozco. El grueso volumen contiene una introducción de cinco páginas sobre el artista y su obra en la que Reed describe el arte de Orozco como "(...) una parte integral del drama generado por la ruptura de los viejos sistemas y la transformación de lo que una vez fueron las leyes inmutables de la ciencia".[39] El libro también incluye "Notas biográficas del artista" y más de cien reproducciones de sus obras en blanco y negro, muchas de ellas, fotografías de los frescos del artista tomadas por fotógrafos tan importantes de México como Tina Modotti, Edward Weston y José María Lupercio, todos ellos conocidos de Reed. También debe señalarse que la propia Reed publicó este libro en la imprenta de los Delphic Studios que ella misma fundó y que, más adelante, publicaría trabajos como *Photographs of México (Fotografías de México)* de Anton Bruehl (1933), un

---

[39] Alma Reed, *José Clemente Orozco*, Nueva York, Delphic Studios, 1932.

libro seleccionado por el jurado para la exhibición de American Book Illustrators que tuvo lugar en el American Institute of Graphic Arts; *A Journey Through Hell Six Hundred Years after Dante (Un viaje por el infierno seiscientos años después de Dante)* de Art Young (1934); *Three Dollars a Year (Tres dólares al año)* de G. Russell Sterninger y Paul Van de Velde (1935), el recuento de la vida diaria de un indio oaxaqueño; *Bowery Parade and Other Poems of Protest (Desfile en la calle Bowery y otros poemas de protesta)* de Stella Wynne Herron, con ilustraciones de Orozco (1936); *System and Dialectics of Art (Sistema y dialéctica del arte)* de John D. Graham (1937); *Book of Job Interpreted (El libro de Job interpretado)* de Emily S. Hanblen, con ilustraciones de William Blake (1939); y *I Mary Magdalene (Yo María Magdalena)* de Juliet Thompson (1940).

* * *

Volví a Mérida en 1997, pero esta vez, con un grupo de profesores y estudiantes de la United States International University en la Ciudad de México. Entre las personas que conocí durante ese viaje está la señora Lindajoy Fenley, una especialista en música tradicional mexicana que, en esa ocasión, estaba viajando con su madre. A Fenley también la había cautivado la leyenda de Alma Reed, y motivada —dado su interés en la música popular mexicana— por la balada de "La Peregrina", ya había comenzado a investigar la vida de Alma. Durante nuestro viaje, en el que conocimos los sitios arqueológicos más importantes de los mayas y varias exhaciendas henequeneras, hablamos de esta figura única en la historia de México, de la mujer cuya vida y destino quedaron atrapados en los designios políticos de un país que, habiendo derrocado la dictadura de Porfirio Díaz, estaba transitando por un periodo de renacimiento educativo con marcado énfasis en el campo cultural. Durante nuestra estancia en Mérida, Fenley visitó la tumba de Reed, que fue colocada estratégicamente cerca de la de su amado Carrillo Puerto, que a su vez está enterrado junto a sus padres, sus hermanos y su esposa, de quien estaba separado; de hecho, al momento de su muerte, estaba en curso su solicitud de divorcio, a pesar de la conmoción y el desprecio que eso hubiera suscitado en la mayoría católica y tradicional de Yucatán.

Monumento fúnebre en honor al gobernador Felipe Carrillo Puerto, ubicado en el Cementerio General de Mérida. También aquí reposan los restos de sus hermanos y de los otros miembros de su partido político que fueron ejecutados por los representantes de la revuelta delahuertista en Yucatán.

Como ya se mencionó, Alma se había casado, en 1915, con Samuel Payne Reed; sin embargo, su matrimonio fue anulado luego de que él, poco después de la boda, contrajera una enfermedad crónica.[40] De cualquier modo, a Alma le gustó el apellido Reed y decidió conservarlo durante toda su vida. Al paso de los años, su decisión provocó una confusión que condujo, a más de un investigador, a asegurar que Alma era hermana de John Reed, el autor de *México insurgente*.[41] Pero obviamente, ése no es el caso, pues su apellido de soltera es Sullivan, apellido que, al parecer, tuvo sus orígenes en la Inglaterra de María Tudor.[42] De acuerdo con su gran amigo, Richard Posner, a pesar de que Alma fue criada en una familia católica irlandesa, se distanció del catolicismo desde muy temprana edad, luego de que su madre le dijera que, al morir, su perro no se iría al Cielo. No obstante, "la gota que derramó el vaso",

---

[40] De acuerdo con su biógrafa, Antoinette May, Reed se divorció de su esposo cuando descubrió que él le estaba siendo infiel con su mejor amiga (Antoinette May, *op. cit.*, p. 17). Sin embargo, en un libro de viajes sobre México, curiosamente llamado, *The Pig in the Barber Shop (El cerdo en la barbería)*, H. Allen Smith asegura que, a partir de la entrevista que sostuvo con Reed a mediados de la década de 1950, documentó la versión de ella sobre los acontecimientos que terminaron en la separación de la pareja, que son los que yo incluyo en mi texto. (H. Allen Smith, *The Pig in the Barber Shop*, Boston, Little, Brown, 1958, p. 93). Cualquiera que sea la verdad, sería raro que Reed hubiera abandonado a su marido enfermo sin una razón de peso que hubiera hecho estallar la separación.

[41] En su fascinante biografía, *Anita Brenner: A Mind of her Own (Anita Brenner: una mente propia)*, Austin, University of Texas Press, 1998, Susannah J. Glusker declara: "Anita le mostró el trabajo [de Orozco] a mucha gente, entre otros, a Alma Reed, la hermana de John Reed. En ese tiempo, Alma Reed era una figura prominente en el salón patrocinado por *Madame* Siquilianos [sic], una adinerada patrona de las artes". (p. 50). De acuerdo con la información que, sobre su vida, se detalla en esta introducción, Alma no está, en modo alguno, relacionada con John Reed, el autor de *México insurgente*.

[42] María Tudor o María la Sangrienta, conocida oficialmente como María I (1516–1558), fue hija de Enrique VIII y de Catalina de Aragón y fue reina de Inglaterra de 1553 a 1558.

El autor con Ruperto Poot Cobá, exdirector del Cementerio General de Mérida, junto al monumento fúnebre de Alma.

como lo recuerda Posner, fue cuando, en el Vaticano, mientras rezaba arrodillada, un sacerdote la manoseó; después de eso, comenzó a interesarse seriamente en el unitarismo y en las religiones de Oriente.[43]

Hace unos diez años, tuve el honor de acompañar al señor Ruperto Poot Cobá, exdirector del Cementerio General de Mérida, en una excursión para visitar la tumba de Reed pues él fue el responsable de colocar el pequeño —pero significativo— monumento fúnebre de Alma. Fue ahí donde, además de fotografiarlo, pude apreciar la discreta cercanía que mantiene con el de Felipe Carrillo.

---

[43] Entrevista con Richard Posner, octubre de 2001.

De acuerdo con Rosa Lie Johansson, la mujer que vivía con Alma durante los últimos años de su vida, luego de la muerte de Reed, mientras revisaba su correspondencia, encontró una carta, fechada un año antes, en la que Reed le pedía: "Si algo me sucede, Rosa Lie, quiero que me entierren tan cerca de Felipe Carrillo Puerto como sea posible".[44] Al enterarse de que las cenizas de Alma llevaban un año en la funeraria Gayosso de la Ciudad de México por falta de pago, Johansson estableció contacto con el amigo y protector de Reed, Pablo Bush Romero, quien había contratado a Alma como historiadora oficial de la organización que él había fundado, el Club de Exploraciones y Deportes Acuáticos de México (CEDAM). En sus memorias inéditas, Joe Nash, uno de los reporteros más importantes del periódico en inglés *The News* y residente de la Ciudad de México durante más de cincuenta años, divulga el misterio de las cenizas de Alma y de su biografía perdida, enigma que fue revelado, en parte, en 1967, durante su primer encuentro con el señor Bush Romero:

> No conocía a Bush, pero me recibió con una cálida bienvenida; ya me habían dicho que el presidente de la junta directiva del CEDAM era un lector habitual de la sección de viajes que aparecía los domingos en *Vistas*, "quizás porque ahí era en donde regularmente escribía Alma".
>
> —Don Pablo, ¿tiene idea de dónde pueden estar las cenizas de Alma?

---

[44] Entrevista con Rosa Lie Johansson, mayo de 2004. Johansson murió en agosto del 2004, y muchos de los objetos de Alma se quedaron en su departamento de la Ciudad de México. Decidí, pues, ponerme en contacto con los funcionarios de la embajada sueca y les pedí formalmente que donaran las pertenencias de Alma a un museo local. Felizmente, en marzo de 2005, los funcionarios del museo me notificaron que las sobrinas de Johansson les habían hecho llegar una gran cantidad de objetos, propiedad de su tía, y que los estaban organizando para presentar una exposición de esta colección fascinante, que incluye la ropa de Alma, sus distintivos sombreros, velos, y otro tipo de prendas, así como pinturas, fotografías y documentos personales.

—Están ahí, encima de la chimenea.

Un misterio se había resuelto. Para la segunda pregunta no hubo respuesta. Él tampoco sabía nada sobre el posible paradero del texto desaparecido de la autobiografía de Alma.

Bush dijo que le daba gusto que yo hubiera ido a verlo, pues la siguiente semana se iba a hacer una pequeña ceremonia en el Cementerio de Mérida en la que iban a colocar las cenizas de Alma en un pequeño monumento de concreto color rosa que él había mandado a hacer. Y me invitó a que estuviera presente en el lote que el gobernador había cedido para ella frente al sendero que sale del centro del enorme hemiciclo erigido a la memoria —y en donde se encuentra la tumba— de su amigo íntimo, Felipe Carrillo Puerto.

Le pregunté a Bush cómo había conseguido la urna con las cenizas. El cortés caballero de la "vieja escuela", amigo hasta el final, me contestó:

—Fue muy fácil. Habían estado en Gayosso más de un año sin que la familia mostrara ningún interés en recobrarlas, así que con su permiso, pagué la cuenta y aquí están.

Don Pablo sabía que yo tenía reservaciones para una exposición de la industria turística en Londres, pero con la certeza de que mi editor haría cualquier cosa con tal de asistir al evento en Mérida, sólo me dijo una cosa más:

—Por cierto, dígale que no mencione que el gobernador regaló ese lote. Todavía hay descendientes de la familia Carrillo Puerto, así como hay Orozcos en Guadalajara, y son bastante conservadores en lo que a Alma se refiere.

Así se lo hice saber al editor, pero él decidió sazonar su reportaje con un agradecimiento a la amabilidad que el gobernador había mostrado con respeto a la memoria de una noble dama. El periodista todavía vive en la Ciudad de México. Don Pablo decidió retirarse en El Paso, y ahí murió a finales del siglo.[45]

---

[45] Cita tomada de las memorias inéditas de Joe Nash que, con enorme amabilidad, él me prestó para mi investigación.

El director del cementerio cumplió los deseos del gobernador e hizo un espacio para el monumento de Reed, que quedó directamente enfrente de la tumba de Carrillo Puerto, protegida bajo el escudo de un enorme árbol y separada de su gran amor tan sólo por un sendero que pasa en medio de los dos. Uno de los lados del monumento de piedra rosa lleva el siguiente epitafio: "Alma Reed: Escritora fecunda, conferencista emotiva, amó entrañablemente a México y México la honró con el Águila Azteca en reconocimiento a sus méritos como impulsora del arte, como crítica, historiadora y humanista. Grecia y Líbano la distinguieron también, imponiéndole sus más altas condecoraciones".

Desde este ángulo discreto, Alma y Felipe están, aunque de forma oblicua, unidos en la muerte.

* * *

Detalle del monumento fúnebre de Alma Reed con una de las inscripciones redactadas por Pablo Bush Romero, director del CEDAM.

Detalle del diseño del monumento fúnebre, inspirado en el estilo maya.

A pesar de que nunca me olvidé de la leyenda de Alma y Felipe, pasaron cinco años antes de que volvieran a aparecer, y esta vez, en las páginas de su autobiografía perdida, que encontré en 2001, en un departamento semiabandonado de la Ciudad de México, en compañía de varios colegas, entre los que estaba la doctora Lois Parkinson Zamora, de la Universidad de Houston, a quien yo había involucrado en esta misión de "búsqueda y rescate" durante nuestros frecuentes encuentros en los legendarios restaurantes de la Ciudad de México, en donde yo le describía la vida de esa mujer excepcional, en cuya fascinación por México se reflejaba la nuestra. La cadena de acontecimientos que culminó con la recuperación de la autobiografía de Reed es compleja, pues involucra a un buen número de personas y lugares. Sin embargo, la figura más importante y la que al final condujo al descubrimiento del escrito de 110 000 palabras fue la señora Lisette Parodi, a quien yo conocí, en 1994, por su hija Claudia, profesora de lingüística hispánica en la Universidad de California, Los Ángeles. La señora Parodi nació en Polonia, pero después de la Segunda Guerra Mundial se trasladó a México, en donde se casó con un empresario italiano. Desde que llegó, estuvo activa en la vida social y cultural de la Ciudad de México, y en ese contexto conoció, en 1958, a Richard Posner, un joven dramaturgo neoyorkino que recién había llegado a enseñar dramaturgia en The Mexico City College, lo que ahora es la Universidad de las Américas con sede en Cholula, Puebla. La señora Parodi y el señor Posner vivían en el mismo edificio de departamentos, que fue en el que recuperé el texto, ubicado en la avenida Melchor Ocampo, en la colonia Cuauhtémoc. La señora Parodi recuerda que, antes de conocerlo lo percibió musicalmente, pues Posner tenía la costumbre de poner música clásica a alto volumen, algo que ella disfrutaba mucho. Una noche, se conocieron en un evento cultural, se dieron cuenta que eran vecinos y muy pronto se hicieron amigos.

 Alrededor de 1956, Posner había trabado amistad con Alma Reed, a quien vio por primera vez en una recepción organizada por una mujer que estaba interesada en producir una de las obras de teatro que él escribía. Posner recuerda que había pocas personas en la reunión, pero entre ellas, una mujer que sobresalía por su figura impresionante y su excéntrico atuendo. Posner después se dio cuenta de que Reed nunca usaba otra cosa que no fueran los conjuntos de satín, de lo más extravagantes, que, en su mayoría, mandaba diseñar y confeccionar con un sastre local, quien creó para ella la amplia gama de sus distintivos vestidos ondeantes, capas y otro tipo de prendas.

Alma, ya entrada en años, con un vestido de satín
y una corona de laurel.

Semejantes trajes, casi siempre en juego con sombreros de ala ancha, decorados con una pluma, con red o con una rosa de seda, siempre llamaban la atención de la gente hacia esa mujer, ya mayor, que todavía conservaba los ojos azules radiantes y la complexión tersa y blanca tan celebrada en su balada.

Alma con un enorme sombrero, fotografía de Alice Reiner.

Más adelante, cuando se conocieron mejor y Posner tuvo el suficiente atrevimiento para preguntarle a Reed sobre sus atuendos excéntricos, ella aceptó con modestia que, en lo que a moda se refería, sufría de "paro evolutivo" y prefería el estilo que había estado en boga en 1912. Sin embargo, como puede verse en varias de las reproducciones incluidas en este libro, Reed usaba, con frecuencia, vestidos y joyería mexicanos, en primer lugar, el legendario traje de mestiza que Carrillo Puerto mandó hacer para ella durante su primera visita a Yucatán en 1923 y que ahora está resguardado en el Museo Nacional de Historia de México. En dos de los retratos que todavía sobreviven de ella, —el primero de Philip Stein, a quien el muralista mexicano David Alfaro Siqueiros bautizó como *Estaño*, y el segundo, de Amado de la Cueva— Alma aparece con atuendos nativos y, al parecer, incluso sus aretes son de estilo prehispánico.

Retrato de Alma Reed realizado por el artista Philip Stein, *Estaño*, 1957, óleo sobre tela. Cortesía de Elsy Bush Romero.

Retrato de Alma Reed realizado por el artista Roberto Cueva del Río. Destacan el collar de jade de diseño maya, orejeras y peinado tradicional (Museo Nacional de Historia, Ciudad de México).

Su guardarropa también incluía huipiles bordados, rebozos de seda y otras prendas que, todavía hoy, usan las mujeres indígenas. Algunas veces remataba su atuendo con un enorme rosario hecho de filigrana dorada, otro de los regalos de su amado Felipe, quien, justo antes de ser aprehendido por los simpatizantes de De la Huerta, le envió a Alma, por medio de una persona de confianza, un anillo de compromiso con un enorme granate engarzado, que está perdido.

Alma vestida de flapper, con el rosario de fiigrana dorada que le regaló Felipe Carrillo Puerto en 1923.

Antes de que llegara a la ciudad de Nueva York Philip Stein
— hacia finales de la década de los veinte—, en donde, como
ya vimos, fundó junto con Eva Palmer Sikelianos la Sociedad
Délfica y promovió de manera activa el arte de José Clemente
Orozco en sus Delphic Studios, Reed había pasado cuatro años
estudiando arqueología clásica en Grecia e Italia. Y en 1933[46]
viajó a Chicago con Orozco, a quien habían invitado a exponer
sus obras en The Arts Club, uno de los bastiones conservadores
del arte del centro de Estados Unidos. Hasta ese momento,
las actividades de Reed están bien documentadas, pero poco
se sabe de su vida entre 1933 y 1941 cuando, a sus cincuenta
y dos años, aceptó, por un periodo de cinco años, el puesto
de editora cultural en el diario *The Mobile Press Register* de
Mobile, Alabama. Durante ese tiempo, también condujo un
programa semanal de radio, dedicado a una variedad de temas
culturales, y fundó la Sociedad de Amigos de México.[47] Finalmente, en 1952 volvió, para quedarse por siempre, a su amado
México, el lugar en el que todavía era una leyenda viva y en
donde era costumbre que los músicos locales interpretaran su
balada epónima cada vez que ella aparecía en un restaurante
o en un evento cultural.

En cuanto Reed llegó a México, Rómulo O'Farril, dueño del
periódico *Novedades*, la contrató para que trabajara como columnista en el recién fundado *The News*, un periódico que se
publicaba en inglés y que duró más de cincuenta años en la capital
mexicana. Escribía una columna semanal bajo el título "Alma
M. Reed Reports" para la edición dominical de esa publicación,
así como lo había hecho para *The New York Times* en la década
de los treinta, tiempo en el que publicó muchos artículos en el
suplemento dominical *The Sunday Magazine*, que casi siempre
estaban dedicados a la arqueología prehispánica y clásica.

---

[46] Deduzco la fecha por la información que da Antoinette May en su biografía de Reed. *Op.cit.*, pp. 241–242.
[47] *Ibid.*, p. 243.

Tarjeta de Navidad personalizada con un retrato de Reed en un sitio arqueológico no identificado. El texto dice: "Para Dick [Richard Posner] con mis mejores deseos y todo mi cariño, de Alma. Navidad de 1963".

Fue en ese tiempo en el que Richard Posner y Alma Reed, que vivían a la vuelta de la esquina uno del otro, se hicieron muy buenos amigos; de hecho, él la acompañaba, con mucha frecuencia, a varios de sus compromisos sociales y profesionales en la capital. "Dick", como ella lo llamaba, se volvió uno de sus amigos más íntimos: "todo menos amantes", según las palabras de Posner.

Y así permaneció su relación hasta la muerte inesperada de Reed el 20 de noviembre de 1966, día del aniversario de la Revolución mexicana: una coincidencia de lo más apropiada dada la extraordinaria pasión de Reed por la libertad y la democracia. En palabras de su querido amigo Joe Nash: "Si ella hubiera podido designar una fecha para terminar su carrera de militante, hubiera sido precisamente esa". Varias semanas antes de su muerte, Reed comenzó a sufrir un terrible dolor de estómago y cuando

Alma con Richard Posner (de pie), la mamá de Posner (izq.), Rosa Lie Johansson (a la derecha) y otros amigos.

se volvió insoportable, Rosa Lie Johansson, su gran amiga y compañera de piso, la envió con un médico suizo cuya visión política y sentido del humor eran compatibles con los de Alma. Evidentemente, el doctor le hizo un diagnóstico equivocado, pues calificó su condición como un caso severo del síndrome de "la turista", una infección bacteriana común que ataca a los extranjeros en México. Cuando los dolores empeoraron, la propia Reed se hizo internar en el American British Cowdray Hospital (ABC) de la Ciudad de México, en donde murió unos días después de que los resultados de su cirugía de exploración revelaran cáncer intestinal diseminado.[48] Richard Posner recordó las últimas palabras de Alma en una conversación que sostuve con él en el 2002: "Dick, no me arrepiento de nada de lo que he escrito, ni siquiera de las cosas que nunca publiqué". Por su parte, su amigo y compañero periodista Joe Nash recuerda que:

---

[48] El obituario que apareció en *The New York Times* el 21 de noviembre de 1966 declara que Reed murió de problemas cardiacos. No he podido confirmar la información de ese reporte y, por lo tanto, confío en el testimonio que, en calidad de testigos oculares, me dieron Richard Posner y Joe Nash.

Pocos de los amigos de Alma sabían que estaba internada en el Hospital ABC. (...) Uno de sus amigos reporteros fue a verla el día 19 de noviembre y, cuando le preguntó sobre el manuscrito, Alma le respondió que estaba en su departamento y que como la iban a dar de alta al día siguiente, viernes, se lo iba a enviar el lunes a su editor. Murió en la mañana del 20, día en el que se conmemora la Revolución. Una ley vigente desde hace mucho tiempo en México decreta que los entierros deben llevarse a cabo veinticuatro horas después del fallecimiento, así que al mediodía del día siguiente, sus amigos se dieron cita en la calle de Sullivan —el mismo nombre que su apellido de soltera— en la funeraria más famosa de México. Cuando su hermano Stanley llegó —proveniente de San Francisco— al Hotel Continental Hilton, que estaba a una cuadra del velatorio de la calle de Sullivan, fue recibido por un comité de bienvenida en el vestíbulo del hotel y dijo que agradecía profundamente haber podido llegar para ese momento, pues desconocía la popularidad de su hermana. Alma fue cremada en las cercanías de la rotonda de las personas ilustres en el Panteón Civil de Dolores.[49]

El día que Reed falleció, Posner fue al departamento de Alma, ubicado en Río Elba #53, y recuperó muchos de los escritos y documentos de la autora, entre ellos, un borrador de la historia de su vida, misma que forma parte del contenido de este libro. Como ya se mencionó, Posner guardó los documentos clasificados y los fólderes —que contenían los primeros veintiún capítulos de *Peregrina*, ya corregidos, además de las cartas de amor de Felipe y algunos de sus telegramas— en uno de los muchos *sabucanes*, nombre maya con el que se designan los morrales de yute que Alma tenía, y se la llevó a su propio departamento. Y fue en esa bolsa, escondida en el fondo de un clóset, detrás de almohadas y sábanas enmohecidas, donde encontré los documentos. Las dos primeras veces que fui, acompañado por

---

[49] Joe Nash, memorias inéditas.

la señora Parodi, lo único que encontramos fue una copia del testamento de Alma y varias tarjetas navideñas con saludos y su foto, pero el texto no aparecía por ningún lado del departamento semiabandonado.

En la tercera visita debe haber habido alguna suerte de encantamiento: ese valioso material había estado oculto en el clóset de Posner durante casi cuarenta años, y fue una fortuna haberlo recuperado justo en ese momento, pues resulta que el departamento tenía goteras y, tan sólo dos semanas después de que lo recuperé, todo lo que había dentro de la recámara se echó a perder luego de un fuerte aguacero. Unos días más tarde, todo fue acarreado a un tiradero de basura.

***

Después de vivir en la Ciudad de México durante casi siete años, en el verano del 2000 me mudé a la ciudad de Nueva York, en donde me ofrecieron un profesorado en el Departamento de Español y Culturas Latinoamericanas del Barnard College de la Universidad de Columbia. Antes de irme, la señora Parodi me recomendó que me pusiera en contacto con Posner, quien había regresado a Brooklyn a principios de la década de los ochenta para estar con su madre enferma y, a pesar de que la señora murió poco después de que él regresara, a Posner le fue imposible volver a la Ciudad de México, pues el agravamiento de sus problemas cardiacos le impedía vivir en lugares tan elevados. Después de instalarme en mi departamento en Manhattan, ubicado cerca de la universidad, le llamé a Posner y le expliqué que yo era amigo de la señora Parodi y que, dado mi interés en la cultura mexicana, ella me había recomendado establecer contacto con él. Hicimos una cita para vernos la siguiente semana en un restaurante chino, cerca de su departamento de Ocean Parkway, en Brooklyn. Mientras tanto, preparé la entrevista que quería hacerle, en la que el tema central sería la vida personal y profesional de su gran amigo, el escritor mexicano, Salvador Novo, muerto en

1974. Posner estaba visiblemente entusiasmado de conocer a alguien, con una amiga en común, que también estaba muy interesado en el medio cultural mexicano de mediados del siglo XX. De inmediato nos hicimos amigos y comenzamos a frecuentarnos con cierta regularidad, siempre cerca de su departamento en Brooklyn.

El nombre de Reed no apareció durante nuestras primeras conversaciones, pues yo estaba centrado en Novo y en sus relaciones con otros de los grandes escritores, entre ellos, Federico García Lorca, con quien se rumoraba que Novo había mantenido una relación amorosa. Después de varias reuniones, Posner mencionó a Reed y, aunque sólo hizo un comentario muy breve, me aseguró, sin hacer mayor hincapié en ello, que "ahí había una historia que contar". Como yo seguía enfrascado en mi tema sobre Novo, no reaccioné ante su comentario y, al parecer, mi nuevo amigo decidió esperar a un mejor momento para revelar el secreto que había guardado celosamente durante tanto tiempo. Ese momento llegó una noche, en diciembre del 2000, cuando, mientras él platicaba sobre la amistad que había mantenido con varios artistas y personajes de la cultura en México, incluyendo a Dolores del Río y al escritor Celestino Gorostiza, volvió a mencionar a Alma. Luego de recordarme que ya antes había hecho una alusión a la historia especial de su muy amiga, la Peregrina, Posner comenzó a hablar más en detalle sobre su gran amistad con ella y me contó que él era una de las únicas dos personas en *The News* a las que Reed les daba sus manuscritos para que los leyeran y corrigieran, y cómo, en muchas ocasiones, habían viajado juntos a diferentes partes de México, algunas veces en compañía de la sobrina preferida de Alma, Patsy Berman —la heredera literaria de Reed—, o de figuras tan célebres como la controvertida arqueóloga Eulalia Guzmán, célebre por su supuesto hallazgo de los restos de Cuauhtémoc, el último emperador azteca. También platicó sobre las prolongadas conversaciones que él y Reed mantenían respecto al pasado de la propia Alma, y me describió cómo ella cerraba los ojos y echaba la cabeza hacia atrás cada vez que hablaba de Carrillo Puerto, en especial, del tiempo que habían pasado juntos, tema que invariablemente la hacía entrar en estado de trance. Me imagino que ése era un atributo especial de Alma, pues también Elena Poniatowska un buen día me confió que siempre le daba miedo acercarse a Reed cuando coincidían, junto con la poeta yucateca Rosario Sansores, en el elevador de las oficinas del *Novedades*, pues Alma tenía la extraña costumbre de cerrar los ojos y murmurar para sí misma, quizás entonando las líneas de "La Peregrina" y evocando sus adorados momentos con Felipe, mientras el elevador subía a las oficinas del diario.

Una de las tarjetas navideñas de Alma que fueron encontradas en el departamento de Richard Posner en la Ciudad de México. El texto dice: "Felices Pascuas y Próspero Año Nuevo, Alma M. Reed."

En nuestras conversaciones, Posner mencionó los nombres de otras personas —muchas de ellas ya fallecidas— que también tuvieron una buena amistad con Reed durante los últimos años de su vida. En primer lugar, la mujer con la que compartía Alma el departamento, la pintora sueca, Rosa Lie Johansson, a quien Alma había conocido durante un viaje a la ciudad de Nueva York y a quien, en uno de sus numerosos viajes a Estados Unidos, en los que daba conferencias sobre México para organizaciones como la Columbia Lecture Bureau, entre otras, la invitó a venir a vivir a su país adoptivo. Johansson, que había sido estudiante en la Art Students League de Nueva York y que durante la década de los cincuenta había frecuentado el Cedar Bar, junto a Willem De Kooning y Jackson Pollock, estuvo dispuesta a explorar nuevos horizontes y, gustosa, aceptó la invitación de Alma para ir a la capital mexicana, a donde llegó en 1960 y donde radicó hasta su muerte en agosto de 2004.

Decidí seguir las pistas de Posner y llamé a la embajada sueca en la Ciudad de México para solicitar información sobre Johansson. Desafortunadamente, el personal de la embajada no tenía ninguna información sobre ella y no fue sino hasta que, por casualidad, la señora Parodi leyó, en el *Excélsior*, un artículo sobre una de sus exposiciones, que por fin pude localizar a Johansson. Me dirigí al Salón de la Plástica Mexicana en la colonia Roma y pregunté por la artista. Ella era socia activa de la galería, donde se presentaban exposiciones suyas. A solicitud mía, la recepcionista accedió llamar a la maestra Johansson para decirle que yo quería hablar con ella respecto a su gran amiga Alma Reed. Después de conversar brevemente con ella, la joven me escribió el número de teléfono de la maestra en un pedazo de papel. Más tarde, ese mismo día, llamé a la maestra Johansson y aceptó recibirme el miércoles siguiente en su departamento, que también estaba en la colonia Cuauhtémoc, el mismo barrio en el que había vivido con Alma. En algún momento de sus vidas, también Juan Rulfo, B. Traven, Juan José Arreola, Juan Soriano, Octavio Paz, Pita Amor y

Gabriel García Márquez, vivieron en esas calles bordeadas por jacarandas que llevan los nombres de los ríos del mundo: Nilo, Ganges, Hudson, Elba, Ebro.

Ese miércoles al mediodía, una mujer mayor de ojos azules acuosos, que llevaba unos zuecos tradicionales de su país y cuyo cabello plateado estaba adornado con un pequeño moño negro, me recibió con una sonrisa inquisitiva. En cuanto entré a su departamento, me recibió la mirada de Reed, pues, sobre la chimenea, estaba el busto de bronce moldeado en 1924 por Vincenzo Miserendino, del cual, no hacía mucho, yo había visto un fotograma en un ejemplar de *The Brooklyn Standard Union*, publicado el 30 de noviembre de 1924.

Alma haciendo guardia al pie del monumento fúnebre de Carrillo Puerto en el aniversario de su muerte, 3 de enero de 1963.

También había retratos de Reed colgados en la pared del soleado departamento; estaba, por ejemplo, el lienzo pintado por Johansson en el que Alma aparece de perfil junto a una serie de páginas de varios periódicos que la pintora había incorporado como referencia a sus actividades periodísticas en México y el extranjero.

Busto de bronce de Alma Reed realizado por el artista Vincenzo Miserendino, 1924. Ésta es una reproducción del "fotograma", que apareció en el *Brooklyn Standard Union*, el domingo 30 de noviembre de 1924.

Cuando nos sentamos en la sala, en donde, sobre la mesa del café, la maestra había dispuesto una variedad de manjares dulces y pastelillos al lado de la cafetera omnipresente —y cuya tapa parecía ser la de una lata de aluminio—, la maestra Johansson me cuestionó respecto de mi interés por Alma Reed.

Al principio, la pintora fue bastante reservada al hablar de la vida de su querida amiga, pues, de acuerdo con sus propias palabras, muchas de las cosas que le había referido a la autora de *Passionate Pilgrim*, la biografía de Reed, no habían sido registradas correctamente en el libro. Le molestaba, en particular, la forma en la que en el libro se sugiere que Alma Reed y el artista José Clemente Orozco pudieron haber mantenido una relación amorosa durante el tiempo que trabajaron juntos en Nueva York. Johansson no toleraba la alusión de la autora del libro, Antoinette May, a que "eran dos personas solitarias" que habían coincidido durante un periodo de necesidad emocional. De hecho, el propio Orozco se vio obligado a aclarar su relación con Reed en una carta a su esposa Margarita, con fecha del 16 de noviembre de 1928, en la que describe, con enorme cautela, la gran amistad que los unía:

> Tus dos últimas cartas me dan mucha tristeza por varios motivos, veo que has llegado a formarte una idea muy equivocada respecto a mi trato con la señora Sikelianos y Alma Reed. Es cierto que ellas me estiman y me quieren bastante, pero no pasa de ser en el terreno puramente intelectual, profesional, digamos, como las amistades que se hacen en las oficinas, por ejemplo, sin que tenga que ver nada la familia. No hay ni razón para que haya todavía una amistad personal, privada y menos con el carácter adusto y seco de esta gente a quien ya conoces algo, sabes muy bien que no entienden de favores ni nada de eso.[50]

Poco tiempo después de mi entrevista con Rosa Lie, su amigo Joe Nash me señaló que, en varias ocasiones, Alma le confesó que sí habían estado enamorados, pero que Orozco era un hombre casado y Alma, que pocos años antes había perdido a Felipe —también un hombre casado— no tuvo la intención, ni se sintió capaz, de fomentar ese romance imposible.

---

[50] José Clemente Orozco, *Cartas a Margarita [1921 / 1949]*, idem, p. 141.

La maestra Johansson cambió su actitud —un poco escéptica— respecto a mi proyecto de investigación después de que le platiqué, aunque lo hice de paso, que yo también provenía de una familia sueca y que mi tía bisabuela Esther, que vivió hasta los ciento tres años de edad, preparaba el café con claras de huevo y lo servía con delicias como tortas de papa, albóndigas diminutas y otras especialidades nórdicas. Segundos después, Johansson se detuvo a mitad de su oración y guardó silencio durante varios minutos, como si estuviera examinando la veracidad de mi "condición de sueco" y de pronto exclamó: "¡Sí, ya me acordé, así es como la gente del campo preparaba su café!". A partir de ese momento, ella se sintió más cómoda e insistió en que, como yo era un "buen sueco", me podía confiar la información y los materiales que estaba a punto de entregarme. Cuando me preguntó respecto a mi interés y al conocimiento que ya tenía sobre Reed, le expliqué la historia que me había llevado a encontrar parte del texto de su biografía. La maestra se mostró sorprendida al escuchar que Posner también tenía una copia del texto, pues siempre había pensado que sólo existía la copia que ella resguardaba. Por lo visto, había dos versiones del documento, pero gracias a la copia de Johansson, logré conformar lo que a mi criterio es la edición final, que es el contenido de este libro. Al cotejar los textos, me di cuenta de que a la copia de Posner le faltaban los últimos tres capítulos, los que hablan sobre la muerte de Felipe Carrillo Puerto, y de que la única razón por la que Johansson sí los tenía era porque, poco después de la muerte de Reed, los había recibido de Ethel Turner, la viuda de John Kenneth Turner, autor de *México bárbaro*, un libro que documenta las atrocidades cometidas en contra de los campesinos mayas durante el tiempo de mayor prosperidad de la industria henequenera en Yucatán. La señora Turner se había ofrecido a editar la autobiografía de Reed y, al parecer, acababa de corregir los últimos capítulos cuando se enteró de la muerte de su amiga.

Retrato de Alma Reed como periodista realizado por la artista Rosa Lie Johansson; óleo sobre tela, Museo Nacional de Historia, Ciudad de México. De los tres o cuatro retratos que hizo de su amiga Alma, a quien admiraba profundamente, éste era el preferido de la maestra Johansson, quien compartió el departamento de Alma durante las últimas décadas de su vida.

Luego de varias reuniones, Johansson accedió a prestarme su copia del texto para que yo pudiera compararla con la que había encontrado en el departamento de Posner. Me dijo, también, que tenía otros materiales útiles, pero que para prestármelos, yo tenía que entregarle copia de un contrato de una casa editorial de Estados Unidos con la que pudiera garantizarle que el libro sería finalmente publicado. Y en seguida, me mostró una carta de rechazo que había recibido a finales de la década de los sesenta por parte de Crown Publishers en Nueva York, misma que tenía como antecedentes otras varias cartas similares, enviadas a la propia Reed, en las que se explicaba que, a pesar de que, sin lugar a dudas, la suya era una historia fascinante, no resultaba atractiva para un público general, pues abarcaba un periodo y un lugar muy específico que era desconocido para la mayoría de los lectores estadounidenses. Ése fue un golpe muy duro para Alma, quien había pasado meses escribiendo la historia de su vida, una saga que supuestamente iba a ser adaptada para la pantalla grande por parte del productor y escritor Budd Schulberg, autor de la novela premiada *What Makes Sammy Run?* (¿Por qué corre Sammy?) y guionista de la película aclamada por la crítica *On the Waterfront* (*Nido de ratas*), estelarizada por Marlon Brando y Eva Marie Saint. De hecho, todo parece indicar que Reed incluso había propuesto a Elizabeth Taylor para el papel de la Peregrina.

Posner, un viejo amigo de Schulberg, siempre había creído que la vida de Alma sería una maravillosa historia para el cine, y sabía muy bien que ella no quería que una casa productora mexicana se encargara de sus memorias, pues temía que bajo esa perspectiva, los aspectos ideológicos de su relación con Carrillo Puerto serían diluidos para únicamente resaltar la tragedia de su romance. Posner contactó a Schulberg y le platicó sobre Alma, quien ya había comenzado a escribir su autobiografía, que era, a la vez, una biografía de Carrillo Puerto y una historia política de México y de Yucatán. Se dieron cita en una de las legendarias fiestas "crèche" que Alma celebraba en su departamento en la calle de Río Elba durante la temporada navideña, y a las que asistían celebridades como los pintores Raúl Anguiano, José Segura y Fito Best Maugard, así como Howard Phillips, editor de la revista *Mexican Life*, en la que Reed algunas veces publicaba sus artículos, y José Luis Ramírez, dueño y fundador de la Editorial Diana, que después publicó una traducción póstuma del último volumen de Alma sobre arqueología mexicana titulado *El remoto pasado de México*. Una vez que estaban todos reunidos, Reed se paraba en la escalera para sobresalir un poco y presentaba a sus invitados. De acuerdo con Posner, Reed y Schulberg se llevaron bien desde el principio y, con cierta frecuencia, se reunían en el Luaú, un restaurante polinesio de la Zona Rosa que aún existe, para cenar y discutir sus planes respecto a la película.

De izquierda a derecha: Alma con el senador Bojórquez, Ethel Turner (viuda de John Kenneth Turner, autor de *México bárbaro*), el señor Harold Coy y su esposa, en Cuernavaca. La señora Turner se encargó de la corrección final de las memorias de Alma y sus comentarios a los últimos dos capítulos se han conservado para esta edición.

De acuerdo con el productor, lo que disparó su interés en el proyecto fue el hecho de que la historia era, a la vez, individual y colectiva. En una entrevista publicada en *The News* el 15 de septiembre de 1962, Schulberg explica que:

> La historia personal de Alma Reed está evidentemente vinculada a la lucha que el pueblo mexicano enfrentó, con innumerables tragedias, para llegar a ser un estado maduro y soberano. Como un viejo admirador de la vida y la cultura mexicanas, siempre me ha llamado la atención el hecho de que dos personas, que vienen de lados opuestos de la frontera, entren en relación y decidan trabajar juntos con el propósito conjunto de luchar en contra de la inhumanidad del hombre con sus semejantes.

Más adelante descubrí que el señor Schulberg le había estado otorgando a Reed un estipendio para que pudiera terminar la historia de su vida, ingreso que ayudó enormemente a su situación financiera, que fue siempre precaria. De hecho, a Posner le preocupaba que el proyecto de Reed no se concretara, pues ella continuaba posponiendo la escritura de su autobiografía para terminar lo que fue su última obra, *El remoto pasado de México*, una investigación arqueológica sobre Mesoamérica, publicada en 1966 por Crown Publishers, y, como ya se mencionó, en 1972 por la Editorial Diana.

A la muerte de Reed, el manuscrito de su autobiografía desapareció, y se dice que la parte que Schulberg ya había recibido se perdió en 1985, después del terremoto que azotó a la Ciudad de México y destruyó el estudio que él tenía en la colonia Juárez. De acuerdo con Posner, el productor nunca pudo recuperar sus pertenencias, pues estaba prohibido entrar a ese edificio que, al final, fue demolido. A pesar de que la película de Schulberg nunca se logró filmar, las aventuras de Reed en Yucatán ya habían sido la fuente de inspiración de la película *La golondrina*, dirigida en 1938 por Miguel Contreras Torres. Más de veinte años después de su muerte, las aventuras de Alma en Yucatán fueron el tema de la película *Peregrina* (1987), estelarizada por la actriz y vedette argentina Sasha Montenegro, cuya trama se centraba en su romance con Carrillo Puerto —justo lo que Alma más temía—. Reed también fue caracterizada en la película de Julio Bracho, *En busca de un muro* (1973), la historia de la vida y la lucha del muralista José Clemente Orozco durante su estancia en Nueva York.

Otro de los vínculos fundamentales en la serie de acontecimientos que concluyeron con el descubrimiento de este extraordinario documento y que fueron de gran ayuda para su contextualización histórica, fue la información otorgada por Joe Nash, el ya mencionado periodista que vivió, durante mucho tiempo y hasta su muerte, en la Ciudad de México; un hombre que primero conoció México, a mediados de la década de los treinta, en un viaje que hizo en bicicleta con la guía de viajes de Frances Toor bajo el brazo y que, poco después, regresó para quedarse definitivamente. Nash conoció a Reed a principios de la década de los cincuenta en *The News*, en donde, en ese tiempo, él era un reportero principiante que pretendía especializarse en los temas de cultura e historia. Antes de su muerte, el señor Nash, quien falleció en 2007 a la edad de noventa y tres años, había comenzado a registrar algunos de sus recuerdos más vívidos sobre el tiempo que trabajó con Alma en *The News*, y sus crónicas me ayudaron a ilustrar algunos aspectos de la personalidad de Reed que, de otro modo, hubieran quedado en el olvido. En una de sus descripciones habla sobre las incursiones de Alma al corazón del México macho: la cantina, lugar en donde, hasta hace poco, no se le permitía la entrada a las mujeres "decentes". Cito de las memorias inéditas de Nash:

> Nadie sabe quién le mostró, por primera vez, el atractivo de la cantina Negresco. Pero al ver a esa primera mujer entrar sin ningún titubeo, nadie se atrevió a pedirle, a tan noble dama, que se retirara del lugar. Así que, sin que haya existido de por medio una presentación formal, esa primera incursión echó raíces y creció hasta convertir a ese lugar en un centro de

reunión mucho menos sofocante que la oficina del periódico, en donde no había para los empleados ningún espacio propio para la inspiración. Tras los pasos de Alma, uno de sus colegas pidió permiso para colocar una pequeña placa de bronce, del tamaño de un sobre, con la siguiente inscripción: "En este sillón estuvo Alma Reed, 'la Peregrina', quien superó otra barrera más". Hace mucho tiempo que ya no está el letrero que le prohíbe la entrada a las mujeres. Y nadie sabe qué fue de su placa en una ciudad famosa por el robo desenfrenado de identificaciones de bronce, grandes o pequeñas. (...)

En otro texto, dedicado a la inauguración del Festival Internacional de Cine de Acapulco, Nash documenta el profundo interés de Alma en el séptimo arte y, al mismo tiempo, divulga un incidente poco conocido que ilustra los alcances del carácter de la Peregrina:

Anatomía de un asesinato era una de las películas participantes en el festival y, su director, [Otto] Preminger estaba presente. Los reporteros novatos de los periódicos de la Ciudad de México estaban tan impresionados con la presencia de Preminger que no hacían ninguna pregunta. Había una mujer rubia —cuyo padre trabajaba para la embajada del Uruguay y, de vez en cuando, escribía una columna en *El Universal*, el periódico más antiguo de la capital— que, no obstante ser una perfecta desconocida, estaba ahí. Como periodista madura y experimentada, Alma comenzó la alegre tarde así:

—señor Preminger, ¿Tiene pensado hacer, en algún momento, algo por el bien del arte cinematográfico? Parece que en *Anatomía* se reduce a mostrarle calzones sucios al público.

—Puede ser que sí. Acepto encargos para ganar dinero y esta película, sin duda, es uno de ellos.

Por alguna extraña razón no había ningún fotoperiodista ahí. Los reporteros novatos se quedaron tan impactados por lo que había sucedido, que no hicieron ninguna otra pregunta. Alma estaba sentada a la derecha de Preminger y Miss Uruguay, que estaba de pie a su izquierda, de pronto, le lanzó una sugerencia a la doña de la leyenda:

—¿Por qué no se calla, vieja cacatúa, y le da una oportunidad a alguien más?

En ese momento se generó un caos. Antes siquiera de haberse levantado por completo de su asiento, Alma se le fue encima a Preminger para poder llegar hasta Miss Uruguay; el editor de la Ciudad de México agarró a Alma por la falda y la jaló lo más fuerte que pudo para mantenerla en su asiento; por su parte, Preminger se agachó y se cubrió la cabeza con las manos. Ése fue un mejor final para lo que, de otro modo, hubiera sido una monótona sesión de preguntas inconsecuentes.

Por fortuna, la continua dedicación de Reed hacia México y su cultura no pasó inadvertida por las autoridades mexicanas y, en 1961, Alma se convirtió en la tercera mujer condecorada con la Orden del Águila Azteca en reconocimiento a su destacada contribución a la cultura mexicana durante un periodo de casi cincuenta años.

Alma con el escritor y productor Budd Schulberg a la entrada del Bosque de Chapultepec, en la Ciudad de México. Esta fotografía fue tomada por Richard Posner, amigo y confidente de Alma.

Las únicas otras mujeres en recibir ese honor fueron la aviadora Amelia Earhart y la diva de la ópera Grace Moor. Ese año fue esencial para Reed pues también publicó *The Mexican Muralists (Los muralistas mexicanos)*, un importante estudio sobre el renacimiento de la pintura mural mexicana, y fue condecorada con la Orden de la Beneficencia de la República griega en reconocimiento a su contribución para el rescate de la cultura clásica griega por medio de la fundación de la Sociedad Délfica en Nueva York y de su traducción de la poesía de Ángelos Sikelianos.

Alma con su medalla de la Orden del Águila Azteca.

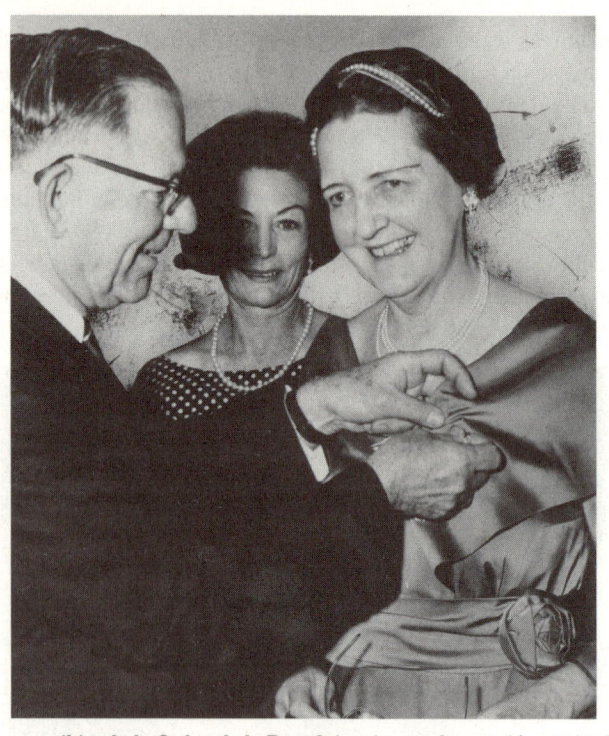

Alma recibiendo la Orden de la Beneficiencia, condecoración otorgada por el entonces embajador de Grecia en México, su gran amigo Leander P. Vourvoulias.

Más adelante fue condecorada con la cruz del Santo Sepulcro por parte del Patriarca Damianos y con la Orden del Mérito de la República del Líbano. Mi deseo es que por medio del rescate y publicación de esta extraordinaria autobiografía, el lugar de Reed en la historia cultural, tanto de México como de Estados Unidos, sea debidamente reconocida, y que las contribuciones, todavía inexploradas, que otras estadounidenses excepcionales —como Frances Toor, Margaret Shedd e Ione Robinson— le hicieron a la cultura mexicana posrevolucionaria, sean objeto de documentación y estudios futuros.

Sobre esta edición

A lo largo de la preparación de la autobiografía de Reed, un proceso complejo que comenzó con la transcripción de los 23 capítulos escritos a máquina que comprenden *Peregrina*, mi objetivo principal fue respetar la intención de la autora; el hecho de que ella planeara enviarle su manuscrito al editor de Crown el día después de que la dieran de alta del hospital, confirma que, en la opinión de Reed, su autobiografía estaba prácticamente completa. Los pocos cambios que le hice al texto fueron correcciones de errores en la ortografía de las palabras en español y de las inconsistencias que se encontraron respecto a fechas, nombres y títulos. Muchos de estos detalles fueron encontrados por mi excelente traductora, Ileana Villarreal y las alteraciones están debidamente mencionadas en las notas a pie que acompañan cada capítulo.

Como a la copia que Posner poseía de *Peregrina* le faltaban los últimos tres capítulos y la de la maestra Johansson estaba completa, decidí basarme en el material contenido en esta última, pues me parece que se trata de la versión final de Reed. Luego de comparar, hoja por hoja de ambas versiones, detecté correcciones que Alma había hecho, con su puño y letra, en los primeros veinte capítulos de la copia de Johansson, mismos que eran, en esencia, un facsimilar del documento de Posner. Sin embargo, el capítulo 21 lo armé con las dos versiones que, separadas, resultaban fragmentadas y juntas formaban una unidad lógica y coherente. Los últimos tres capítulos no tenían título y, por lo tanto, yo les puse uno; lo que hice fue tratar de imitar el tipo de títulos que ella había usado en los capítulos precedentes, para lo cual, tomé una frase del cuerpo de cada capítulo en cuestión. Como ya lo había mencionado, incluyo notas de pie a lo largo de todo el texto que están concebidas para ayudar a los lectores que no estén familiarizados con ciertas referencias que hace la autora respecto a la historia de Yucatán, México o Estados Unidos. Entre las notas incluyo también las referencias bibliográficas que creí necesarias, pues Reed constantemente habla de otras obras históricas y políticas, en especial, cuando recrea los acontecimientos que culminan con la muerte de Carrillo Puerto, el único suceso descrito en su autobiografía que ella no presenció.

Las fotografías que aparecen en esta edición son, en su mayoría, la selección que hice de entre las más de cien imágenes que me dio la ahora difunta Rosa Lie Johansson, mismas que ella había heredado de Reed y que tenía almacenadas en una caja de cartón en la sala de su casa. Entre ellas hay un fotomontaje que muestra a Reed como "Mrs. Goodfellow", imágenes tomadas por fotógrafos oficiales durante su primer viaje a Yucatán con la expedición del Instituto Carnegie, en muchas de las cuales aparece acompañada de Carrillo Puerto, y retratos de estudio que le tomaron para sus libros o para publicitar sus giras como conferencista en Estados Unidos. Otras tantas fotografías son las que yo tomé durante mi estancia de investigación en Mérida, Yucatán; otras, las encontré en distintos archivos, entre ellos, el del Instituto Smithsoniano. En los casos en los que fue posible, se designan la proveniencia y el crédito de las fotografías en su respectivo pie de foto.

Michael K. Schuessler
Ciudad de México y Manhattan,
2003-2005

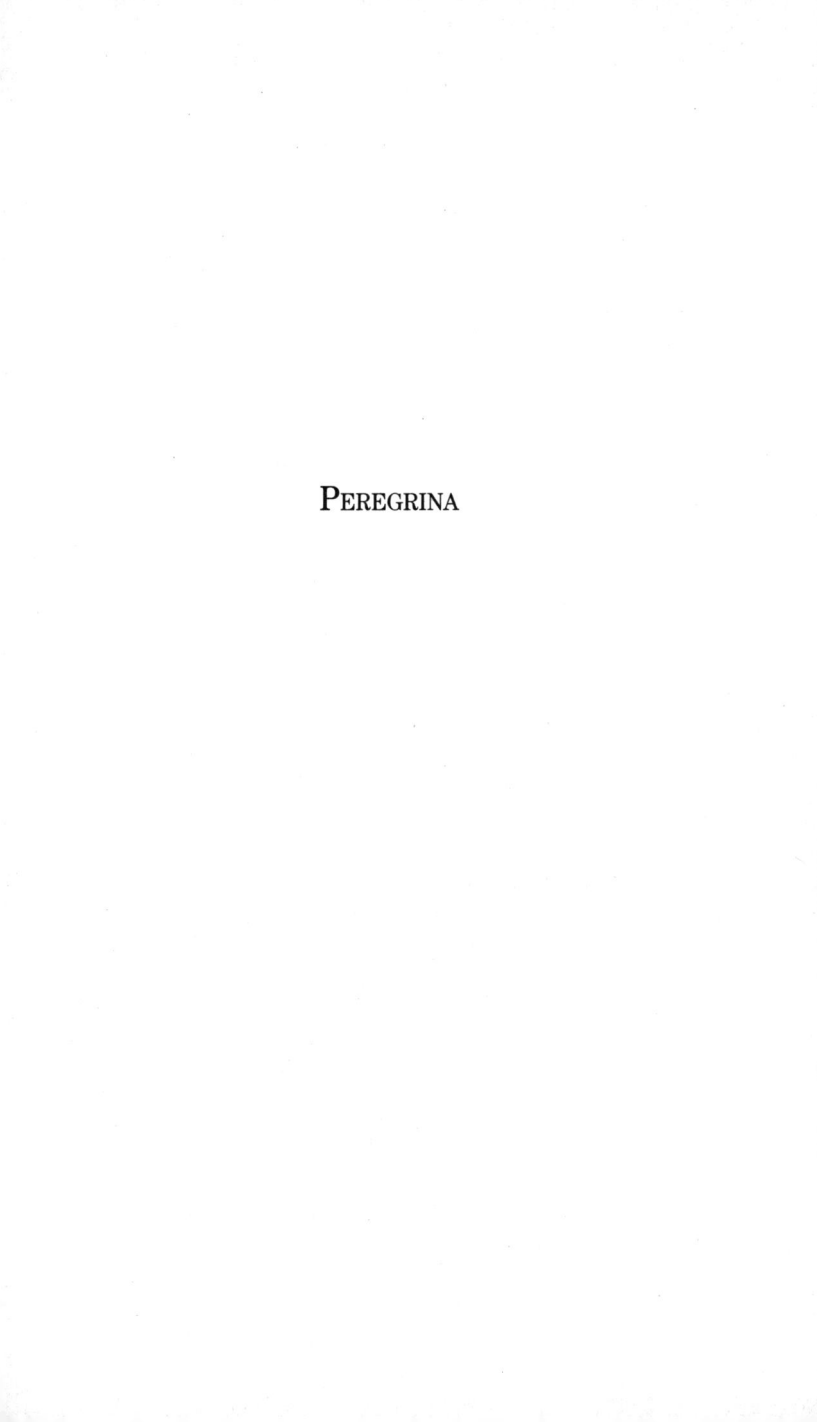

Peregrina

Prefacio de la autora

Se incurre en una obligación moral con la historia cuando uno ha compartido los deseos y las aspiraciones de un gran líder público sacrificado por las causas a las que valerosamente sirvió. Al escribir *Peregrina* he procurado cumplir un deber sagrado de esta índole. El idealista que entró a mi vida para encarnar en mí la realidad arquetípica de la Bondad, la Verdad y la Belleza fue Felipe Carrillo Puerto, el gobernador mártir de Yucatán al que a menudo llaman el "Abraham Lincoln de México".

Asumí este compromiso con pleno conocimiento suyo en el otoño de 1923, cuando decidimos unir nuestros destinos. En ese momento extático de fe en nuestro futuro común, planeamos trabajar juntos en un libro para el que Felipe Carrillo ya había dado el título. La propuesta de la autobiografía *Detalles de la vida de un líder socialista* estaba diseñada para dar a conocer los frutos de sus años de labor y estudio intensos, de lucha perpetua y de peligro constante. La obra debía incluir el programa educativo, social y económico que él había creado para que, en el transcurso de una generación, los millones de desheredados de los cinco continentes superaran su karma histórico de ignorancia y miedo, superstición y pobreza extrema.

El mundo está alineándose, paulatinamente, con la visión y la iniciativa de Felipe Carrillo. Muchas de las ideas y movimientos de los que fue precursor en Yucatán comienzan ya a implantarse en el pensamiento y acción contemporáneos, al igual que en las políticas de gobierno y en las declaraciones de las Naciones Unidas. La justicia más elemental exige que el creador sea identificado, con toda claridad, junto a su gran creación.

Hay otra consideración más que me impela a "dar testimonio" ahora. Una mentira en la historia puede compararse con una mosca embalsamada en ámbar. Llega un momento en el que este organismo queda tan firmemente incrustado en el mineral ya solidificado y la falsedad en la conciencia humana endurecida, que extirpar cualquiera de las dos se convierte en una tarea casi imposible.

A pesar de la honorabilidad que evoca el nombre de Felipe Carrillo en cada parte de la República mexicana e incluso más allá de sus fronteras, las siniestras fuerzas reaccionarias porfían para desacreditar su memoria. Estas fuerzas son las mismas que conspiraron para dar fin, por medio de un crimen repugnante, al invaluable servicio público de Felipe Carrillo; las mismas que destruyeron a Hidalgo, Morelos y Melchor Ocampo y que, ¡por las mismas razones!, difamaron y continúan difamando a Benito Juárez. Al igual que Felipe Carrillo, estos patriotas mexicanos fueron paladines de los humildes y los desposeídos, de los "inarticulados", como Felipe acostumbraba llamarlos. También hoy, en Estados Unidos, existe una situación análoga con respecto a Abraham Lincoln. ¿Con cuánta frecuencia escuchamos que al Gran Libertador se le denomina con epítetos que no admiten repetición por escrito? En todos los países, la ponzoña de quien posee esclavos y repentinamente se ve despojado de ellos se ha expresado de manera similar. Bajo la óptica egocéntrica de los dueños de los esclavos, Abraham Lincoln, por liberar a los escalvos negros de las plantaciones de algodón del sur, y Felipe Carrillo, por iniciar la emancipación de los mayas y de otros esclavos en los vastos imperios henequeneros de Yucatán, son culpables de una ofensa imperdonable. Los dos se atrevieron a desafiar la santidad de la propiedad privada, no obstante haber sido adquirida de forma ilegítima. Ambos se negaron a aceptar el argumento de los dueños de los esclavos de que los seres humanos deben considerarse como bienes muebles negociables.

Evidentemente, *Detalles de la vida de un líder socialista*, como Felipe y yo la planeamos, nunca será escrita; pero los capítulos finales de su épica heróica comprenden también algunos capítulos de mi historia personal. Por ello, *Peregrina* es tanto una biografía como una autobiografía parcial. De cualquier modo, siempre he concebido los acontecimientos que el libro registra como parte de una historia mayor sobre nuestro mundo en transición —una fase en el ascenso revolucionario de la humanidad, que va de la violencia predadora de la selva a la práctica de la regla de oro—.[1] Más específicamente, me parece que los aspectos biográficos esbozan la historia de lo que es un esfuerzo mayúsculo del continente americano en el inagotable afán de rescatar al hombre de la inhumanidad de sus semejantes.

No he tenido ninguna intención de separar o desviar las diferentes corrientes que fluyen en el curso principal de la narrativa. Simplemente he referido los acontecimientos conforme fueron sucediendo y he evaluado las situaciones de acuerdo con la impresión que me causaron entonces, con una conciencia emocional y racional de juventud y con sus inevitables prejuicios.

Me atrevo a suponer que tanto los elementos documentales como los subjetivos de *Peregrina* van a proporcionar o por lo menos a indicar la existencia de nuevas fuentes de información y a arrojar luz sobre los hechos ya conocidos de la vida del apóstol humanista de Yucatán. Como quiera que sea, tengo la certeza de que los historiadores futuros se ocuparán, cada vez más, en el estudio de su personalidad radiante, su visión resuelta sobre un proyecto más próspero de las cosas y de sus contribuciones constantes a un noble concepto de verdadera

---

[1] La regla de oro: "Hagan ustedes con los demás como quieran que los demás hagan con ustedes.". Mateo 7, 12. (N. de la T.)

civilización. El doctor Ernest Gruening, distinguido historiador y economista, que por mucho tiempo ha formado parte de la alta jerarquía del gobierno de Estados Unidos y que conoció bien a Felipe, escribió sobre él:

> Como un gran cometa surgió de la oscuridad inmemorial, elevando a su paso la mirada y el corazón de los hombres; un símbolo brioso de los ciclos proyectándose hacia la vastedad de lo desconocido: una visión inolvidable. Fue una figura cósmica; reunió en su sola persona la vasta épica de la gran raza americana y la épica inagotable de la búsqueda humana de la libertad.

A lo largo de todos los años que han pasado desde la funesta madrugada del 3 de enero de 1924, Felipe Carrillo ha conservado en mí, y en todos aquéllos que de verdad lo conocieron, su fuerza creadora en el presente vivo. No hay ningún ayer al final de la jornada, pues las imágenes que han desaparecido de entre lo visible todavía dominan el ánimo interior y son más inteligibles a la mente y al corazón que las realidades concretas del ahora que transcurre. "Lo que fue, no puede dejar de *haber sido*". Estas palabras, del filósofo español del siglo XVI Saavedra de Fajardo, vuelven ahora a mi memoria como un recuerdo punzante de lo "incesable" en todo lo que atañe a Felipe Carrillo. Sin embargo, mientras que su influencia y presencia espiritual funcionan como parte de un *continuum* para la raza maya, los mexicanos y el mundo del mañana, para mí, la fecha en la que "todo comenzó" está claramente señalada entre las pastas de piel morada de mi diario de 1923. Conforme leo sus páginas, la memoria va reconstruyendo este "comienzo", y toda la magia y el dolor inefables que a él siguieron, con tal nitidez que me parece estar viendo la secuencia en una pantalla de televisión.
ASÍ PUES.

Alma Reed en Mérida retratada con su terno típico maya, el traje de mestiza que le regaló su enamorado, Felipe Carrillo Puerto, en 1923.

I

Corresponsalía en Yucatán

El amable asistente del editor me deseó buena suerte mientras me entregaba un cable con instrucciones de último minuto; pero en su forma de hablar, con la característica parsimonia de Tennessee, dejaba en claro que desaprobaba el proyecto que había atrapado el interés personal de su editor.

—Para ser una chica apacible del distante y próspero oeste, escogiste los dos trabajos más incompatibles en toda la oficina de este hombre desde lo de ron y catolicismo.[1]

Al preguntarle por qué, me contestó:

—La respuesta es evidente. ¿Conoces otra combinación más absurda de reportajes que arqueología y amor libre? Si puedes mencionar una sola, te invito a comer en Delmonico's el día que regreses a la ciudad.

Le recordé la famosa ley de atracción de los opuestos, pero admití, con toda franqueza, que en ese momento no podía

---

[1] La autora se refiere al enorme debate que se desató después de la declaración del reverendo Samuel D. Burchard ante el Buró Religioso del Comité Nacional Republicano durante la campaña presidencial estadounidense de 1884; en la cual, acusó a los demócratas de ser un partido cuyos antecedentes eran el ron, el catolicismo y la rebelión. Con esta declaración ponía a los demócratas en el centro de tres de los asuntos más delicados de ese tiempo: la prohibición (o Ley Seca), el catolicismo y la Guerra Civil. No obstante, los demócratas ganaron la elección con el candidato Grover Cleveland, que fue el primer presidente demócrata elegido después de la Guerra Civil. (N. de la T.)

pensar en ningún caso más obvio de incompatibilidad. Eso ya le ahorraba el espantoso gasto que hubiera tenido que hacer en Delmonico's.

Yo no estaba tan segura de que el punto de vista del "amor libre", que entonces era el tema preferido del periodismo amarillista sobre Yucatán, pudiera satisfacer los requisitos de autenticidad que exigía el honorable *The New York Times*.

Más bien, me parecía uno de los tantos enfoques distorsionados que tienden a prosperar en nuestro vecino más cercano del sur. Durante mi estancia de tres meses en México, el otoño anterior, vi cómo algunos reporteros perspicaces e incluso brillantes se convertían en víctimas de los intereses petroleros y sin querer, o como quiera que fuera, se ponían al servicio de un plan fuertemente financiado para derrocar al nuevo gobierno de Obregón. La mayoría de sus reportajes estaban falseados, llenos de imprecisiones o prejuicios y contenían muy poca o ninguna información sobre el progreso inminente y los logros favorables que con la restauración del orden, luego de ocho años de conflicto amargo y sangriento, había conseguido la Revolución. Pero no me detuve a discutir ese punto; eran casi las once y abajo había un taxi matriculado esperándome, porque mi salida estaba programada para las doce.

Me molestaron mucho los comentarios más bien indiferentes que hizo el asistente del editor acerca del proyecto que, hasta ese momento, representaba el paso más importante de mi joven carrera. Estuve dándole vueltas en la cabeza al asunto durante todo el trayecto hacia el embarcadero de la Ward Line, en donde los pasajeros del vapor México, con rumbo a los puertos del Golfo y del Caribe, ya estaban abordando. Lo que más me irritó fue que durante el camino, no se me hubiera manifestado ni siquiera un destello de agudeza al estilo de Thackeray[2] para atormentarme con la ingeniosa respuesta

---

[2] William Makepeace Thackeray (1811–1863). Escritor, periodista y humorista inglés; uno de los máximos exponentes de la novela realista del siglo XIX, que se caracteriza por su prosa mordaz y satírica. (N. de la T.)

que le pude haber dado; pero la sospecha de que él tuviera *razón* era todavía peor.

La mañana estaba clara y despejada; era jueves, 8 de febrero de 1923. Un viento, que venía del suroeste, comenzaba ya a transformar el entumecimiento del invierno en una anticipada *joie de vivre* de primavera. Antes de embarcar, me detuve al pie de Wall Street en una breve y emotiva despedida de Manhattan, mi mirada se prolongó a lo largo de su profundo y estrecho cañón hasta donde el campanario de Old Trinity, que ante tal paisaje parecía pequeño y fuera de contexto, le cerraba el paso a Broadway. Había estado menos de dos semanas en Nueva York, apenas lo suficiente para romper el encanto de su superficie fascinante; pero durante nuestro efímero encuentro la ciudad fue cordial y emocionante. Llegué de San Francisco, donde nací, a quedarme con unos amigos ya acomodados entre la gente de los escenarios y del mundo literario. En casa de George Creel y de su esposa Blanche Bates conocí a los Barrymore, a Henry Miller, a Ruth Chatterton y a otras celebridades. Muchos de mis antiguos colegas, transladados al alboroto del periodismo metropolitano, estaban prosperando en altos cargos editoriales. De un momento a otro, la vida se convirtió en una secuencia festiva de cenas formales, fiestas con la gente de teatro, comidas exclusivas y *thés dansants*. Disfruté cada momento al máximo, y tenía tantas ganas de regresar y de conocer más de cerca las incontables maravillas de la ciudad, como de comenzar la gran aventura que me esperaba en las selvas yucatecas.

Inspirada por pensamientos nostálgicos sobre mi padre, la emotiva despedida en Wall Street comenzó a alargarse. Durante el ajetreo de mis recorridos diarios por la ciudad, nada me había provocado un impacto emocional tan profundo como ese distrito que, con tanta pasión, él nos describía, a mí y a sus otros siete hijos, como un santuario nacional. En mi mente, toda esta área estaba íntimamente ligada al intenso patriotismo de mi padre; me hacía recordar las pequeñas banderas nacionales que sin falta adornaban nuestra mesa del comedor en los días patrios, incluso en los aniversarios menos celebrados, como el de la batalla de Bunker Hill el 17 de junio. También logró generarme una nueva manera de entender y apreciar los enormes grabados de acero que adornaban las paredes de nuestro anticuado comedor: *Franklin ante la Cámara de los Lores* y *El cruce del río Delaware*, que armonizaban con los retratos de cuerpo entero de Henry Clay y Patrick Henry en actitud heróica, mientras que a cada lado del espejo alto que estaba sobre la chimenea de mármol blanco, George y Martha Washington miraban con benevolencia nuestras comidas desde sus marcos ovalados de nogal. Pero lo que en verdad vinculaba en mi memoria a mi hogar remoto con el imponente cañón de Wall Street era Fraunces Tavern. Escondido entre los rascacielos de Pearl y Broad, se encontraba este pequeño edificio de ladrillo cuadrado y pórtico blanco en el que el general Washington se despidió de sus oficiales en 1783. Todavía puedo escuchar a mi padre narrando ese episodio histórico con sorprendente precisión; su voz vigorosa y llena de emoción nos llevaba a todos al borde de las lágrimas, en especial con la frase conmovedora con la que siempre terminaba su narración: "Y entonces, con semblante meditabundo y a paso lento, caminó en silencio hacia el embarcadero de Whitehall".

Sin embargo, el atractivo de mi presente glamoroso y de un futuro incierto y quizás peligroso pronto interrumpió el arrobo de mi pasado entrañable. Al igual que mi viajero preferido, George William Curtis, el *howadji* poético de las "Nile Notes",[3] podía afirmar llena de alegría que: "Para nuestros ojos jóvenes, toda imagen era sublime". Bajo esa perspectiva de embeleso, incluso las enormes figuras mecánicas con las nubes como fondo cobraban un aire de belleza y, desdibujadas por los rayos de luz blanca, se convertían en símbolos desafiantes. Las magistrales torres me parecían lanzas plateadas que perforaban

---

[3] *Howadji*, término para designar a cierto tipo de viajero aventurero, empleado en la obra de George William Curtis, *Nile Notes of a Howadji*. (N. de la T.)

la altura de la búsqueda más excelsa para exigir la realización de los sueños y de las ambiciones de juventud. Y supe que su apacible imagen permanecería en mi memoria por siempre.

La travesía en el México fue un asunto tranquilo y más bien casual. No hubo en ella el gozo rebosante de los días de navegación que conocí de niña, cuando acompañaba a mis padres a los embarcaderos de San Francisco para ver partir a nuestros amigos y parientes en los suntuosos trasatlánticos del Pacífico hacia Hawaii, Australia y el lejano Oriente. En cubierta no reconocí más que una sola señal del ambiente del *bon voyage*: la de los reporteros y sus camarógrafos que, con el afán de conseguir los *close-ups* y las entrevistas, acorralaban a muchos de los científicos célebres que venían en representación de museos y universidades y de la comunidad intelectual de Estados Unidos. Los científicos, al igual que yo, iban a las ruinas mayas en Yucatán. Los habían invitado para que tomaran parte en un estudio preliminar a las expediciones de gran escala que el Instituto Carnegie de Washington, D. C., emprendería al año siguiente en Chichén Itzá, la más afamada de las ruinas mayas.

Yo acompañaba al grupo como corresponsal de *The New York Times*. Su editor, el señor Adolph Ochs, me había contratado para escribir una serie de reportajes especiales para *The Sunday Magazine* y el director de edición, el señor Carr Van Anda, quería una cobertura de noticias por cable para las ediciones diarias del periódico. Además, yo tenía el encargo por parte de *Collier's Magazine* de hacer una semblanza del gobernador socialista de Yucatán, Felipe Carrillo Puerto, cuyo radicalismo y legislación sobre el divorcio (programa de "amor libre" según el asistente del editor) estaban causando una extensa y enardecida controversia.

Los primeros años de la década de los veinte representaron el apogeo de los arqueólogos en todas partes del mundo. Hubo numerosos y sorprendentes descubrimientos de antiguas civilizaciones desde Suecia hasta Mesopotamia. El tema de la arqueología simplemente monopolizaba la prensa diaria. Los encabezados de las primeras planas anunciaban que el silencio de los siglos se había roto en Cartago, Nínive y Baalbek; que los desiertos desolados de Etiopía habían sido invadidos por los ejércitos de la ciencia... A las ediciones especiales en rotograbado y en color se les solicitaba que manejaran la relación de los espectaculares "hallazgos" de forma adecuada. Se dedicaban páginas completas a la descripción de la avalancha de tesoros deslumbrantes que manaban de las tumbas egipcias recién descubiertas. Las columnas de autores famosos se entregaban al esplendor desaparecido de Tutankamón y a la tentativa de rastrear los trágicos desenlaces de su maldición de largo alcance sobre los profanadores de su sarcófago dorado. Incluso Van Anda, editor de *The New York Times*, se vovió egiptólogo para escribir un libro sobre las hazañas de Lord Carnarvon y Howard Carter cerca de la antigua Tebas.

La imaginación popular cautivada respondía a toda esta publicidad masiva con el regocijo propio de la posguerra. Se pusieron de moda los tocados inspirados en Isis y la joyería en forma de escarabajo; los más en boga conseguían ajustar su apariencia a la silueta de los estuches de momias. Sin embargo, a pesar de toda esa actividad arqueológica sin precedentes —financiada y realizada en gran parte por las expediciones de Estados Unidos— muy poco o nada sabía el estadounidense promedio sobre los magníficos templos y palacios mayas que estaban, en comparación, mucho más al alcance de Nueva York y de nuestros puertos del sur. La apatía general del público respecto a estos antiguos monumentos llevaba mucho tiempo percibiéndose como una suerte de escándalo internacional; ya desde 1831, uno de los periódicos más importantes de Londres había manifestado con arrogancia que si las ruinas mayas hubieran estado en un país accesible a los viajeros *británicos*, ellos habrían creado una sensación de la que Pompeya o Herculano no serían rivales.

No faltaba literatura sobre el tema; abundaban los comentarios a las crónicas españolas de sacerdotes y navegantes del tiempo de la Colonia. La investigación del abate francés

Brasseur de Bourbourg fue eminente, ya que en 1863 encontró en los archivos de la Academia Real de la Historia de Madrid *La relación de las cosas de Yucatán*, manuscrito al que le debemos nuestro conocimiento del alfabeto maya. El autor de este manuscrito es fray Diego de Landa, franciscano que prestó sus servicios en Yucatán entre 1549 y 1562, y que en sus últimos años fue el obispo de la provincia. Asimismo, había un gran número de trabajos escritos en varios idiomas acerca de la historia de los mayas y de su forma de vida previa a la llegada de los españoles. También existían narraciones fascinantes de viajeros ilustrados como A. P. Maudslay, Désiré Charnay y el barón Alexander von Humboldt, por mencionar sólo algunos. Contrario a lo que podría pensarse, las aportaciones más importantes en el estudio de la cultura maya provenían en ese momento de los eruditos estadounidenses. Uno de los descubrimientos vitales en el campo de la investigación mesoamericana lo hizo el periodista y editor californiano J. T. Goodman, quien en 1890, después de perseverantes estudios, descifró por primera vez el método de fechación de las llamadas "series iniciales" por medio de inscripciones jeroglíficas en los monumentos; para sus descubrimientos, se basó en las reproducciones detalladas que Maudslay había hecho de las esculturas mayas. A propósito, como editor del *Virginia City Enterprise* de Nevada, Goodman también ayudó al enriquecimiento de la literatura en inglés al motivar y guiar en su desarrollo al joven Samuel Clemens, el grandioso y brillante humorista conocido y admirado bajo el seudónimo de Mark Twain. Incluso, el libro más representativo sobre las ruinas mayas, *Incidentes de viaje en Centro América, Chiapas y Yucatán*, fue escrito por un explorador estadounidense, John L. Stephens. Este notable trabajo, publicado en 1841, fue ampliamente ilustrado por el artista británico Frederick Catherwood.

La expedición maya que patrocinó el Instituto Carnegie y que el gobernador Carrillo hizo posible despertó de inmediato el interés de Estados Unidos en esta antigua arquitectura y escultura. La curiosidad pública, despojada al fin del desinterés y de la indiferencia ante nuestro propio legado arqueológico, comenzó a dirigir los reflectores de la información hacia el tesoro enterrado del Nuevo Mundo; de hecho, se convirtió en un tema ampliamente publicitado. Los comunicados de prensa que recibía *The Times* daban cuenta de los preparativos para la expedición en Yucatán con varios meses de anticipación. Un año antes de que se llevara a cabo, la Sociedad Arqueológica local, encabezada por el gobernador Carrillo y compuesta por yucatecos eminentes y por una mujer estadounidense —la señora W. James—, estaba ya congregada en Mérida planificando la visita de los arqueólogos del Carnegie y desarrollando el proyecto para dar inicio al turismo organizado. En una reunión celebrada en la casa del señor Felipe G. Cantón, el gobernador Carillo anunció la inminente construcción de una carretera de cuarenta kilómetros entre la terminal del ferrocarril de Dzitás y las ruinas de Chichén Itzá, a las que sólo se podía llegar por un sendero pedregoso en medio de la selva. Este anuncio generó una gran emoción en la comunidad científica y en las agencias de viajes de Estados Unidos; ambas denominaron la expedición como el preludio a la aventura arqueológica más grande en la investigación del hemisferio occidental.

Emocionada por las posibilidades trascendentes que implicaba esta expedición, esperaba ansiosa sus primeras consecuencias; me anticipaba con ingenuidad a los resultados, convencida de que el pico de los excavadores revelaría casi de inmediato los secretos de la cultura madre del continente americano —secretos incluso más desconcertantes que aquellos de las dinastías olvidadas del Nilo—. Si se lograba determinar el origen de la raza maya, páginas completas de la historia registrada quedarían sujetas a revisión y otras muchas del periodo de la prehistoria dejarían de estar en blanco. El enigma del origen de la cultura en nuestro propio continente había capturado por completo mi imaginación y conducía muchas de mis lecturas. Apenas podía esperar a que se resolvieran los misterios que continuaban desafiando al tiempo y a que se pusiera punto final a la batalla de teorías de los arqueólogos.

Algunos años antes, dos de los miembros de la expedición a Yucatán —el doctor Sylvanus G. Morley, integrante del grupo de investigación mesoamericana del Carnegie, y el doctor Herbert J. Spinden, del Museo Peabody— habían identificado, cada uno por su parte, la inscripción que correspondía a la fecha más antigua registrada en los monumentos mayas. De acuerdo con el doctor Morley, el glifo de tiempo inscrito en la estatuilla de Tuxtla, una escultura maya de nefrita descubierta en el estado de Veracruz, coincidía en nuestro calendario con el año 96 a. C.; sin embargo, en la correlación hecha por el doctor Spinden este mismo glifo correspondía al año 100 a. C. Para los demás teóricos, que andaban a tientas en la oscuridad maya, esta década —un siglo antes de la era cristiana— se percibía como el único indicador existente y, por ello, se aferraban a él. De cualquier modo, reconocían que una ecuación derivada de tres calendarios antiguos idénticos —el azteca del valle de México, el cakchiquel y el quiché de Guatemala— señalaba el 10 de noviembre de 3485 a. C. como el primer día de la era maya. La enorme distancia que existía entre estos dos indicadores de tiempo daba una amplia libertad a la especulación para que, incluso más allá de ellos y de la historia coherente, divagara desinhibida a lo largo de una serie de posibilidades fascinantes. Y es que para las grandes interrogantes de la génesis maya, una conjetura resultaba tan buena como cualquier otra. Nadie podía hacer afirmaciones indisputables con respecto al *de dónde, cuándo* y *cómo* de la aparición de los mayas en Centroamérica. La cuna de este pueblo misterioso se había ubicado en lugares tan distintos como Asia, África, Polinesia y Norteamérica. La propuesta del doctor Aleš Hrdlička, del Instituto Smithsoniano, a quien yo había entrevistado, era que los mayas habían cruzado desde Asia vía un puente de tierra que existía al norte del estrecho de Bering o desde Kamchatka, utilizando las islas Aleutianas como "escalas". Esta teoría recibió la mayor aceptación científica. Sin embargo, otros antropólogos insistían en que los mayas eran autóctonos de América, que habían evolucionado de formas primitivas en el continente y, desde ahí, habían llevado su cultura a Egipto y a otras tierras del Mediterráneo. También había partidarios de la escuela "realista"; uno de los más prominentes, D. G. Brinton, sostenía que la raíz de los mayas provenía de la estirpe de los antiguos apalache, que eran hermanos consanguíneos de nuestros seminola y creek, y que eran originarios de lugares no más lejanos que Florida o el valle del Mississippi. Por otro lado, fuera del dogma científico y reprobado por herético, un nutrido número de adeptos profesaba un culto "místico" influenciado de cierta manera por las enseñanzas de los rosacruces. Estos místicos se sumergían en reinos intangibles, en donde la realidad se mezclaba con la ficción, y llenos de fervor se asían a leyendas insustanciales que relacionaban a los mayas con la Atlántida desaparecida o con Mu, el continente supuestamente hundido.

Las propuestas sobre el origen de la peculiar arquitectura también eran divergentes. Por lo general, se la clasificaba como "exótica" —trasplantada a Yucatán en el desarrollo tardío de la cultura maya—. Sin embargo, lugares como Mesopotamia, Egipto y China, Japón y la India budista, Ceilán, Camboya y la península de Malaya, podían preciarse, con argumentos factibles, de haber sido el sustento de un arte considerado por el doctor Spinden y otras autoridades en el tema, como "una de las pocas manifestaciones de belleza, en verdad grandiosas y coherentes, que se le hayan dado al mundo".

El México estaba ya retrasado, sin embargo, llegó la hora de comenzar la navegación de diez días. En medio de risas y del llanto de los "adioses" de último minuto, sonó la campana que les indicaba a los visitantes que debían salir por el puente; antes de que eso sucediera, una mano fuerte se estrechó impulsivamente contra la mía sobre el barandal de cubierta. Muy cerca de mi oído, escuché el murmullo de la voz ronca de un hombre: "Mi más querida, llévame en tu corazón durante el tiempo que estés ausente, que para mí será una eternidad". Después, levaron las anclas. Nos movimos hacia mar abierto. Desde el muelle que iba quedándose atrás, este romántico encantador, que desde mi llegada a Nueva York había sido un amigo y guía admirable —a pesar de ser un filósofo poco confiable—, agitaba su mano deseándome el último *bon voyage*.

Éste era mi primer viaje atlántico. La ocasión ameritaba tarjetas postales para mi familia en San Francisco, todas con la sola noticia de que estábamos a punto de pasar la Estatua de la Libertad; yo sabía que este acontecimiento les provocaría tanta emoción como a mí. El patriotismo del oeste, aunque lejano, era devoto de la diosa cuyos brazos extendían una bienvenida generosa y perpetua, desde la orilla oriental del continente, a los oprimidos de la tierra. Aunque, de verdad, las plegarias patrióticas de California podrían haber incluído la posdata: "Que los oprimidos de la tierra se queden ahí mismo, a orillas del Atlántico. ¡Dios mío!, ya tenemos demasiados extranjeros en la costa del *Pacífico*". Pero en ese momento, conforme navegábamos por la bahía y nos acercábamos, cada vez más, a la antorcha que ilumina el mundo, ningún pensamiento inquietó la reverencia que me inspiraba el gentil símbolo de nuestro significado nacional.

Un joven mexicano, de apariencia distinguida, interrumpió mis reflexiones con ocurrencias de cubierta. Él mismo se presentó, era Roberto Casas Alatriste, miembro de la Cámara de Diputados y presidente de la comisión de ajuste de la deuda mexicana que, en ese tiempo, estaba en negociaciones con la banca internacional en Nueva York. Platicamos de su país, en el que yo había estado apenas seis semanas antes. Me enteré de que la antorcha luminosa de la libertad era un símbolo trágicamente entrelazado con su propia historia y supe cuál era la causa repentina de su viaje: acababa de recibir la noticia de la muerte de su madre, que era parte de la familia de Aquiles Serdán, líder y mártir de la Revolución. Me contó cómo, el 18 de noviembre de 1910, ella había logrado escaparse, casi de milagro, de la matanza en la casa de los Serdán en Puebla, en donde asesinaron a sus familiares y amigos más queridos porque habían descubierto la inminente revuelta de Madero. Se habían enterado del plan de los estallidos simultáneos en toda la República, programados para el 20 de noviembre, por medio de la correspondencia de Madero que habían secuestrado. El señor Casas Alatriste, entonces un joven de dieciocho años, fue a la estación del ferrocarril en la Ciudad de México con la intención de abordar el tren que, conforme a lo planeado, lo reuniría con los revolucionarios de Puebla. En la estación, unos chicos estaban vendiendo el periódico de la tarde; los encabezados anunciaban el asesinato de sus primos, Aquiles y Máximo, y de otros diecisiete "antireeleccionistas". A pesar de que el escuadrón de la policía de Díaz era superior a ellos en número y los había rodeado, Aquiles estuvo en pie hasta el último minuto vociferando su desprecio por el déspota. Roberto no se fue a Puebla ese día. Por el lado de su padre, el Sr. Casas Alatriste era descendiente del hermano de Bartolomé de las Casas, el honorable obispo humanitario de Chiapas que dedicó su vida a la causa de los indios explotados después de la Conquista. Este joven funcionario, alto y robusto, tenía las facciones típicas, tez blanca y pelo castaño, de ascendencia europea pura; sin embargo, el orgullo intenso que destellaban sus ojos oscuros cada vez que, durante el viaje, hablábamos de la revolución social, no dejaba lugar a dudas de la fe que tenía en un México *mestizo*. Estaba convencido de que la fusión de dos culturas venerables en una "tercera raza" y la consecución de una patria estable representaban el supremo destino de su país; esa convicción era el motor que le daba forma a sus planes y color a sus deseos.

A otro mexicano, el señor Luis G. Molina, le tocó sentarse en la misma mesa que a mí en el salón del comedor. Su apariencia, temperamento y punto de vista eran todo lo contrario a los del señor Casas Alatriste. El señor Molina era yucateco, pero llevaba ya mucho tiempo viviendo en Nueva York. Estaba viajando a su natal Mérida para tomarse un periodo de vacaciones durante la temporada de carnaval. Debía tener alrededor de cuarenta y cinco años; era de estatura baja y de complexión robusta, su pelo era color arena y sus ojos, color avellana claro. Usaba unos anteojos relucientes con lentes gruesos que ponían en evidencia el palidecimiento de su rostro tropical y acentuaban su aura general de misantropía. Era nieto de Olegario Molina, el gobernador multimillonario de Yucatán durante el régimen de Díaz. Yo sabía que, en México, el apellido Molina era sinónimo de la ley de hierro de los hacendados, pues ya había escuchado y leído sobre ese hábil ejecutivo y su desmesurado poder prerrevolucionario. Olegario Molina se había encargado de organizar una oligarquía de quinientos terratenientes y de endurecer las condiciones de trabajo de los peones para que las haciendas acrecentaran sus, de por sí, vastos ingresos con el henequén, que se conocía como el "oro verde" de Yucatán. Aprovechando su cargo de gobernador, confiscó las tierras comunales de los indios, medida de la que resultó beneficiario directo en su condición de hacendado —dueño de 15 millones de acres de tierra en el estado—. Este caso fue muy notorio y se citó con mucha frecuencia durante la lucha de la reforma agraria. En sus pláticas, sin excepción alguna, el señor Molina exaltaba la grandeza de su estado durante la antigüedad, en el tiempo de la Colonia y en el de los Científicos[4] y desestimaba el presente calificándolo de caos irremediable. Desaprobaba rotundamente todos los gobiernos desde la caída de la dictadura y, en particular, al gobierno del Partido Socialista. Al gobernador Carrillo, que encabezaba este partido, le atribuía serias faltas y deficiencias y lo acusaba de poner en práctica políticas sociales y económicas destructivas. Fue por medio suyo, que supe por primera vez que el gobernador Carrillo era conocido entre los hacendados como "el dragón rojo con ojos de jade". Él sentía, me dijo, que era su deber prevenirme contra las argucias del "dragón". Yo

---

[4] Los Científicos fue el nombre que se le dio al grupo de consejeros y asesores fiscales de Porfirio Díaz que fungían como representantes del gobierno ante los bancos y como intermediarios entre el gobierno y los capitalistas extranjeros interesados en invertir en México. El fundamento de los Científicos fue la corriente positivista de pensamiento de Augusto Comte, en la que la única forma de conocimiento proviene del estudio de los hechos y de la relación entre diferentes fenómenos.

no dudaba de su sinceridad, pero me quedaba claro que su evaluación de cualquier gobierno socialista, o "bolchevista" como él lo llamaba, tenía muy poca objetividad; sus razonamientos rara vez se desvíaban de los intereses de clase. No obstante, escuché con interés sus opiniones y las escribí para futura referencia. De hecho, me pareció una racha de suerte poder conocer por adelantado, y de un portavoz tan autorizado, los argumentos y la visión política de los hacendados. Platicamos sobre el mercado del henequén y las filosofías de gobierno, es decir, sobre asuntos impersonales; pero antes de que volviera de nuevo la temporada de carnaval, esos mismos asuntos entrelazarían nuestros destinos. En todos los años por venir, ese compañero de viaje, apacible e insignificante, traería a mi memoria recuerdos trágicos. A pesar de ello, ninguna premonición de mala fortuna perturbó nuestras conversaciones en cubierta. Pero era irremediable, los devotos del pasado muerto, que con fe ciega veneraban el nombre de Molina, ya habían marcado a su víctima. Sin embargo, a lo largo de esas horas placenteras en el Caribe, no hubo destello alguno que augurara la precipitación de la catástrofe incitada por la *lex talionis*, la ley de la venganza.

II

Rumbo al sur

Abordo del México había muchos otros yucatecos, todos miembros de la aristocracia terrateniente y accionistas de la industria henequenera valuada en cien millones de dólares. Parecía lógica su preferencia porque se refirieran a ellos como yucatecos; y es que, en el mejor de los casos, el sentimiento que los vinculaba a la nacionalidad mexicana era apenas perceptible. No mostraban ningún entusiasmo ante la corriente de progreso que estaba impulsando a la República hacia una vida vigorosa; eran los confines de su "patria chica" los que definían sus horizontes patrióticos. Con toda facilidad uno podría haber pensado que eran ciudadanos de otra nación o que pertenecían a un grupo racial tan ajeno a los asuntos de la capital mexicana como nuestros aleutas de los asuntos en Washington, D. C. Además, parecía que todos ellos compartían los prejuicios del señor Molina; algunos incluso se manifestaban abiertamente en contra del régimen socialista. Sin embargo, ninguno quería atribuir cargos específicos o precisar la supuesta "injusticia evidente" y los "crímenes" no identificados del gobierno. Sus insinuaciones misteriosas despertaron mi curiosidad, pero de ningún modo me provocaron indignación.

Yo ya estaba al tanto del odio que le profesaba el viejo régimen al nuevo orden revolucionario. Por fortuna, había leído *México bárbaro* de John Kenneth Turner, un libro excepcional que expone las condiciones tan impactantes que prevalecieron durante la dictadura de Díaz, con especial énfasis y documentación en la virtual esclavitud a la que los dueños del imperio henequenero de Yucatán sometieron a los indios mayas y yaquis. También, unos meses antes, mientras estaba en México, tuve la suerte de encontrar un estudio detallado de lo que estaba sucediendo en Yucatán en *The Pulse of Mexico*, una pequeña revista mensual de la capital.

El autor, el señor A. G. B. Hart, analizaba el programa de la administración socialista de Yucatán, de la que Felipe Carrillo Puerto había asumido el control como gobernador, el 5 de febrero de 1922, elegido por un voto popular arrollador. El artículo presentaba un breve contexto histórico del desarrollo y la distribución del henequén y hacía un recuento de las fluctuaciones de las fortunas de los hacendados desde la Primera Guerra Mundial. El propio Hart afirmaba, con modestia, que su artículo tenía "de verdad todo lo que le faltaba de talento". A diferencia de un gran número de reportajes estadounidenses sobre México, escritos desde la comodidad de una oficina, muchos kilómetros al norte del río Grande, el artículo del señor Hart se había escrito a partir de su experiencia personal y "se había forjado con el yunque del contacto inmediato". Ese artículo fue determinante para mí. Me parecía muy emocionante y profundamente significativo que a un sistema así, perseverante y con una visión resuelta sobre el futuro —como lo señalaba el autor—, se le estuviera dando una oportunidad en alguna parte del continente americano. No obstante, el señor Hart tuvo la precaución de dejar en claro que todo estaba aún en una etapa incipiente o tentativa. Las caricaturas de Maurice Becker, que ilustraban el artículo, no contenían ningún elemento de propaganda; de hecho, eran muy poco halagadoras para el gobernador Carrillo, los socialistas, las feministas, los indios mayas y todos los involucrados. Mi imaginación estaba cada vez más intrigada por ese *Ultima Thule*[1] del Nuevo Mundo; yo quería saber más acerca de él, quería investigarlo por cuenta propia.

---

[1] La tierra desconocida más lejana.

Durante mi primera visita a México estuve escribiendo artículos semanales para *The New York Times Magazine*. Antes de salir de San Francisco para hacer el viaje, a finales de agosto de 1922, el señor Ochs me pidió una serie sobre las nuevas tendencias culturales, sociales y económicas de la nación. Ya en México, me enteré de que el proyecto de la expedición del Instituto Carnegie se llevaría a cabo la siguiente primavera. La posibilidad de acompañar la expedición en calidad de periodista me resultaba una idea tentadora. No obstante, a pesar de que fui yo quien le envió la información al señor Ochs, no pretendía que me asignaran el proyecto. Es cierto que nada me hubiera atraído más en ese momento que una visita a las ruinas de Yucatán, pero ese viaje implicaba alterar los planes previos. No sólo el de regresar al periódico de San Francisco, cuyos editores, muy a su pesar, me habían concedido una licencia de tres meses; también tenía que considerar actividades públicas, cursos universitarios e incluso una incipiente carrera política. El sentido común y la conciencia me dictaban regresar a la rutina diaria al término de mi maravilloso viaje a México; y, sin duda, hubiera obedecido esa "exhortación a lo práctico" si el artículo de Hart no me hubiera llegado en ese preciso momento psicológico. Además, recibí una carta del señor Ochs en la que me pedía que regresara a Nueva York inmediatamente después de Navidad para hacer los arreglos necesarios para acompañar a los científicos a Yucatán. El artículo de Hart fue lo que, en definitiva, puso de manifiesto mi requerimiento interior y determinó todas mis acciones "importantes". Envié un cable para avisar que aceptaba el plan y volví a San Francisco el día de Navidad para anunciar mi retiro temporal de las actividades periodísticas y sociales ahí.

La decisión repentina de romper con el ritmo tan agradable de estudio y trabajo, y con la prometedora carrera futura que con tanto esmero me había forjado, se debía en parte a una conciencia, cada vez más certera, de que mi vida iba a estar involucrada con México. Siempre había sentido una fuerza, mucho más persuasiva que la conveniencia y los hábitos adquiridos —que interpretamos como el deber—, que me exhortaba a volver la mirada hacia el sur.

A pesar de que no era consciente de ella, desde niña me convertí en una efusiva estudiante del pasado y presente de México.

Durante la navegación por las apacibles aguas de las Antillas —en esos días el viaje de Nueva York a La Habana era de cinco días—, aparte de conversar con los científicos o con mis nuevos amigos mexicanos, pasé el tiempo inventariando mi mente y mis emociones. Revisé, uno por uno, los eslabones en la cadena de los acontecimientos que finalmente me habían atraído a la tierra que siempre había dominado mi imaginación y a la que, en ese momento, estaba regresando. Yo sabía que los primeros pasos en dirección a México, al igual que todos mis intereses más profundos, tenían su origen en la influencia de mi padre. De joven, él había trabajado durante meses como ingeniero de minas en distintos lugares de la República mexicana; había aprendido a hablar un español pasable y había regresado con gratos recuerdos del país y un cálido cariño por su gente. Sus narraciones fascinantes sobre las fiestas del pueblo y sobre el encanto peculiar de las viejas ciudades coloniales cautivaban mi imaginación infantil. Más adelante, la gran cantidad de libros de viajes que leí y mis breves estudios de arqueología convirtieron mi interés en un pasatiempo absorbente.

Sin embargo, el camino predestinado hacia México comenzó a cobrar una forma concreta cuando empecé a escribir la columna diaria para *The San Francisco Call*, con el objetivo de poder realizar algún tipo de servicio social. Es importante destacar que la mayor parte del tiempo durante el cual desempeñé esa actividad periodística estuvo marcado por las tiránicas intrigas de los intervencionistas. En Estados Unidos, y en especial en California, los mexicanos no eran bien recibidos y se les tenía muy poco aprecio. En la mayoría de los distritos los consideraban como seres inferiores y la expresión cotidiana para referirse a ellos era *greasers*.[2] Cuando tenían la mala suerte de entrar

---

[2] *Greaser* es un término que usan los estadounidenses para referirse en forma despectiva a los migrantes mexicanos y latinoamericanos en general y puede traducirse como "grasiento". (N. de la T.)

en conflicto con la ley, eran víctimas de una justicia bastante cuestionable. Por lo general, estaban a merced de jueces intolerantes, que eran los portavoces directos de una opinión pública prejuiciada. Además, la desaprobación popular se exacerbaba con la fuerte competencia laboral que había traído como consecuencia la afluencia de mano de obra barata de mexicanos, a lo largo de toda la frontera internacional, durante y después del prolongado periodo de caos revolucionario.

Muchos de los refugiados de la violencia y la inseguridad que imperaban en México se quedaban desamparados en diferentes partes de la costa del Pacífico y su insolvencia les impedía regresar a su país luego de la restauración de la paz. En los lugares en los que la competencia laboral era muy intensa, estos emigrantes mexicanos formaban grupos de minorías profundamente resentidas. La escasez de trabajo era aún peor en la región de la bahía de San Francisco, pues ahí los veteranos de la Primera Guerra Mundial engrosaban las filas de los desempleados. Cientos de exmilitares en Oakland y San Francisco dependían de las comidas gratuitas que distribuían las agencias de socorro civil. Además, la situación se agravaba con el eco de la amenaza recurrente: "Enviemos a los militares a México para proteger a los inversionistas estadounidenses". Esta consigna chauvinista se exteriorizaba con total libertad en la prensa californiana y en los mítines callejeros de los agitadores que tenían "puesta la camiseta". Los exiliados mexicanos acaudalados —reaccionarios de hueso colorado del derrocado régimen de Díaz— subsidiaban el periodismo más beligerante y a los Cicerones diletantes, con la esperanza de posibilitar el regreso del viejo régimen. Por lo general, estos esfuerzos para inflamar el odio surtían efecto, ya que los ataques sorpresa en la frontera aún estaban frescos en la memoria pública. El nuevo gobierno de Obregón todavía no había tenido el tiempo suficiente para demostrar su estabilidad y sus políticas constructivas.

Bajo estas condiciones, las familias de mexicanos menesterosos saltaban a mi vista y yo siempre tenía la disposición de ayudarlos. No sólo estaba interesada en México, estaba abiertamente prejuiciada a favor suyo; veía con buenos ojos la lucha de su gente para liberarse de la explotación y, sin duda, estaba intrigada por su pasado misterioso. Es más, entre los amigos de mi familia había mexicanos que tenían una cultura muy singular. Yo había tratado a nuestros vecinos del sur lo suficiente como para aprender a quererlos y a respetarlos. Las injusticias y las groserías que estos "extranjeros en tierra extranjera" tenían que soportar, aunadas a la creciente amenaza contra su soberanía nacional, inflamaban mi espíritu congénito de cruzada. De los poetas irlandeses, de los que descendía mi padre, heredé la tendencia a defender las causas impopulares; por el lado de mi madre, descendiente de una larga línea de patriotas revolucionarios de Virginia —quienes redactaron la Declaración de Independencia de Mecklenburg en 1775 y más tarde fueron los abolicionistas de Kentucky—, heredé la urgencia de remediar los abusos. Como escritora, en cooperación con organizaciones laborales locales y nacionales, me comprometí en campañas para beneficiar a los trabajadores mexicanos. Uno de esos movimientos tenía como propósito mejorar las condiciones lamentables en las que vivían los trabajadores de temporada de las zonas pesqueras de Alaska.

En mi columna diaria, que firmaba bajo el seudónimo de Mrs. Goodfellow,[3] describía la carencia y sufrimiento en los que vivían las familias empobrecidas de San Francisco, de las cuales, un gran porcentaje eran mexicanas. En muchas ocasiones, la generosidad con la que los lectores respondían a mis peticiones había resultado en el alivio inmediato de las aflicciones que aquejaban a las familias y habían abierto oportunidades para que esos mexicanos indefensos pudieran tener una vida normal.

Sin embargo, fue un incidente provocado por mi interés en las reformas penales, lo que determinó el hecho de que yo entrara en contacto directo con el gobierno mexicano y con los mexicanos. Como parte de una rutina de trabajo que

---

[3] Goodfellow: buen amigo, camarada, etcétera. (N. de la T.)

había adquirido unos meses antes, todos los miércoles iba a la prisión de San Quentin junto con una mujer mayor que yo, que era una trabajadora social reconocida. Cuando se daba el caso, hacíamos una última petición de indulto para los hombres sentenciados a morir el viernes siguiente por la mañana. Me enteré por el célebre Tom Mooney,[4] durante una de sus frecuentes apariciones en la corte de San Francisco, que los presos de San Quentin me llamaban "la rosa de la crujía de los asesinos".

En mi visita semanal del 19 de junio de 1921, vi sobre la mesa del carcelero una invitación rotulada, que no habían entregado, para la ejecución en la horca de Simón Ruíz, un niño mexicano de dieciséis años. Cuando le pregunté sobre ese caso, el carcelero me informó, con un dejo de compasión en su voz, que el condenado no hablaba inglés y que no había recibido ninguna visita durante los dos meses que llevaba encarcelado en San Quentin. Conmovida e impresionada, le pedí permiso para verlo; le ofrecí sacrificar mi visita de la siguiente semana a cambio de que me permitiera entrar de nuevo. "¿Por qué no?", fue su respuesta, y me firmó el pase para que regresara al patio de la prisión. Interrogué a los guardias, incluyendo al que, por azar, había sido elegido para el tétrico trabajo del viernes. Algunos de ellos expresaron lástima por el prisionero al narrarme los hechos insólitos del juicio del niño mexicano; mismos que luego me confirmó el propio Simón, cuando —eternamente agradecido por mi español "admisible", aunque nada académico— lo entrevisté en el pabellón de los condenados.

---

[4] Tom Mooney (1882–1942). Miembro del movimiento obrero estadounidense. Fue condenado a muerte bajo la falsa acusación de haber arrojado una bomba durante un desfile en San Francisco el 22 de julio de 1916. Su sentencia generó tanta presión por parte de los trabajadores, a nivel nacional e internacional, que el propio presidente Woodrow Wilson se vio obligado a intervenir. De ese modo, se consiguió que su sentencia fuera conmutada a cadena perpetua. A pesar de que en su proceso legal quedó demostrada su inocencia, Tom Mooney estuvo encarcelado más de veinte años en la prisión de San Quentin. (N. de la T.)

Simón me contó que era originario de Sonora; a su padre lo habían matado en la Revolución cuando él tenía doce años, y a partir de ese momento él comenzó a hacerse cargo de su madre viuda y de sus otros hermanos menores. Hacía un año había llegado a Bakersfield para trabajar como asistente de carpintero y desde entonces su historial había sido intachable. Sin embargo, en un arranque de ira provocado por un insulto a su raza —lo habían llamado *greaser*— y enardecido por Miranda, un mexicano mayor que él al que llamaban "mal hombre" y que se había encargado de incitar su resentimiento, Simón se abalanzó sobre el capataz. La pelea duró unos quince minutos, pero el capataz murió tres semanas después a causa de los golpes que le había dado Simón. De inmediato, Miranda huyó al lado mexicano de la frontera. Después de dos juicios, el primero de los cuales había terminado en un desacuerdo entre los jueces, el niño fue sentenciado a la muerte en la horca. Simón ingresó a la prisión de San Quentin sin siquiera saber que lo habían sentenciado a muerte; pues no había entendido el veredicto y el abogado designado por la corte no se tomó la molestia de pedir que le tradujeran la sentencia. No fue sino hasta unos días antes de la ejecución que Simón se enteró de su destino. Lo supo gracias al prisionero hispanoparlante que se había sentado junto a él, en el área de los condenados a muerte, en el espectáculo navideño de San Quentin. Al descubrir la verdad, Simón gritó desesperado y se desmayó; tuvieron que cargarlo de regreso a su celda. Convencida de que, en cuestión de horas, este niño, que parecía incluso más joven de lo que era, estaba predestinado a una muerte horrible, me fui de ahí conmocionada y llorando. Pero no perdí ni un segundo del tiempo que quedaba y llamé a mi editor, Emil Gough, que no sólo era un "jefe" bonachón, sino también padre de dos hijos jóvenes. Como editor emprendedor, Emil vio de inmediato la posibilidad de generar en el público una fuerte reacción ante la inminente ejecución. Me dio *carte blanche* para usar todo el "papel en blanco" que necesitara para narrar la historia completa. A pesar de que "el poco tiempo que queda es muy valioso", me advirtió, "hay una posibilidad en un millón" de que obtengamos un aplazamiento de la ejecución.

Expuse ampliamente el proceso legal de Simón, con las evidentes injusticias que se habían cometido y que llevaron a dictaminar una sentencia de diez años en prisión por homicidio inducido, no premeditado; además de la historia del niño, incluí un análisis del código penal anticuado del estado y mi entrevista con el verdugo. El escrito apareció al día siguiente en la primera página de las seis ediciones de *The San Francisco Call*. El artículo abría con la línea: "Hoy están en el correo las invitaciones para la ejecución en la horca de Simón Ruíz, un niño de dieciséis años", y seguía con una descripción realista, severa y precisa, como me la había hecho el verdugo, de lo que presenciarían en esa espantosa función las personas que habían recibido una invitación formal por parte del estado para asistir. Yo le había pedido al verdugo que no omitiera ningún detalle por compasión, y yo por mi parte no lo hice con mis lectores. En cuanto el periódico comenzó a distribuirse en las calles, empezó la oleada de cartas y llamadas telefónicas a la editorial de *The Call* y a las oficinas del gobernador en Sacramento.

Antes de la media noche, Gough, el editor, me llamó para darme la buena noticia que había llegado en un comunicado de *Associated Press*. En el último minuto, el gobernador Stephens había concedido un aplazamiento de treinta días para la ejecución. De inmediato, decidí dejar todas las otras actividades y dedicarme de lleno a trabajar intensamente para salvar la vida del joven mexicano. Escribí artículos diarios, organicé cruzadas de "misericordia" y me encargué de comunicar los avances que iban obteniendo diferentes grupos y organizaciones respecto a las injusticias implicadas en el fallo que declaraba culpable de asesinato a Simón Ruíz. Para cuando expiró la primera suspensión temporal de la ejecución de la sentencia, había tantos grupos —muchos de los cuales yo misma encabezaba— de mujeres clubistas, educadores, sociedades humanitarias y congregaciones religiosas que estaban protestando, que no fue difícil conseguir otras tres suspensiones.

Sin embargo, antes de que se dictara la conmutación final de la sentencia de Simón, otro joven —unos meses mayor que él— cometió un asesinato. Fue en ese momento crítico en el que concebí la idea de cambiar la ley del estado de California con respecto a la pena capital para menores de edad; el estatuto vigente de la ley permitía la aplicación de la pena de muerte desde los catorce años. Así pues, en la debida forma, redacté el proyecto de ley Saylor; la señora Florence Saylor, la única mujer legisladora del estado, me había permitido usar su nombre para ello. Las personas que apoyaban este proyecto de ley organizaron un cabildeo, del que yo sería la responsable; por lo tanto, me fui a Sacramento a dirigir el trabajo de los comités y a escribir los argumentos para los oradores, que tenían como base las estadísticas que mostraban la ineficacia de la pena capital para impedir el crimen. La conmovedora elocuencia del representante Roy Fellom, amigo de la familia y creador de la ley estatal de la Defensa Pública y de otras leyes progresistas, aseguró la aprobación del proyecto en la Cámara Baja. Sin embargo, la moción fue detenida en el Senado. El voto decisivo le correspondía al presidente, que era un enérgico opositor al proyecto de ley. Una vez, él me había dicho que era "tan determinante recibir un golpe en la cabeza por parte de un joven de dieciséis años, como por uno de catorce".

Con la certeza de que se habían agotado todas las posibilidades, me senté en las escaleras del Capitolio y lloré a mares. Por suerte, escogí un lugar muy cerca del guardarropa para ventilar mi desilusión y mi profunda tristeza. Mientras lloraba, John N. Inman, un amable senador que iba de paso, se detuvo a preguntarme la razón de mi zozobra. Sin siquiera voltear a verlo, le contesté entre sollozos: "¡Perdí el proyectó de ley de la pena de muerte para niños!".

—¿Puedo preguntarle por cuantos votos?

Su pregunta hizo que otra vez se me inundaran los ojos de lágrimas. Con la cabeza todavía escondida entre las manos, alcancé a responderle —aunque sin mucha coherencia— que el resultado estaba trabado y que yo sabía que el presidente, a quien le correspondía el voto decisivo, votaría en contra.

—Bueno, jovencita, ya que está tomándose esto muy a pecho, voy a regresar a cambiar mi voto.

Así, con el voto del senador Inman, se evitó que votara el gobernador, el teniente Young, y se abrió la posibilidad para la reconsideración. Como resultado de esto, se modificó el Código Penal anticuado de California —un sobreviviente de los días anárquicos de "robo de ovejas" de principios de 1850—. Un sólo voto hizo la diferencia; ese escaso margen fue el que permitió la modificación de la edad mínima para la pena capital, que se fijó en dieciocho años. Antes de que se redactara el proyecto de ley, yo había tratado de extender la edad, para que coincidiera con la que le otorga a los ciudadanos el derecho a ejercer el sufragio. Sin embargo, para conseguir cualquier tipo de aprobación de una edad superior a los catorce que fijaba el estatuto, tuve que aceptar ese arreglo.

Yo recibí el reconocimiento público y el crédito por la adopción de esa ley humanitaria, tanto por parte de quienes estaban de acuerdo como de quienes se oponían a ella. Aunque yo no lo sabía en ese momento, la prensa mexicana había seguido muy de cerca el desarrollo del caso y aplaudió el éxito de mi campaña. Poco tiempo después de lo sucedido con Simón Ruíz y de la aprobación de "la ley de la pena de muerte para niños", como se le conocía popularmente en ese tiempo, recibí una polvera de platino con la inscripción: "Con admiración y respeto por parte del gobierno mexicano para Alma M. S. Reed, como reconocimiento a su gran esfuerzo altruista". Unos días más tarde, el cónsul general, Alejandro Lubbert, me entregó una invitación del presidente y la señora Obregón para ir a México en una visita semioficial.

Mis amigos y familiares se oponían rotundamente a que yo aceptara la invitación, pues anticipaban que "me matarían en mi propia cama" o que, por lo menos, sufriría un secuestro como resultado de una aventura tan arriesgada. Incluso mi padre, al despedirse de mí en el andén, cuando yo estaba a punto de abordar el tren en Oakland, me advirtió sobre "la atracción que ejerce lo exótico y que, casi siempre, resulta fatal".

Todos sus miedos y sus dudas resultaron infundados; no obstante, me llevé una enorme desilusión en la frontera internacional. Yo había estado impaciente por gritar "¡México hermoso!" al cruzar el río Grande de El Paso hacia Ciudad Juárez. En vez de eso, sofoqué la exclamación "¡Pobre México!". En ese tiempo, el distrito financiero de Juárez se limitaba a una serie de cantinas con puertas oscilatorias que se alzaban a lo largo de calles sin pavimentar. El olor intolerable a cerveza añeja y el jazz, también intolerable, que salía de un fonógrafo asmático empeoraban el ambiente. Las pocas viviendas que había a lo largo del camino polvoso que conducía hacia la estación del ferrocarril eran horribles cuchitriles. En ese momento no se me ocurrió que el comercio estadounidense era responsable, en gran medida, por el sórdido e insalubre aspecto de Juárez y, que lejos de ser un típico pueblo mexicano, era tan sólo el inmundo patio trasero de Texas. Después, me enteré que la sección que vi ese día era casi exclusivamente para "los gringos" y que "los gringos" eran dueños de la mayoría de los establecimientos de las puertas oscilatorias.

En el vagón del tren, los pasajeros —todos hombres mexicanos— tenían una manera muy casual, pero bastante desconcertante, de echar sus pistolas de un lado a otro mientras arreglaban sus equipajes o sus abrigos para el viaje. Las profecías lúgubres de mis amigos y familiares, de las que con tanta frescura me reí, comenzaron a taladrarme la cabeza con una insistencia exasperante.

Con los ojos llorosos, le eché una última mirada de despedida a Old Glory,[5] que ondeaba en lo alto del Hotel Paso del Norte en *nuestro* lado de la frontera. Para alegrarme, un ejecutivo de National Railways que estaba sentado frente a mí, me dijo: "Jovencita, no se entristezca sólo porque va a un país

---

[5] Nombre con el que se conoce la bandera de Estados Unidos. (N. de la T.)

en donde nadie respeta a los policías de tránsito y en donde todos los hombres creen que son un emperador". La buena intención de su análisis sobre la psicología de los mexicanos, de ninguna manera me tranquilizó, pero sí me consoló más que las inquietantes palabras de despedida de mi padre: "México es encantador, pero también es una tierra de ilusión".

Luego de que pasamos las deprimentes "tierras de los coyotes", el encanto se hizo evidente. Poco a poco, se iba revelando un espectáculo único con visiones efímeras que mostraban viejas ciudades ilustres y pueblos humildes —cálidos y coloridos, y vibrando al son de las guitarras—, que se iba a la deriva conforme pasaba el tren. Un pequeño grupo de mariachis —creo que fue en la estación de Aguascalientes— cantó "Alma de mi alma" con tal ánimo de bienvenida personalizada en sus voces, que decidí comprar ahí mis regalos; desde la ventana del vagón me abastecí de tantos ópalos, que cualquier familia con un mínimo de tendencia supersticiosa me hubiera augurado años de desastres. Para cuando llegué a las lujosas alturas de la capital, me sentía completamente como en casa —nunca había estado tan consciente de estar en un país de América o de mi propia pertenencia al Nuevo Mundo—. Me recibió una pequeña caravana de automóviles y carruajes y cuando, a la cabeza de la triunfal procesión, llegué al Hotel Regis, encontré mi cuarto y mi baño rebosantes de enormes arreglos con flores preciosas y, para rematar, una o dos jaulas de pájaros. Casi a modo de acusación me pregunté: *¿En dónde has estado toda tu vida?*

III

Interludio antillano

Los cinco días y medio de navegación que separan a Broadway, en Manhattan, del Malecón en La Habana los pasé en una ávida indagación de antecedentes. Durante las primeras horas del día, leía libros cautivantes sobre la historia antigua y moderna de México y durante las largas horas de la tarde, entrevistaba a los arqueólogos respecto a sus descubrimientos previos en el área de Mesoamérica o los interrogaba acerca de sus teorías sobre el origen de los mayas. En las frecuentes conversaciones que mantuve con quienes representaban puntos de vista tan diversos como el reaccionario yucateco don Luis Molina y el joven economista de postura progresista, el señor Casas Alatriste, escuché opiniones acerca de la Reforma, la Revolución, la Constitución y de todos los acontecimientos trágicos y las altas traiciones que habían manchado las páginas de la historia mexicana entre Madero y Obregón. Una nota de mi diario, con fecha del 11 de febrero, muestra la seriedad con la que yo tomaba la asignación que me había dado *The Times*: "He decidido trabajar hoy como nunca antes. Mi único deseo ahora es ser digna de la confianza que el señor Ochs ha depositado en mí. No *voy* a defraudarlo, no *debo* hacerlo".

Sin embargo, durante las noches, en mi camarote, toda la eficiencia energética de mi ambición juvenil se diluía en ensoñaciones. Me abstraía, románticamente, en los recuerdos halagadores del pasado reciente —escuchaba de nuevo las adorables palabras del hombre encantador de voz ronca que me había acompañado al muelle y que ansioso esperaba mi regreso—. O, imaginándome a mí misma al lado de un gran amor desconocido, diseñaba el proyecto de un porvenir ideal.

A veces, sentía que estaba precipitándome —de forma irremediable, aunque también voluntaria— hacia una realidad inmensa en la que, de un momento a otro, las corrientes de mi pensamiento y de mis acciones desembocarían en canales más amplios y profundos. Entonces, con un espíritu de autocrítica siempre presente, condenaba a mi imaginación por su imprudente ascenso icario a las regiones en las que el sol abrasa las alas. A pesar de ello, la esperanza y el deseo continuaban avivando en mí la especulación desinhibida y yo seguía fantaseando sobre cuáles serían los nuevos conocimientos que obtendría y cuáles, los acontecimientos y personalidades que determinarían mi vida en esa segunda visita al país que, de un modo tan misterioso y a la vez tan definitivo, parecía ligado a mi propio destino.

Y, mitad como promesa, mitad como advertencia, una nueva conciencia habló desde mi corazón: "Vas en camino a *Ultima Thule* para concretar el más decisivo de tus encuentros con el destino". Sin embargo, me di cuenta de que, incluso en la tierra de los enigmáticos mayas, sería difícil revivir la magia de esa primera visita a México, misma que ya para ese momento, veía bajo una perspectiva de mayor claridad. También, comencé a entender que el enorme impacto emocional que me había causado México, no se debía sólo a mi delicada sensibilidad, sino a una serie de razones históricas que me fueron explicando las personas que conocí abordo.

Mi llegada a la capital mexicana seis meses antes —poco a poco fui cayendo en cuenta de ello durante mis reflexiones antillanas— había coincidido con una época dorada de la existencia nacional, con un momento sin precedentes o posibilidad de duplicarse. Conforme volvía la mirada atrás, todo se me manifestaba como si hubiera estado observando una gran planta centenaria, al agresivo y simbólico agave que es parte fundamental del panorama mexicano, abrirse de pronto en una floración magnificente y llenar el ambiente con las felices implicaciones de haber salido a la luz después de tanto tiempo de oscuridad. Y ése, comprendí entonces, era su momento preciso para florecer, ¡el verdadero centenario de México!

Habían pasado exactamente cien años desde el nacimiento de la libertad nacional. El inicio de la Independencia fue el 16 de septiembre de 1810, pero el conflicto violento de separación de España duró otros doce años, y no fue sino hasta 1822 cuando el primer Congreso Mexicano se reunió para redactar una constitución y asentar la primera piedra sobre la que se erigiría la futura República.

Las conversaciones en cubierta con el señor Casas Alatriste, cuyos antecedentes estaban íntimamente vinculados a cada uno de los periodos de la historia mexicana posteriores a la Conquista, me aclararon situaciones sociales, políticas y económicas que antes me habían parecido vagas y oscuras. Esa información esclarecedora también me reveló nuevos aspectos del carácter y el heroísmo mexicanos. Más que nunca, México se convirtió para mí no sólo en el escenario de un ávido interés profesional, sino en el objeto de mi admiración y cariño sinceros. A partir de entonces, pude apreciar en su totalidad y con mayor emoción el derroche de hospitalidad generosa que había recibido desde el momento de mi llegada a la República mexicana. Pues conocer de primera mano a la gente y el énfasis que ponía en los valores humanos y en las cosas del corazón y del espíritu me hacía comprender mucho mejor la amable invitación del presidente Obregón a visitar su país. Dejó de parecerme extraordinario, y más bien entendí que era tan sólo un gesto mexicano, el hecho de que él, a pesar de la carga tan pesada de responsabilidades y peligros graves que tenía, hubiera dirigido la mirada fuera de su tierra desgarrada por la guerra, a una nación que todavía se negaba a reconocer su gobierno, para manifestar su agradecimiento a la empatía y a los actos amistosos de una joven periodista relativamente desconocida.

Mientras navegábamos, recordé, con la misma emoción, todo el encanto que yo había absorbido durante esos tres meses tan llenos de sucesos; reconocí de nuevo la importancia de la empresa de construir una nación, de la cual yo había sido una espectadora privilegiada e incluso, en alguna ocasión, partícipe; y reviví las intensas experiencias de los recorridos oficiales dispuestos en condiciones ideales y, para ese momento, únicas. En aquel tiempo, México contaba con muy pocos amigos en el mundo, y a mí, me habían abierto las puertas como a uno de ellos; a todos los lugares a los que fui me recibieron como una "embajadora de buena voluntad", a pesar de que no llevaba mayor credencial que mi pequeña polvera de platino rotulada. Sin embargo, no tuve ninguna necesidad de un título o patrocinio formal, pues, en todos mis viajes, me precedían narraciones poéticas del incidente de Simón Ruiz, que había aparecido en la prensa de la capital y de las ciudades más grandes. Incluso en los pueblos aislados de Jalisco, Oaxaca, Guerrero y Puebla, en donde no había periódicos, algunos "medios" primitivos, pero sin duda muy funcionales, deben haber sido los responsables de las fiestas y banquetes dados en honor a "la niña periodista", como me llamaban.

En ese tiempo, yo era una joven alta y delgada, de cara ovalada, pelo castaño, facciones finas, tez blanca y ojos muy grandes y azules. A pesar de mi matrimonio idealista a temprana edad, que muy pronto había terminado en divorcio, y de mi contacto casi diario con la miseria y la tragedia de la vida en mi papel de periodista y de aprendiz de trabajadora social en la prisión, con mucha frecuencia la gente me aseguraba: "Tienes una expresión feliz, angelical, como de niña chiquita, como si nunca hubieras conocido el dolor o ¡como si nunca hubieras estado enamorada!".

Pero quizás el factor más importante para la consolidación de mi popularidad fue el hecho inexplicable y escurridizo de que México me encontraba particularmente simpática. En los círculos oficiales, las diferentes Secretarías organizaban conferencias y me invitaban a expediciones a lugares distantes para que pudiera ser "testigo" de los problemas nacionales. En varias ocasiones, la señora Obregón me recibió en Chapultepec y el presidente en Palacio Nacional; junto a él, encabecé el gran desfile de celebración del Día del Armisticio[1] el 11 de noviembre de 1922. También era común que me invitaran a las casas de los secretarios y de los miembros del Congreso. Bajo el poderoso hechizo del renacimiento mexicano, descubrí entre su gente niveles insospechados de inspiración individual y colectiva. Un impulso irresistible de esfuerzo creativo en todos los campos de la actividad constructiva acompañaba al júbilo público que se había generado con el fin del derramamiento de sangre y con la restauración del orden. Ése fue el momento en el que, por primera vez, los mexicanos se dieron cuenta de que podían compensar sus pérdidas atroces con ganancias materiales y espirituales. La victoria había costado casi una década de destrucción, miseria y dolor, y había cobrado alrededor de dos millones de vidas. El ánimo prevaleciente de valentía para construir un proyecto satisfactorio, difícilmente hubiera sido más evidente en algún otro tiempo o lugar.

El ambiente de calma política parecía brindar una posibilidad para volver a la normalidad. El presidente Álvaro Obregón asumió el cargo en diciembre de 1920 y durante el año y medio que había pasado desde entonces, la transición hacia el orden público había sido consistente. Además, se dieron una serie de acontecimientos afortunados, tanto internos como externos, que ayudaron a acelerar el proceso de estabilización. El restablecimiento del servicio del ferrocarril y la protección de la propiedad privada estaban entre los primeros resultados más alentadores del proceso. Los negocios prosperaron; la producción anual de petróleo rompió todos los récords, gracias a las decisiones de la Suprema Corte a favor de las compañías petroleras y sin que esto implicara sacrificar el "espíritu" de la

---

[1] El 11 de noviembre de 1918 a las 11:00 horas entró en vigor el armisticio que daba fin a la Primera Guerra Mundial. Desde entonces, en esa misma fecha, se conmemora el Día del Armisticio. (N. de la T.)

Revolución. En junio, México asumió la obligación total de su deuda externa más importante y del pago de los intereses incumplidos; las precisiones sobre los detalles técnicos de ese convenio fueron resueltas más adelante en Nueva York por el comité del que el señor Casas Alatriste era presidente. Se acababan de firmar tratados con Francia e Inglaterra y las relaciones amistosas con Estados Unidos todavía no se tensaban por la implementación de las políticas agrarias y de administración del petróleo. Los periódicos de la capital presentaban declaraciones de la Embajada mexicana en las que se expresaba su aprobación total de las acciones que Washington estaba desempeñando a favor de los trabajadores mexicanos hostigados en los yacimientos petroleros de Texas. *El Mundo*, un importante diario de la Ciudad de México, aventuró la primera predicción de que pronto se otorgaría el reconocimiento.[2] Serrano, el secretario de Guerra, reportó una tendencia definitiva hacia la paz; esa declaración fue la única al respecto emitida desde su Secretaría en muchos años. Salvo por una breve interrupción, ocasionada por una racha de acusaciones y desmentidos sobre el hecho de que los sacerdotes católicos apoyaban al fascismo con la idea de controlar el gobierno, la tregua con la Iglesia estuvo vigente mientras permaneció detenida la aplicación de las disposiciones anticlericales de la Constitución.

Las organizaciones laborales salieron de nuevo a la luz pública, con más miembros y con mayor influencia, después de la drástica supresión sufrida en el régimen de Carranza. Los sindicatos rivales ventilaban sus diferencias con total libertad en manifestaciones impetuosas. Desde mi ventana en el Hotel Regis, veía las marchas que pasaban todos los días sobre la avenida Juárez. El objetivo de los trabajadores, que llevaban los banderines rojinegros de la CROM, eran las instalaciones de *El Universal*, en donde recientemente los 250 miembros del equipo habían formado un nuevo sindicato de periodistas y re-

---

[2] La autora seguramente se refiere al reconocimiento del gobierno de Obregón por parte de Estados Unidos. (N. de la T.)

porteros. El dueño, el señor Félix F. Palavicini, líder intelectual de los Renovadores[3] durante los debates constitucionales de 1917, cerró su periódico durante una semana en protesta por el intento de Luis G. Morones de forzar a su equipo de trabajo a unirse a la CROM, organización con un amplio poder político. Cuando visité *El Universal*, a finales de septiembre, con el señor Elías G. de Lima, el edificio estaba todavía obstruido por barricadas contra futuros ataques y tuvimos que rodearlo para llegar al privado del señor Palavicini. La publicación se había reanudado y, por lo menos hasta entonces, "la libertad de la prensa" permanecía incólume.

Fuera de algunas facciones sin posibilidad de reconciliación, a cuyos portavoces me encontraba de vez en cuando en funciones sociales en el Casino Español o en las casas de las familias porfiristas, el presidente Obregón parecía ser el ídolo de un pueblo unido. Su cara rojiza al estilo irlandés, su sonrisa genial, su personalidad cabalmente humana y su único brazo, que era la marca del héroe y la señal del sacrificio por su país, se convirtieron en símbolos del entusiasmo popular cada vez que él aparecía en público. En todas partes había fe en su promesa de educar a México en la práctica de la democracia, y esa fe se iba fortaleciendo conforme se hacía cada vez más evidente su distanciamiento de la dictadura militar y la aceleración de la rehabilitación política. Todo esto se coronó, en diciembre de 1922, con la aprobación de la ley que le otorgaba amnistía a todos los prisioneros políticos. El fervor de los oradores indígenas en las celebraciones de los pueblos, en particular durante las fiestas relacionadas con los programas de los ejidos, así como los prolongados y vigorosos "vivas" con los que, de forma individual o colectiva, aclamaban a los funcionarios del gobierno,

---

[3] Los Renovadores eran los partidarios de Venustiano Carranza, responsable de instituir una serie de reformas a la Constitución de 1857. Entre otras cosas, la nueva Constitución, promulgada en 1917, ratificaba el sistema de elecciones directas y prohibía la reelección; también, garantizaba la libertad de culto, la educación laica y una jornada de trabajo de ocho horas.

mostraban un nuevo espíritu de confianza. Las masas, alentadas por el cumplimiento de las viejas promesas de distribuir las tierras y llenas de esperanza, emergían de las ruinas catastróficas del sistema laboral de servidumbre para ejercer a plenitud los derechos y las libertades que les estaban garantizados.

Durante los primeros meses de su administración, el general Obregón puso en marcha alrededor de doce mil escuelas primarias, la mayoría de las cuales se habían desarrollado a partir de "brigadas misioneras". La educación rural estaba bajo la dirección de Ramón P. de Negri, secretario de Fomento y Agricultura, a quien yo había conocido en San Francisco cuando él era cónsul general allá. El enérgico funcionario de tez morena, espalda ancha y la misma complexión robusta que distinguía a muchos de los líderes revolucionarios mexicanos, era una figura pública que, a la luz de los reflectores, era casi tan prominente como el "hombre fuerte" de la administración, el general Plutarco Elías Calles. Como hombre de convicciones radicales y firmes, De Negri conducía con resolución la cuestión agraria, que era el pilar sobre el cual, en ese momento, descansaban la paz y la esperanza. En varias de las entrevistas que tuve con él, me sintetizó su propuesta para desarrollar programas de préstamos de tierras y organizaciónes cooperativas, su plan para la rápida devolución de los ejidos a las comunidades indígenas y su denodado proyecto para la nacionalización total de la tierra.

Con los ingenieros de la Secretaría de Agricultura y Pesca viajé a las regiones montañosas del estado de Hidalgo para ver cómo el gobierno se estaba ocupando, por medio de la reforestación y la preservación de los bosques, de prevenir la "desertización" de la tierra para asegurar el trabajo de los futuros agricultores.

Pasé mañanas inolvidables en los recintos del Archivo General de la Nación, examinando los tesoros documentales de México. Para mi investigación, el director, don Rafael López —poeta jaliciense y autor de *La bestia de oro*, la estruendosa invectiva contra "El monstruo del norte"— sacaba de sus intrincadas envolturas pergaminos amarillados por el tiempo que contenían bulas papales, edictos reales, decretos virreinales y manuscritos desteñidos de cartas de cronistas y conquistadores. Por lo general, en esas sesiones se reunía con nosotros el frágil subdirector, don Luis González Obregón, cuyo volumen de crónicas *Las calles de México*, que registra las leyendas y los sucesos dramáticos detrás de los nombres de las calles de la capital, fue un compañero inevitable en mis recorridos por las viejas secciones coloniales de la ciudad.

Fui con el doctor Manuel F. Gamio y su equipo de expertos —etnólogos, sociólogos, lingüistas, economistas y arqueólogos— a su primera investigación de campo en Oaxaca. Subimos a las alturas de Monte Albán, desde donde se podía apreciar toda la ciudad. En el terraplén del "Monte Blanco", lugar en el que se estaban llevando a cabo las excavaciones entre montículos y cámaras subterráneas, el joven y erudito jefe del Departamento de Arqueología formalizó el arranque de sus estudios sobre la región con un breve discurso que le dirigió a los miembros del pequeño grupo:

> A partir de ahora, cualquier movimiento del pico podría poner al descubierto las tumbas de los reyes zapotecas. Pero, compañeros, lo más importante para nosotros y para México es la luz que estas excavaciones van a arrojar sobre la forma de vida que llevaban los pobladores humildes del valle de abajo.

El gran propósito detrás de su trabajo inmediato era conformar una nacionalidad coherente y definitiva a partir de los distintos grupos raciales de México, cuyas características y antecedentes históricos tenían enormes diferencias. La misión que el doctor Gamio comenzó ese día en Oaxaca con la triple visión de científico, humanista y patriota, era la misma que había concluido satisfactoriamente en el valle de Teotihuacan. Su obra monumental *La población del valle de Teotihuacan*, que para él había representado diez años de investigación perseverante durante el periodo de caos revolucionario y de constantes cambios de gobierno, se publicó a principios de ese mismo verano y fue mi fuente principal de información sobre muchos de los aspectos de la historia antigua y contemporánea de México.

En el campo de la estética, el Dr. Atl fue reconocido, desde el principio, como el verdadero pionero del movimiento muralista. Desde antes de 1910, ya había organizado el Centro Artístico, que era el núcleo del sindicato de pintores, trabajadores mecánicos, grabadores y escultores. Fue a los miembros de este centro a quienes les otorgaron las paredes públicas en 1922, un poco antes de mi llegada.

Su estudio estaba en el antiguo exconvento de la Merced, en el viejo barrio detrás de la Catedral. Para llegar allá cuando había reuniones nocturnas, yo tenía que atravesar corredores interminables e ir a tientas por los patios oscuros y desiertos; durante ese trayecto, mi escolta, gente conocedora del arte, encendía cerillos para mostrarme las hermosas columnas talladas. Después, subíamos unas grandes escaleras y pasábamos de nuevo por varios corredores antes de llegar al otro extremo del enorme edificio, en donde nuestro anfitrión deleitaba con relatos a sus invitados.

Los rumores asociaban al Dr. Atl con aventuras y fugas fantásticas y con hábitos personales extraños. Se decía que dormía todas las noches en un ataúd para acostumbrarse a la "sensación de la muerte", y que se había ofendido con ese rumor por ser "mitad cierto". Él explicaba que dormía en un ataúd simplemente porque así "descansaba mejor". En la enorme habitación, iluminada a la luz de las velas, yo observaba con sospecha todos los objetos que estuvieran cubiertos, y levantaba con sumo cuidado las orillas de los paños sobrepuestos en los muebles para asegurarme de no estar sentada en alguna caja negra, larga y angosta que pudiera servirle de cama al versátil erudito. Los temas de las conversaciones en el estudio iban desde los principios del paisaje chino y la influencia de San Francisco de Asís en los pintores de su tiempo, hasta los caprichos freudianos de la arquitectura eclesiástica. Por lo general, las charlas entusiastas sobre problemas técnicos culminaban en discusiones sobre los esfuerzos de los muralistas más importantes —José Clemente Orozco, David Alfaro Siqueiros, Diego Rivera, Francisco Leal, Jean Charlot, Carlos Mérida, Fermín Revueltas, Xavier Guerrero, Ramón Alva Guadarrama, Roberto Montenegro, Adolfo Best Maugard, Ramón Alva de la Canal y, desde luego, el Dr. Atl— por redescubrir el *buon fresco* de Giotto o, por lo menos, para encontrar en las tiendas mexicanas los ingredientes equivalentes a los mencionados en el tratado sobre la técnica del fresco de Cennino Cennini, yerno del maestro italiano.

Algunas veces, la joven Nahui Olin (nombre azteca de los "cuatro vientos"), hija del general Mondragón, un conocido militar de Díaz, recitaba sus *Poemas dinámicos*. Los artistas y los literatos que estaban sentados en el piso y recargados contra la pared, ya sabían lo que ella explicó para mi beneficio, que "las palabras no tenían ninguna pretensión de generar sentido y que, más bien, eran ricas en valor plástico"; yo no pude apreciar esa virtud sino hasta unos años más tarde, luego de mis lecturas de Gertrude Stein y James Joyce. Tenía el pelo rubio y grueso, y su corte al estilo egipcio remataba por delante con un fleco muy corto sobre su amplia frente; sus ojos, enormes y redondos, con el iris bordeado por un contorno negro como de tinta china, eran insondables; parecían los ojos de uno de los gatos introspectivos de Foujita. Bajo la suave y titilante luz de las velas, su extraña belleza cobraba una cualidad inquietante y a la vez sutil. De algún modo, ella me parecía un símbolo virtuoso de por lo menos un aspecto, por cierto fascinante, del talante mexicano, el de un encanto esquivo tan deslumbrante como el de una campanilla en flor a medianoche, cuyo intenso fulgor vive incierto de su porvenir. Su personalidad daba la impresión de ser un compuesto de toda la curiosidad mental dinámica, los esplendorosos proyectos inconclusos, la febril celeridad y el impetuoso arrojo hacia lo experimental que caracterizaba mucha de la apasionada y casi siempre quijotesca "acción directa" de la era posrevolucionaria; y que nadie sintetizaba con tanta claridad como el propio Dr. Atl cuando explicaba: "Nuestro objetivo es purificar el conocimiento ya adquirido y lanzar un nuevo misil hacia un espacio nuevo".

En cualquier otro país, la "bohemia" de la capital mexicana hubiera hecho quebrar a la fantasía. Pero en su propio entorno, todo ello era una expansión muy natural de la psicología popular y del espíritu general de éxtasis, en el que los escándalos de las *almas superiores* no se tomaban como fanfarronerías o extravagancias. Las reuniones sociales de la *intelligenzia* estaban impregnadas de una actitud surrealista, pero era esa misma actitud la que había generado las artes populares tan originales de México. De acuerdo con los estándares de Nueva Inglaterra, en ese círculo las personas normales podían a veces sufrir una dislocación severa de los antecedentes históricos o una extirpación violenta de sus entornos habituales; pero lo mismo sucedía en muchas otras fases de la vida diaria con la que uno se topaba en la calle. Por ejemplo, una vez que iba de camino para comer en Sanborns, la famosa Casa de los Azulejos, pasé por tres etapas de la evolución humana condensadas en un instante del día y en medio metro de adoquín sobre la avenida Francisco I. Madero. Pues ahí, del mismo modo en que años más tarde lo registrarían los cronistas de viajes, envuelto en un sarape rojo, con la cabeza y los hombros completamente cubiertos bajo las profundidades protectoras de un enorme sombrero de paja, estaba un indio peladito moliendo su comida del mediodía en un metate de tezontle del periodo Neolítico; el lugar en el que estaba recargado era la pared de un reluciente edificio de azulejos dorados y azules, construido en el periodo feudal de los tiempos coloniales y para propósitos feudales; una parte de la fachada de ese edificio se había transformado en una tienda, y en sus vitrinas se exhibían planchas eléctricas, refrigeradores, calentadores automáticos y otros artefactos propios de la era de las máquinas.

Pero quizás, el modo en el que la actitud surrealista se manifestaba con mucho más vigor era en las sorprendentes decoraciones de las carnicerías y pulquerías. Arriba de las puertas de estos establecimientos aparecían autógrafos tan emblemáticos como "Hombres sabios que nunca estudian", "La magnífica judía", "Los errores de Cupido", "Nunca nadie lo sabrá" y "¿A quién le importa?". No obstante, la marca de fantasía exclusiva de México encontraba su expresión más típica y desinhibida en los juguetes y dulces que se vendían en los puestos de la Alameda Central, y de otros lugares, para la ya cercana fiesta de "los Muertos" del 2 de noviembre. Esos dulces, diferentes por completo, eran pequeñas calaveras y esqueletos de azúcar aderezados con pedacitos de papel brillante dorado o plateado. Los juguetes eran carrozas fúnebres y otras miniaturas relacionadas con la tumba y los adornos sepulcrales; todos decorados en modo festivo. Para colmo de la aceptación de la muerte como una verdad de la vida, y de la forma casual en la que generalmente se lidiaba con ella, estaban los diminutos ataúdes blancos —*reales*— que la gente adquiría, igual que cualquier otro tipo de enseres domésticos, de las enormes pilas que de ellos había en las banquetas alrededor del Zócalo, la gran plaza central de la Constitución. Cuando el presidente Obregón asumió el cargo, la tasa de mortalidad infantil en la República, me lo informó Alberto J. Pani, secretario de Salud, era de ochenta y cinco por ciento. Sólo quince de cada cien bebés que nacían sobrevivían el primer año.

Dentro del corto periodo de dos años, el movimiento muralista, iniciado por el licenciado José Vasconcelos, secretario de Educación Pública, generó las grandes figuras del arte contemporáneo. Vasconcelos convocó a los pintores mexicanos más destacados de la República, incluso a los que residían en el extranjero, y les entregó las paredes de los nuevos edificios públicos y las de algunas iglesias coloniales que se habían transformado en bibliotecas y aulas para los trabajadores. Esta iniciativa no tenía ninguna intención de hacer propaganda o de imponer especificaciones técnicas. Los artistas estaban organizados en un sindicato y trabajaban como jornaleros por un salario modesto; se les consideraba como creadores responsables de sus producciones, sobre las cuales, ningún político, comité o contratista ejercía control alguno. De hecho, en una ocasión, cuando visité con Vasconcelos el patio de la Escuela Nacional Preparatoria, en donde José Clemente Orozco estaba pintando sus poderosos frescos, el funcionario llamó al muralista, que estaba en el andamio, y le dijo: "Sinceramente no me gusta lo que estás haciendo. ¡Está horrible! Pero la pared es tuya, ¡así que adelante!".

En 1922, Orozco estaba todavía experimentando con el método del fresco, mismo que los mexicanos habían rescatado, por primera vez desde los grandes maestros italianos, para el muralismo monumental. Su tema era el obrero, un carpintero de Galilea o Cuautla, a punto de propinarle un hachazo a la gruesa cruz de madera que ya había destruido parcialmente. Era un trabajo que representaba una interpretación plástica suprema del tema de la renovación; un trabajo de entereza, con amplios volúmenes y caracterizado por la economía de línea y el dinamismo controlado de la acción interna. De forma imperativa, Orozco había plasmado la idea de que era necesario abandonar cualquier símbolo de la tradición que hubiera perdido su integridad o que hubiera sido pervertido por el uso innoble y que, por tanto, se hubiera vuelto inútil en relación a su significado original.

El obrero debe rechazar el símbolo que inspiró su misión de amor fraternal, porque ahora lo portan los sacerdotes que avanzan entre las bayonetas de la batalla para urgir al hombre a masacrar a sus congéneres tanto en causas justas como injustas. El obrero va a encontrar un nuevo símbolo por medio de la contemplación de los milagros de la naturaleza —las estrellas, el sol, los planetas—, uno de los cuales ya se emplea como halo; o va a tomar del éter algún signo inmutable de orden, belleza y justicia fundamental en el universo —la forma geométrica de la pirámide, el cono, la esfera o el cubo—. El obrero representativo de Orozco fue parcialmente destruido, pero la idea sobrevivió intacta y, diez años después, cobró dimensiones aún mayores en el Dartmouth College. En las paredes de la biblioteca Baker, Orozco pintó a un Cristo desollado, cuya cruz está hecha pedazos y arrojada sobre el calvario de los emblemas, ya desechados y convertidos en chatarra, del cautiverio físico y moral de la humanidad.

En una superficie abovedada del patio de la Escuela Nacional Preparatoria, Orozco interpretó el eterno proceso de la evolución. Yo estaba observándolo mientras pintaba *Hombre*; parecía estar librando un abismo impulsado por una fuerza interna, la misma que siempre lo condujo hacia adelante y que fue el medio y el fin de su propia lucha. No hay ningún conocimiento que el hombre no pueda arrebatarle a los eones remotos, incluso el del secreto mismo de su existencia, por medio de un salto olímpico hacia el cosmos de su propia conciencia. La idea esencial que subyace en muchos de los conceptos universales de Orozco es la síntesis plástica del pensamiento exaltado y de la acción contundente de ese pequeño grupo de idealistas mexicanos que, motivados por el sufrimiento de su país, machetearon incesantemente las bases del despotismo mexicano entre 1900 y 1910, hasta que la enorme estructura se derrumbó y le abrió paso a Madero y a la liberación.

Durante muchas horas, abstraído por completo de todo lo que lo rodeaba y envuelto en el silencio creativo, el muralista trabajó sobre las venerables paredes eclesiásticas de San Ildefonso, para cubrirlas con los símbolos revitalizantes de una fe humanista. Ésa era la fe que había caracterizado a los precursores de la revolución social; y él, con la misma dedicación y pureza de propósito, registraba los matices precisos de las palabras honestas y de las acciones valerosas de esos hombres. La genialidad del pintor enriqueció la síntesis de tal modo, que destelló con el esplendor de una estrella fija que guía a la historia en su propio proceso de creación. Al igual que la mayoría de los periodistas californianos conocedores de México, yo sabía que los precursores del nuevo orden habían recurrido a Ricardo Flores Magón, el intelectual anarquista, como guía espiritual. Flores Magón se había exiliado en el sur de California y ahí, entre 1906 y 1910, publicó su renombrado periódico *Regeneración*. Pero yo todavía desconocía la importancia del papel que había desempeñado el socialista Felipe Carrillo Puerto en la emancipación nacional. En ese tiempo, yo ni siquiera sabía de su asociación con los hermanos Flores Magón y con otros organizadores del Partido Liberal, cuya ideología fue articulada por el joven poeta Práxedis G. Guerrero, de León, Guanajuato, cuando escribió: "Yo soy la acción. ¡El Progreso y la Libertad no pueden existir sin mí!". Después, el propio Ricardo Flores Magón, que entonces era un hombre acechado y pobre en Estados Unidos y que tenía un precio sobre su cabeza, definió esa misma fe humanista —la verdadera piedra fundadora sobre la que, al final del siglo, se erigió la estructura del México moderno— por medio de *Regeneración*, el órgano del Partido Liberal en el que lanzó su proclama: "Estamos ahora transitando de las ilusiones a la vida. Ayer el cielo era el objetivo del pueblo; ¡ahora lo es la tierra!".

El funeral público de Ricardo Flores Magón en la Ciudad de México marcó el clímax emocional de un año en el que se alcanzó el punto más álgido de conciencia nacional. Su muerte, el 21 de noviembre de 1922 en la penitenciaría de Leavenworth, Kansas, fue un tirón a las fibras sensibles de México, y liberó lágrimas contenidas tanto en el pesar privado como en el público. Ese acontecimiento revivió recuerdos de "noches tristes" que no se habían llorado e intensificó, con su trágica fuerza, el indomable espíritu que fue el sostén del pueblo a lo largo de su prolongada agonía. Durante los cinco primeros años de su encarcelamiento por violación a la ley de espionaje en tiempos de guerra —él había sido un predicador incansable de la paz—, su salud empeoró y estaba, poco a poco, quedándose ciego. Miles de admiradores suyos, en Estados Unidos y en México, lucharon por su libertad. Muchos lo urgieron a pedir un indulto, que le hubiera sido concedido con sólo pedirlo; pero él rechazó terminantemente la libertad que requería la admisión de la culpa. México le rindió homenaje póstumo con una procesión por las calles en la que su austero féretro negro iba seguido de una multitud que llevaba pancartas con el lema

"Tierra de libertad" y cantaba conmovedoras canciones de redención. Incluso los mexicanos para quienes las palabras "anarquista" o "socialista" implicaban un anatema estaban de pie, en actitud reverente y con la cabeza descubierta conforme pasaba el cortejo para rendirle tributo a la nobleza de la vida y de la muerte de Ricardo Flores Magón. Los antiguos revolucionarios olvidaron las enardecidas y sentidas acusaciones de "concesión" y "traición" que él le había hecho a las diferentes propuestas que se le habían presentado al pueblo como soluciones, incluyendo al Plan de San Luis Potosí; sólo recordaron su anhelo que, a pesar de ser inherente a México, era universal y atemporal y que en ese momento resonaba en sus corazones como un canto fúnebre y un himno triunfal:

> La vida debería estar llena de poesía; llena de la pasión que corre por las venas. La vida no estaba predestinada a ser sometida dentro de la camisa de fuerza en la que el monopolio la ha constreñido. No permitan más, con su obediencia, que las manos ociosas se adueñen de lo que les pertenece, de lo que le pertenece a toda la humanidad. Tomen posesión de esta tierra, a la que ustedes le han entregado su fatiga, y de sus frutos, mismos que les han sido negados, con el grito supremo de la humanidad: "¡Tierra y Libertad!".

Yo también recordé el mensaje conmovedor de Flores Magón, pero bajo mi propia perspectiva nacionalista se traducía, para mí, en las palabras de otro estadounidense, nuestro inmortal Thomas Jefferson, que declaró: "¡La tierra le pertenece a quien la labra!".

IV

Reflexiones caribeñas

En Nassau, a unos mil cuatrocientos cincuenta kilómetros de Manhattan, el México hizo su primera parada. Ancló cerca de la gran isla de coral de Nueva Providencia, para permitirles a los pasajeros verificar la afirmación del folleto de la Ward Line respecto a que la capital de las Bahamas "encara al océano con una sonrisa". En la pálida luz de las primeras horas de la mañana, el pueblo se veía tan radiante y con tanta economía de detalle como una acuarela de Raoul Dufy. En unas cuantas pinceladas expertas, el sensible artista podría haber captado todos los elementos del encanto despreocupado de ese lugar: en segundo plano, una colina esmeralda coronada por los muros grises del viejo fuerte de Fincastle y, en primer plano, una franja de palmeras cocoteras alrededor de los impecables jardines que circundaban el nuevo Hotel Colonial, una estructura georgiana de madera; uno que otro punto blanco diseminados por aquí y por allá, que correspondían a los pequeños edificios; y, con un dejo de alarde presuntuoso por sus alegres travesías, la pequeña nave de la flota de ron del embarcadero de Mosquito anidada en el puerto turquesa.

Durante el intermedio de espera, en el que varios pasajeros desembarcaron, los arqueólogos, siempre al pendiente de la historia, intercambiaron relatos sobre el turbulento pasado de las Bahamas. Se narraron leyendas de los primeros bucaneros que interceptaban a los galeones españoles y de los botines que escondieron quienes más adelante serían piratas, entre los que estaba el célebre Barbanegra, terror de la marina mercante británica. También se contaron historias sobre los forzadores de bloqueo, que desembarcaban armas y provisiones militares para los estados confederados, mismas que recibían de los cargos ingleses a cambio de algodón y otros productos del sur.

Una vez más tomamos rumbo hacia el sur, y por el resto del día el transcurso del México se detuvo en la "lengua del océano", una grieta profunda al oeste de Andros, la isla más grande del grupo. Cada tanto, yo subía al puente de mando; ahí, el capitán Peterson, que estaba dedicado a examinar las cartas de navegación, se tomaba un tiempo para trazar nuestra ruta a través de los intrincados canales y alrededor de los bancos de peces y de los arrecifes de coral de las Indias Occidentales y, a veces, para hacer una descripción apasionada de las características más sensacionales del paisaje pelágico debajo de nosotros. Estábamos bordeando el bajío de las Bahamas, la extensa meseta submarina que forma la base de las islas y de sus innumerables cayos y arrecifes, en donde se sabe que cientos de isletas y atolones emergen y desaparecen de la noche a la mañana. Muy pronto íbamos a salir de las aguas poco profundas y a virar hacia el oeste, sobre aguas de hasta mil brazas de profundidad, para navegar a lo largo de la costa norte de Cuba.

El archipiélago de las Indias Occidentales siempre me había resultado interesante; pero esa atracción se debía en gran parte, y por lo menos hasta entonces, a sus antecedentes históricos y a su belleza externa. Si alguna vez llegaba a pensar en ese grupo de islas tan lejano, lo hacía, principalmente, en los términos de las crónicas tétricas de dos o tres frailes humanitarios y de sus narraciones impactantes sobre la crueldad con la que los colonizadores españoles trataron a los nativos indefensos; o en los términos de las descripciones entusiastas de los escritores contemporáneos de viajes, la mayoría de los cuales creaban la imagen de un paraíso fantástico de avenidas enmarcadas por palmeras y resplandecientes costas de bahías resguardadas a la luz de la luna. En general, las Bahamas, las Antillas Mayores y Menores, existían para mí como puntos en un mapa, y representaban el vasto territorio que comienza a ochenta kilómetros de la costa de Florida y que se extiende dos mil cuatrocientos kilómetros en dirección al sureste desde el Golfo de México — según algunos poetas latinoamericanos extravagantes— como una media luna de diamantes en un mar de zafiros. Fuera de las contribuciones que yo conocía de algunas de las personalidades más destacadas —figuras de la literatura o héroes de los movimientos de independencia—, no tenía idea de la estatura espiritual contemporánea de las Antillas y de las muchas contribuciones vitales que ahí habían surgido luego del encuentro entre las diferentes corrientes de tradición y arte que, al fusionarse, gestaron una nueva forma de vida característica de ese lugar bañado por las aguas que el viento agita y cuyas costas son, del otro lado, el más viejo y el más nuevo de los continentes.

Pero sí recordé *un* sueño antillano; y lo hice con reverencia para quien lo soñó. Cuando estaba por concluir el siglo XIX, el apóstol cubano José Martí, inmerso en su visión exaltada de la solidaridad continental, concibió y trabajó sobre la idea de una Confederación Antillana como parte de su proyecto mayor, el de "unificar con lazos inquebrantables las repúblicas latinoamericanas del Nuevo Mundo". Martí fue el espíritu motor de un grupo de patriotas e intelectuales de las Indias Occidentales que intentaron fusionar las fortunas políticas y económicas de las islas de las Antillas Mayores —su amada Cuba, Santo Domingo, Puerto Rico, Haití y Jamaica—; pues, como él explicaba enfático, "deberían luchar juntas o desaparecer del registro de los pueblos libres". De hecho, a América, la consideraba como "el continente de la esperanza humana". Firme en sus ideas constructivas y constante en su propósito sincero, el poeta y estadista luchó durante sus cuarenta y dos años de vida por los derechos humanos y por la dignidad del hombre. No logró unificar a las Antillas Mayores y, como consecuencia de haber perdido esa oportunidad memorable, los antiguos problemas sociales, que pudieron haberse resuelto desde entonces, se convirtieron en una carga que todavía van arrastrando los pueblos de las Indias Occidentales como un oscuro legado.

Los plácidos días de navegación no sólo estuvieron destinados a ampliar las dimensiones de mi propia perspectiva sobre mi trabajo, sino también, a darle una dirección estimulante a mis actividades personales y profesionales. Fue ahí, en el castillo de proa, mientras estudiaba los mapas de la topografía subacuática y mientras observaba a los delfines retozando en la espuma revuelta que llegaba de la proa a estribor, en donde surgieron, por primera vez en mí, los intensos deseos que más adelante se convirtieron en actividades absorbentes. Quise experimentar en carne propia la sensación del mundo estático y silencioso que está debajo de la superficie iluminada por la luz del sol, el reino misterioso que abarca la mayor parte del área terrestre. Ahí, en esas horas despreocupadas a bordo del México, tuvo su origen lo que después se transformó en una efusiva relación con la arqueología submarina y, también, mi investigación persistente sobre la extraordinaria carrera del gentil corsario Jean Laffite. Vistos a través de un sextante mágico, en el que el ayer y el mañana se muestran en un horizonte igualmente remoto, esos nuevos intereses no sólo capturaron mi imaginación de inmediato, sino que dejaron una huella profunda y duradera.

De pronto, en el quinto día de viaje, como un espejismo de alabastro, aparecieron las enormes cúpulas de La Habana intercaladas con capiteles y muros almenados. Suspendidos en una luz diáfana, entre el azul profundo del agua y el inmaculado azul claro del cielo, los contornos cautivadores de la ciudad destellaban con un esplendor etéreo. Como quiera que fuera, en mi iniciación a la "cultura turística", la Perla de las Antillas demostró ser perfectamente real cuando, una vez en el puerto, poco después del amanecer, el México les concedió a los pasajeros un día completo para explorar las tan pregonadas atracciones. A mí me invitaron a unirme al grupo en el que iban una psiquiatra austriaca, dos hacendados yucatecos, el señor Casas Alatriste y el señor John F. Barry y su esposa, que venían de Nueva York. Como editor de *Commercial Mexico*, un diario nacional de negocios, el señor Barry estaba muy consciente de que la publicidad que se le había hecho a la expedición del Instituto Carnegie podría tener como consecuencia una expansión en el turismo y en la comercialización del henequén; de hecho, el viaje que él hacía a Yucatán era para proponerle un programa publicitario al gobernador Carrillo.

Incluso en ese periodo, dos años antes de la dictadura de Machado, las visitas a los lugares de interés en La Habana estaban arregladas para ajustarse a lo que un guía con mucha imaginación pensó que serían las preferencias de los estadounidenses en lo que a entretenimiento se refiere. Después de ir a Sloppy Joe's para tomar bebidas "nativas", que a pesar de ser falsas estaban deliciosas, nuestro guía, Pedro, nos llevó con tanta prisa por las principales calles y a lo largo del elegante bulevar del Prado y del Malecón, que parecía estar ahorrando tiempo para visitar, según su propio criterio, lugares más meritorios. Éstos resultaron ser las cervecerías y las fábricas de puros de La Habana; y, por lo visto, su intención era impresionarnos con la cantidad y el tamaño de las instalaciones.

En cualquier caso, nuestra primera parada fue una cervecería, de dueños estadounidenses, al aire libre y con un ambiente tropical; la segunda, un establecimiento caótico en el que un ejército de trabajadores calificados, y no calificados por igual, estaban atareados enrollando una variedad de puros con hojas de tabaco color café, o produciendo cigarrillos hechos a máquina —esta industria, al igual que las refinerías de azúcar de la isla, era la fuente principal de recursos de su floreciente economía—. De camino a estos lugares y a otros similares, que sin duda eran de su propio interés monetario y personal, Pedro iba haciendo pausas, aunque de mala gana, para señalarnos algunos de los lugares más importantes de Cuba.

Por fortuna, su itinerario superficial sí incluía la inmensa catedral de estilo hispanoamericano de La Habana; sin embargo, su fachada típica toscana y su lúgubre interior la hacían parecer menor en comparación con los decorados encantadores y la arquitectura suprema de las iglesias mexicanas, que yo todavía tenía frescas en la mente. Su construcción había comenzado en 1704 y en 1796, cuando estaba casi terminada, llegó el supuesto féretro de Colón desde Santo Domingo y lo inhumaron dentro de sus muros; para tan notable acontecimiento, se llevaron a cabo ceremonias solemnes y prolongadas. El sepulcro del Gran Navegante, tan indiscutiblemente ligado al capítulo inicial de la historia cubana, se convirtió en un altar nacional muy venerado. Ahí, sus restos recibieron honores continuos hasta que, un siglo después, España los reclamó. Cuando por fin Cuba entregó los huesos reverenciados, vino la decepción con la admisión del "error"; al parecer, los huesos no eran los de Cristóbal, sino los de su hijo, Diego Colón.

La Habana estaba en su mejor momento, pues las fiestas de febrero, cuya sensualidad inundaba la ciudad, estaban en pleno apogeo. El magnífico espectáculo de las mascaradas y las procesiones coloridas —las tradicionales comparsas— sólo se escenificaban en la temporada de carnaval, y el populacho, amante del placer, estaba sacándole todo el provecho a ese evento anual tan esperado. Por la tarde, nos unimos a la algarabía de la calle, visitamos el Casino Nacional y, después de la cena, bailamos hasta la media noche en la terraza del Hotel Plaza; así, de acuerdo con el programa de la agencia de viajes, completamos el "día perfecto". Para agradar a los huéspedes estadounidenses, la orquesta del Plaza interpretó la armoniosa y jovial "Mr. Gallagher and Mr. Sheen", que era la sensación del momento de los Ziegfred Follies de Nueva York. Los músicos, jóvenes carirredondos con sonrisas perpetuas que mostraban hileras blancas y doradas de dentaduras relucientes, llevaban casacas de torero de satín beige con amplias fajas amarillas o carmesí, y el pelo, color negro azabache, todo engomado para darle un brillo lustroso. El fulgurante cromo que decoraba el quiosco de la música, sobre el que ellos giraban rítmicamente mientras ejecutaban bufonadas chocarreras, parecía sintetizar a la perfección el estado de ánimo que prevalecía en el ambiente, el mismo que se reflejaba en la satisfacción presuntuosa de los clientes más importantes del lugar: los patrones acaudalados, y subsidiados, de las plantaciones de azúcar y los estadounidenses propietarios de establecimientos de juego enormemente lucrativos. En una deferencia efusiva a los turistas de Estados Unidos, en todos lados había reconocimientos explícitos a la beneficencia generosa del Tío Sam, así como manifestaciones del deseo por que continuara. Entre rumbas y daiquirís, la conversación de la mesa se desvió, de la forma más divertida, hacia nuestras aventuras "guíadas" de la tarde. El tema hizo surgir otras narraciones sobre guías profesionales que eran pésimos representantes de sus países.

Una de las historias más entretenidas fue la que contó el señor Casas Alatriste de su primera visita a Estados Unidos. En sus días de estudiante, el joven mexicano soñaba con hacer un viaje al otro lado del río Grande, a la rica y poderosa tierra que él visualizaba como un lugar formidable. Como parte de su preparación para el gran evento, con toda diligencia, se dio a la tarea de aprender inglés; inclusó leyó a nuestros poetas y economistas. Por fin, se presentó el día tan esperado de cruzar la frontera internacional y, una mañana, a principios de la Primera Guerra Mundial, llegó a San Antonio. Pero lo primero que apareció ante su mirada incrédula fue una imagen desconcertante. Pensó que, sin duda, había habido un error terrible y que en vez de haber llegado al vecino estado de Texas, había llegado al África Negra; pues, bajo el tórrido sol del mediodía, formados en una fila doble frente a un ostentoso local de tatuajes, soldados y civiles aguardaban pacientemente su turno para que les adornaran el cuerpo igual que a tantos salvajes de Ubanghi. Por fortuna, como nos lo explicó el gentil señor Casas Alatriste, se quedó en Texas el tiempo suficiente como para rectificar su primera impresión de las costumbres "típicas" de los estadounidenses.

En un contraste drástico con el resplandor y el brillo del Plaza, estaba, a varios kilómetros de la ciudad, el pequeño escondrijo iluminado a la luz de las velas de playa Guanabacoa, en donde, invitados por un pintor cubano amigo de uno de los hacendados yucatecos, terminamos la desmesurada parranda de la noche. Ahí, en una choza con techo de paja, en la lóbrega región que la superstición local asociaba con el acecho nocturno de los zombis, o cadáveres recién resucitados, los esbeltos negroides devotos del Ñáñingo, el culto prohibido de Santa Bárbara, llevaban a cabo una exótica pantomima ritual. Con las piernas desnudas, aunque con colgaduras multicolores y extravagantes que pendían de sus espaldas u hombros, se balanceaban al traqueteo apenas audible de las maracas y al golpeteo afónico del bongó. A intervalos, entonaban los sonidos y la hipnótica métrica antillana del *tun tun de pasa y grifería*, de la "Danza negra" y del "Lamento", o improvisaban conjuros lastimeros. Esa noche, la voz de las masas caribeñas resonó en mí, más que como una mera expresión literaria, como una voz profundamente humana. Yo tenía muy poco tiempo de conocer la poesía afrocubana, y eso había sucedido gracias a los sones que de vez en cuando aparecían en las *Little Reviews* hechas para el consumo de los intelectuales de la rivera izquierda parisina o del Greenwich Village en Manhattan. Pero en las oscuras y cambiantes sombras del encuentro secreto en Guanabacoa, la poesía del Negrismo logró hacerme inteligibles las emociones primitivas de los pueblos inarticulados de todo el mundo. Por medio de un idioma universal, enraizado en los continentes de África, Europa y América, esta poesía hablaba en nombre de los millones de explotados y desposeídos de la tierra.

No cabe duda de que nuestra escolta de artistas cubanos disfrutaba de la total confianza de los exóticos anfitriones, pues, al parecer, estaban completamente despreocupados por la posibilidad de algún tipo de intrusión en sus ritos privados de vudú. Incluso, sin hacer ningún énfasis en ello, nos pidieron que nos uniéramos al "círculo sagrado" para la ceremonia de iniciación; luego, como si nada, procedieron a amarrar la pierna izquierda de cada una de las espectadoras que estaban sentadas en el aro mágico con la pierna derecha del hombre que tuvieran a su lado. Mientras tanto, el neófito color ébano que había sido escogido para las aguas sacramentales estaba tendido en el centro del espacio, retorciéndose como si estuviera poseído por un demonio. Durante las dos horas de dramatización, los devotos del Ñáñingo se enfocaron en expresar, por medio de movimientos dancísticos desinhibidos, una enorme capacidad racial tanto para la alegría, como para la angustia, y a comunicar, por medio de vigorosos versos onomatopéyicos, su terror y reverencia ante los misterios del amor, el nacimiento y la muerte. Por encima del ritmo grave y constante de las semillas secas, se escuchaban constantes gritos agudos que manifestaban el temor a los elementos amenazadores o a los peligros de la jungla y del pantano. Una vez más, un gemido de dolor físico por la brutalidad de los amos "civilizados" a lo largo de los siglos. Cuando no se sofocaba en un lamento de desesperación, el grito se volvía un llamado estridente a la revuelta. Sin embargo, hubo momentos en los que, como si estuvieran totalmente liberados del dolor y la humillación, y olvidados por completo de los antiguos males, los ritmos pulsantes se precipitaban hacia lo orgiástico en un abandono salvaje y le incorporaban, a la sensualidad extática del Ñáñingo, la pasión voluptuosa de la rumba y la intensidad volcánica de la conga. Aquellos olvidados por el dios de las alturas, buscando a dios en las profundidades.

El retraso provocado por el embarque y desembarque de cargamento sirvió para que los pasajeros del México tuviéramos medio día más para pasear. A pesar de las desmesuradas festividades de la noche anterior y de la falta de sueño, algunos de los mismos miembros del intrépido grupo de "visitantes" decidimos aprovechar las primeras horas de la mañana para "conocer la *verdadera* Habana". Esta vez, el señor Molina se ofreció a hacer las veces de guía. Comenzamos nuestro recorrido en un carro descapotado y entre la furiosa disonancia de las campanas multitonales que repicaban al mismo tiempo por toda la ciudad. Transitamos lentamente por calles estrechas y sinuosas y nos detuvimos cada vez que quisimos para admirar balcones coloniales, enrejados de hierro forjado y uno que otro viejo portón impresionante, de los que todavía tenían, aunque desgastado, su escudo de armas heráldico. Gozamos de total libertad para ver y escuchar a placer y, de hecho, había mucho que ver y escuchar en la colorida procesión de vendedores de comida que se introducían al café con leche de las diez de La Habana.

Recorrimos varios kilómetros a lo largo de las playas blancas y luego, a través de hileras de palmas reales y otros hermosos árboles en flor, nos dirigimos hacia el campo abierto. A ambos lados del camino se extendían enormes plantaciones de azúcar y tabaco que se alternaban con fincas bien cuidadas, todas con una villa y enormes jardines o hectáreas vírgenes de bosques tropicales y exuberantes. Por encima de toda esa abundancia, que prosperaba bajo el sol cubano y que al decaer volvía a la tierra tan sólo para enriquecerla, parecía rondar el espíritu del Descubridor —cuyas cartas elocuentes fueron parte primordial de mis lecturas preparatorias—. Pues, a pesar de que él hubiera sentido que sus palabras eran insuficientes, Colón siempre será, para el viajero perceptivo, el intérprete más vívido de esa "hermosura que su lengua no podía expresar ni su pluma describir".

El reporte que hizo para sus majestades en España, después de su desembarque cerca de la Bahía de Huevitas a finales de octubre de 1492, no tiene parangón, ni en la precisión de los detalles, ni en la emoción que expresa por la tierra.

> La claridad del agua —escribió— a través de la cual puede verse la arena en el fondo; la multitud de palmeras de diferentes formas, las más altas y hermosas que yo haya visto, y una infinidad de otros árboles grandes y verdes; los pájaros de rico plumaje y el verdor de los campos, le dan a este lugar una belleza tan maravillosa, que sobrepasa a todos los demás en encanto y gracia, así como el día supera a la noche en fulgor.

Caí en la cuenta de que nada había cambiado, y casi estaba esperando que, en cualquier momento, los habitantes originales de estos Campos Elíseos aparecieran tímidamente de entre la arboleda de "palmas soberbias y árboles en flor". En una carta para su amigo Santángel, tesorero de Aragón, Colón describe a los nativos —los *cubeños*— con la siguiente observación: "Ellos de cosa que tengan, pidiéndosela, jamás dicen que no; antes, convidan a la persona con ello, y muestran tanto amor que darían sus corazones". Y una vez, el Descubridor dijo: "Esta gente es muy gentil, entre ellos no se conoce el mal, ni los pecados de asesinato o robo"... Pedro Mártir, el erudito italiano de la Corte de Isabel y más tarde miembro del Consejo de Indias, también describió a los *cubeños* y a su confraternidad utópica —que podría haber sido planeada por el propio San Francisco de Asís—:

> Es cierto —escribió el erudito capellán— que entre estas personas la tierra es tan común como el sol y el agua, y que "mío" y "tuyo", las semillas de toda malicia, no tienen lugar entre ellas. Se contentan con tan poco, que con un territorio tan grande tienen demasía y no escasez; así, parece que habitan en un mundo venturoso, sin fatiga, en jardines abiertos que no están atrincherados con barreras, divididos por vallas o defendidos por muros. Conviven mutuamente con toda sinceridad, sin que para ello sean necesarios leyes, libros o jueces. Toman por mal hombre a quien se complace en dañar a otro. Y si bien no se deleitan en superfluidades, sí se ocupan del aprovisionamiento de las raíces con las que hacen el pan, y les es suficiente esa dieta tan simple, por medio de la cual preservan la salud y evitan las enfermedades.

¿En dónde están esos gentiles *cubeños*? Ésa era la pregunta que, absorta en la admiración de la naturaleza y del alma humana, hubiera querido hacerle, en ese momento, al enorme hombre negro —un negro reluciente, hijo de esclavos africanos— que iba pasando por el camino polvoso arrastrando los pies. Pero recordé la *Brevísima relación de la destrucción de las Indias* de fray Bartolomé de las Casas, el sacerdote humanitario que se afanó, aunque sin frutos, en aliviar los sufrimientos de los *cubeños* y evitar su aniquilación total. Y es que él y otros cronistas que fueron testigos de lo sucedido cuentan que durante los trece años que siguieron a la conquista de Cuba en 1511 por parte del adelantado Diego de Velázquez, y como resultado de un asesinato masivo, desaparecieron entre trescientos mil y un millón de *cubeños*; hecho que, por su crueldad repugnante, no tuvo paralelo en la historia sino hasta el genocidio de Hitler. Esclavizados —encomendados es la palabra oficial—, atormentados, mal alimentados y trabajando mucho más de lo que su fuerza física resistía —en las riveras y entre las piedras en las que los españoles creían que había oro—, los *cubeños* se morían o cometían suicidio, incapaces de soportar la agonía de la vida. Miles más fueron asesinados a sangre fría y otros tantos, por medio de torturas lentas. Fray Bartolomé de las Casas explica que no era una excepción ver

> muchos indios en cadenas por los caminos, que andan como si fuesen manadas de puercos, para servirle de alimento a los perros. Los más humanos de los capitanes los mataban primero, pero otros, soltaban a los perros ante la mirada aterrada de las víctimas aún vivas.

Describe, también, la ejecución en la horca de trece indios, a quienes colgaron, uno después de otro, desde una altura en la que los dedos de sus pies podían rozar el suelo; además, "los picaban con las puntas de las espadas para asegurarse de prolongar su agonía". Este episodio, agrega, fue en "honor y reverencia de Nuestro Redentor y de los doce apóstoles, pues ése era un día de fiesta".

Otro de los deportes de la encomienda que él describe era "rostizar a los indios prisioneros, envueltos en paja y a fuego lento". "¿De verdad he visto estas cosas o sólo fueron sueños horribles?", se pregunta el sacerdote perplejo al tiempo que redacta su recuento de las atrocidades —del que no permitió su publicación sino hasta cuarenta años después de su muerte—. "No, no eran atrocidades", les asegura a sus futuros lectores. "Todas estas cosas, ¡ay de mí!, las han contemplado mis propios ojos mortales".

Recordé a otro sacerdote, Luis Bertram, y sus conmovedoras crónicas sobre la conquista cubana. Al igual que fray

Bartolomé, también él trató, aunque en vano, de proteger a los *cubeños* del salvajismo con el que los encomenderos o tenedores de lotes de tierra y de indios pretendían mantener el sistema de colonización en la Española.[1] No sólo ellos, pensé, debe haber muchos más nombres, *jamás registrados* y que por lo tanto no llegaremos a conocer, que por sus actos bondadosos se hayan merecido ser pronunciados en agradecimiento por un *cubeño* moribundo al tiempo que se retorcía bajo el látigo o que estaba por perecer en la hoguera.

Sin embargo, en comparación con la prolongada duración de los agravios y con la magnitud que tuvieron, descubrí que en los anales de la historia había muy *pocos* protectores, y no sólo en las tierras caribeñas sino en todo el problema de los pueblos indígenas de mi propio país. Los pensadores compasivos y de acción valerosa, los amigos verdaderos de los sin amigos y los defensores de los herederos desheredados del continente americano, formaban un grupo patéticamente pequeño. ¿Y el hombre al que iba a ver mañana? —el gobernador socialista de Yucatán—, ¿acaso él era uno de ellos? Un pasaje del artículo de Hart, que acababa de releer para formular una de las preguntas de mi primera entrevista, me llevó a pensar que quizás sí pertenecía a esa heroica compañía.

> Los mayas —escribió el señor Hart— han deificado a Felipe Carrillo, el hombre al que eligieron para gobernarlos en Yucatán. ¿Será él el verdadero salvador de los indios en su estado? ¿Él, que es un hombre con los pies firmes sobre una roca y cuyos ideales sin duda se van a materializar en acciones resplandecientes?

El señor Hart afirmaba que la noche en la que escribió ese pasaje en particular, se fue a dormir pensando en "el dios de los indígenas, Felipe Carrillo, y el pedestal sobre el que estaba parado.

---

[1] La Española es el territorio que actualmente corresponde a Haití y República Dominicana. (N. de la T.)

Yo también me cuestioné sobre él esa tarde, en la que emprendimos de nuevo la marcha hacia el sur y vimos a La Habana desaparecer detrás del mismo flujo de luz solar que la había hecho emerger magníficamente el día anterior... Ya entrada la noche, fueron los ídolos mayas los que dominaron las horas de reflexión. Como si estuviéramos atravesando por una oscuridad luminosa y un silencio sonoro, seguimos la misma ruta de los primeros conquistadores —Hernández de Córdoba, Juan de Grijalva, Los Montejos y Hernán Cortés— a lo largo de esas sesenta leguas historiadas que por siempre separan —por siempre *unen*— la isla de los *cubeños* y la península maya de Yucatán.

La escena de los delfines juguetones en mar abierto fue sustituida por la de tiburones amenazantes en la línea de flotación del México luego de que echaron las anclas en la rada de Progreso, el puerto de entrada a Yucatán, a unos cinco kilómetros de la costa. Mientras esperaban en cubierta la barcaza, algunos de los pasajeros con destino a Mérida se entretenían observando a los tragahombres de enormes mandíbulas. A mí eso no me entretenía. De hecho, una extraña aversión supersticiosa hizo que me estremeciera ante la presencia de lo que el señor Barry denominó nuestro "comité oficial de bienvenida". En la nota que hice después en mi diario sobre esa sensación de desasosiego, interpreté la presencia de las horribles criaturas como un presagio maligno. No obstante, mi desagrado se disolvió en una feliz emoción cuando, con los binoculares que le pedí prestados al señor Barry, estudié la línea costera bordeada de árboles y construcciones dispersas sobre las apenas perceptibles "llanuras a ras del horizonte" que mencionan los navegantes españoles.

Con cortesía y celeridad nos hicieron pasar por la aduana y la inspección médica; luego, abordamos el tranvía eléctrico y, durante una hora, pasamos por grandes haciendas sembradas, hilera tras hilera hasta el límite de la visión, con el "oro verde" de Yucatán. Apilados incluso fuera de los almacenes ya repletos, los fardos de henequén, todos listos para exportarse, evidenciaban la prosperidad de la que gozaba la industria básica del estado.

Nuestra llegada a Mérida mereció un recibimiento formal con bandas nativas, grupos locales de arqueología y niños que llevaban banderines de bienvenida entrelazados con flores. De inmediato, en una flota de automóviles, Manuel Cirerol —el representante personal de Felipe Carrillo, que hablaba inglés— nos llevó a la sede de la Liga Central, en donde, como nos lo explicó de camino, el gobernador atendía tanto los asuntos del estado de Yucatán como los del Partido Socialista del Sureste, del que era fundador y presidente. El señor Cirerol también nos informó, mientras pasábamos la impresionante estructura de piedra del Palacio de Gobierno, que su jefe había cedido el suntuoso despacho que le correspondía en ese edificio para que la gente pudiera usarlo como biblioteca pública y como centro de información arqueológica.

Una vez en la Liga, un modesto edificio de madera con dos pisos, subimos por una escalera estrecha y entramos en la sala de actos, que era una habitación larga y con muy pocos muebles. La bienvenida, con palabras simples y cálidas, nos la dio un hombre de un magnetismo excepcional y de una belleza física única. Estaba ataviado con un traje radiante de lino blanco y sus más de 1.80 metros de estatura hacían que su cabeza y hombros se elevaran por encima de sus asistentes y peticionarios, que estaban amontonados a su alrededor. A todos los catorce miembros de nuestro grupo nos extendió la mano con un gesto cordial y sincero, que le servía de marco para dirigirle personalmente una o dos frases a cada quien y para expresarnos su deseo de que nuestra estancia en la "tierra de los mayas" fuera alegre y gratificante.

Nos pidió que le permitiéramos un momento para regresar a su escritorio a terminar un par de asuntos que estaban bajo consideración cuando nosotros llegamos a la Liga y que, mientras tanto, nos pusiéramos cómodos, "como si estuviéramos en nuestra casa". Uno de los pendientes era la petición de una madre maya para que le otorgaran a su hijo una beca en la nueva escuela técnica de Mérida. Después de leer los reportes y las recomendaciones de los maestros del niño, el gobernador le aseguró a la mujer que la beca se arreglaría cuanto antes; ella recibió la decisión con una enorme sonrisa de agradecimiento. El otro pendiente era la petición de una delegación de cinco inditos de un pueblo lejano que venían a solicitar instrumentos musicales para poder formar una orquesta local. Este requerimiento también fue concedido de inmediato por el gobernador, pero no sin antes hacerles una advertencia paternal, misma que Cirerol tradujo para nosotros. Los peticionarios, recibirían sus instrumentos siempre y cuando prometieran solemnemente hacer música *dulce* y no un ruido estridente que perturbara las horas de sueño de sus vecinos, que era gente trabajadora.

A mi lado, de pie, estaba el general brigadier William Barclay Parsons, el eminente ingeniero civil y de vías férreas que encabezaba la junta directiva del Carnegie y era el miembro más antiguo de nuestro grupo. Él fue quien, murmurando, expresó la reacción de asombro que era evidente en todos sus compañeros de expedición:

—Éste es el dragón rojo más atractivo que yo haya visto en cualquiera de mis safaris... ¿Qué le parece a usted, jovencita?

Con total convicción y sin dudarlo, respondí:

—Él es *mi* idea de un dios griego.

Como huéspedes del estado, los miembros del grupo del Instituto Carnegie fueron alojados en los mejores hoteles o en lujosas casas particulares. A mí, el señor Cirerol me escoltó a la mansión de Felipe G. Cantón, el hacendado rico y docto que era el presidente de la Sociedad Arqueológica de Yucatán. Media hora después de haber llegado, ya estaba yo en una hamaca en la terraza de mi habitación relajándome de las tensiones de un día tan ajetreado; pero de pronto, escuché un alboroto en el patio de abajo. Tres mucamas mayas subieron las escaleras a toda prisa y con un vocerío emocionado me anunciaron: "¡Señorita, señorita, el gobernador del estado...! ¡El gobernador del estado está aquí para verla!". Con la misma emoción, aunque menos justificada, me apresuré hacia mi cuarto para cambiarme la ropa que me había puesto para estar cómoda por algo más apropiado para recibir a mi visita oficial.

V

El camino a Kanasín

Antonio, el ayudante particular de Felipe, iba al volante. Yo estaba sentada junto al gobernador de Yucatán en el enorme auto oficial de color rojo. Con buen ánimo, los dos admitimos abiertamente que nos habíamos resultado más simpáticos de lo que esperábamos luego de la "publicidad por adelantado" que habíamos recibido el uno del otro. Yo le aseguré al guapo y dinámico don Felipe —en un español entiesado por el uso frecuente de adjetivos y por la carencia de verbos— que el proyecto de entrevistar a un "dragón rojo con ojos de jade" me había causado momentos de ansiedad, y que era un alivio darme cuenta de que no iba a tener que enfrentarme a esa dura prueba. Por su parte, él estaba encantado de descubrir que la periodista Alma Reed no era la versión femenina de esos amenazantes periodistas que uno se encontraba durante la Revolución. Algunos, me confesó, resultaban unos verdaderos monstruos del norte.

Él se emocionó con el elogio incidental que yo hice al afirmar que Mérida poseía el encanto del Viejo Mundo y que, con sobrada razón, la hermosa capital de su estado soberano se conocía como la Ciudad Blanca. Sus deslumbrantes ojos —que según el tipo de luz se veían unas veces grises y otras, color jade— destellaron una respuesta inmediata a mi regocijo efervescente ante el magnífico espectáculo de la puesta de sol, que colmaba las vastas extensiones henequeneras en el horizonte de un color dorado teñido de rosa. Y el suave resplandor que se formaba con el juego de sombras luminosas en su amplia frente, su recio mentón y la pródiga figura de su boca, enfatizaba la expresión más noble que yo hubiera visto en un rostro humano.

Multitudes de palmeras enanas y de altivas ceibas; *naas*[1] de adobe rosa y azul con techos de paja, mitad ocultos tras la roja abundancia de los flamboyanes; pequeñas cercas de piedra salpicadas con el majestuoso morado de la buganvilia... bordean por siempre el camino blanco a Kanasín, que en aquel entonces al igual que ahora, es mi símbolo personal para representar al espíritu de búsqueda que se dirige hacia lo que, casi de manera imperceptible, se divisa como su feliz realización.

Estuve tratando de recordar en qué momento de mi vida había experimentado un reconocimiento inmediato de semejante valor espiritual en cualquier otro individuo. No pude pensar en ninguno, ni en una sola ocasión siquiera en la que la mera proximidad me hubiera dejado con una sensación más profunda de destinos afines.

De pronto, el hombre junto a mí dijo: "Desde el momento en que entraste a la Liga, estaba desesperado por hablar contigo... ¡Me siento solo... solo... solo!"...

Sus palabras cándidas cortaron de tajo las risas y los clichés, esas ocurrencias tímidas que surgen en el primer encuentro, cuando intuimos que es significativo, y que encubren la emoción con el clásico parloteo convencional. La franqueza en la intención de su voz me infundió el deseo de darle una respuesta sincera y en el mismo sentido. Pero en vez de hacerlo, busqué un modo discreto para que nuestra amena cordialidad reparara en el hecho de que los hombres solitarios en mi país parecían mucho menos alegres que los de la tierra de los enigmáticos mayas.

"Estoy demasiado ocupado, es cierto, para escribir versos melancólicos... Pero me siento solo... y, ¡estoy solo! Incluso

---

[1] *Naa* significa "casa" en maya yucateco.

mis hermanos, a quienes estoy consagrado y ellos a mí, son solamente soldados de mi causa".

Cuando nos vimos por primera vez, al mediodía, me asombró el hecho de que él pareciera tan joven. El júbilo natural en su semblante abierto, su espontaneidad y su franqueza acentuaban la impresión que él generaba de ser años menor de lo que era en realidad; tenía —eso lo supe por el artículo de Hart— cuarenta y seis años. Sin embargo, durante nuestra apacible visita a la Liga, mientras él les daba la bienvenida a los miembros de nuestro grupo, sus invitados, estuve observando atentamente cómo se desenvolvía entre sus indios y entre los representantes de renombradas instituciones estadounidenses. Y antes de que nos fuéramos de la Liga tuve otra impresión de él.

Pronto advertí que su cualidad psíquica dominante y el impulso que motivaba su acción era un gentil sentido de paternalismo. Pude sentir el poder que poseía para moldear el ambiente —cómo sin decir palabra y sin esfuerzo, llenaba la atmósfera con una fuerza personal apacible y al mismo tiempo incisiva—. Lo examiné en momentos de reflexión, cuando con solemnidad se ponía sus lentes para leer algún comunicado y su cara, conforme leía, iba asumiendo un gesto judicativo. Observé su porte sereno, su dignidad cordial al hablar con los científicos, y su paciencia y nobleza al tratar con los humildes que acudían a él en busca de favores. Sobre todo, me di cuenta de cuál era su propio sentido de misión, la aceptación de su derecho congénito al liderazgo. Había momentos en los que parecía un patriarca, y mi imaginación le dotaba una barba larga y ataviaba su imponente estatura de más de 1.80 con una toga clásica.

En ese momento, conforme recorríamos su nueva carretera, yo iba tratando de conciliar sus diferentes aspectos; pero no había nada que conciliar, no estaban en conflicto. Cual si fueran los diversos temas de una orquestación sinfónica, que se conjugan en la armonía final de una coda emotiva, sus cualidades se fusionaban e integraban en una personalidad única. Este descubrimiento tuvo para mí las implicaciones dramáticas de un acontecimiento fenomenal. Un dejo de irrealidad destellaba ante la noción misma de que ahí, en este lejano extremo del mundo, en los márgenes de las selvas caribeñas, yo estuviera charlando con un hombre encantador, vestido con un traje de negocios hecho a la medida; una figura que resumía en sí la cultura del siglo XX, con una actitud moderna y altamente evolucionada que, al mismo tiempo, personificaba el concepto órfico inmemorial de unidad en la que el atleta, el sacerdote y el profeta son uno mismo.

A pesar de toda la confusa emoción que me causó su visita inesperada a la residencia Cantón, mi instinto de periodista no me falló. De hecho, hice esperar a mi impetuosa visita en el patio durante el tiempo que me tomó localizar la lista de preguntas que había preparado a bordo del barco. Decidí llevarla al paseo con la esperanza de que durante el recorrido hubiera una oportunidad para entrevistarlo. Yo había formulado las preguntas con base en la entrevista de Hart y otros artículos publicados, algunos de los cuales eran bastante desfavorables. Le mostré la lista y le aseguré que ése era un papel invaluable para mí. "Me vas a permitir revisar", le expliqué, "qué tanto has cumplido las promesas que hiciste hace un año".

El asunto le pareció de lo más entretenido, y me aseguró que por mayor que fuera su tentación, no me despojaría de semejante tesoro. Aun así, me suplicó que tuviera el cuidado de mantener la lista oculta hasta el viernes. Ese día, a la hora dispuesta para la entrevista formal, con enorme placer, se pondría a mi entera disposición para contestar a ese "inquietante interrogatorio". Lo que era más, me entregaría documentos con datos y cifras... tantos... que al final yo terminaría por "suplicar que me tuviera piedad"; "pero *hoy*", me dijo, "me haría muy feliz que sin ninguna preocupación" visitáramos el pueblo socialista prototipo al final del nuevo camino. La puesta de sol *sería extraordinaria*... y el viaje tomaría, cuando más, una o dos horas... y si yo quería, de camino me contaría un poco sobre sus propósitos y me daría una idea de qué era lo que ya se había realizado; pero, con mi permiso, lo haría a "su manera".

Su voz era rica en resonancias conmovedoras y en inflexiones tiernas y prolongadas. Mucho después de que el sonido se había ya desvanecido, sus referencias permanecían en mí como la medida rítmica de un poema, ayudándome así a recordar sus palabras.

Quizás descubras, y espero que así lo hagas —me dijo— que los mayas *actuales* y su progreso son tan dignos de tu estudio como sus antiguos monumentos. Por desgracia, no podemos llevar a cabo todos nuestros planes a la vez. Tenemos que trabajar duro y sin cesar durante una generación más. Pero estamos logrando un progreso sostenido hacia adelante. Hemos avanzado mucho en un año. En la Liga te enteraste de que nuestro lema es "Tierra y Libertad". Estas palabras no sólo están inscritas en nuestros banderines; las hemos llevado en nuestros corazones durante muchos años, a lo largo de luchas amargas y de innumerables sacrificios; han guiado el propósito mismo de nuestras vidas; son nuestro más firme objetivo, y ¡no tendremos descanso —ni *paz*— sino hasta conseguirlo!

De ordinario, lo que hubiera sucedido es que las advertencias del señor Molina y de sus amigos hacendados respecto a los "ardides" del gobernador, sumadas a mi propia desconfianza en las panaceas —forjada con el entrenamiento periodístico— hubieran sido influencia suficiente como para que yo me abstuviera de hacer una valoración sobre el programa socialista antes de llevar a cabo una investigación personal. Pero yo ya había comprendido la calidad del hombre que lo había concebido y que lo estaba ejecutando. De modo intuitivo, yo sabía que él era totalmente sincero. Esa certeza mía y su enorme generosidad humana crearon un puente entre nosotros durante nuestro breve encuentro y, sin dudar o titubear, mi afiliación cruzó ese puente hasta llegar de *su* lado. En una percepción repentina supe, también, que ahí permanecería por siempre.

Cualquier posible vacilación con respecto a su integridad, implantada por las insinuaciones de los reaccionarios o de sus oponentes políticos, había desaparecido de mi mente desde nuestro primer encuentro. Ya desde entonces yo tenía plena conciencia de que estaba en presencia de un gran hombre —uno que había *nacido* grande—. Y de modo inexplicable, aunque decisivo, sentí un profundo parentesco con él. Incluso su cara me parecía familiar —como si en ella se resumieran de forma confusa y desconcertante las expresiones faciales de mis seres queridos en San Francisco—.

De ninguna manera daba la impresión del "forastero" al que nos referimos con el uso regional que le damos a esa palabra; de hecho, Felipe me parecía más cercano a mi natal California que a su propio Yucatán, en el sentido real o caprichoso en el que la gente usa el término "local". No me era fácil identificarlo con esas llanuras austeras y calizas, abochornado bajo el implacable sol. Más bien, me lo imaginaba en nuestras altas sierras, excursionando en los senderos de las montañas o acampando en una de las frescas grietas de los bosques de Sequoia. Lo ubicaba —y parecía una imagen poética perfecta— frente al majestuoso perfil del Capitán, esa roca de Yosemite con suficiente granito en su enormidad como para reconstruir Nueva York y que, después de tantos veranos que pasé ahí, bajo sus sombras, se había convertido en mi símbolo preferido de todo aquello que fuera confiable y seguro de sí mismo.

Le dije que si yo hubiera tenido que adivinar su nacionalidad con sólo verlo, hubiera dicho que era un estadounidense del oeste o del suroeste y que sus ancestros, al igual que los míos, eran escoceses e irlandeses. Mi hipótesis lo intrigó. "Eso es muy curioso", explicó. "La Madre Jones[2] —quizás conoces

---

[2] Mary Harris "la Madre" Jones (1830–930). Una de las figuras más prominentes en la lucha por los derechos de los trabajadores en Estados Unidos. Además de su valeroso trabajo de más de sesenta años en los movimientos sindicales de todo su país, fue una de las fundadoras de Trabajadores Industriales del Mundo (IWW, por sus siglas en inglés), participó como invitada del gobierno mexicano en una reunión de la Federación Panamericana del Trabajo celebrada en México, en 1921, y fue, durante muchos años, conferencista del Partido Socialista estadounidense. (N. de la T)

a esa maravillosa viejecita— me dijo lo mismo en Colorado, cuando hablé con sus mineros".

Apenas podía darme cuenta de que él no estaba hablando en inglés. Su idioma poseía la lucidez que uno esperaría encontrar en una lengua universal; y se me ocurrió que cualquiera, en cualquier parte del mundo, sería capaz de comprenderlo. Se dirigía a mí diciéndome "Almita" y algunas veces añadía "niña". También, me pidió "por favor" que lo llamara "Felipe".

"Es la costumbre entre nuestros compañeros socialistas usar el nombre de pila", me dijo. Y yo coincidí con él en que ésa era una buena costumbre *humana*. No podía pensar en ninguna otra persona, excepto mi padre, que me hubiera brindado un sentido tan profundo de seguridad espiritual. Mientras platicábamos, me pareció que estábamos simplemente reanudando una conversación predestinada que se había interrumpido y que ¡yo no lograba recordar ni *dónde* ni *cuánto tiempo* atrás!

Una de las críticas más compasivas que me habían hecho sobre Felipe a bordo del México lo describía, a modo de censura, como un "idealista y visionario". En ese momento, estaba preparada para admitir que él era las *dos* cosas.

Algunas veces, sus palabras, sin duda impulsadas por una necesidad interna, quedaban envueltas en el fervor de un fanático. Sus ojos extraordinarios, tan grandes y luminosos que creaban el efecto de un halo, reflejaban los matices precisos de su pensamiento y de su emoción. Se volvían compasivos cuando describía el cautiverio de su pueblo y destellaban con determinación cuando prometía redimirlo. No obstante, cualquiera que fuera su emoción, uno podía ver con toda claridad que no era un soñador ineficaz o un iluso persiguiendo el horizonte. En todo caso, su entusiasmo servía para aclarar y no para ensombrecer la aguda línea de su pensamiento y evidenciaba la sólida estructura de realidad que subyacía bajo sus elocuentes argumentos.

Por vía del periodismo, el servicio social y la actividad en los movimientos públicos, yo había entrado en un contacto casi diario, tanto en San Francisco como en la capital mexicana, con diferentes tipos de oradores. Mis oídos eran rápidos para detectar las peroratas dogmáticas que llevaban a la audiencia a una tensión nerviosa pero que no lograban persuadir su corazón. En la actitud de Felipe no había ningún rastro de ese fanatismo duro y seco o de la oquedad de quien construye sólo castillos teóricos. Sus "ideas y visiones", me daba cuenta, eran posibles y del tipo que exigirían acción concreta y forma material. Nunca se contentarían con languidecer indefinidamente en la esfera astral de lo nonato. Su pensamiento y acción parecían equilibrados en su intención y en su desempeño, del mismo modo que las dos alas iguales de una gran ave que remonta con serenidad la poesía griega contemporánea.

Felipe esbozó el contexto de su problema: la explotación de los mayas en Yucatán. Resultó ser el mismo viejo patrón familiar de esclavitud física y moral que era un tormento común a las Antillas y a todas las tierras bañadas por el mar Caribe. El esplendor morado de la puesta de sol tropical se había desvanecido ya en un color dorado oscuro. De pronto, algo en esa triste monotonía, en el hechizo nostálgico de niebla que se congregó y se posó en los pequeños arbustos, me hizo volverme consciente de la ubicación. Prolongué mi mirada sobre las enormes extensiones planas, y las colinas de San Francisco me parecieron en verdad lejanas. Como si en una obra de teatro, luego del cambio de escena al siguiente acto, uno hiciera la observación: "Bueno, aquí estamos ahora, en las latitudes de la *esclavitud*". Todas mis lecturas febriles de preparación para ése y para mi primer viaje a México se fundieron, de repente, en un ensueño sombrío sobre el trágico pasado de esas tierras. De las cartas de los exploradores, de las crónicas de frailes y conquistadores, de los comentarios y reportes estadísticos en el transcurso de la historia del Nuevo Mundo, emergieron y pasaron ante mí hombres y mujeres envilecidos —seres desvalidos, apiñados como ganado en barcos que, a un cierto costo por cabeza, los llevaban a tierras distantes y desconocidas a las manos de amos brutales y a vidas llenas de trabajos pesados y sufrimientos sin esperanza o consuelo—.

Como si el Gran Disco que graba todos los sonidos en su infinita resonancia por el cosmos estuviera transmitiendo especialmente para mí, yo escuchaba, a todo lo largo de la península, el eco continuo del lamento de los pueblos caribeños durante siglos. Desde el Golfo y por las selvas de la costa, llegaba el eco de un grito desesperado o de los pasajes que registraron los alaridos inflamados y salvajes de la revuelta. Y se apagaba, entre el silbido de las balas y el fuerte tronido de los disparos, con un sollozo de desesperanza que saturaba el firmamento de todo lo audible. La esclavitud no parecía un asunto resuelto de geografía histórica. Los cuerpos y los sueños rotos por la avaricia de las razas "civilizadas" se convirtieron en un *dramatis personae* de la, todavía inconclusa, tragedia del Caribe —una tragedia en la que un modesto hombre de autoridad, sentado junto a mí, estaba representando el papel del héroe—.

Nuestros inditos —Felipe siempre se refería así a ellos o como "pobrecitos"— aunque nominalmente libres, eran propiedad de los hacendados herederos de los conquistadores españoles. Vivían en estas enormes plantaciones henequeneras perseguidos por el ojo vigilante del mayordomo. Trabajaban más de lo que la fuerza humana permite, durante largas horas y bajo nuestro sol quemante. La retribución que por ello recibían era humillación, miseria y crueldad. No tenían ninguna posesión. El vestido y el alimento se les repartían como si fueran incompetentes. Incluso para las más sagradas relaciones de la vida, los indios fueron despojados del poder de decisión. Como hablaban sólo maya, no conocían, en absoluto, los derechos que la ley les otorgaba. Al igual que un árbol, estaban enraizados en la tierra que labraban. Así como el árbol, se quedaban en la tierra cuando la vendían.

Yo le mencioné que algunos yucatecos de la clase aristocrática, de los que navegaron con nuestro grupo desde Nueva York, habían hablado sobre escuelas para los indígenas y habían creado una imagen mucho más favorable de la vida en las haciendas.

Sí, había escuelas —respondió Felipe—, pero nada que para los inditos mereciera ese nombre. De hecho, se hicieron todos los esfuerzos posibles para evitar que adquirieran cualquier conocimiento que les ayudara a desarrollar sus capacidades mentales. La Iglesia fomentó esa ignorancia. Los sacerdotes, adjuntos de las haciendas, les llenaban la mente con miedos y supersticiones. Muchos de ellos eran propagandistas de la tiranía capitalista que mantenía a estos pobrecitos esclavizados. Les enseñaban que la obediencia era la virtud suprema y que al mayordomo, como representante de Cristo en la hacienda, debía obedecérsele sin reservas. Los indígenas fueron hechos prisioneros de un sistema inquebrantable de control laboral estratégicamente diseñado. Estaban desvalidos e indefensos.

Las palabras de Felipe me hicieron recordar una de las declaraciones que él mismo había hecho para la entrevista de Hart y que se había quedado, casi intacta, en mi memoria:

No voy a estar satisfecho —había dicho— sino hasta haber erradicado la ignorancia, la superstición y las intrigas clericales y hasta haberlas desterrado para siempre de mi país. Mientras haya un niño en este estado que no sepa leer y escribir, voy a seguir luchando sin descanso hasta que lo haga. Mi intención es llevarle la escuela al niño y *no* trasladar al niño a la escuela.

Meses antes, cuando leí por primera vez esa declaración en la capital mexicana, la entendí como una reafirmación osada de los principios de Benito Juárez y de Melchor Ocampo. Parecía tener una connotación positiva y seria que no dejaba espacio alguno para "vaciladas". La tomé como la indicación de que, por lo menos en un estado mexicano, el gobierno local se proponía "darle seguimiento" a los objetivos esenciales del gran Benemérito.

En ese tiempo, todos los periodistas estadounidenses en México conocían a la perfección las presiones, intensas y sutiles, que se estaban empleando en ambos lados de la frontera para debilitar las Leyes de Reforma. La imagen que Felipe mostraba sobre la colaboración entre sacerdotes y hacendados antes de la Revolución —las gestiones de ayuda mutua que realizaban para cimentar los vínculos de sus intereses comunes— no sólo ponía de manifiesto su propia postura inequívoca, como la citaba el señor Hart, también sirvió para hacerme ver, por primera vez y de manera evidente, que existía una situación análoga en mi propio país.

En algunas partes de la República mexicana, uno podía ver, y desde muy cerca, la escandalosa desvergüenza de ese "sistema inquebrantable de control laboral estratégicamente diseñado" todavía en operación; o incluso, ser testigo, como era mi caso, de cómo estaban desmantelando sus mecanismos rudimentarios y de cómo exponían sus restos a modo de advertencia pública. Pero en Nueva York, Chicago, Detroit o San Francisco, y en otras ciudades de Estados Unidos, el mecanismo era mucho más intrincado y su artificio más complejo; de tal suerte que operaba sin obstáculo alguno y con una precisión apaciguadora. Los nombres de personas respetables, de grandes corporaciones y de instituciones renombradas le daban un falso atractivo. No obstante, al observarlo desde la óptica de la distancia, uno podía ver con claridad que era la misma trampa cruel —revestida de oro—, describiendo el mismo círculo operativo y en función del mismo objetivo de "control laboral"... Se empleaban riquezas colosales para construir, equipar y mantener iglesias y universidades. Y, por su parte, las iglesias y universidades ignoraban y condonaban la injusticia esencial de esas riquezas colosales. Las unas y las otras operando en contubernio para establecer, desde el origen, patrones "admisibles" de pensamiento y sentimiento colectivos, y conspirando a sangre fría para exterminar de raíz todo aquello que fuera "diferente", bajo el argumento de que se trataba de tendencias "peligrosas".

Sin embargo, en ese momento no compartí mis pensamientos e impresiones con Felipe. Cuando él terminó de exponer el aspecto negativo de Yucatán, su ánimo se volcó hacia el optimismo y la esperanza. En su voz había un énfasis sincero cuando dijo:

Ya verás, Almita, la inhumanidad del ser humano está predestinada a fracasar aquí. Los mayas han despertado. Su civilización antigua es la prueba de que pueden construir cosas bellas y permanentes; es nuestra garantía de su futuro; es la promesa de que alcanzarán su plenitud y de que tienen la capacidad de hacer de Yucatán un ejemplo no sólo para México, sino para todo el mundo.

Se inclinó hacia adelante y tomó el hombro de Antonio con un gesto simple de camaradería... "¿Qué opinas *tú* Antonio?... ¡Habla, hombre!".

Antonio murmuró afirmaciones extáticas. Su amplia cara, una cara típica maya, daba la impresión de ensancharse aún más por tanta dicha. Sus rasgos generosos y el aderezo dorado en su dentadura, justo en medio de sus espesos labios, lo hacían parecer la escultura de un antiguo mascarón que desplegaba una sonrisa perpetua de júbilo en la fachada de un templo. A pesar de ello, sus magníficos ojos oscuros estaban siempre alertas, a la expectativa, mirando de un lado a otro mientras hablaba, como al acecho —uno suponía— de los enemigos. Y destellaban un fulgor, uno lo sabía de inmediato, por la fe infinita que tenía en Felipe y por la perpetua lealtad que latía en sus profundidades. Antonio estuvo al tanto de nuestra conversación durante el trayecto y se esforzaba para no perder nada de lo que decíamos mientras manejaba el auto sin prisa. Debía de haber escuchado la exposición del programa socialista muchas veces antes y, sin embargo, todavía le resultaba novedoso y fascinante. Cada tanto, de pura emoción o por consideración a mí —que estaba tomando notas inconstantemente y a veces de modo furtivo— Antonio detenía el auto por completo.

Un camión, que iba traqueteando, nos pasó de frente en su camino a Mérida. Pude ver que era un Ford viejo convertido en camión; sus asientos corrían a lo largo de ambos lados. Los pasajeros —diez o más— eran todos indios en camisas blancas inmaculadas y con sombreros de paja. Felipe y Antonio los llamaron en maya. Con sus dulces voces, los inditos devolvieron un saludo en maya, nos sonrieron y gentiles, nos hicieron un saludo con sus manos. El camión estaba rebosante de canastas llenas de frutas y verduras que sobresalían desde todos los ángulos, estaban atoradas entre la defensa y el radiador o amarradas en la parte superior. "Vas a ver otros camiones así", me dijo Felipe.

Los indígenas llevan sus productos al mercado a esta hora. Antes de que se terminara de construir este camino, en septiembre, estos pobrecitos tenían que caminar toda la enorme distancia hasta Mérida y, bajo un calor tan fuerte, llevar sus pesadas canastas por los accidentados y pedregosos caminos. Les tomaba un día completo y después de tanto trabajo y fatiga recibían apenas unos centavos o un peso cuando más. Ahora, incluso se divierten y pueden llevar cargas más pesadas. Así, ellos ganan más y las amas de casa de Mérida compran sus verduras a mejores precios. Estamos construyendo muchos caminos que van a conectar Mérida con otros pueblos aún más lejanos y eso le va a traer un beneficio similar a otros inditos.

Felipe me contó cómo habían logrado terminar el camino tan rápido. Me dijo que cuando la gente de Kanasín supo que el gobierno socialista quería construir carreteras para el mejoramiento del estado, organizó, por medio de su Liga, un comité que determinaría cuál era la manera más efectiva en la que la comunidad, en conjunto, podía contribuir. Después de varias reuniones, los miembros más destacados de la Liga presentaron sus resoluciones, que Felipe describió como "muy simples y prácticas, pero probablemente únicas". Me explicó que cada día, escuadrones de cincuenta hombres, elegidos por votación, debían trabajar en el proyecto sin recibir compensación. En caso de que alguno de ellos no quisiera prestar sus servicios, podía nombrar un sustituto, pero debía de pagarle por lo menos 2.50 pesos al día. Después de que la moción fue aprobada por unanimidad, Felipe dirigió al ingeniero Rafael Gasque para que tomara los primeros pasos en la construcción del camino. En agradecimiento a la actitud del pueblo, el gobernador dispuso un escuadrón de cien hombres para que comenzara a trabajar en los límites de la ciudad de Mérida y así los dos grupos se encontrarían a la mitad del camino. Este plan hizo posible que los primeros tramos de la carretera estuvieran disponibles desde el junio anterior.

Poco a poco el paisaje fue cambiando conforme nos acercamos a Kanasín; pese a ello, las amplias planicies continuaban sin fragmentarse hasta el azul celeste del horizonte. Pequeñas milpas, tierras fértiles sembradas de verduras y alegres jardines en flor alternaban con las monótonas extensiones de henequén. Aparecieron a la vista grandes campos sembrados, con abundantes cultivos de tubérculos, maíz y calabazas de extrañas variedades, "que sólo se dan en Yucatán", dijo Felipe con un orgullo evidente. Los molinos de viento, cuyas figuras destacaban en el cielo, revelaban la presencia de corrientes subterráneas y el secreto de cenotes ocultos con profundas cavernas, por las que fluyen los ríos de camino al mar. Felipe prometió mostrarme "algunos cenotes maravillosos... desde luego, el gran Cenote Sagrado en Chichén Itzá, y otro más, no muy grande, pero encantador... una joya de cenote". Lo habían convertido en una piscina, con luz eléctrica y escaleras hacia abajo. El pequeño cenote había sido su preferido para nadar cuando era niño y estaba en Motul, en donde él había nacido y en donde su madre vivía. Él me llevaría a conocerla... no porque fuera su madre, sino porque era "una mujer en verdad admirable".

Casi de modo imperceptible, el blanco deslumbrante en las paredes de adobe se fue suavizando hasta tornarse en un gris muy pálido; y los rayos de luz que todavía podían apreciarse a la distancia se filtraban por los lentos brazos giratorios de los molinos de viento y ondeaban en lo alto como flamboyanes.

El pergamino de ese "supremo destino maya" se desenrolló; Antonio y yo seguíamos a Felipe mientras él rastreaba las escaleras por las que una raza, después de siglos de olvido —e incluso deterioro—, quizás volvería a ascender a las alturas. La autoridad espiritual de su cometido, él mismo lo señaló, era la propia tierra dadora de vida; la que sin cesar jamás de renovarse y de ser renovadora había inspirado su sueño de renovación. "La distribución justa de la tierra es fundamental en cualquier intento de construir una base sólida para el futuro. Y es precisamente el cimiento de nuestro programa socialista". Nos explicó cómo las Ligas estaban devolviéndoles a los pueblos los ejidos o tierras comunales que les habían arrebatado en el curso de los siglos. "Ésta es la razón", dijo, "por la que se hizo la Revolución". Nos describió el proceso de devolución de los ejidos y declaró que, de acuerdo con su programación, "dentro de un año los indios mayas, noventa y cinco por ciento de la población en Yucatán, volverían a poseer la tierra de la que, como pueblo, fueron despojados, uno por uno, sus padres y ancestros".

Pero la tierra —Felipe fue cauteloso en hacer esta distinción— se les estaba entregando a *grupos*, no a individuos. No podía ni venderse ni comprarse. "Es una tierra que poseen en común las pequeñas comunidades, pues nuestros mayas siempre han sido un pueblo comunal". Dijo que alrededor de la mitad de los pueblos del estado, ochenta o más, ya habían recibido sus tierras y que la asignación se había hecho sobre la base de cincuenta acres para la cabeza de cada familia. El jueves, invitaría a los miembros de nuestro grupo a acompañarlo al pueblo de Suma para la repartición de los ejidos. Ahí, yo vería con mis propios ojos "la felicidad de los inditos cuando caían en la cuenta de que eran libres —libres, por fin—, para construir sus propias casas en sus propios pueblos; libres de recoger las cosechas que ellos mismos habían sembrado".

Le pregunté cuáles eran las condiciones en las que habían quedado los hacendados luego de la expropiación de sus tierras. Él me contestó:

> Por favor no creas que los abandonamos a una pobreza inmediata y abyecta. Los hacendados se quedan con propiedades enormes —algunas de ellas son, por lo menos, de 1500 acres—. Desde luego, esto les parece poca cosa en comparación con el pequeño imperio que una vez presidieron. Todo Yucatán estaba antes en manos de unos cuantos multimillonarios, pero el tiempo avanza y la evolución está operando. Ya no vivimos en la era feudal; es necesario que tanto los hacendados como los inditos asuman los cambios de nuestra época.

Además, como él mismo me lo informó —aunque yo ya me había enterado por el artículo de Hart y fuentes oficiales en México—, los hacendados recibieron una indemnización por las tierras expropiadas, de conformidad con la Ley Agraria federal. El valor de las tierras de los hacendados se fijó de acuerdo con el avalúo que ellos mismos habían hecho en sus declaraciones de impuestos y, a éste, el estado le agregó diez por ciento más. El pago se les hizo en bonos de tierra por la cantidad correspondiente, mismos que podrían canjear al término de un periodo de veinte años. "Este sistema", observó Felipe, "los hace contribuir directamente con la estabilidad del gobierno". También expresó su deseo de que, en algún momento, los hacendados pudieran ver las ventajas de una mayor cooperación con el orden socialista. Ya existía una cierta cooperación, me dijo; gracias a ella la industria henequenera se salvó del desastre financiero que abatió a los cultivadores de azúcar en Cuba cuando los precios que se habían obtenido durante la guerra, precios inflados y artificiales, volvieron a sus niveles normales. En breve, delineó las funciones de la Comisión Exportadora, el organismo controlado por el estado que hizo posible que el henequén se convirtiera en utilidad pública; así, se obtuvieron los precios más altos. La prosperidad, dijo, estaba regresando a Yucatán a pesar de las condiciones desfavorables de los mercados de todo el mundo; hecho que "difícilmente podía imputársele al Partido Socialista del Sureste". Por el momento, él continuaría motivando, de todas las formas posibles, el desarrollo del henequén "ya que era el recurso financiero más importante del estado".

Pero no quiero crear una falsa impresión —añadió Felipe con una sonrisa—, ni siquiera si con ello fuera a recibir la absolución total, una bendición especial por parte de Wall Street y muchas columnas de elogio en los periódicos capitalistas de tu país. Estamos ansiosos por que llegue el tiempo en el que el henequén sea *menos* importante. Nuestro objetivo es una *nueva* agricultura, una mayor diversidad de cultivos. Estamos ahora en fase de experimentación con otros cultivos para la exportación, como el tabaco y el algodón, y estamos teniendo buenos resultados. La idea es que, eventualmente, cada pueblo sea autosuficiente, que dependa de su propio abastecimiento de alimentos cosechados en sus propias tierras.

En ese momento, me sentí satisfecha y con ánimo de felicitarme por el hecho de que mi intuición de apoyar el juicio del señor Hart hubiera sido contundente desde el principio. Recordé la posdata que anotó en su artículo cuando navegó de regreso de Yucatán —después de semanas de investigación cuidadosa sobre las condiciones generales del estado—.

Creo que Felipe Carrillo —decía— se mueve animado por ideales sinceros y honestos: es capaz de ver a un hombre fijamente a los ojos sin miedo, sin vergüenza y con verdad; y una cosa *notable* es que se puede confiar en él en cuanto a cumplir su palabra se refiere y a extender, si así lo prometió, garantías a todos y a cualquiera.

Cuando supe que no sólo había estado en contacto directo con Felipe y los socialistas, sino también con la "aristocracia" de Mérida, esas palabras que escribió "después de haberle dado vueltas en la cabeza" impactaron aún más mi mente y mi corazón. Yo no conocí al señor Hart durante mi estancia en la Ciudad de México, pero en ese momento decidí que le escribiría una carta de *aficionada*, en la que le diría que las predicciones que él había hecho, menos de un año antes, estaban ya en camino a ser cumplidas. Sentí también que debía felicitarlo por su periodismo astuto y valiente —un producto muy escaso en ese tiempo a todo lo largo del continente americano—.

La valoración del señor Hart sobre el programa educativo del gobierno socialista indicaba que Felipe había cumplido, al pie de la letra, su promesa de llevarle la escuela a los niños en Yucatán. El escritor había declarado que el alcance y la calidad del trabajo que estaba realizando el Partido en los ámbitos de su incumbencia representaban logros increíbles para el poco tiempo que llevaba en funciones. Cuando, con toda cautela, le pregunté a Felipe sobre los cambios que se habían dado luego de la visita del señor Hart, sin dudarlo, destacó cuáles eran las actividades más importantes que se habían llevado a cabo en el pasado y cuáles, los planes inmediatos de su administración.

Había, explicó, las escuelas convencionales para los niños de entre siete y quince años de edad; mismas que, en ese momento, ya estaban disponibles para todos, incluso en los pueblos más remotos y en las haciendas. Las escuelas nocturnas para adultos, que la Liga Central y las Ligas de los pueblos —cada una de ellas era la combinación de sindicatos de trabajadores, centros educativos y cooperativas de campesinos— habían organizado por todo el estado. Las sesiones de los lunes por la noche —que se llamaban Lunes Culturales— se realizaban en las principales Ligas locales. El programa semanal de las sesiones estaba conformado por conferencias en las que se trataban temas de actualidad y de historia —arte, descubrimientos científicos e higiene— que se ilustraban con películas. Desde luego, había también música, poesía, obras de teatro y danza. Al final de cada sesión, se daba una plática breve sobre los males que provocaba el abuso del alcohol; ya que, como me lo aseguró Felipe, "el alcohol fue muy dañino para los mayas y su alto consumo, alentado por el sistema hacendario, uno de los factores del retroceso racial". La campaña de abstinencia, dijo, estaba bajo la dirección, sincera y capaz, del maestro Eligio Erosa, a quien me llevaría a conocer. En Mérida, se acababan de establecer una universidad moderna de agricultura, una nueva escuela industrial y una escuela especializada para las artes mecánicas. Él hablaba con mucho orgullo de la Universidad del Sureste, fundada ese mismo año en conjunto con el gobierno nacional. Sus programas de estudio adoptaban una perspectiva racionalista y, además de ofrecer las carreras profesionales clásicas, él había habilitado cursos en evolución, astronomía, ciencias modernas y economía socialista. Él tenía la esperanza de que los estudiantes de la universidad se convirtieran en líderes en el quehacer de la defanatización. Pues, sólo "eliminando los complejos de miedo que tienen los mayas podremos construir una ciudadanía feliz y objetiva en Yucatán".

Alentada por el deseo que mostraba Felipe de exponer su programa, por lo menos a modo de síntesis, incluso antes de nuestra entrevista formal, le comenté que el bienestar de las prisiones era uno de mis intereses particulares y que había estado trabajando sobre esa cuestión, personalmente y en conjunto con varias organizaciones, durante los últimos dos años. Estaba ansiosa, le dije, por revisar a detalle las reformas que él había llevado a cabo y que, como ya debería saberlo —aunque no le hubieran informado sobre ello—, estaban captando la atención de muchos de los oficiales de prisiones más sobresalientes de Estados Unidos, en especial, eso lo supe antes de partir, entre los de Nueva York.

"Eso, Alma, vas a tener que *verlo*, no escucharlo", insistió. "Es difícil transmitir un ambiente con palabras. Uno debe de *sentir* la atmósfera de la penitenciaría Juárez para comprender cuáles son las innovaciones que se han hecho ahí".

Pero sí me adelantó algunas cosas *en ese momento*. Había eliminado las celdas cerradas; a los presos se les había dado acceso permanente a los patios y a los jardines abiertos. Las camisas a rayas y la censura en el correo se habían abolido. Los prisioneros podían tener visitas diarias y una vez a la semana se les permitía recibir, en completa privacidad, a sus esposas o a sus queridas. La educación primaria era obligatoria para los reclusos y se había establecido, dentro de la prisión, una escuela prototipo de comercio para que los internos aprendieran el arte del comercio lucrativo. Los presos vendían los artículos que producían y la mayor parte de las ganancias se las quedaban ellos mismos; el resto se entregaba al fondo para el bienestar de la prisión, que estaba administrado, en parte, por los propios prisioneros. "La penitenciaría, como institución, va a desaparecer por completo cuando desarraiguemos los males sociales que generan el crimen y la ilegalidad", declaró. "Mientras tanto, estamos haciendo nuestro mayor esfuerzo para ayudarles a los internos a saber cómo enfrentar sus responsabilidades y a convertirse en mejores ciudadanos, en vez de crear criminales empedernidos para enviarlos de regreso al mundo".

Todo parecía tan civilizado... ¡tan *moral*! Y yo seguía preguntándome, de manera ingenua, cómo era posible que el valiente esfuerzo que él estaba haciendo por corregir los antiguos males pudiera causar semejante consternación nacional e internacional. Todo su programa se adhería, sin duda, a los sanos principios democráticos de la Constitución Mexicana. De hecho, gran parte de la llamada "legislación radical" estaba ya operando en los países escandinavos más avanzados y en Holanda. Las propias contribuciones humanitarias de Felipe se copiarían, muy pronto, en *otros* lugares. La verdad, después de todo el escándalo periodístico sobre los "mayas bolcheviques" y la "Rusia mexicana", yo había esperado encontrarme con una postura más extravagante —por idealista que fuera— en la organización política, económica y social, y no con la inserción contundente de las condiciones que inevitablemente debían suplantar a las que ya se habían vuelto insoportables, y no sólo para su estado, sino para el resto del mundo. Yo no sabía nada de Karl Marx excepto lo que mostraban las perversiones periodísticas de entonces sobre su filosofía y, como es de esperarse, no pensaba bien de él. Para mí, la palabra "comunista" tenía implicaciones siniestras y confusas, y yo desestimaba el énfasis que ponía su teoría en la mecanización y la enajenación de la vida. Sin embargo, al igual que muchas otras jóvenes universitarias del periodo de la posguerra, yo leía con ferviente aceptación a Bernard Shaw, Tolstói, Ibsen, Carlyle, John Stuart Mill, Havelock Ellis, Olive Schreiner, nuestro propio Emerson, Jefferson y Thomas Paine. Por influencia de mi padre, yo era una impetuosa partidaria del "Impuesto Único"[3] y, en mi casa, *Progreso y miseria* de Henry George se consideraba como una Biblia familiar. No se podía ser devoto de semejantes maestros sin admirar la estructura y los objetivos del programa de Felipe y sin llegar a conclusiones similares a las suyas.

Estaba esperando que Felipe me explicara el programa social por el que lo estaban juzgando principalmente *fuera de Yucatán*. Mi deseo de recibir información de primera mano estaba menos impulsado por el encargo que me había hecho la revista *Collier's* de reunir material para la semblanza que por mi propia búsqueda sincera de nuevas direcciones psicológicas. Durante mucho tiempo, yo había estado preocupada con los conflictos generados a partir de los cambios de creencias y del despertar paulatino de una visión "emancipada". Sin embargo, a pesar de que mis convicciones mentales estaban cada vez más consolidadas, yo seguía siendo lo que podría llamarse una "católica biológica". Además, todavía no había conseguido liberarme de algunos vestigios subconscientes de mi temprano entrenamiento conventual. Quería deshacerme de ellos, es cierto, pero no a costa de sacrificar mis fibras emocionales y espirituales. Esa actitud mía había encontrado un apoyo reconfortante en mis estudios clásicos iniciales. Desde el segundo año de preparatoria, los griegos y su lenguaje habían reclamado mi ardiente admiración y eso se debía, en gran parte, a la instrucción estimulante del doctor John Nourse. Los mitos y las tragedias también me hicieron darme cuenta de que los pensadores griegos le otorgaban

---

[3] El Impuesto Único es el nombre que recibió la propuesta de reforma promovida por Henry George y sus seguidores, cuyo proyecto era abolir todos los impuestos excepto el de la propiedad de la tierra y que de ese sólo impuesto provinieran los ingresos públicos. (N. de la T.)

mayor validez a la imaginación "divina" que los pragmatistas, a quienes estaba leyendo entonces. Después de semanas de luchar con Spencer y Darwin, había aceptado la evolución; pero seguía creyendo que debía existir un patrón arquetípico conforme al cual se desenvolvía.

También sin certeza, me aferré a la idea de que la supervivencia, demostrada en la indestructibilidad de la célula, podría quizás aplicarse a alguna otra forma más allá de nuestra breve experiencia terrenal. No estaba segura de querer desprenderme de mi visión esencialmente religiosa, a pesar de que no era ortodoxa en absoluto. Más bien, esperaba poder identificarla con alguna filosofía respaldada por la razón y el más alto de los conceptos de ética universal. Como los jóvenes pensantes de cualquier lugar y en todas las épocas, estaba intentando reconciliar, dentro de mí, la innegable evidencia del deterioro y la muerte en los hechos físicos, con el mundo misterioso del sentimiento y la intuición, de la añoranza por la inmortalidad e incluso de la premonición del desarrollo en un futuro aún por venir.

Siguiendo el ejemplo de Omar Khayyam y la búsqueda de la sabiduría, frecuenté, con actitud optimista, los lugares sagrados de videntes y sabios —los OMS omnipotentes de la Sociedad Mazdaznan, los Swamis hindúes, la mística de los rosacruces y los centros de las confraternidades de los domingos por la noche—. Cada uno de estos grupos —que de forma generosa ofrecían esperanza en la paz eterna incluso para los no bautizados— contribuyó de cierto modo en mi percepción de la unidad de la familia humana; no obstante, ninguno de ellos me suministró la chispa inicial o pudo definir un transcurso eficaz de "acción directa" para corregir los antiguos males del mundo.

Sin embargo, en ese momento, en compañía de Felipe, todas las señales que habían incitado y mantenido mi honesta, aunque "indirecta", búsqueda de la realidad se fundieron de pronto en una certeza vivificante. Él poseía una seguridad contundente en sí mismo, en sus valores y en la trascendencia y la dignidad de su trabajo y sus métodos. El enorme poder de su confianza generaba en mí la fuerza de un campo magnético que atraía mis fragmentos desperdigados de confusión e indecisión y con ellos conformaba una auténtica unidad orgánica. Casi de inmediato, vi en él mi propio "autorretrato espiritual" concluido: la imagen del alma a la que yo aspiraba cuando hubiera logrado, como "fin y objeto de la vida", lo que la sensible novelista estadounidense, Caroline Munger, describió como "la sublimación del ser silencioso". En cualquier caso, ese día, Felipe fue para mí, en el ámbito de logros obtenidos, la síntesis de todas las causas nobles a las que yo me había adherido y a las que les había entregado mis propios esfuerzos ineficaces: la reforma carcelaria, matrimonios sanos y leyes de divorcio, sufragio, justicia económica, fomento a las artes, control natal y educación racionalista.

Como era de esperarse, su intrépido programa sociológico, en especial los aspectos relacionados con la estimulación de nuevos patrones y respuestas colectivas, exigían, él mismo me lo confesó, "sus más serias reflexiones". A estos asuntos les dedicaba estudio intenso y constante, y de ellos recibía "una enorme satisfacción" como recompensa. Su programa no sólo pretendía generar un cambio en la visión y el ánimo de la gente, sino implantar en ella conceptos totalmente nuevos de comportamiento virtuoso. Su éxito, dijo, dependería, en gran medida, de la colaboración de las mujeres yucatecas.

> Es indispensable que las mujeres dejen de ser consideradas o de considerarse a sí mismas como esclavas. Ahora son compañeras, con todos los derechos y las obligaciones que otorga la ciudadanía. Nuestro sistema coeducativo les permite ingresar a varios campos profesionales y aquí, en Mérida, las mujeres ya están ocupando cargos públicos.

Cuando se refirió a las Ligas Feministas, en las que Elvia, su hermana, estaba muy activa, explicó que esas organizaciones iban a capacitar a las mujeres con aptitudes especiales para que ocuparan cargos de elección en los gobiernos de la ciudad y del estado. Dijo, también, que gracias a la cooperación de las Ligas Feministas ya se habían establecido clínicas de atención prenatal y pediátrica.

Su interés primordial en esa área, reveló, emanaba de la admiración que le merecía lo que se estaba haciendo en Suecia. Él estaba en contacto directo con los científicos suecos y eran ellos mismos quienes estaban supervisando el programa de Yucatán. Recientemente, se habían organizado dos clínicas de control natal en el estado, "las primeras de todo el continente americano en funcionar con el patrocinio del gobierno". Sus clínicas habían sido aprobadas, dijo, por la Liga Estadounidense de Control Natal, dos de cuyos miembros, la señora Ann Kennedy y el señor George H. Rublee, habían sido invitados a Yucatán para hacer sugerencias finales. Felipe lamentó que "se hubieran regresado a Nueva York apenas ayer". Era una pena que yo no los hubiera conocido, pues ambos eran "personas maravillosas y muy simpáticas". También me contó que ya habían traducido el libro *La regulación de la natalidad* de Margaret Sanger y que lo estaban distribuyendo entre las parejas de casados. "Un niño es una cosa preciosa— observó— como para confiarle su llegada al mundo a la ceguera y a la ignorancia del azar. Son los padres quienes tienen que decidir cuándo quieren tener hijos y cuántos deben tener".

Con mucha delicadeza, le recordé que su ley de divorcio era un blanco de censura en la prensa y en los púlpitos estadounidenses. Felipe me contestó que a él le parecía que esa conmoción estaba totalmente injustificada. "Si el principio del divorcio se acepta —y parece que hoy se acepta en la mayor parte del mundo—, ¿qué objeción válida puede ponérsele al hecho de que el trámite del divorcio sea simple y barato?". Le respondí diciendo que yo no encontraba ninguna objeción, siempre y cuando el problema de los niños se resolviera de forma *humanitaria*. Le aseguré, también, que a pesar de la fuerte oposición al divorcio que existía en Estados Unidos, había, al mismo tiempo, una creciente aceptación del mismo. Algunos de nuestros pensadores más importantes tenían, incluso, una actitud más radical que la de la postura oficial de Felipe y coincidían con lo que había dicho Bernard Shaw: "¡Tendremos una verdadera civilización *sólo* cuando el divorcio sea tan fácil y tan barato como el matrimonio!". Esa noticia le agradó y comentó: "¡Ah, Shaw es un gran inglés!". Pero cuando lo corregí diciéndole que Shaw era un gran *irlandés*, exclamó entusiasmado: "¡Mejor aún! Los irlandeses que conocí en tu país —en Nueva Orleáns— ¡son mis estadounidenses favoritos!".

Felipe habló largo y tendido sobre el matrimonio y el divorcio.

Me parece difícil entender cómo cualquiera con una inteligencia promedio y con un mínimo de respeto por sí mismo puede continuar viviendo con una persona que no desea hacerlo. Ese tipo de arreglo es contrario al sentido y a la decencia comúnes. Pero cuando dos personas han decidido, por acuerdo mutuo, que no desean seguir casadas, la interferencia del Estado en sus esfuerzos por vivir separados es cruel e insolente. Si en todas las relaciones humanas los errores se reconocen y se remedian, ¿por qué exentar al matrimonio? No reconocer el error de haberse equivocado al escoger a la pareja es un acto despiadado y, sin duda, más devastador en su efecto sobre la sociedad que ignorar la agonía física de una persona que se haya lastimado en un accidente automovilístico sobre la base de que sus lesiones son el resultado de su propia falta de cuidado.

Explicó que la nueva ley de matrimonio en Yucatán "enfatizaba el *amor* en la unión de dos personas" y descartaba la idea de posesión que, "por desgracia", estaba vinculada al matrimonio.

Los niños tienen derechos, desde luego —dijo—, y su primer derecho es vivir en un hogar que les provea un ambiente de amor y afecto. Si por cualquier razón un niño no tiene un modelo de amor en su propia casa y en lugar de éste encuentra sólo indiferencia fría u odio, y si sus padres son incapaces de darle un hogar sustituto, entonces es el deber del Estado rodear a ese niño con el equivalente más cercano de los cuidados tiernos que le debería de brindar una vida familiar plena y bien regulada.

Felipe me confesó que, en ese momento, el problema de los hijos de padres separados era su "preocupación más grave", y me explicó que estaba en el proceso para establecer un hospicio para los niños huérfanos y para los hijos de matrimonios rotos —un lugar sin regimentación y sin los típicos errores institucionales—. Los detalles los estaba trabajando con educadores experimentados que poseían ideas vanguardistas; pero, aun así, me dijo que estaría encantado de que yo compartiera con él *mis* ideas al respecto... Me preguntó si hablaría con él pronto acerca de La Casa del Niño; le aseguré que pensaría con toda seriedad sobre ese proyecto tan atractivo y que lo platicaríamos cuando él así lo dispusiera.

El proyecto de Felipe era compatible con mis propios intereses, pues en el transcurso de mi trabajo periodístico de servicio social, una y otra vez, me había encontrado con la figura patética del niño que termina siendo víctima de un hogar fragmentado. San Francisco, mi ciudad natal, tenía en ese periodo la tasa proporcionalmente más alta de divorcios en todo los Estados Unidos. De hecho, hacía poco, mi propio matrimonio breve con un agradable genio talentoso, más de dos veces mayor que yo, se había disuelto; había sido un divorcio no publicitado y por mutuo acuerdo. Esa experiencia me había dejado triste, pero no desilusionada ni amargada, no me había provocado un trauma psicológico o una distensión emocional severa; además, no había niños involucrados. Acogí la libertad porque tenía la convicción de que la unión perfecta entre un hombre y una mujer representaba el mayor éxito en la vida y porque estaba segura de que, también a mí, un día me llegaría un amor semejante al que yo había visto en mi casa; el ejemplo que me habían dado mis padres era el de toda una vida de devoción inmutable, al igual que el de los grandes amores de la literatura romántica. Tenía la certeza inequívoca de que estaba destinada a conocer la felicidad normal de la que había carecido mi matrimonio idealista y a temprana edad.

VI

"Ultima Thule"

"¡Kanasín!", anunció a nuestra llegada el siempre efusivo Antonio, al tiempo que, una vez terminado el camino blanco, dimos vuelta hacia la tranquila placita del pueblo socialista prototipo. La plaza parecía un parque moderno y tenía naranjos, limoneros y tamarindos. Al centro, desde una plataforma doble de concreto, se elevaba, seis metros o más, un resplandeciente monumento blanco a la raza maya. El marco de la plaza lo formaban pequeñas construcciones estucadas y una iglesia modesta de fachada circular y campanarios al descubierto. Las construcciones estaban pintadas de un vivo color coral y, en agudo contraste, los bordes de las puertas y de las ventanas eran de color marfil claro. En los alrededores se veían masas de follaje verde, hojas de magnolias con un brillo como de cera, y frondosas guanábanas. La combinación entre el coral, el marfil y el verde brillante le daba a Kanasín un aspecto muy alegre e impresionante.

Nos bajamos del auto y, a paso acelerado, caminamos alrededor de la plaza "para hacer ejercicio" al tiempo que Antonio, con su ruidoso claxon, atraía a los pobladores desde todas las direcciones. Conforme llegaban, Felipe los saludaba y les preguntaba cómo iban sus asuntos. La gente se fue congregando detrás de nosotros mientras observábamos el monumento desde sus diferentes ángulos. Todos tenían la misma mirada de adoración que yo había visto en los ojos de los indígenas en la

Liga Central; parecía que lo consideraban una deidad maya. El monumento, dijo Felipe, era el trabajo de dos jóvenes escultores yucatecos, Leopoldo y Alfonso Tomassi. A mí me pareció convincente en cuanto a diseño y simbolismo, pero más allá de su mérito intrínseco como creación artística, me di cuenta de que era ideológicamente funcional, pues indios y mestizos por igual lo observaban con el orgullo y la reverencia propios de lo que representaba la más valiosa de sus posesiones públicas. Sobre el basamento cuadrado del centro, una serie de planos horizontales que representaban los niveles de una pirámide y que rematabann con un friso decorativo adaptado de los motivos mayas, se elevaba la figura de un indio maya esclavizado en la actitud de quien está a punto de levantarse. Su expresión facial era triste, pero no sin un dejo de esperanza. Con una extraña sensibilidad, los jóvenes escultores habían logrado transmitir la sensación de que la "raza triste" estaba despertando, después de una noche de siglos, y estaba avanzando con valentía hacia su nuevo amanecer, para reclamar la herencia de libertad y derechos humanos que se le había negado durante tanto tiempo. En la base, los cuatro lados del monumento estaban adornados con el diseño de un escudo triangular de mármol rojo que representaba el emblema socialista. Cada escudo llevaba el nombre de un líder maya que en alguna época, heróicamente —aunque en vano—, había luchado por la liberación de su pueblo. Uno de los escudos llevaba el nombre de Cecilio Chi, de Tepich, que había caído durante el levantamiento maya contra los blancos en 1874; otro, el de Jacinto Pat, quien fue sacrificado en la misma lucha desahuciada.

"Las piedras vienen de las canteras de Sotuta", dijo Felipe, mientras examinábamos los detalles del trabajo. También me dijo que ahí había nacido su padre, un hombre de carácter fuerte e inusual, y que su familia había vivido ahí durante muchas generaciones. "Además, Sotuta es la ciudad de Nachi Cocom, el último rey maya en oponerse a los invasores españoles"... Uno de los arqueólogos me había dicho que Felipe afirmaba ser descendiente directo de Nachi Cocom, pero ninguno de los dos mencionamos nada al respecto entonces. Se lo preguntaría en algún otro momento.

Antonio fue a traernos limonada. Felipe me advirtió que Kanasín era un pueblo en el que habían decidido prohibir el consumo de bebidas alcohólicas y que no las expendían "ni siquiera para los representantes de la prensa". Los trabajadores de Kanasín, me explicó, habían decidido que "no habría cantinas ni iglesias en el pueblo". "La iglesia que ves enfrente de la plaza se usa como biblioteca pública y centro cultural".

Nos sentamos en una banca, bajo la sombra de un tamarindo, a esperar la limonada y a admirar el símbolo pétreo de la "raza triste".

"A los mayas les dicen la 'raza triste', pero, ¿tú crees que nuestros inditos se ven más deprimidos que los de otros lugares?", me preguntó Felipe. Le contesté que todos los indios parecían siempre un poco tristes pero, que por lo que yo había observado, los mayas se veían más sanos y sin duda más *limpios* que los indios de otras partes de México y que los de mi natal California. "Sí", contestó, "los mayas han conservado muchos de sus buenos hábitos y costumbres a lo largo de todos sus sufrimientos. La higiene personal es casi una obsesión religiosa para todos ellos".

Le supliqué que me platicara algo sobre las etapas iniciales de su programa de resucitación racial, de cómo había organizado y puesto en marcha el movimiento, si no estaba "muy cansado y si todavía había *tiempo*".

Las franjas opalescentes en el cielo azul grisáceo eran lo único que quedaba de la gloriosa puesta de sol. Yo sabía que ya en cualquier momento tomaríamos el camino de regreso a Mérida, pues debíamos llegar a una noche importante y llena de gente en el banquete oficial y en la recepción para los arqueólogos, y teníamos que hacer los preparativos de último minuto antes de salir en tren a Uxmal a la medianoche. Incluso Antonio estaba empezando a preocuparse; "ya es tarde", nos había dicho al regresar triunfante con dos litros de limonada. Pero de pronto la palabra *tiempo* cobró un significado diferente y casi irrelevante en ese lugar y en ese momento. Mis reflexiones se habían desviado de las exigencias convencionales del reloj y con toda soltura se dirigieron hacia la metafísica *atemporal*. Pensé, sin ninguna buena razón, en el viejo teósofo de San Francisco y en su lección sobre la concepción cósmica del eterno retorno; la teoría de que todas las líneas, no sólo en el espacio sino también en el tiempo, finalmente cierran sus ciclos. Él nos había sugerido que intentáramos visualizar la historia *no* como una sucesión de acontecimientos en proyección lineal sino como el transcurso de una espiral que en su regreso descendente estrecha la distancia entre el porvenir lejano y el pasado remoto de un hombre, mucho más que el propio momento presente. Me pareció entonces, como nunca antes, que esa idea invitaba a ser aplicada y... lo *intenté*... Las preguntas revoloteaban a mi alrededor, ¡cual si fueran hojas puntiagudas y filosas de henequén con espinas!... ¿A qué ley kármica estaba obedeciendo Felipe en su maravilloso esfuerzo por revivir a una civilización muerta?... ¿Desde qué oscuros ciclos le había llegado el impulso para infundirle a su todavía hermoso cuerpo una vida nueva, una vida de perfección inimaginable?... ¿Qué fuerzas eran las que lo estaban impulsando en su ardiente deseo de restituirle "el poder orgánico de llegar a ser" a una cultura de la que Spengler había afirmado que no había "muerto" de manera natural en algún proceso inevitable de decadencia occidental, sino que se había topado con una "muerte violenta, (...) asesinada cuando su despliegue estaba en pleno auge; destruida como un girasol al que una mano cruel le arranca la cabeza al pasar"... Mis meditaciones especulativas se disolvieron en su propia futilidad; pero las preguntas hipotéticas me habían provocado un extraño hechizo perturbador del que ni entonces ni después pude desprenderme. Y es que Felipe parecía siempre predestinado a estar involucrado con las respuestas *incontestables* de esas preguntas.

Así fue como, en el crepúsculo perfumado de naranja, escuché su sueño épico. El recuerdo y la esperanza, las raíces antiguas y un nuevo florecimiento incorporaron su potente magia al aire cálido y tranquilo. Todas las preocupaciones triviales que subyacían bajo el marco miope del presente egoísta —el vulgar clamor por beneficios y privilegios— fueron deglutidas en el inmenso silencio. El Gran Pasado y el Gran Futuro emanaron de la quietud, como invitados de honor, para sentarse con nosotros un ratito en la plaza de Kanasín, y para prestar oído solemne, o a veces para brindarle su muda elocuencia, a la plática... Felipe creía que si, alguna vez los mayas iban a recuperar su funcionamiento vital, primero se tendrían que borrar los "muchos escritos" que cuatro siglos le habían impuesto al documento desteñido de su herencia racial. Deben trabajar, dijo, como con un palimpsesto, levantar capa tras capa de los recuerdos disociados contenidos en el pergamino desgastado por el tiempo hasta llegar a los vestigios aún legibles de los jeroglíficos originales... Como en un palimpsesto, deben buscar la capa inicial, el verdadero núcleo del carácter *esencial* de los mayas, pues sólo a él responderá el impulso creativo de la raza. Y era justamente para cumplir con la tarea básica de encontrarlo, explicó, que había solicitado la ayuda científica. El proyecto incluía la investigación y excavación arqueológica en las antiguas ciudades, el estudio del idioma maya y de las viejas inscripciones, el desarrollo de las artes y oficios que habían sobrevivido, y el renacimiento de la música y las danzas tradicionales, de los festivales típicos y de otras expresiones culturales que habían perdurado a pesar de todos los esfuerzos que se hicieron por destruirlas.

La razón primordial por la que se estaban construyendo los caminos a Chichén Itzá y Uxmal, admitió, era para que los mayas tuvieran acceso a sus ciudades ancestrales. Eventualmente, todas las principales zonas arqueológicas quedarían conectadas por medio de un sistema de carreteras.

Puedes estar segura —agregó— de que queremos que vengan los turistas a Yucatán; tenemos muchas ganas de que el mundo conozca el espléndido pasado de los mayas. Pero lo más importante para nosotros es que los mayas mismos descubran ese espléndido pasado y, que, al hacerlo, se *enorgullezcan* de él. El orgullo que sientan por su raza y por los logros que ha tenido será determinante... Con eso, vamos a encender la chispa de una nueva voluntad, a crear un deseo de vivir, una pasión de poseer como tesoro espiritual todo aquello que les perteneció en el pasado y que puede volver a ser suyo en el futuro.

Me platicó sobre el nuevo museo arqueológico, que estaba bajo la dirección de su buen amigo, el poeta Luis Rosado Vega, en donde se guardarían los descubrimientos más importantes de esculturas y otras antiguedades de Yucatán, "para que los mayas siempre tengan las incomparables obras de sus ancestros en un lugar en el que puedan verlas".

"También es necesario", continuó, "que los mayas vuelvan a ser felices, que recuperen la capacidad de sentirse orgullosos y alegres después de un periodo tan largo de humillación y tristeza". Mencionó algunos de los métodos que estaban empleando para enseñarles a los mayas a disfrutar la vida: se estaba impulsando la práctica de deportes y de todo tipo de juegos; cada pequeña Liga del estado tenía su orquesta y su equipo de béisbol, pues este deporte y el box eran ya parte de las actividades escolares; se llevaban a cabo competencias frecuentes de tenis, natación y lucha; se hacían fiestas coloridas en las que se otorgaban premios por bailar y cantar, "no sólo sus propias canciones tristes, sino música alegre y moderna". Los mayas deben aprender a divertirse, pues casi lo han olvidado por completo... La flama que está a punto de extinguirse tiene que recibir el aire que le pueda infundir nuevos bríos "antes de que sea demasiado tarde".

Felipe reveló, inconscientemente, que una vez había tratado de encontrar la clave que estaba buscando por medio de un método más personal. Al hablar de sus viajes "a lo largo y ancho del Mayab, a pie y a caballo" por Yucatán, las espesuras de Campeche, Tabasco, Quintana Roo, las selvas de Chiapas y hasta Guatemala, mencionó de paso, que muchas veces había estado parado frente a los majestuosos monumentos de las ciudades silenciosas y desiertas "pensando y pensando" cómo podía penetrar el antiguo misterio y acercarse al "alma de sus hermanos de sangre, los mayas".

En medio de resplandecientes nubes de luciérnagas —para las que mi corazón no tiene otro nombre más que el maya *cocay*— y casi volando sobre el cada vez más oscuro crepúsculo, hicimos el recorrido de regreso a Mérida. Mi hoja "invaluable", esa lista de preguntas que con tanto trabajo había escrito, me pareció entonces tonta e inútil. La hubiera arrojado discretamente fuera del auto para dejarla a la deriva en las plantaciones de henequén, si hubiera estado segura de que el aire no me la regresaría directo a la cara como un bumerán, o de que la brisa nocturna no la haría quedarse adherida al parabrisas, de tal suerte que me causara una enorme vergüenza. A "su modo", Felipe me había dicho ya todo lo que yo necesitaba saber sobre él y su programa socialista. Y en ese breve espacio de tiempo, comprendí a cabalidad, desde lo más profundo de mi conciencia, su significado total como hombre, como símbolo y como una voz de autoridad para la humanidad.

Tendríamos la entrevista formal según lo dispuesto. Sin embargo, yo ya no tenía ninguna intención de malgastar ni un segundo de ese tiempo invaluable en el henequén. Desde luego, no iba a defraudar al editor financiero, quien me había pedido que por favor le consiguiera información; sí, haría cuestionamientos concienzudos sobre los acontecimientos más recientes en el negocio del henequén, las declaraciones oficiales respecto a las complicaciones de las moratorias de la Reguladora,[1] las deducciones de impuestos locales y federales, las garantías colaterales y cosas por el estilo. Pero para ello, iría directamente con los expertos que hablaban inglés, de los cuales había varios en Mérida.

---

[1] Reed se refiere a la Comisión Reguladora Henequenera Exportadora de Yucatán, fundada el 10 de enero de 1912 con el propósito de fijar el precio de este importante cultivo comercial y de regularizar sus precios en el mercado. De acuerdo con la *Enciclopedia Yucatanense* "su fundación fue la primera piedra socialista que se puso en la industria del henequén".

La tan esperada entrevista del viernes por la mañana estaría dedicada, me lo prometí, a una conversación de contenido muy diferente. Yo necesitaba saber más sobre Motul, sobre su niñez y su primera juventud, sobre su madre, "una mujer en verdad admirable", y sobre su padre, un hombre de "carácter fuerte e inusual". Le preguntaría también sobre sus hermanos, quienes estaban dedicados a él y eran "soldados de su causa", y sobre su hermana Elvia, la líder feminista... Lo cuestionaría sobre esos años de "lucha amarga e incontables sacrificios", cuando llevaba en su corazón las palabras "Tierra y Libertad" —las palabras que habían guiado sus propósitos y que no le permitirían "descansar sino hasta que se convirtieran en una realidad"—. Lo iba a instar a que me revelara cuál era la canción que le cantaban los viejos templos —así como le pudo haber cantado la estatua de Memnón al viajero en el amanecer tebano— cuando, en las ciudades silenciosas y desiertas del Mayab, en las primeras horas de la mañana o durante el crepúsculo, se había parado frente a ellos "pensando"... ¿Acaso era un canto místico?... ¿La cabeza cercenada del Gran Señor Itzamná —padre de los sagrados itzaes— cantando acerca de un momento en la leyenda maya y en la fe viva de los mayas cuando "en un *sólo* día, si ese día llega, se romperá el silencio de setecientos años?".

—¿Estás casada Almita?, preguntó sin rodeos.

—No. Le contesté. Ya no... Hace algunos meses me divorcié de mi marido.

—¡Eso está muy mal!... ¿tienen hijos?

—No.

—¡Qué pena!... Pero estás joven. ¡Te vas a casar otra vez!

—Algún día... quizás.

Me pareció que preguntarle sobre su estado civil sería entrar en un terreno delicado; y yo no esperaba que él fuera a referirse a ello. Había escuchado por lo menos una docena de chismes abordo del México y desde mi llegada que pregonaban la noticia de que estaba viviendo separado de su esposa. Obviamente, era un tema de conversación muy popular en

Mérida. Pero fue él mismo quien me dio la información. Sin preámbulo, me dijo que estaba casado, pero que llevaba tres años separado de la señora Carrillo, quien estaba viviendo en Cuba. Tenía cuatro hijos. La más grande, Dora, estaba casada y vivía en Mérida. Un "hijo joven y bien parecido", que tenía nombre maya, Zichilich... Y una hija de tan sólo diecisiete años, "alta y encantadora; rubia y con ojos como los míos, de jade"... Ella también tenía un nombre maya, Gelitzly... Los dos estaban fuera de Yucatán, estaban cursando la escuela en *mi* país... Los extrañaba... Había otra pequeñita, la más joven... Ella vivía con su mamá.

De repente, con el jubiloso tono de quien ha hecho un alegre descubrimiento, me dijo: "¡*Tu* nombre en maya es muy hermoso!, es *Pixan*; pues también en maya tu nombre significa "alma", "vida". Te voy a llamar *Pixan* algunas veces. Pero me gusta el nombre de Alma, así como es; ¡te queda bien!". Me dijo cuál era su nombre en maya... *h'Pil*. Lo usaba mucho, me explicó, porque así lo llamaban los inditos de los pueblos lejanos. Lo escribió con su pluma fuente, de tinta roja, en una de las páginas de mi cuaderno. Con una sonrisa nostálgica me explicó por qué lo había escrito. "Cuando estés de nuevo en tu enorme Nueva York y yo, un infeliz maya, te escriba desde mi infinita soledad, vas a saber que la carta es mía, de Felipe, incluso si yo llegara a firmar así".

Yo reconocería sus cartas, le contesté, incluso si me llegaran sin firma; y es que tenía un modo infalible de saber que eran *suyas*.

—¿Cómo podrías saberlo?

—¡Simple! Por ningún motivo a mis otros amigos se les ocurriría siquiera usar tinta roja para escribirme... usarían verde, violeta, café, azul o quizás incluso amarilla, ¡pero *nunca* roja!

—Entonces no te voy a decepcionar. ¡Sería inútil intentarlo! —Se reía alegremente. Nuestras tinterías socialistas en Yucatán venden tinta de *un* sólo color... ¡rojo *muy* brillante!

Las luciérnagas estaban a todo nuestro alrededor, envolvían el auto, se arremolinaban en nubes de estrellas infinitesimales.

Nunca había visto algo así y, arrobada, continuaba exlamando "¡maravilloso!".

Sí —dijo Felipe—, las luciérnagas son siempre hermosas y también son animalitos extraordinarios. No son fosforecentes, ¿sabías? El brillo emana de sus células luminosas; la luz proviene de su *propio* calor, de su *propia* intensidad. Son una lección para nuestros políticos títeres... Conozco una leyenda maya sobre ellas; me la contó Rosado Vega, el mismo amigo muy querido que es el director de nuestro museo. Durante años, él ha estado recolectando leyendas entre los inditos en los pueblos. ¿Te gustaría escuchar la historia de los *cocay*, que es el nombre de las luciérnagas en maya?

Cuando le aseguré que me encantaría escucharla, comenzó a narrar la historia en un tono juguetón y con un humor caprichoso en la voz, como si estuviera imitando la forma en la que alguien le contaría un cuento de hadas a un niño chiquito:

Bueno, ésta es la leyenda del *cocay*... Había una vez un dios muy humanitario que acostumbraba curar a todos los pobres —a los enfermos, los ciegos y los desvalidos— que venían a verlo desde lugares lejanos y cercanos. Hacía sus extraordinarias sanaciones con un pequeño amuleto de piedra verde. Estoy seguro, "niña", que era como éste.

Me mostró un diminuto ídolo maya de nefrita que estaba enganchado a la cadena de su reloj. Lo valoraba, me dijo, más que a cualquier otra de sus posesiones terrenas, ya que había estado con él a lo largo de todas las luchas de la Revolución y se había convertido en su amuleto de la suerte.

Bueno, un día el dios perdió su milagrosa piedra verde y estaba desesperado. Buscó por todos lados pero no la encontró. Entonces, decidió llamar a los animales para pedirles que lo ayudaran a encontrarla. Todos contestaron a su llamado, el jaguar, la liebre, el zopilote negro y el venado. El venado logró encontrar el amuleto, pero así como es de mañoso —aunque sea uno de los animales nativos más prominentes de Yucatán, te tengo que decir esto— se lo tragó pensando que le daría el poder del dios para curar. Sin embargo, un cazador mató al venado y encontró la piedra al abrirle las entrañas. Los otros animales seguían buscando en los bosques, en los pantanos y entre las rocas. Por fin, el *cocay*, que parecía un animalito de lo más insignificante, decidió unirse a la búsqueda. "¿Pero *cómo*?", pensaba y pensaba; y de tanto pensar se le agudizó el entendimiento. Aun así, continuó concentrándose hasta que, finalmente, su mente estaba ya tan clara que sintió que una chispa emanó desde su propio ser...

"Ahora sí", dijo el *cocay*, "voy a encontrar el amuleto... pues no hay ninguna oscuridad que yo mismo no pueda iluminar".

Y *sí*, encontró el amuleto y se lo llevó de regreso al dios, que se puso muy feliz y ofreció darle una recompensa a la pequeña criatura. Pero el *cocay* no quería ninguna recompensa. Para él era suficiente saber que el dios podría seguir curando a los pobres. Además, era un insecto muy humilde, pensaba, para recibir tan grande honor de un dios.

"Eres un animal muy pequeño, es cierto", contestó el dios, "y la luz que esparces es apenas perceptible. Pero el *tamaño* no importa. Lo importante es que los seres produzcan por sí mismos la luz que los guíe por la vida".

De cualquier modo, el dios recompensó al *cocay* decretando que el animalito emanaría, por siempre, el brillo que nació de sí mismo, así, la luz que le ha sido tan útil a otros, ahora le serviría para sus propias necesidades. El *cocay*, agradecido y alegre, emprendió el vuelo hacia el crepúsculo, arrojando su luz por donde pasaba, y la voz del dios lo siguió diciendo: "¡Es mejor ser pequeño y brillar con luz *propia*!".

Cuando le dije que me había encantado su historia, me contestó que eso le daba mucho gusto, pues era una de sus favoritas. Me dijo también que yo iba a poder escuchar otras leyendas mayas. En la noche íbamos a ver a don Luis en la recepción y nos pondríamos de acuerdo con él para reunirnos una noche completa que estaría dedicada a "puras leyendas y poesías mayas". Las leyendas, me explicó, le enseñaban mucho sobre los mayas, pues mostraban una filosofía profunda de la vida, una pureza inusual del alma junto con una sutil y gran inteligencia. Además, todas ellas revelaban una actitud moral y altos conceptos éticos, y tenían como base un verdadero sentido de la justicia... Noté que un mechón ingobernable de su abundante pelo café le caía en un rizo rebelde sobre su amplia frente. Era eso, de pronto caí en la cuenta, lo que le había dado esa apariencia jovial, incluso cuando había estado hablando sobre verdades muy tristes... También percibí que sus manos eran fuertes y ejecutivas —a pesar de que no eran grandes— y que había un indicio de tensión en sus dedos, achatados en la punta. Sujetó firmemente sus dos manos a una de las mías cuando se despidió; "hasta pronto", me dijo dentro de la majestuosa entrada de la mansión Cantón... Me explicó que iba a mandar a Antonio y a un escolta —a Manuel quizás— para que me acompañaran a la Casa de la Ópera, en donde él se reuniría conmigo a las nueve en el vestíbulo.

Pasé a toda prisa por el patio y subí a mi habitación. Quería quedarme ahí, sin otro quehacer que soñar despierta. Quería revivir en recuerdos visuales cada momento de esas tres horas maravillosas... repasar cada centímetro del camino blanco a Kanasín que conducía, a través del reino de los prodigios, hacia la mañana del mundo. Pero debía apresurarme; ya eran más de las ocho. Sólo me quedaba media hora para arreglarme. No había tiempo para transcribir mis notas ni para ampliarlas con las impresiones que se agolpaban en torno a mí y que se desbordaban por las perspectivas recién abiertas del pensamiento y la emoción. Sentí que debía conservar cada una de sus palabras, no sólo el *contenido* de lo que había dicho, sino ¡la *forma* en la que lo había dicho! Me surgieron enormes dudas sobre el artículo para la revista *Collier's*; yo sabía que ya no era un juez imparcial de Felipe o de su programa. Sólo quería escribir páginas y más páginas en *mi máquina de escribir Corona* —pero *poemas,* no valoraciones—. Me disgustaba el hecho de que todo tuviera que esperar hasta la noche en el tren o al día siguiente en Uxmal. Sin embargo, *sí* escribí once palabras en mi diario. A la anotación que había hecho por la mañana en el mar, fuera de Progreso, con la fecha del 14 de febrero de 1923 —el día de San Valentín— le agregué:

"¡Él es un milagro de la Bondad y de la Belleza!".

Escribí milagro en español porque *miracle* en inglés parecía una palabra muy débil.

VII

Uxmal, "la tres veces construida"

En punto de las nueve, el portero de la residencia de Felipe G. Cantón anunció con toda solemnidad que don Manuel Cirerol Sansores estaba esperando abajo para ponerse a mi disposición por órdenes del señor gobernador. Todavía estremecida por el impacto plácidamente perturbador del recorrido a Kanasín durante el crepúsculo, bajé aprisa al patio para encontrarme con el secretario angloparlante que había sido asignado para escoltarme a la Casa de la Ópera de Mérida.

Felipe, en una reluciente guayabera formal de color blanco, se reunió con nosotros en el vestíbulo. Bajo el brillo de los candelabros se veía mucho más guapo de lo que me había parecido antes en la luz desvanecida del atardecer. Me saludó con una sola palabra: "¡Almita!". En cuanto me tomó de la mano para llevarme a la mesa reservada para los invitados de honor —miembros del Instituto Carnegie, funcionarios del estado y dirigentes de la Sociedad Arqueológica local— percibí que había una cierta agitación filtrándose a través de su disciplinado aplomo. Sus ojos mostraban la conciencia que él tenía del vínculo elemental que ya existía entre nosotros, a pesar de que se hubiera sellado en silencio. Me sentó a su lado derecho; a su izquierda estaba la señorita Frances Morley, una mujer rubia y atractiva que era la hermana y también la diestra asistente del doctor Sylvanus G. Morley, director de la expedición.

Mis reacciones a esa emocionante noche yucateca o, por lo menos, las observaciones personales que podía, como periodista, compartir con mis lectores, se publicaron en *The New York Times Magazine* del 18 de marzo de 1923. El artículo, cuya extensión rebasó la página completa, estaba ilustrado con una fotografía a tres columnas en la que yo aparecía parada ante la ensombrecida entrada de las ruinas de la Casa de las Monjas en la antigua ciudad maya de Uxmal. Debajo de mi rúbrica no sólo quedaron registradas mis impresiones inmediatas de la reunión internacional —una de las más trascendentes en los anales de la arqueología americana— sino también, un análisis de las consideraciones de fondo que habían inducido a los científicos estadounidenses a visitar Yucatán. Por ser una síntesis de nuestro conocimiento acerca de la civilización de los mayas y de las diferentes teorías sobre su origen y desarrollo, mismas que fueron dadas a conocer por las autoridades más destacadas en la materia en sus propias palabras, el reportaje tuvo, en ese periodo, un cierto interés histórico y puntualidad noticiosa. Decía lo siguiente:

> Hace menos de un mes, un grupo de eminentes arqueólogos estadounidenses se sentó a la mesa de un banquete en el vestíbulo de la Casa de la Ópera de Mérida —la colorida y, en su conjunto, encantadora capital del estado mexicano de Yucatán—.
>
> Con el último platillo del suntuoso festín —un verdadero torrente de naranjas dulces, piñas, plátanos y suculentos zapotes— el anfitrión se levantó para darles la bienvenida formal a sus huéspedes y para expresarles su deseo de que el objetivo por el que habían hecho un viaje tan largo llegara a buen fin. El anfitrión era Felipe Carrillo Puerto, el gobernador socialista de Yucatán que afirma ser descendiente directo de Nachi Cocom, el último rey maya y valeroso defensor de su patria frente al conquistador Montejo.
>
> Y como hecho a la medida poética de la ocasión —cual si hubiera sido un final musical para los lastimeros acordes de

jarana interpretados por una orquesta nativa— el gobernador habló en el idioma de su raza antigua, la lengua maya, la que usan más de medio millón de personas y que, excepto por el guaraní en Paraguay, es la única en el Nuevo Mundo que domina a la del conquistador. La mayoría de los invitados locales y unos cuantos arqueólogos la entendían a la perfección.

Con sinceridad y sin pretensiones, el gobernador denominó esta expedición de científicos estadounidenses y turistas como un evento que iba a inaugurar una nueva era en la historia de su estado y expresó la gran admiración que le merecían las prestigiosas organizaciones que estaban representadas en el banquete oficial —el Instituto Carnegie, el Museo de los Indios Americanos (la Fundación Heye y el Museo Peabody de la Universidad de Harvard)—.

Después, con una emotividad que perforó la barrera del idioma, describió un templo maya en ruinas como los que coronan las majestuosas pirámides de Uxmal y Chichén Itzá. "Allá, en lo alto de las antecámaras esculpidas", dijo, "están esperando —los espíritus de los mayas los están esperando—. Han permanecido mudos a lo largo de los siglos y ustedes serán los primeros en escuchar su historia. Escúchenla y cuéntensela al mundo".

El descendiente de Nachi Cocom, el alto y guapo mestizo al que los henequeneros reaccionarios abominan y llaman "el dragón rojo con ojos de jade" y al que trescientos mil trabajadores del sureste mexicano han deificado como a su redentor, protector y guía infalible, apeló con precisión a la esperanza de los hombres de ciencia de Estados Unidos. La historia maya es el fin y el propósito del trabajo de estos especialistas; es el objetivo primordial de la presente investigación de los maravillosos monumentos que conforman una ruta amplia e ininterrumpida desde Mayapán, cerca de la punta norte de la península de Yucatán, hasta el contiguo estado de Campeche, unos ciento sesenta kilómetros al suroeste.

La arqueología estadounidense en Yucatán insiste en que sólo la ciencia será capaz de comunicarse con los espíritus mayas; que su voz será el único medio para transportar al otro lado del abismo de los siglos las indispensables preguntas del cómo, cuándo y por qué, y para regresar al mundo con una respuesta que quizás iluminará esos oscuros comienzos de la familia humana.

Pero para que la ciencia llegue a conocer la historia de los mayas, advierte el doctor John C. Merriam, presidente del Instituto Carnegie y líder de la expedición, debe trabajar en las cámaras esculpidas con una varita mágica y no con una piqueta.

"Los mayas van a permanecer inarticulados por siempre", explica, "a menos de que el trabajo se lleve a cabo con sumo cuidado. Las excavaciones realizadas sin pleno conocimiento de causa y la negligencia de no clasificar adecuadamente los hallazgos sólo conseguirán destruir el registro para el resto de los tiempos. Mucho mejor sería dejar las ciudades bajo la tierra otros cien años y sembrarles maíz encima que exponerlas al vandalismo y al descuido. Si los mayas van a revelar su propia historia por medio de sus maravillosas estructuras, sus enormes montículos y sus incontables miles de piedras talladas, es imperativo que los arqueólogos sepan con precisión qué es lo que están haciendo en cada etapa y que identifiquen y clasifiquen los hallazgos en el mismo lugar en el que los encuentren. La historia está ahí, la ingeniería, la filosofía y la literatura de los mayas; pero usar el pico y la pala sin inteligencia ocasionará una destrucción irreparable. El Instituto Carnegie está consciente de la enorme responsabilidad que tiene de entregarle al mundo la historia maya y de inmortalizarla. Los individuos mueren, pero el trabajo que dejan tras de sí es lo más importante de sus vidas; si se destruye ese legado, la pérdida es mucho mayor que la propia aniquilación de la raza".

Esta actitud reverencial, con sus lentos y cuidadosos métodos, es la que conducirá al cuerpo de científicos estadounidenses que ahora están explorando el vasto territorio arqueológico de Yucatán, en caso de que decidan llevar a cabo las excavaciones.

El Instituto Carnegie tiene un plan bien definido. Durante nueve años, sus expertos, liderados por el doctor Sylvanus Griswold Morley, han estado sondeando el área maya; sus estudios sobre arquitectura, escultura y jeroglíficos los han llevado por Guatemala, Honduras Británica y la península de Yucatán y, en muchos casos, han logrado determinar las fechas de los monumentos y de las migraciones de los pueblos. Las exploraciones que han realizado revelan que los sitios están conformados por una secuencia de etapas culturales que coinciden, con cierta precisión, con las fechas por ellos establecidas. En algunas zonas, han encontrado que las construcciones corresponden a una única etapa cultural, en otras, a dos distintas y en otras tantas, a varias, a pesar de que en ellas hayan desaparecido una o más de esas etapas.

La lógica de su tarea indica que el siguiente paso es el de establecer en qué sitio aparecen todas las etapas y trabajar ahí intensivamente durante un largo periodo de tiempo. Así pues, luego de su sondeo general, los investigadores del Carnegie están concentrados en Yucatán para determinar con exactitud cuál es el lugar idóneo para llevar a cabo el procedimiento. Como es de esperarse, su elección dependerá de las características del lugar y de las condiciones que éste ofrezca para los trabajos.

"Obviamente", observa el doctor Merriam, "es indispensable que podamos contar con la total cooperación de los gobiernos federal y estatal una vez que les hayamos presentado el plan de trabajo que queremos realizar".

A pesar de que este plan involucra la relación entre Estados Unidos y México, el doctor Merriam y el general William Barclay Parsons, cabeza de la junta directiva del Carnegie y miembro del grupo, no creen que vaya a haber dificultades. Ambos expresaron su confianza en el apoyo activo del gobernador Carrillo y del doctor Manuel F. Gamio, director de antropología por parte del gobierno mexicano. Y ambos concuerdan en que las ruinas de las ciudades de Uxmal y Chichén Itzá ofrecerán una oportunidad única para rastrear, paso a paso, o más bien piedra por piedra, los orígenes de la civilización maya.

La ciencia reconoce que, valorada en su conjunto, esta civilización fue la expresión más sobresaliente del intelecto originario del continente americano. Herbert J. Spinden, el renombrado arqueólogo que representa a la Universidad de Harvard en las investigaciones de Yucatán, sostiene que los mayas "produjeron una de las cuatro expresiones de belleza en verdad grandiosas y coherentes que se le han dado al mundo; y su influencia en América es tan importante históricamente como la de los griegos en Europa". También afirma que en cuanto a la perspectiva aplicada a la modelación de la figura humana, los mayas aventajaron a los egipcios y a los asirios.

Sin embargo, a la fecha, nada se sabe del origen del pueblo maya. Su registro está perdido en la más remota antigüedad. Incluso, la lámpara de la tradición ha mantenido su difusa e intermitente luz apartada de sus orígenes. Después de siglos de exploración y estudio, de conjeturas y especulaciones, no se ha escrito una sola palabra auténtica en el primer capítulo de la historia maya. La fecha más temprana que se ha establecido en la escritura jeroglífica maya es 100 a. C. pero incluso en ese periodo, señala su descubridor, el doctor Morley, "las inscripciones muestran ya, perfectamente conformado, un sistema gráfico de una complejidad extraordinaria que denota una larga constancia en la observación astronómica".

Es verdad que la fecha maya de la creación del mundo ahora se acepta entre los arqueólogos en 3300 a. C. Esa fecha fue dada a conocer por primera vez, hace unos treinta años, por G. T. Goodman, un editor de la costa del Pacífico, que también disfruta de la distinción de haber sido quien "descubrió" a Mark Twain. Goodman nunca había visto unas ruinas mayas, pero, tomando como base las ilustraciones de los jeroglíficos e inscripciones que aparecen en *Biologia Centrali Americana* de A. P. Maudslay, logró hacer sus cálculos correctamente. No obstante, esta fecha de ninguna manera indica la antigüedad de la raza maya; los sacerdotes la fijaron en forma arbitraria cuando decidieron adoptar un punto inicial y ponerle un límite definitivo al tiempo y, por consecuencia, la historia maya fue moldeada para caber dentro de ese límite. Como quiera que sea, los únicos sucesos que pueden descifrarse con certeza son las conjunciones de los planteas y otros fenómenos astronómicos.

La responsable de que tengamos por lo menos este fragmento de información sobre los tiempos antiguos de los mayas y la cronología de los principales acontecimientos desde la colonización de la península de Yucatán hasta los días de la Conquista española fue una falla afortunada en un auto de fe. El obispo De Landa, uno de los frailes que acompañó a Montejo, confiesa en su *Relación de las cosas de Yucatán* que encontró un gran número de libros escritos por los sacerdotes mayas; el papel sobre el que escribían estaba hecho de las raíces y cortezas de algunos árboles y curado con una capa de barniz blanco lustroso para volverlo indestructible. "Los quemé todos", se jacta el obispo, "porque no había nada en ellos que no tuviera algo de la superstición y la falsedad del diablo".

Antes de destruirlos, adquirió un cierto conocimiento sobre la escritura maya y, a pesar de que no dejó ninguna traducción, hizo una copia de los signos alfabéticos y de los jeroglíficos con los que simbolizaban los días y los meses. El fervoroso monje también se vanagloria de que ante la quema de los libros "los naturales estaban sorprendentemente tristes y afligidos". No obstante, cuatro de ellos lograron escapar de las llamas y se conservan, hasta este día, en las bibliotecas europeas. La copia que él hizo del alfabeto es ahora la clave para traducirlos.

Gracias a estas crónicas originales, conocidas como *Los libros del Chilam Balam,* y a las inscripciones de los monumentos, la arqueología ha podido establecer una continuidad en la construcción y en la descripción de algunas de las ciudades mayas durante los primeros quince siglos de la era cristiana. Se ha indicado que la historia maya podría estar dividida en dos épocas generales, el Antiguo y el Nuevo Imperio, y que cada una de ellas está dividida en varios periodos distintos.

El Antiguo Imperio, que sólo los espíritus saben cuándo comenzó, terminó en el año 600 d. C.; su extensión abarcaba el territorio que ahora corresponde a los estados mexicanos de Chiapas y Tabasco, a Petén e Izabal en Guatemala y a la parte adyacente del oeste de Honduras. El Nuevo Imperio surgió del Antiguo en el siglo v; floreció en la península de Yucatán y se prolongó —aunque fue decayendo paulatinamente— hasta el tiempo del dominio español en 1541. A pesar de que sabemos que los mayas inmigraron a Yucatán entre los siglos v y vii, es muy probable que la secuencia de etapas culturales en Uxmal y Chichén Itzá demuestre —en respuesta a la varita mágica de la ciencia— que esa migración fue en realidad el retorno a los sitios abandonados muchas generaciones atrás.

Debido a que muchas de las ilustres estructuras de estas dos ciudades y de otras que están diseminadas a lo largo de la península desafían el proceso de fechación, la especulación con respecto a su antigüedad ha hecho caso omiso de la guía bíblica en cuanto a la edad del hombre. Los científicos de la presente expedición se inclinan por la más aceptada de las teorías, cuya propuesta es que los mayas llegaron a América desde el noreste de Asia y se asentaron en Yucatán durante el periodo Neolítico. El profesor Marshall H. Saville, una autoridad internacional en el tema maya, que acompaña la expedición como representante del Museo de Indios Americanos, Fundación Heye, afirma que, en lo que toca al origen de esta desconcertante rama de la raza humana, sus investigaciones recientes únicamente confirman su hipótesis de que la civilización maya no fue heredada, sino que, a partir de una cultura neolítica y de manera independiente, desarrolló características semejantes a las de las civilizaciones asiáticas y norafricanas. El hecho de que por medio de sus exploraciones, realizadas hace algunas semanas en los templos de Uxmal y Chichén Itzá, se haya verificado la existencia del culto fálico entre los mayas es, según el profesor Saville, un punto importante para comprobar la teoría de que es posible que ideas semejantes se gesten y desarrollen en el mismo terreno de la mente humana sin haber recibido influencia exterior.

En 1870, el doctor Auguste Le Plongeon, el excéntrico erudito francés que dedicó treinta años de su vida al estudio de las ruinas mayas, propuso la teoría de que la propia península de Yucatán era la cuna de la civilización humana. Explicaba que su conocimiento de los jeroglíficos (un conocimiento que algunas autoridades ponen en duda) lo había convencido de que los sacerdotes de Uxmal, ataviados con vestiduras blancas, se habían encargado de llevar su religión a Egipto y, también, que la costa de Yucatán no era otra cosa que la orilla del enorme continente perdido que se había sumergido miles de kilómetros bajo las tempestuosas aguas del Atlántico. Le Plongeon era de la opinión de que, unos ciento cincuenta siglos atrás, los mayas les habían dado a los egipcios los rudimentos de su cultura.

La lectura que Le Plongeon le dio a la enorme cantidad de representaciones de manos humanas, que él mismo descubrió en las paredes de los templos, fue que el origen de la masonería había aparecido en Yucatán miles de años antes del rey Salomón. También fue él quien descubrió la famosa estatua del Chac Mool, la obra maestra del arte maya. Él aseguraba que el Chac Mool era el Abel maya y que habían sido los sacerdotes de Uxmal quienes le habían enseñado a la gente de Chemi[1] la historia de la creación del mundo, de Adán y Eva y de Caín y Abel.

Estas teorías parecen extrañas y fantásticas, pero ya que nadie habla con autoridad sobre el origen de los mayas, ¿quién puede refutarlas definitivamente? Para la arqueología moderna, el enigma resulta tan desconcertante como lo fue para Hernández de Córdoba en 1517, cuando descubrió la península de Yucatán y se maravilló ante los magníficos edificios que bordean su costa. Y mientras la varita mágica de la ciencia no rompa el largo silencio de los espíritus mayas, cualquiera de las hipótesis es tan válida como las demás.

Poco después del amanecer llegamos a la estación del ferrocarril de Pisté. Los expedicionarios disfrutaron su primer desayuno

---

[1] Chemi es el antiguo nombre de Egipto. (N. de la T.)

"típico" yucateco en el carro comedor del tren oficial, que estaba bastante bien equipado. La estrella del festín fue aguacate servido al estilo tradicional, conocido como guacamole. Pero al igual que en el banquete de la noche anterior, la abundancia de frutas tropicales —mamey, mango, piña— les recordó a los visitantes la deuda que tenían con los agricultores mayas. En Pisté, nos estaba esperando una flotilla de pequeños *Fordingas*[2] —así es como llaman en México a los Fords— para trasladarnos a la zona arqueológica cercana. El equipo estaba conformado por alrededor de cincuenta personas, entre ellas, los diez miembros del grupo pionero de turistas organizados que se llamaban a sí mismos "yucatólogos" y que venían a visitar lo que ya para ese momento las agencias de viajes estaban denominando "el Egipto de América".

El panorama con el que nos encontramos al llegar a la antigua ciudad fue, en esencia, el mismo descrito por John Lloyd Stephens en su libro *Incidentes de viaje en Yucatán* cuando se refiere a "sus primeras impresiones" al explorar Uxmal en 1841.

> En medio de la selva apareció, ante mi mirada atónita, —escribe el explorador— un gran campo abierto salpicado de montículos de ruinas, enormes construcciones sobre terrazas y estructuras piramidales majestuosas, ricamente ornamentadas y en buen estado de conservación; no había matorrales que obstruyeran la vista y el efecto de atracción que provocaban era casi igual al de las ruinas de Tebas.

Conforme nos escoltaba hacia los *Fordingas*, Felipe, un anfitrión reservado pero siempre cortés, nos explicó que nuestro primer objetivo era el gran Castillo del Adivino, la imponente construc-

---

[2] Éste quizás sea un neologismo de la autora, pues en el *Diccionario de mejicanismos* de Francisco J. Santamaría, Porrúa, 2000, el término aparece como sigue: "Fotingo: nombre peyorativo que se ha dado al automóvil 'Ford' por su calidad corriente y su precio barato", (p. 533).

ción que desde ahí destacaba en el panorama y que también se conocía —después nos diría *por qué*— como la Casa del Enano. Le daba mucho gusto darse cuenta, observó con una sonrisa y de forma provocativa, que todos éramos especimenes tenaces, pues tendríamos que subir 118 escalones en un ángulo de 65 grados antes de llegar al santuario que coronaba la pirámide monumental. Pero de inmediato añadió, para tranquilizarnos, que no era tan terrible como parecía, ya que había cinco descansos en donde podíamos detenernos y recuperar el aliento. Lo que era más, había una gruesa cadena de hierro de la que uno podía sujetarse a lo largo de todo el ascenso. Los niveles, dijo, eran de diferentes estilos y pertenecían a distintas etapas de construcción.

Sobre una de las primeras reacciones que tuvo frente al exterior del Castillo del Adivino, Stephens escribe que estaba parado ante la entrada principal durante la puesta de sol y que esa última luz del día "proyectaba, desde las construcciones, una sombra de enorme amplitud que oscurecía los terraplenes sobre los que descansan los monumentos, generando así una escena tan extraña que parecía adecuada para un trabajo de hechicería". Yo estaba observando por primera vez el gigantesco monumento mientras el sol se elevaba, pero mis propias impresiones, vívidas y perdurables, concuerdan con su conclusión: "Todo el conjunto forma una extraordinaria masa de riqueza y complejidad, no sólo grandiosa, sino intrigante".

Algunos de los eruditos que habían visitado Uxmal en ocasiones anteriores contribuyeron con datos y teorías que nos ayudaron a visualizar la forma en la que debió haberse visto el enorme centro ceremonial en los tiempos antiguos. El doctor Spinden nos dijo que era probable que durante su auge la ciudad hubiera tenido más de un millón de habitantes. También dijo que, originalmente, las construcciones estaban pintadas con una impresionante combinación de rojo, azul, verde, amarillo, blanco y negro. El doctor Saville hizo hincapié en que el dios de la lluvia, Kuum Chac, cuyo mascarón aparece esculpido en los elaborados frisos que coronan las cinco entradas distintas del templo oeste inferior de la Casa del Enano, era muy similar al Tláloc mexicano. De acuerdo con la creencia maya, señaló, todo Yucatán dependía de la generosidad de esta deidad, pues no había cuerpos de agua visibles a lo largo de la península excepto por los cenotes, las únicas salidas de los grandes ríos subterráneos que, por lo demás, fluyen treinta metros por debajo del nivel del suelo.

Cada vez que se discutían los detalles de la antigua civilización, Felipe era el más atento de los escuchas. Sin importar si estaba en silencio o expresándose con toda lucidez, su atlética figura de mando, realzada por su distintivo sombrero Stetson de fieltro negro y ala ancha, era siempre la presencia central. Al parecer, tanto el más humilde de los indios como el más eminente de los científicos captaban de la misma manera su imponente magnetismo personal. Por lo menos para mí, el sólo hecho de su cercanía llenaba de éxtasis todos los espacios vacíos. Al contacto de su mano, mi cuerpo respondía con una conciencia sensorial hasta entonces inimaginada cuando, con toda gentileza, me ayudaba a subir los escalones de la pirámide o cuando me guiaba por los estrechos pasillos recubiertos de una mampostería llena de misterios. Pero, más allá del mutuo reconocimiento humano, su influencia dominaba toda mi conciencia. Me daba la impresión de que incluso esos remotos fragmentos impalpables de mi ser arquetípico —las esperanzas y anhelos, apenas perceptibles, de alcanzar la realización definitiva en la verdad y la belleza— estaban, de algún modo, compartiendo mi felicidad terrenal. Yo seguía maravillada ante el hecho de que, en mí, se hubieran abierto tantas ventanas de luz en respuesta a su carácter y temperamento a pesar del tiempo tan breve que teníamos de conocernos. Y de pronto comprendí la razón; además de las leyes inexplicables de la química espiritual y de sus misteriosos poderes de atracción, para mí, Felipe representaba en su sola persona una síntesis a gran escala de mis propias aspiraciones de juventud por un mundo mejor, e incluso, de las mismas cuestiones que habían reclamado mis dedicados, si bien endebles, esfuerzos de cruzada. En la contundencia de sus resultados y en la claridad de sus metas yo veía el diseño terminado de lo que esperaba que fuera mi propio potencial, del tipo de contribución individual que yo soñaba poder hacerle a la paleta de la vida. En su espontaneidad y en sus gestos bondadosos y paternales estaba siempre manifiesta la completa dedicación que tenía para con sus inditos, su preocupación sincera por los humildes, los "inarticulados", de todo el mundo. Esa perspectiva universal corría en paralelo, y no en conflicto, con su profundo y demostrado amor por su país. El intenso orgullo que sentía por los espléndidos monumentos, que sus talentosos ancestros le dejaron como legado a nuestro sentido de la belleza, era lo que mantenía su fe en el grandioso desempeño que, en el futuro, tendrían los pueblos autóctonos de México. Esa fe y ese orgullo se reflejaban en la sonrisa confiada que él desplegaba cada vez que los científicos o los turistas expresaban su admiración ante la magnificencia de Uxmal. Su afán porque los turistas apreciaran en su totalidad algún efecto arquitectónico o un cierto detalle de las esculturas, que él mismo había descubierto durante tantos años de familiarizarse con el sitio, traía a la mente la imagen de la actitud de un padre primerizo que adora a su hijo e insiste en mostrar sus encantos. De hecho, a los ojos de cualquiera, hubiera pasado por un artista al momento de exponer las intrincaciones de su arte o las sutilezas de su concepción que, de otro modo, hubieran pasado inadvertidas para el espectador promedio.

Durante las paradas que hicimos en los niveles principales para descansar de nuestro arduo ascenso a la enorme Casa del Enano, los arqueólogos, gustosos, sintetizaron algunos de los eventos de la historia de Uxmal; por lo menos, hicieron de nuestro conocimiento todo lo que se había preservado en el registro de esa dramática historia. Y admitieron que, a pesar de que sólo unas cuantas leyendas aisladas arrojaban luz sobre el pasado remoto y los inicios de la ciudad, las crónicas del *Chilam Balam de Chumayel* —esos cuatro libros mayas que se escaparon de las llamas del auto de fe del obispo De Landa— sí daban algunos detalles, aunque muy escasos, sobre sucesos posteriores. Respecto a la fundación de Uxmal, De Landa declara en su *Relación de las cosas de Yucatán* que, de acuerdo con la tradición:

> este pueblo estuvo errante durante cuarenta años en las selvas de Yucatán sin encontrar agua excepto por la que caía de las lluvias; al final de ese tiempo, llegaron a las faldas de las montañas que descienden frente a la ciudad de Mayapán, a diez leguas de ella, y se quedaron ahí para labrar la tierra como nativos.

Una de las crónicas del *Chilam Balam* afirma que para el año 1544 d. C. ya habían transcurrido "ochocientos setenta años desde la destrucción de Uxmal y del abandono de la tierra". De esta misma fuente sabemos que la ciudad estuvo ocupada dos veces, una a finales del siglo VII y otra trescientos años más tarde. Uxmal, Chichén Itzá y Mayapán fueron las tres ciudades que conformaron la Liga de Mayapán, que floreció entre 1007 y 1194 d. C.

La Casa de las Monjas en Uxmal. Fotografía recuperada en las posesiones de Reed que heredó Rosa Lie Johansson.

El doctor Morley dijo que era posible concluir que durante la segunda mitad del siglo x, diversos grupos de pueblos emparentados, probablemente de origen mexicano, a pesar de que su lengua era el maya, entraron a la península por el suroeste, asumieron la dirección política en el norte de Yucatán y establecieron dinastías maya-mexicanas en las capitales de las tres ciudades-estado —los seguidores de Kukulcán en Chichén Itzá, los de Cocom en Mayapán, y los de Tutul Xiu en Uxmal—. Añadió que los xiues que llegaron a Uxmal —al parecer desde la meseta mexicana— llevaron consigo características culturales distintivas y conceptos religiosos locales, en especial el culto a la Serpiente Emplumada.

El doctor Spinden describió la prosperidad general que imperó durante el periodo en el que la Liga funcionó como una confederación pacífica. Tanto en Uxmal como en Chichén Itzá, dijo, las artes cobraron una nueva importancia. Uxmal se convirtió en la ciudad modelo del renacimiento maya, y la arquitectura del periodo, producida por lo que se conoce como *Puuc* o cultura de la región de los cerros bajos, consiguió una expresión extraordinaria en el Palacio del Gobernador que, de acuerdo con el programa, visitaríamos más tarde en el día.

A pesar del calor semitropical y del esfuerzo, al que no estábamos acostumbrados, de escalar montículos escarpados y pirámides empinadas, las horas de la mañana se siguieron una a otra como notas de una melodía arrobadora. No obstante, al mediodía, recibí gustosa la oportunidad de relajarme bajo la sombra del arco mensulado de la Casa de las Monjas, en donde todos los miembros del grupo se congregaron para hacer un picnic. Al ver la abundante cantidad de celosía, dijo Felipe, los españoles deben haber creído que el conjunto de estructuras multicamarales que rodean el cuadrilátero de más de 79 por 76 metros cuadrados era un convento. Y riéndose observó que, sin duda, semejante institución habría sido prescrita por el gobierno socialista de Yucatán, sobre la base de que el Creador había hecho la cara de la mujer para ser vista y admirada y no para que se la ocultara detrás de artificios de encubrimiento. Sin embargo, estaba muy de acuerdo con la interpretación que hizo Cogolludo, el cronista, de la Casa de las Monjas, quien se refería a ella como la morada de las Vírgenes Vestales mayas que mantenían el Fuego Sagrado; pues él creía que mantener un fuego en cualquier parte era casi siempre una forma valiosa de sacrificio.

Los muros interiores del pasillo abovedado, que nos sirvió de comedor "al fresco", tenían pinturas de manos en color rojo. Los arqueólogos nos dieron diferentes versiones sobre lo que podían representar, pero todos admitieron que se desconocía el verdadero significado de ese símbolo. El doctor Alfred Tozzer citó al abate francés Brasseur de Bourbourg, quien sostenía que al imprimir una mano roja sobre las paredes de sus templos, los mayas creían estar invocando al espíritu de Itsamatul, también conocido como Kabul, cuyo nombre significa "Mano Celestial o Creadora". Dijo, asimismo, que otros eruditos consideraban las pinturas como el signo místico de alguna sociedad política antigua, como evidencia de un asesinato en los altos mandos o como la marca del propio Kukulcán. ¡Asesinato!... Al escuchar la palabra me estremecí con la misma extraña aversión que había experimentado el día anterior al ver a los tiburones con las mandíbulas abiertas merodeando alrededor de la proa del México durante el tiempo que estuvo anclado fuera de la rada de Progreso. Cualquiera que fuera su significado, la mano roja tuvo en mí el impacto de un símbolo de mal agüero —la única nota siniestra que había encontrado en las ruinas de Uxmal—.

Pero la efímera intrusión de la mano roja no estropeó el humor festivo de nuestro picnic; además, no hubo necesidad de ningún tipo de bebidas alcohólicas para mantener el buen ánimo de los "yucatólogos" y de los científicos. Para acompañar los platillos típicos: pollo pibil, enchiladas motuleñas y otros de los que conforman la rica y variada cocina yucateca, se ofrecieron deliciosas bebidas de frutas —todas sin alcohol, de conformidad con la campaña de abstinencia de Felipe—. En mandiles blancos inmaculados, cuyos diseños —alguien sugirió— imitaban las formas arqueológicas, los alegres chicos que nos sirvieron, con sus caras amplias y las piernas descubiertas, parecían haberse bajado de la fachada de algún templo; tanto así se asemejaban sus perfiles a los de los muros esculpidos.

Los bilingües y muy viajados John y Vera Barry, que a bordo del México habían sido unos compañeros de cubierta de lo más interesante, de nuevo nos deleitaron con sus ingeniosos recuentos de aventuras en otros continentes. A Felipe le gustaba la alegre camaradería y el evidente placer que tenían uno en compañía del otro. De ese día en adelante, se refirió a ellos como "los simpáticos esposos Barry". La señora Barry —hija de un barón escocés, mujer de carácter vivaz, con ojos azules y pelo castaño rojizo— fue quien le recordó a Felipe que había prometido explicarnos la razón por la que el Castillo del Adivino se conocía como la Casa del Enano.

Felipe contestó que con gusto cumpliría su promesa pero que, con su permiso, lo haría algún otro día; pues prefería no desanimar una de las ocasiones más dichosas que había tenido en mucho tiempo con un relato macabro de magia negra. "Además", agregó ante la divertida complicidad de los arqueólogos que ya conocían la popular leyenda, "es muy severo con un gobernador maya, uno de mis antecesores, que terminó con la cabeza ignominiosamente aporreada, y para acabarla de amolar, a manos de un enano. Mejor terminemos nuestro picnic con una nota más placentera: con música". Iba preparado, nos anunció, y sus trovadores favoritos, Alfonso y sus muchachos, estaban listos con sus guitarras para tocar y cantar para nosotros algunas de las canciones más queridas de Yucatán.

En cadencias que palpitaban con apasionada añoranza, sus voces lastimeras, fusionadas en perfecta armonía, se extendían sobre la vasta amplitud de las ruinas. A pesar de que Felipe había sugerido terminar el picnic con alegría, era tristeza lo que subyacía en la mayoría de las canciones —"El rosal enfermo", "Flores de mayo", "Un rayito de sol", "Las golondrinas" y otras—. Sin embargo, tanto las letras como la música satisfacían el corazón de tal modo, que uno podría haber seguido escuchándolas por siempre con la misma fascinación. De forma intrigante, las melodías que surgían del rasgueo de las guitarras trascendían la nostalgia de sus temas personales y acogían el misterio de una raza antigua, de una civilización desaparecida. Más allá de su agradable lirismo, parecían estar desgarradoramente a tono con el trágico ambiente de la ciudad muerta; abandonada en pleno florecimiento. No pude evitar relacionar esas tonadas de acordes menores con los altares profanados de Uxmal, con sus deidades deshonradas y arrojadas al olvido y con el dolor inefable de un pueblo dotado de riquezas que había sido forzado a soportar siglos de opresión y humillación.

Al salir del pasillo abovedado de la Casa de las Monjas —que era en realidad la entrada principal a la gran plaza mayor— seguimos un camino que conducía hasta un conjunto de cuatro construcciones que rodeaban el Cuadrilatero de las Palomas. Stephens creía que ese nombre derivaba del alto muro decorado, que corría a lo largo de la parte superior y que tenía una forma tal, que desde la distancia parecía más una hilera de palomares que cualquier otra cosa. Cerca de ahí estaba la Casa de las Tortugas, en donde nos detuvimos un momento de camino al Palacio del Gobernador. Los arqueólogos le atribuían el nombre a las tortugas talladas en relieve sobre el dintel de la cornisa; y clasificaban la fachada de uno de sus compartimientos como de estilo Chenes, que representa un periodo más temprano que el del resto de las construcciones del sitio, todas pertenecientes a la cultura Puuc. Esta estructura de proporciones equilibradas y de austera elegancia evocaba a los griegos clásicos.

Una vez frente al Palacio del Gobernador, todos estuvimos de acuerdo con que la fama que tenía, de ser el edificio más glorioso de América, le había sido conferida con toda justicia. Su arquitectura era al mismo tiempo sencilla y excelsa —se elevaba sobre una terraza triple de poco menos de 180 por 150 metros en la base— y poseía un atractivo estético asombroso; pero el efecto de universalidad atemporal que producía en el espectador era aún más provocador. Uno podía aceptar sin titubeos la creencia de que ésta y otras estructuras del centro ceremonial de Uxmal habían sido planeadas "cósmicamente" y sus cimientos, teniendo en mente las posiciones relativas de los planetas conocidos. Observado desde lejos, proyectando su contorno sobre el cielo sureño, el monumento desafiaba la fechación. Si no se conocieran su ubicación geográfica y su contexto histórico, nadie, excepto los expertos, quizás, habría podido adivinar que era de origen autóctono americano. John Barry era de la opinión de que por unos cuantos miles de dólares, toda la construcción podría acondicionarse de nuevo para ser habilitada y pasaría por una construcción moderna aerodinámica. La ingeniosa Vera Barry llevó aún más lejos la idea de su marido y sugirió que Felipe estableciera el Palacio del Gobernador como un capitolio oficial durante el verano, pues entre abril y septiembre Uxmal es mucho más fresca que Mérida.

Me temo que esa propuesta no entra dentro de nuestros proyectos de realización inmediata, contestó Felipe, pero quizás se pueda integrar a nuestro programa general de objetivos a largo plazo para la rehabilitación maya. Mientras tanto, incluso desde Mérida, mantenemos una cercanía espiritual permanente con los constructores de Uxmal porque nuestros esfuerzos y propósitos están dirigidos al bienestar de sus descendientes.

Subimos la amplia escalinata del oeste y luego otra más pequeña para llegar al nivel de la plataforma, en la que la enorme estructura, que abarca noventa y siete mil quinientos metros cúbicos, descansa sobre una elevación natural. Felipe, que sin duda había ya visitado el Palacio en innumerables ocasiones y que, al parecer, conocía todos los hechos y las leyendas que las investigaciones habían revelado hasta ese momento, nos condujo por el pasillo doble con sus dos salones centrales y sus cuatro cámaras laterales que conforman el enorme complejo principal. Con analogías pintorescas, basadas en la deificación de las fuerzas naturales, nos explicó el significado de los motivos que decoran el largo, amplio y bien preservado friso de la fachada este, repeticiones y combinaciones de formas originales y armoniosas del dios de la lluvia tallado en relieve sobre la piedra. Para el diseño —en el que se alternan grecas de estilo griego y paneles de celosía—, se habían usado unos veinte mil mosaicos y la propia estructura, dijo, estaba conformada por casi setenta mil metros cúbicos de mampostería.

Alma Reed en Uxmal. Fotografía originalmente publicada el 18 de marzo de 1923 en el *New York Times*. Al reverso, Alma escribió la siguiente nota: "Detalle del templo de la Casa de las Monjas, Uxmal —se muestra el uso artístico del motivo de serpiente, base del esquema decorativo de los mayas—."

Con vivo entusiasmo desarrolló el tema maya, al que tan íntimamente estaba ligada la trama de su vida —sus más generosos impulsos y sus acciones reparadoras más contundentes—. Y conforme hablaba, la propuesta de Vera Barry de convertir el Palacio del gobernador en un capitolio oficial durante el verano comenzó a parecerme menos irreal y no del todo ilógica. Pues, en ese momento pensé que, por cada uno de los derechos que le eran inherentes, esa construcción era *suya*. El valor arquitectónico del antiguo Palacio del Gobernador de Uxmal, por sus trazos de dignidad sin pretensiones —al igual que los de la personalidad confiada y bien definida de Felipe—, y en especial por su sentido de pertenencia a todas las épocas y a la humanidad entera, representaba de manera explícita al líder socialista del siglo xx, Felipe Carrillo Puerto.

El doctor Morley señaló que Stephens había encontrado todos los dinteles de madera en su lugar, sobre las entradas del Palacio. La madera, que por ser tan dura crujió al recibir el golpe seco de un machete, provenía, dijo, de selvas distantes, quizás de unos quinientos kilómetros de distancia. Nos platicó que el explorador pionero de Estados Unidos había descubierto, en la cámara exterior más al sur del complejo, una viga de madera de chicozapote, misma que se llevó consigo cuando regresó a su país. Sin embargo, poco tiempo después, las llamas de un incendio ocurrido en la ciudad de Nueva York la destruyeron por completo. El director del Carnegie consideraba que su pérdida era irreparable, pues, según el propio Stephens, esa era la única pieza de madera tallada en toda la ciudad de Uxmal y "la inscripción muy bien podría haber sido la fecha de esta construcción, la más hermosa de la antigua América".

Pasamos momentos intrigantes en nuestra examinación del Palacio del Gobernador mientras buscábamos claves que pudieran indicarnos la ubicación de la "biblioteca perdida" de los mayas. Felipe contó que, de acuerdo con Le Plongeon —quien le merecía un enorme respeto—, los mayas habían escondido

El omnipresente *fordinga*, que era una modificación yucateca del auto Ford "modelo T".

la mayor parte de sus escrituras sagradas durante el periodo de vandalismo del obispo De Landa y que, por lo tanto, esa grandiosa colección debía estar todavía oculta en los templos de Uxmal y Chichén Itzá. En respuesta a esa afirmación, que se había mantenido viva a lo largo de muchos años de rumores y leyendas, se habían realizado ya tres penetraciones arqueológicas en diferentes niveles de los terraplenes y en varios periodos, pero sin que de ellas se obtuviera ningún resultado. Nos reveló también que una nueva penetración, con mejores métodos científicos de detección, estaba contemplada para llevarse a cabo en un futuro cercano y bajo el auspicio del estado; y que, incluso si no se encontraba la biblioteca maya, ese trabajo sería ciertamente recompensado con el descubrimiento de otra información valiosa.

El doctor Saville nos dijo que había conocido a la viuda de Le Plongeon y que había leído varios de los manuscritos inéditos del sabio francés, mismos que, desafortunadamente, ella había quemado por el desconsuelo que le había provocado el desdeñoso rechazo que habían sufrido las teorías y los descubrimientos de su marido. El doctor Saville mostraba poca fe en las afirmaciones de Le Plongeon, pero explicó que si los libros mayas todavía estaban en Uxmal, lo más probable era que se encontraran en buenas condiciones. Los cronistas del periodo, señaló, registraron que los mayas hacían indestructible su papel, fabricado con cortezas y raíces de árboles nativos, por medio de un barniz blanco lustroso. Los libros estaban doblados en forma de abanico y la mayoría de ellos medían noventa centímetros de longitud. Sus temas eran tratados de historia, religión, medicina, arqueología, astronomía y ciencias ocultas, prácticas en las que Uxmal era un centro reconocido.

Mientras nos dirigíamos a los *Fordingas* que estaban esperando para llevarnos a la estación del ferrocarril de Pisté, los arqueólogos sugirieron distintas causas que pudieron haber originado la caída y el abandono de Uxmal. Pero en general, todos estaban de acuerdo con que la desintegración de la Liga Tripartita y la destrucción de Mayapán en 1461 marcaron el inicio del fin de Uxmal. Como lo señaló el doctor Merriam, fue el jerarca de Uxmal, Xipau Xiu, quien, con la ayuda de otros líderes mayas, provocó la ruptura de la Liga. A partir de ese momento, y debido a que los desórdenes internos ya habían debilitado seriamente las estructuras políticas y sociales, sólo fueron necesarios unos cuantos golpes finales para envolver esa tierra en una larga noche de decadencia y desolación. Otros de los factores que diezmaron la población fueron la pestilencia, los huracanes y el horrorizante número de víctimas que generó la guerra con la llegada de los conquistadores españoles.

"¿Sería posible que Uxmal, al igual que el Fénix, alguna vez resurgiera de sus propias cenizas?", le preguntó Vera Barry a Felipe.

Es muy posible —contestó él—, aunque, desde luego, cualquier resurgimiento del antiguo espíritu creativo buscaría y encontraría nuevos tipos de manifestaciones. Nuestros mayas actuales, por ejemplo, no construirían pirámides para sus actividades diarias, así como tampoco lo harían los egipcios modernos. Pero nos estamos preparando con optimismo para el nuevo orden, para cuando Uxmal, "la tres veces construida", sea reconstruida y, una vez más, se convierta en el escenario de una vida vigorosa y dinámica. Ya casi es tiempo de que vuelva a despertar y de que se cumpla la profecía maya, que dice: "¡Un día vendrá, en el que en *un sólo día* se romperá el silencio de setecientos años!".

VIII

"Tierra y Libertad"

Precedidos por una alegre orquesta nativa y escoltados desde la estación del ferrocarril por un comité de recepción, conformado por unos cincuenta ciudadanos destacados, caminamos un kilómetro en filas de cuatro o cinco, uno al lado del otro, a lo largo de un camino sin pavimentar que conducía hacia la plaza del pueblo de Suma, a cinco kilómetros de Mérida. Después de pasar un arco hecho de cartón y adornado con símbolos mayas pintados y con el centro coronado por un gran triángulo rojo con frases de bienvenida para el gobernador Carrillo y para los miembros del Partido Socialista, nuestra breve procesión rompió filas frente a la pequeña construcción de madera que albergaba el Palacio Municipal. En camisa y calzones de algodón fresco y sosteniendo con respeto su tosco sombrero de paja sobre su corazón, el presidente municipal se acercó a saludar a Felipe y a sus invitados.

Para todos nosotros era evidente que estábamos asistiendo a un acontecimiento de enorme importancia; quizás el más trascendental, como lo señaló uno de los expedicionarios del Instituto Carnegie, desde 1847, cuando en ese mismo lugar, los abuelos de los habitantes de Suma se congregaron para tomar parte en la Guerra de Castas, el cruento levantamiento de los mayas en contra de sus patrones criollos y españoles. Ése era el jueves del que, con tanto entusiasmo, Felipe me había platicado en el recorrido a Kanasín bajo el crepúsculo;

un día memorable en la historia moderna de todos los pueblos yucatecos: el día de los ejidos.

Doscientos campesinos —todos los varones en edad adulta del pueblo de Suma—, la mayoría de ellos ataviados como su señor presidente, se apiñaron en torno a Felipe y a los representantes de la Comisión Agraria local y federal mientras, sentados en la mesa que para ello se había dispuesto en la plaza, firmaban los documentos que les restituían la posesión comunal de las tierras públicas de las que sus ancestros fueron despojados antes y durante la dictadura de Díaz.

Aunque sin intervenir, había también un número igual de mujeres mayas en sus trajes típicos de mestiza yucateca: un huipil de algodón blanco con alegres bordados de motivos florales alrededor del cuello y de los bordes del vestido, que era de una sola pieza. Muchas llevaban a sus bebés envueltos o colgados en rebozos oscuros hechos de hilo tejido en forma de malla elástica y con flequillos, y los niños más grandes estaban parados o acuclillados al lado de ellas.

Había otro contingente de mujeres, con banderines de bienvenida, dispuestas en una formación semimilitar frente al grupo oficial. Estas integrantes de la Liga Feminista, que recientemente habían adquirido derechos políticos y de sufragio, observaban el proceso con un cierto aire orgulloso de propietarias. Como activistas organizadas y perseverantes, podían afirmar que su participación había sido determinante en hacer surgir las medidas necesarias para acelerar la acción federal.

Una delegación de feministas encabezada por Elvia, la hermana menor de Felipe, una mujer dinámica de ojos cafés y pelo castaño rojizo, nos había acompañado desde Mérida. Me enteré de que Elvia, cuya apariencia denotaba con toda claridad un origen español, era una líder de lo más eficaz que se dedicaba de tiempo completo a viajar por el sureste de México, en donde organizaba a las mujeres mayas en Ligas y las preparaba para las responsabilidades cívicas. También en el grupo feminista de Mérida estaba la profesora Rosa Torre G., una maestra a la que hacía poco habían hecho miembro del Consejo del Ayuntamiento, el cuerpo gobernante de la capital de Yucatán; ella fue la primera mujer en la República mexicana en ser ascendida a un cargo semejante. Las diferencias físicas entre Rosa y la alta y guapa Elvia Carrillo generaban un contraste impresionante. La regidora, baja de estatura y con la piel color bronce, era, con toda certeza, la amada de Antonio, el amigable y fornido asistente personal y chofer de Felipe. Como quiera que fuera, las miradas de adoración de Antonio rara vez se desviaban de los rasgos clásicos mayas de ella. La unión de dos modelos mayas tan perfectos como ellos, podría haber perpetuado la raza antigua de manera gloriosa; la raza cuyos perfiles, como lo expresó Vera Barry, adornan las columnas talladas y los muros de los templos de Yucatán.

El acto solemne de los ejidos se llevó a cabo debajo de un flamboyán que tenía una forma plana a lo alto y extendida a lo ancho y que, por lo tanto, brindaba un escudo natural contra el calor del sol de mediodía. Y sus enormes flores escarlata, además de esa función protectora, desempeñaban también un papel simbólico en las ceremonias, pues ostentaban el vívido color revolucionario del régimen socialista del estado, que era el garante de la restauración de los derechos civiles hurtados.

A cada lado de la mesa oficial se colocaron sillas para los visitantes; entre ellos estaban los directores y los principales accionistas de enormes corporaciones estadounidenses que contrataban mano de obra latinoamericana a gran escala. Todos ellos ocuparon lugares reservados en esa obra memorable —el preestreno de la representación de un mundo cambiante—. Y es que ahí, en esa tierra antigua y aislada, estábamos presenciando la repentina emergencia del nuevo estatus social y económico de un pueblo que, durante generaciones, había existido —al igual que millones en todos los continentes de la tierra— para el beneficio y provecho exclusivo de los "grandes negocios". Todos los que estábamos ahí pudimos ver, en primer plano, el desenlace de una obra tortuosa y prolongada entre fuerzas desiguales: la escena en la que los hombres y mujeres humildes y desposeídos adquieren, por fin, una voz para conducir sus asuntos y vuelven a ser propietarios de las tierras que sus ancestros labraron durante milenios remotos.

Después de la firma de los documentos ejidales, la verificación del traspaso de las escrituras por parte de un miembro de la Comisión Agraria y la aceptación de la concesión en nombre de la comunidad por parte de las autoridades locales, Felipe se dirigió a la congregación en lengua maya. En ese momento, al igual que en la recepción de los expedicionarios del Instituto Carnegie la noche de nuestra llegada, habló con una profundidad de emoción que trascendió las barreras del idioma; y, una vez más, consiguió comunicarse, por lo menos a través de la intuición, con sus escuchas extranjeros. Manuel Cirerol, que además de español hablaba maya e inglés, me hizo una interpretación simultánea de las palabras de Felipe; como ya había yo imaginado por el tono suave y a la vez decisivo y por la cualidad rítmica de "canción dichosa" en su alocución, sus palabras transmitían aliento y esperanza sin ningún rastro de rencor. Uno de los arqueólogos que estaba sentado junto a mí dijo que el discurso parecía un Sermón de la Montaña inspirado por el racionalismo. Estaba muy impresionado, me comentó, por el sabio consejo de Felipe, por la actitud de tolerancia que comunicaba por medio de imágenes simples, claras y universales, y también por el talante íntimo de "hermano mayor" que le daba carácter a su voz y a sus maneras.

En esencia, Felipe elogió la gran Revolución Social por haber creado nuevos destinos para millones de mexicanos y para los millones todavía por nacer. Explicó que la liberación sólo había sido posible gracias al amor de unos cuantos hombres por el hombre de las masas, pues habían sacrificado sus propias vidas para que sus congéneres pudieran liberarse de la esclavitud de los déspotas.

> No todos podemos ser tan heroicos como ellos —dijo—, pero cada uno puede contribuir con algo para convertir a su pueblo, su patria y, por consiguiente, al mundo de hoy y al de mañana

en un lugar mejor y más feliz. Cada uno de nosotros puede y debe estar agradecido por el obsequio de la conciencia, el más precioso de los dones que nos da la naturaleza, el que nos permite planear y darle forma a nuestro entorno conforme al diseño de nuestros más hermosos sueños y nuestros más altos ideales, si no para nosotros, entonces como herencia para los que vengan detrás de nosotros sobre la buena tierra.

Les suplicó a sus inditos que hicieran uso de los derechos que se habían ganado con tanto esfuerzo y de su nuevo poder político con un "espíritu" generoso, sin dejarse llevar por los sufrimientos e injusticias del pasado y sólo pensando en su objetivo: una era de oportunidades gloriosas. "Un excelente ejemplo de ello es la naturaleza misma", destacó, "pues ella revive con el amanecer de cada mañana y olvida la oscuridad nocturna y las tormentas del día anterior".

En una breve exposición de los aspectos prácticos inmediatos del programa de distribución de la tierra, Felipe les recordó a los campesinos que dos de sus muchachos ya estaban recibiendo instrucción sobre métodos modernos de cultivo en la Escuela de Agricultura recién organizada en Mérida, y que regresarían a Suma no sólo como expertos sino también como maestros. Les dijo asimismo que, por medio de los fondos otorgados por las agencias financieras ejidales, en poco tiempo tendrían a su disposición tractores y otro tipo de maquinaria esencial para incrementar su producción.

Sin embargo, fue con un inevitable tono de compasión como concluyó la plática informal con sus inditos. Felipe incorporó esas mismas reflexiones en el discurso que dio para los trabajadores de Mérida unas semanas después, durante la celebración del Día del Trabajo, y del cual recibí una reseña periodística en Nueva York.

Utilicen su libertad —exhortó en ambas ocasiones a su audiencia, conformada por quienes habían sido esclavos en las haciendas— para convertirse en ciudadanos mejores y más libres; nunca para vengarse de un individuo que es, en realidad, la víctima de un viejo orden despreciable que se ha ido para siempre. Olvídense del pasado, excepto como una lección para conducir su futuro. Odien la corrupción; odien el vicio; odien la crueldad y odien a las instituciones que los procrean, pero no a los individuos que están atrapados en sus redes. Destruyan las formas desgastadas, expongan la falsedad de las antiguas doctrinas que se han usado para esclavizar al hombre y vendrán tiempos mejores para todos.

Me hubiera sido imposible —mientras escuchaba con toda atención cada una de las sílabas que él pronunciaba y, aún con mayor ahínco, observaba con los ojos de mi corazón cada uno de sus movimientos— interpretar mis propios pensamientos o expresar las reacciones de mi emoción en términos más precisos que los que usó, en ese mismo periodo, el doctor Ernest Gruening, quien conocía bien a Felipe:

Felipe Carrillo hubiera dominado su entorno en cualquier parte. El suyo era un liderazgo casi desconocido en su tiempo; pertenecía más bien a una época legendaria. Era franco, bien parecido y de facciones bien delineadas; un hombre de ojos grises cuya mirada era penetrante y a la vez gentil, y su sonrisa deslumbrante lo hacía capaz de conquistar la lealtad de un niño o atraerse los corazones de una vasta multitud. Más alto por una cabeza que la mayoría de sus paisanos. Era, en verdad, un dios entre ellos. Un alto espíritu, un valiente y gallardo caballero en cualquier sociedad civilizada. Nunca la herencia de la nobleza, la que él consideraba la más alta de sus obligaciones, se ejecutó con mayor dignidad como un deber sagrado. No obstante, él era, más que un gobernante, un demócrata hasta la médula, un líder, un maestro y un hermano mayor. Vivía con sencillez y no pensaba ni en la ostentación ni en el poder personal o en sus requisitos. Gran visión, realismo perspicaz, compasión intuitiva, sentimentalismo amoroso, ideas militantes y una energía física extraordinaria fusionada con una personalidad única y exitosa;

ésas fueron las características que le permitieron, virtualmente solo, lograr una revolución.

La abstinencia, que en ese tiempo era el tema de la vigorosa campaña que Felipe había puesto en marcha a lo largo de todo el estado desde su elección como gobernador, no fue un factor para que se arruinara la emotividad de ese momento con su audiencia cautiva. El profesor Eligio Erosa, un ferviente y hábil cruzado que se había desempeñado como maestro y era un orador fluido en maya, asoció con destreza la condición de sobriedad al "Nuevo Orden"[1] que el programa de los ejidos lanzaría en Suma.

Sus gestos interpretativos no dejaban lugar a dudas de que estaba describiendo la condición desvalida a la que la embriaguez reduce a sus víctimas; citó datos y cifras que demostraban, convincentemente, los mortíferos efectos de beber en exceso. El profesor Erosa sugirió que aquellas personas a las que les resultara difícil dejar sus hábitos dañinos podían encontrar fuerza en la unidad, y los urgió a que tuvieran reuniones semanales regulares en su Liga con el propósito de intercambiar métodos efectivos para combatir el vicio; propuesta que se anticipó al sistema de Alcohólicos Anónimos.

Al observar las caras color bronce mirando a su benefactor, con expresiones en las que se mezclaba gratitud y una cierta veneración religiosa, recordé el enorme entusiasmo con el que, en el camino a Kanasín, Felipe me había descrito la dicha que

---

[1] El Nuevo Orden es la forma en que se denomina el proyecto de gobierno que desarrolló el presidente Franklin Delano Roosevelt para impulsar la economía de Estados Unidos, que se encontraban sumidos en una gran crisis, y consolidar al país como una potencia económica. Entre otras cosas, puso en marcha subsidios agrícolas, una política de obras públicas que permitió emplear a un gran número de trabajadores, políticas para la estabilización industrial, normas de salario mínimo y horario máximo, la creación de un contrato colectivo de trabajo, la prohibición del trabajo infantil, la ley de seguridad social que le dio estabilidad a los jubilados y a los desempleados temporales, el restablecimiento del sistema de créditos bancarios, programas de escolaridad y vivienda pública, una legislación contra la cerveza y subsidios a la cultura y a las artes. (N. de la T.)

experimentaban todos los pueblos mayas en respuesta a los programas de los ejidos. Me había asegurado que el jueves, en Suma, yo vería con mis propios ojos la intensa felicidad de los inditos cuando caían en la cuenta de que habían recobrado la posesión de las tierras que les habían robado a sus padres. De ningún modo había exagerado el éxtasis que vivían frente a la certeza del cambio en su condición legal, que se revelaba en sus amplias sonrisas y en la luz que iluminaba sus ojos tranquilos y pacientes.

Sin embargo, esa misma paciencia y su esperanza, casi infantil, en que el camino de los pesares estaba a punto de hacer un giro afortunado se convirtieron, para mí, en causa de mayor indignación cuando recordé el trágico pasado de los pueblos mayas. De pronto, todo lo que había leído en *México bárbaro* de John Kenneth Turner volvió a mi memoria como una creciente de nuevo resentimiento. El recuento documentado que hizo en calidad de testigo sobre la increíble miseria que envolvió la vida diaria de esos mismos campesinos y la de varias generaciones de sus antecesores, la humillación, el sufrimiento y la explotación cruel a la que fueron sometidos durante un largo periodo, que apenas estaba terminando, hizo que las escenas de brutalidad cobraran en mí un aspecto incluso más atroz.

Mi indignación hubiera sido mayor si me hubiera dado cuenta de que algunos de los mismos hacendados que se contaban entre los peores agresores en sus días de dueños de esclavos, pero que en ese momento eran miembros, y con buena reputación, de la Cámara Agrícola de Yucatán, estaban presentes en las recepciones y en las visitas arqueológicas preparadas para los expedicionarios del Carnegie. Como había leído *México bárbaro* varios meses antes, no recordaba los nombres de los dueños de las plantaciones a quienes, en su visita a Yucatán en 1908, el astuto periodista había entrevistado, haciéndose pasar por un millonario estadounidense interesado en comprar una enorme hacienda henequenera. Me fue difícil creer, por ejemplo, cuando más tarde me enteré de ese hecho, que don Felipe G. Cantón, presidente de la Sociedad Arqueológica de Yucatán, el hombre cultivado y de voz suave en cuya mansión de mármol en Mérida yo estaba hospedada, era el mismo hacendado que, al ser cuestionado sobre el tema por el señor Turner, había explicado, con total ingenuidad, su filosofía en cuanto a golpear a los esclavos:

"Ah sí, es necesario pegarles; muy necesario", contestó el señor Cantón con la misma sonrisa perenne y encantadora que yo le había observado en el breve tiempo que tenía de conocerlo. "No hay otra manera de obligarlos a hacer lo que uno quiere. ¿Qué otro medio hay para imponer la disciplina en las fincas? Si no los golpeáramos no harían nada".

Quizás no recordaba los nombres, pero nunca olvidé la descripción fotográfica del señor Turner sobre la primera golpiza de un esclavo, misma que presenció en una plantación de henequén —una golpiza formal, ante los ojos de los trabajadores de la finca que estaban congregados temprano en la mañana, justo antes de pasar la lista diaria—. Ésta es su descripción:

Colocaron al esclavo sobre la espalda de un chino y le propinaron, con una cuerda gruesa mojada, quince latigazos en la espalda descubierta; eran latigazos asestados con tanta violencia, que la sangre corría por el cuerpo de la víctima. Este método de castigo es muy antiguo en Yucatán, y es el que se usa generalmente en las fncas para los niños y para todos los demás, excepto para los hombres más pesados. A las mujeres, y algunas veces a los hombres de mayor peso, se les exige que se hinquen para recibir los golpes. Tanto a hombres como a mujeres los golpean en los sembradíos durante el día, y lo mismo sucede en las mañanas cuando se congregan para que les pasen lista. Cada uno de los capataces lleva un fuste grueso con el que azota, aguijea y golpea a los esclavos a voluntad. No recuerdo haber visitado una sola finca en la que no hubiera presenciado este tipo de azotes, aguijeadas y golpes.

El señor Turner declara que, a pesar de que no vio ningún castigo peor que las golpizas en Yucatán, sí oyó hablar de ellos. Le habían contado de hombres a los que colgaban de los dedos de las manos o de los pies para recibir los golpes, de otros a los que echaban en agujeros como mazmorras, de otros más a quienes les derramaban agua en las manos hasta que la víctima se colapsaba, y del extremo al que llegaban los castigos femeninos, en los que el ultraje rebasaba el sentido de recato en la mujer. Había escuchado también sobre hacendados a los que "les resultaba especialmente placentero encargarse de supervisar las golpizas de sus bienes muebles". El periodista se enteró por un profesionista destacado de Mérida que el pasatiempo favorito de uno de los hacendados más ricos de Yucatán era sentarse en su caballo y observar la "limpieza", como la llamaba, de sus esclavos. Encendía un cerillo para prender su puro; a la primera bocanada de humo caía el primer golpe de la cuerda mojada sobre la espalda descubierta de la víctima. Fumaba a placer, con toda tranquilidad, mientras, uno detrás de otro, caían los golpes. Cuando, al fin, el entretenimiento lo cansaba, tiraba su puro y, al mismo tiempo, el hombre con la cuerda se detenía, pues el final del puro significaba el final de la golpiza.

El señor Turner aclara que no escuchó la palabra "esclavitud" de la gente de Yucatán, a pesar de que fueran ellos mismos los tenedores de esclavos. "La prueba del hecho", señala, "no se encuentra en el nombre sino en las condiciones que de él se derivan". Él define la esclavitud como:

> la posesión del cuerpo de un hombre, una posesión tan absoluta, que el cuerpo puede transferirse a otra persona; una posesión que le da al dueño el derecho a tomar el producto de ese cuerpo, a matarlo de hambre, a castigarlo a voluntad, a matarlo con impunidad. Eso es la esclavitud en el sentido extremo. Ésa es la esclavitud como la encontré en Yucatán.

¿Cómo era posible que hubiera esclavitud en Yucatán?, se pregunta el señor Turner, al igual que muchos otros después de conocer sus revelaciones, si el artículo 1,[2] Sección 1 de la

---

[2] La autora cita el artículo 2 de la Sección 1 de la Constitución Mexicana de 1857. El artículo 1 reza: "El pueblo mexicano reconoce que los

Constitución Mexicana de 1857 señala específicamente que: "En la República todos nacen libres. Los esclavos que pisen el territorio nacional recobran, por ese sólo hecho, su libertad, y tienen derecho a la protección de las leyes mexicanas". Esta libertad garantizada fue más tarde fortalecida por una reforma constitucional que estipula que:

> La ley no puede autorizar ningún contrato, convenio o pacto que tenga por objeto la pérdida o el irrevocable sacrificio de la libertad del hombre, ya sea por causa de trabajo, de educación o de voto religioso. Tampoco puede autorizar convenios en que el hombre pacte su proscripción o destierro.

La respuesta, como lo indicó el propio señor Turner, se encuentra en el hecho de que los hacendados consiguieron burlar la ley nacional llamando a su sistema de esclavitud "servicio por deuda". Pero se comprobó lo contrario, explica, por la costumbre de transferir esclavos de un patrón a otro, no sólo sobre la base de la deuda sino sobre la base del precio de ese hombre en el mercado. Todas las veces que, encubierto como presunto inversionista, negoció la adquisición de una finca, le pidieron el pago en efectivo por los esclavos, del mismo modo que se pedía por la tierra, la maquinaria y el ganado. El precio común que los hacendados fijaban era de cuatrocientos dólares mexicanos[3] por cada uno. El señor Turner escuchó decir que

---

derechos del hombre son la base y el objeto de las instituciones sociales. En consecuencia declara que, todas las leyes y todas las autoridades del país deben respetar y sostener las garantías que otorga la presente constitución". (N. de la T.)

[3] Después de que México declarara su independencia de España en 1821, cesó la acuñación de monedas coloniales y se comenzó a acuñar una nueva moneda de plata de 8 reales, cuyo diseño tenía el emblema nacional con un águila en el anverso y el signo de gorro y rayos en el reverso. Esta nueva moneda se introdujo a China, en donde se le conoció como *Eagle Dollar* (dólar del águila), y en otros países asiáticos; y se convirtió en el "dólar" de comercio más popular a nivel mundial durante décadas. (N de la T.) Fuente: http://www.chopmarks.com/stai/stai1/stai1.htm

antes del pánico de 1907, "el precio era mucho más alto, de por lo menos mil dólares".

La esclavitud de los mayas que describe el señor Turner se extendió también a unos cinco mil yaquis; a los que con despiadada crueldad despojaron de sus tierras tribales y de sus milpas fértiles en la lejana Sonora para trasladarlos a las tórridas plantaciones de henequén en Yucatán, en donde quedaron condenados a la miseria por el resto de sus vidas. Sin embargo, en la mayoría de los casos, el trabajo forzado y los horrores que éste conllevaba fueron de corta duración, ya que dos terceras partes de las desafortunadas víctimas del sistema de "prosperidad" de Díaz murieron de inanición o por las condiciones de abuso y terror absolutos, durante el primer año de su "reubicación".

Las deportaciones de los yaquis se llevaron a cabo durante el mandato de tres gobernadores de Sonora —Ramón Corral, que también fungía como vicepresidente de Díaz, Rafael Izábal y Luis Torres— que se rotaron en el cargo por más de una generación y ejercieron un poder absoluto: sólo le rendían cuentas al propio dictador. Los yaquis —de quienes se piensa que son una rama colateral de los aztecas— fueron incitados a la guerra por medio de prácticas fraudulentas. Los hombres que encabezaban el gobierno querían apropiarse de las tierras que les pertenecían a los yaquis por mandato de una patente firmada por el rey de España ciento cincuenta años antes de las deportaciones. Todos los gobernantes y los jefes del Ejecutivo de México anteriores al régimen de Díaz habían reconocido la posesión de los yaquis sobre sus tierras tribales. La secuencia de sucesos sanguinarios, como la reporta el señor Turner, comienza con el acoso a los agricultores pacíficos por parte de los gobernadores, quienes enviaron falsos examinadores a lo largo del valle del Yaqui para delimitar la tierra e informarle a la gente que el gobierno había decidido entregársela a los extranjeros. Los funcionarios confiscaron ochenta mil pesos de una cuenta bancaria, cuyo titular era el jefe Cajeme. Por el disgusto que sufrieron al no encontrarlo cuando fueron a arrestarlo, le prendieron fuego a su casa y a las de sus vecinos y agredieron a las mujeres del pueblo, entre las que estaba su esposa. Durante los veinticinco años siguientes, un ejército de entre dos mil y seis mil hombres permaneció en territorio yaqui. Miles de soldados y decenas de miles de yaquis fueron asesinados en la batalla y otros cientos fueron ejecutados después de haber sido encarcelados. Unos años más tarde, el jefe Cajeme fue capturado y ejecutado públicamente en presencia de un gran número de personas de su contingente, a quienes habían hecho prisioneras junto con él.

Entre las peores atrocidades que se cometieron está el ahorcamiento masivo de hombres, mujeres y niños por parte del general Otero, el 17 de mayo de 1892, en el pueblo de Navojoa. Hay quienes aseveran que después de tantos ahorcamientos las provisiones de cuerda del pueblo se agotaron y, por lo tanto, tuvieron que usar varias veces cada una de las cuerdas.

Muchos yaquis se refugiaron en isla Tiburón y, en represalia, el gobernador Izábal le ordenó a los indios seri que le llevaran la mano derecha de cada uno de los yaquis que habían huido, bajo la amenaza de que de no hacerlo, exterminaría a todos los seris. Existe una fotografía Kodak que muestra al gobernador riéndose ante el montón de manos que colgaban de un cepo, mismo que los seris le habían llevado, y fue publicada por el diario *El Imparcial* de la Ciudad de México como prueba de la brutalidad del funcionario.

Los cuatro mil o cinco mil yaquis que se negaron a ceder sus tierras huyeron a las fortalezas aisladas de la sierra Bacatete, pero aun así fueron exterminados por un ejército de varios miles de soldados. Los habían clasificado como "renegados" por su decisión de no entregarse sin la garantía de que no serían ejecutados o deportados.

En una entrevista que le hizo el señor Turner al coronel Francisco B. Cruz del Ejército mexicano, cuando ocuparon el mismo camarote en un viaje entre Progreso y Veracruz, quedaron asentados con claridad los detalles financieros del próspero negocio de la mercancía humana. El coronel, que estaba a cargo de las deportaciones a Yucatán, le confesó a Turner que, durante los tres años y medio anteriores, había entregado quince mil setecientos yaquis, y que hubiera entregado muchos más, si no hubiera sido porque el gobierno nunca le autorizó los gastos suficientes para poder alimentarlos adecuadamente y también porque entre diez y veinte por ciento de los indios se moría durante la travesía.

Por sus servicios, él había recibido diez pesos por cada yaqui entregado; el remanente de los sesenta y cinco pesos se entregaba a la Secretaría de Guerra, y "la tierra, las construcciones, el ganado y todo lo que se quedó cuando los soldados se llevaron a los yaquis, se fue para el gobernador de Sonora".

El coronel Cruz se quejaba amargamente del alto índice de suicidios entre los yaquis y afirmaba que "querían frustrar la ganancia que nos correspondía como comisión". Narró también que, en febrero de 1908, entre la desembocadura del río Yaqui y el puerto de Guaymas, un gran número de yaquis arrojaron a sus hijos al mar y se aventaron detrás de ellos, primero desde estribor y después por la borda del cañonero El Demócrata. Explicó que se había reducido la altura de los botes, pero que había sido inútil porque "todos se hundían antes de que pudiéramos agarrarlos".

Durante mi primera visita a México, conocí otros detalles respecto a las deportaciones yaquis gracias a mi amigo, el ingeniero Juan de Dios Bojórquez. Él había sido secretario de Gobernación durante el mandato de Carranza y era en ese momento miembro del Senado mexicano y un escritor bien conocido bajo el seudónimo de Djed Bórquez. Como era de origen sonorense, en sus años de estudiante de ingeniería en la Universidad Nacional de México, acostumbraba visitar a los grupos de exiliados yaquis cuando llegaban a la capital para pasar una noche en los cuarteles del Ejército antes de ser embarcados en un vagón ganadero a Veracruz, desde donde, apiñados en las bodegas de los barcos, los enviaban con destino a Progreso, en Yucatán. Había conocido a los yaquis desde su niñez, hablaba su idioma y admiraba enormemente su carácter fuerte. En los campos de concentración, conocidos como "rediles para toros", los yaquis se acercaban a él y le platicaban sobre el sufrimiento y la angustia que les provocaba el hecho de que los hubieran separado de sus familias durante el camino. El ingeniero Bojórquez visitó, me dijo, a los cinco mil yaquis que, a razón de quinientos por mes, llegaron a la Ciudad de México durante ese periodo.

Como complemento a los reportes que el señor Turner hizo en el lugar de los hechos y a las vivencias personales del senador Bojórquez respecto a las deportaciones yaquis, están también los recuerdos del capitán Blackadder de la Ward Line. Entrevisté al valeroso marinero pelirrojo, un escocés ya entrado en años, el 6 de julio de 1923, a bordo del buque Yucatán, en mi segundo viaje de Nueva York a México. De entre sus impresiones respecto al tráfico inhumano de indios, en el que había estado involucrado muy a su pesar, me contó lo siguiente:

Hace diecisiete años, justo después de la Guerra Hispano-Norteamericana, llevé a unos cinco mil yaquis —hombres, mujeres y niños— de Veracruz a Progreso, bajo la vigilancia de quinientos soldados de Díaz. Transportábamos ganado entre Veracruz y La Habana en la misma cubierta; pero al ganado humano —pues parecía no haber ninguna diferencia en la forma en que los trataban y los amontonaban— lo desembarcábamos en Progreso. En Veracruz, metían a esas pobres criaturas al barco así como las iban agarrando, sin importarles que las familias quedaran separadas —las madres de sus hijos o los esposos de sus mujeres—. La entrecubierta superior se acordonaba y los mozos bajaban, tres veces al día, con baldes de comida que le servían a los yaquis en sus platos y tazas de hojalata. Parecían seres muy pasivos, nunca salió de sus bocas una sola palabra de queja, y se mostraban agradecidos cada vez que los alimentaban... Recuerdo a una pareja que me impresionó por lo triste y apesadumbrada que se veía. El hombre era un tipo atractivo, debe haber medido casi dos metros. La mujer era muy hermosa, era casi tan alta como él y parecía siria; tenía rasgos puros y la piel oscura, y llevaba unos enormes aros de oro en las orejas. Tenían un pequeño hijo de siete años; los tres estaban siempre juntos y apartados del resto. El traslado de los yaquis duró más de un año, y el cargamento más grande que llevamos fue de 1300 personas.

Las crueles deportaciones llegaron a su fin con el decreto que expidió Carranza, en diciembre de 1914, para abolir la servidumbre. Más tarde, al ser nombrado miembro del gabinete, el ingeniero Bojórquez recibió un mandato del primer jefe constitucional en el que se le ordenaba acompañar a la 20 división de Sonora a Yucatán para rescatar a los dos mil yaquis que estaban esclavizados en las haciendas y llevarlos de regreso a Sonora; tarea que realizó con éxito. Sin embargo, el ingeniero Bojórquez descubrió que muchos de los exiliados ya se habían escapado del cautiverio. Habían conseguido su libertad luego de que, desesperados, se abismaron en las selvas tropicales y recorrieron las cordilleras y toda la costa sur y oeste de México —una distancia de cuatro mil kilómetros— para poder llegar de nuevo a Sonora y a sus pueblos natales en el valle del Yaqui.

Los briosos acordes de "la Diana" en la trompeta, el saludo militar con el que México aplaude y reconoce musicalmente la llegada o la partida de un personaje distinguido o con el que anuncia algún acontecimiento importante, cortaron de tajo mis reflexiones melancólicas sobre la esclavitud y marcaron el fin de los negocios y el inicio del tiempo de fiesta.

Sobre la amplia terraza del edificio municipal se habían dispuesto mesas largas para el banquete, que incluía una selecta variedad de platillos yucatecos, la mayoría de ellos traídos desde Mérida. Además de las deliciosas frutas tropicales que ya conocíamos, probamos por primera vez la guanábana, una fruta que en su forma y color podría asemejarse a una papa enorme y desgarbada pero con un gusto suculento que usaban para darle sabor al sorbete. En su entusiasmo, el señor Barry, siempre alerta a las nuevas formas y posibilidades de explotar los productos yucatecos en el mercado estadounidense, sugirió que el jarabe de esa fruta deliciosa se embotellara y distribuyera en Estados Unidos, en donde, con toda certeza, resultaría toda una sensación entre el enorme público que consumía helados. Felipe asintió y añadió que la exquisita guanábana era una de las numerosas contribuciones de utilidad y belleza que los mayas le habían hecho, y todavía podían hacerle, a nuestra forma de vida moderna.

No debemos olvidar —dijo, dirigiéndose a los visitantes—, que gran parte de la colosal riqueza agrícola de Estados Unidos —la más grande de la historia humana— tiene su raíz en los descubrimientos y en los procesos ideados por la raza maya. Aquí nuestro buen amigo el doctor Spinden, que nos conoce de mucho tiempo, va a confirmar lo que digo con su enorme lista de frutas, verduras y otros productos que ahora consideramos necesidades primarias, de los cuales, muchos se encuentran entre las principales cosechas de su propio país rico. Todos ellos son resultado de la experimentación paciente y del trabajo diligente que los ancestros de nuestros inditos desarrollaron durante siglos.

El doctor Spinden corroboró las cifras de Felipe y declaró, en una intervención breve, que los productos alimenticios que la ingenuidad y la industria maya le dieron al mundo eran, de hecho, tan numerosos y tan esenciales para la dieta contemporánea que uno se preguntaba qué comían los europeos antes de la Conquista. Dijo también, que había más de siete mil especies de la flora de Yucatán inventariadas en el Museo Field de Chicago.

Veinte mujeres jóvenes, ataviadas con alegres trajes de mestiza bordados, listones de colores brillantes en el pelo, aretes pendientes y largas cadenas de oro de las que colgaban unos crucifijos grandes hechos de filigrana —el típico traje de fiesta—, se formaron en una línea frente a un igual número de hombres, vestidos también con sus trajes nativos: camisas y calzones de algodón blanco y sombrero de paja. Con los primeros acordes de la música alegre, que interpretaban con instrumentos semejantes al ukelele y con trompetas, tambores y calabazas de origen cubano, los hombres se acercaron a sus compañeras. Frente a frente, las parejas se entregaron gustosas a la danza tradicional más popular de Yucatán, conocida como la jarana.

Con la cara seria, el cuerpo erguido y las manos detrás de la espalda, los varones clavaban el tacón de sus huaraches en el piso de madera. Al parecer, hacían el zapateado con un gusto especial en honor a la feliz ocasión. Las muchachas, con sus gruesas faldas con bordes de encaje, levantadas apenas unos cuantos discretos centímetros, mantenían un taconeo rápido y continuo. A intervalos, pasaban a sus parejas con sus gráciles brazos redondeados hacia arriba y chasqueando los dedos al estilo español. Un tempo acelerado en la música anunció "El torito" y las parejas, jugando, comenzaron a representar una corrida de toros. Las muchachas ondeaban sus pañoletas de seda roja y amarilla imitando los movimientos del torero al citar a un toro bravo; los hombres embestían con la cabeza por delante y siempre conseguían pasar a salvo bajo el capote simulado y sin perder un solo paso del zapateado.

Varias veces, durante el baile, la música se detenía repentinamente y alguien gritaba "¡Bomba!". Ésa era la señal para que un hombre hiciera un cumplido, mismo que terminaba siempre en una ocurrencia que provocaba la risa general. Dos o tres de esas bombas tenían que ver, en tono chocarrero, con el asunto de los ejidos y con el Partido Socialista; pero una de ellas, en la tradicional vena romántica declaró: "¡Tus ojitos celestiales me fascinan, tu hermosa cara conquistó mi corazón, y si no estás todavía casada, este gallo va a cantar otra canción!".

Yo estaba sentada al lado derecho de Felipe en la mesa del banquete y, durante la jarana, con su característico entusiasmo y con su aptitud para crear imágenes vívidas por medio de las palabras, me explicó el significado y el origen de los diferentes pasos y de las formas regionales de los bailes tradicionales en otras partes de Yucatán.

Cuando le dije que el traje de fiesta de las señoritas me parecía encantador, me dijo: "Espero, Almita, que me des el enorme placer y que me hagas el gran honor de verte vestida como una de nuestras mestizas del pueblo antes de que nos dejes". Le aseguré que, si ese era su deseo, yo trataría de hacer los arreglos necesarios para que así fuera.

"Por favor, no te ocupes de los arreglos", contestó, "se te olvida que, aquí, soy yo el que 'arregla' y que, a pesar de lo que algunos de los enemigos te digan, soy bastante eficiente en lo que concierne a los detalles. Voy a disponer todo de una vez, mañana mismo en la mañana. Tu estancia entre nosotros va a ser tan breve, que quiero que veas y que comprendas muchas cosas antes de que regreses a tu norte congelado, para que así, no te olvides de nosotros y vuelvas, algún día, a tu tierra tropical".

Felipe propuso que en vez de regresar por el camino directo a Mérida, tomáramos una ruta alterna indirecta que nos permitiría disfrutar lo que prometía ser un "atardecer glorioso" y pasar por una región que de otro modo no conoceríamos.

Así pues, bebiendo limonada helada dentro del cómodo vagón de observación en el viaje de regreso a Mérida, los expedicionarios entablaron una plática general sobre los antecedentes históricos de la conmovedora ceremonia que recién habíamos presenciado en Suma. El representante de la Comisión Agraria, un hombre bien informado, explicó que la palabra ejido derivaba del latín *exitus*, que significa "salida" y que, originalmente, designaba los terrenos recién creados por Decreto Real para los pueblos en España. Por medio del Fuero Real o la recapitulación de las leyes españolas de la época, esa designación se había aplicado desde 1255. Las tierras comprendidas por los ejidos no podían ser apropiadas para uso personal o ser utilizadas para propósitos de construcción. Su función principal era proveer un área común para desgranar el trigo y para realizar otras faenas agrícolas de la comunidad. Esa área era también un corredor por el que se conducía al ganado a pastar en el verano. En algunos casos, los ejidos se poseían como una reserva de terreno adicional para permitir el crecimiento y la expansión de los pueblos. En la Nueva España, los ejidos se ajustaron a sus antecedentes del Viejo Mundo; pero a lo largo de la evolución histórica de la reforma agraria en México, la palabra ejido no sólo cambió su significado ideológico, sino también su contenido social y económico.

Muchos de los que tomaron parte en esa mesa redonda improvisada estuvieron de acuerdo con que los españoles les arrebataron a los nativos la propiedad de la tierra mexicana con el mismo empuje y premura con el que extendieron la Conquista. El patrimonio de los conquistadores, comentaron, se agrandaba constantemente con las tierras que iban tomando de los nobles, del culto a los dioses de los indígenas y con las propiedades de los *calpullis* o clanes, sin compensar o resarcir a los que quedaban despojados de sus posesiones. Durante todo ese tiempo y hasta antes de la guerra de Independencia, la Corona española realizó incansables esfuerzos para detener esos abusos por medio de leyes a favor de los indios; pero, con muy pocos resultados, si es que, en todo caso, se obtuvo alguno.

El primer paso importante en la redistribución de las tierras después de la Conquista apareció con el decreto del 26 de mayo de 1567, expedido con el pretexto de que para poder lograr la evangelización retardada de los aborígenes, era necesario concentrarlos en pueblos. De conformidad con ese decreto, el marqués de Falces, virrey de la Nueva España, designó áreas para estos lugares, llamados de "reducción" o reservas, por medio de una disposición que se conoce como Fundo Real. Para continuar con su política, Felipe II ordenó, en 1573, que los pueblos o, mejor dicho, las reservas que se habían separado para propósitos administrativos, debían contener agua, entradas y salidas y tierra apropiada para el cultivo. También hubo una provisión que les concedía un área de tierra común, de una legua, en la que los indios podían alojar su ganado "sin mezclarlo con el de los españoles".

Los argumentos que se dieron en la plática mostraron cómo incluso esos derechos —que les concedían muy poco en comparación con las tierras que poseían antes de la Conquista—

les fueron arrebatados durante la época colonial, y más aún durante el periodo de Díaz. Alrededor de 1905, Díaz ordenó una nueva medición de los 125 millones de acres (cincuenta millones de hectáreas) y parceló el proyecto entre 29 compañías, no sobre la base habitual de una tercera parte de la tierra como pago por el trabajo, sino por una parte mucho mayor y, además, les permitió comprar el resto casi al precio que ellas mismas fijaran. Después sobrevino una era de apropiación y tráfico de tierras. Los políticos de Díaz eran rápidos para aprovechar esas oportunidades de ganancias fabulosas. En cualquier caso, fueron menos de ocho millones de pesos los que entraron a la tesorería mexicana por la privatización de veinte por ciento del territorio nacional. Las discrepancias que había en los viejos títulos de posesión y la poca precisión en cuanto a los límites de los terrenos sirvieron de pretexto para invalidar las reclamaciones de las propiedades. En semejante confusión, quienes se beneficiaron fueron los grandes terratenientes, los latifundistas y los pueblos, en especial las comunidades indígenas, quienes resultaron más afectados.

Uno de los yucatecos de nuestro grupo recordó el célebre caso legal de los indios de los pueblos de Xbohom, Sosichen y Xpambiha, que fue reportado en 1909 en *La Revista de Yucatán*.[4] La corte declaró las tierras de estos pueblos como baldíos y se las cedió a don Olegario Molina, el secretario de Agricultura de Díaz, que ya de por sí era el terrateniente más grande de Yucatán. Todos los habitantes, que durante años habían trabajado para cavar los pozos, sembrar los jardines y construir sus casas, fueron desalojados y perdieron todos sus cultivos y sus medios de subsistencia para el siguiente año. El artículo de *La Revista* comentaba, de manera discreta, que los campesinos no habían obtenido nada en la acción legal que habían emprendido excepto el derecho a desmantelar sus casas y transportarlas a otro lado en un corto periodo de tiempo.

---

[4] *La Revista de Yucatán*, cuyo director era Carlos R. Menéndez, fue un periódico independiente que se editó de 1912 a 1915 y de 1918 a 1926.

La primera examinación seria que se hizo sobre los problemas de las tierras de los indígenas fue simultánea al inicio de la Revolución de 1910, cuando Francisco I. Madero proclamó formalmente, entre los principios de su Plan de San Luis, la devolución de las tierras que les habían arrebatado a los pueblos. Ya cuatro años antes, en junio de 1906, los patriotas exiliados, encabezados por Ricardo Flores Magón, quien formuló el programa del Partido Liberal en San Louis, Missouri, habían incluido la cuestión de la tierra entre las provisiones de ese trascendental documento. Madero declaró la urgente necesidad de restituirles la posesión y la propiedad de las tierras a las comunidades indígenas en estos términos:

> Mediante manipulaciones a la Ley para las Tierras Comunes, un gran número de pequeños propietarios, en su mayoría indígenas, fueron despojados de sus tierras, ya sea por medio de una decisión de la Secretería de Desarrollo o de veredictos de los tribunales de la República. Debido a que existe completa justificación para restituir las tierras a sus propietarios originales, de quienes fueron arrebatadas en modo arbitrario, tales disposiciones y veredictos quedan sujetos a revisión; y a aquéllos que adquirieron las propiedades en una forma tan inmoral, o a sus herederos, se les requerirá que devuelvan las tierras a sus dueños originales, a quienes deberán pagarles una indemnización por los daños sufridos.

Pero como lo declaró el propio Felipe —que en ese momento entró entusiasmado en la discusión— el primer procedimiento concreto para la reforma agraria encontró expresión en el Plan de Ayala de Emiliano Zapata del 28 de noviembre de 1911, en el que se llamaba a una distribución de las grandes propiedades de la nación entre los sin tierra. Recordó también, que el primer reparto oficial de tierras durante la Revolución se realizó en Morelos y por autorización de Zapata, el 30 de abril de 1912, más de un año antes de que el general constitucionalista Lucio Blanco dividiera las grandes propiedades en beneficio de los pobres.

El doctor Morley le preguntó a Felipe sobre su asociación con Zapata al principio de la Revolución. Él respondió que había estado con el líder agrario durante varios años, trabajando casi todo el tiempo en Cuautla y en otros pueblos de Morelos; pero que al darse cuenta de que en el territorio de Zapata el programa de distribución de las tierras estaba en las mejores manos, había decidido regresar a su natal Yucatán con la esperanza de poder trabajar ahí con el general Salvador Alvarado en la aplicación de la Ley Agraria del 6 de enero de 1915, promulgada en Veracruz por Venustiano Carranza, que era entonces el primer jefe del Ejército Constitucionalista y la cabeza del poder ejecutivo en la República mexicana.

Esta ley, señalaron, fue de vital importancia para darle forma a la Ley Agraria mexicana y, en síntesis, hizo las siguientes provisiones esenciales: declarar nula o inválida la alienación de las tierras comunales de los indígenas y todas las obligaciones, ventas, concesiones y evasiones que se hubieran realizado en desacato a las leyes del 26 de junio de 1856; autorizar la creación de una Comisión Agraria nacional en cada estado y territorio, así como los comités ejecutivos particulares que ellas requirieran; también, facultó a los jefes militares previamente autorizados, a dar o restituir ejidos, con carácter provisional, a los pueblos que lo solicitaran. Felipe añadió que, a fin de darle curso a la Constitución Política de la República, la ley del 6 de enero de 1915 fue elevada, por medio del artículo 27, a la categoría de ley constitucional, el 5 de febrero de 1917.

Más tarde, cuando le pedí a Felipe que me contara más sobre sus días de zapatista, habló sin reservas y me proporcionó detalles interesantes. Narró cómo con la primera expresión revolucionaria de la reforma agraria —que surgió el 28 de noviembre de 1911, con el Plan de Ayala de Zapata, como un llamado a la expropiación y distribución *inmediatas* de una tercera parte de las grandes propiedades entre los sin tierra— él se fue a Morelos para unirse al movimiento que tan estrechamente coincidía con sus propias ideas de justicia social... Para ese momento, me explicó, ya había transcurrido un año desde que Madero había prometido, en el programa del Plan de San Luis, restituirles a los indios la posesión de sus tierras comunales, mismas que habían sido confiscadas de manera ilegal. Lo que garantizó que esa promesa se transformara en una realidad fue la consigna de Zapata, "Tierra y Libertad", junto con su "acción directa"; y por ello, Zapata se ganó el apoyo de Felipe. En 1912, añadió, se unió a las filas zapatistas como proveedor, encargado de comprar alimento y otras provisiones para el Ejército Libertador del Sur. Con la delegación zapatista, encabezada por Antonio Soto y Gama, llegó al Hotel Morelos el 24 de octubre de 1914, dos semanas después de la inauguración de las sesiones históricas. El joven Jesús Silva Herzog, entonces periodista de *Redención*, un periódico de San Luis Potosí, reportó que los zapatistas le habían dado a la convención su contenido ideológico. Felipe recordó las discusiones acaloradas y los argumentos convincentes de los principios revolucionarios de Zapata sobre la reforma agraria. Por medio de la oratoria persuasiva de Soto y Gama, quien apareció en la tribuna vestido con un traje de charro, una guayabera de algodón y un enorme sombrero con ala de paja, la delegación zapatista fue capaz de cambiar la opinión de los miembros de la convención, de una adoración virtual a Venustiano Carranza, a nombrar en lugar de él, al general Eulalio Gutiérrez como presidente constitucional.

Los registros de los archivos del Ejército Libertador del Sur confirman, con varios documentos que después descubrí, los recuerdos de Felipe sobre sus actividades zapatistas. Entre ellos, hay una carta escrita por Felipe en marzo de 1913 al general Emiliano Zapata, que estaba entonces en Cuernavaca. En ella manifiesta su simpatía por el movimiento de devolución de tierras a los campesinos y su total adherencia al Plan de Ayala. Este documento fue hallado en la colección de los archivos de Cuautla por el general García en agosto de 1913.

Los archivos del Ejército Libertador también contienen un reporte sobre la entrevista que tuvieron Felipe y Zapata en

Milpa Alta, en el Distrito Federal, en julio de 1914. Durante la prolongada conversación que sostuvieron, Zapata imprimió en el ánimo de Felipe la urgente necesidad de luchar por los ideales agrarios en Yucatán; y Felipe, a su vez, le prometió solemnemente al Caudillo que lucharía por ellos hasta conseguirlos.

Un tercer documento escrito en México, con fecha de noviembre de 1914, registra el nombramiento de Felipe como coronel de caballería por parte de Zapata. Otro, con fecha de diciembre del mismo año, hace un recuento de la entrevista que sostuvieron Felipe y Zapata en el Cuartel General de Tlaltizapán, Morelos.

Felipe no mencionó que él estaba en la Ciudad de México cuando, desde el balcón central de Palacio Nacional, Zapata, Francisco Villa y el general Gutiérrez, un triunvirato de muy corta duración, presenciaron lo que el señor Silva Herzog describió como la "resplandeciente marcha de la División del Norte"; sin embargo, el licenciado Arturo Sales Díaz asegura que Felipe sí estuvo ahí en ese momento. En cualquier caso, fue en ese mismo periodo, en la capital, cuando Felipe conoció a Sales Díaz, que era entonces juez tercero del Distrito Federal. El gobierno emanado de la Convención de Aguascalientes envió a Sales Díaz a prisión debido a sus afiliaciones carrancistas, y él recuerda con gratitud que Felipe se encargó personalmente de asegurar su libertad y de protegerlo hasta que los villistas y los zapatistas dejaran la ciudad; medida que tomaron porque el general Obregón, obedeciendo órdenes del primer jefe constitucional, estaba avanzando desde Puebla.

Felipe estaba todavía en Nueva Orleáns, en donde se estaba quedando con (su hermano) Benjamín, cuando los hacendados reaccionarios patrocinaron el llamado movimiento "separatista", para el cual le dieron dinero y armas al aventurero Abel Ortiz Argumedo, quien encabezó una revuelta de secesión desde México, lanzada en febrero de 1915. En respuesta, Carranza envió fuerzas del gobierno para extinguir el levantamiento. En la sangrienta batalla que se libró en Blanca Flor murieron muchos niños y jóvenes inexpertos. La victoria, que tuvo un costo muy alto en términos de la juventud yucateca, fue conseguida por el general Salvador Alvarado, quien llegó a Yucatán por órdenes de Carranza para acallar la rebelión. En reconocimiento a su labor, fue nombrado jefe de operaciones y gobernador interino del estado. Para ese momento, Ortiz Argumedo ya se había dado a la fuga con los fondos que había recibido de los hacendados separatistas.

En respuesta a una carta que recibió, con fecha del 24 de junio de 1915, en la que su hermano Acrelio elogiaba la administración del nuevo gobernador y comandante militar, Salvador Alvarado, Felipe escribió lo siguiente, en una carta enviada desde Nueva Orleáns, con fecha del 8 de julio del mismo año, sobre el tema del desarrollo del movimiento de la reforma agraria en Yucatán:

> Me alegra mucho saber, querido hermano, que estás convencido de la "justicia" que está impartiendo el señor general Alvarado, a quien, conforme a lo escrito en la prensa de Yucatán, han convertido en un santo o poco menos. No puedo darle crédito a esos discursos rimbombantes porque sé, por experiencia, que la función de la prensa en estos tiempos, en los que las libertades públicas están siendo debatidas, es amordazar la válvula principal de la humanidad e incluso sofocar su derecho a pensar.
>
> Pero tú pareces estar muy satisfecho allá y, te repito, eso me da mucho gusto. Creo, con toda certeza, que de verdad estás satisfecho, ya que sabes cómo pensar y cómo considerar los asuntos para darles su justo valor. Con respecto a los más honorables enemigos de Delio (Moreno Cantón), lo que hacen no me sorprende, pues estoy convencido de que si él fuera gobernador, también lo adularían; y es que este individuo no posee una pizca de dignidad o de vergüenza.
>
> Muy bien, entonces, ¿conoces el significado de la justicia?
>
> Supongo que ahora van a comenzar a tratar a los indios como iguales; que les van a devolver aquello que les robaron

de manera miserable, así como se ha hecho en los estados que domina Zapata —Morelos, Guerrero y México—, y que van a entregarles los ejidos a los pueblos... Supongo también, querido hermano, que las plantaciones han sido transferidas a los ayuntamientos, y que para este momento ya deben estar recibiendo una compensación por su trabajo con el henequén, misma que debe ser transferida a quienes lo cultivan —ciertamente no a los hacendados, sino a los verdaderos agricultores, los que aran la tierra, la siembran y queman el rastrojo— los mismos, para acabar rápido, a quienes se les ha dado la tierra en los estados que menciono.

También, querido hermano, ya deben haber establecido las escuelas racionalistas para enseñarles a los niños y a los jóvenes la verdad sobre las cosas que tienen que saber para que no vayan a ser explotados ni exploten a otros. Seguramente, ya tampoco hay sacerdotes de esas religiones que, en gran medida, han contribuido a esclavizar a la humanidad. Y por último, por lo que dices, Yucatán debe estar disfrutando de un periodo de verdadera felicidad. Y si todo eso que dices en verdad está sucediendo allá, te felicito a ti y a mis paisanos. En ese caso, muy pronto comenzaré a buscar los medios para regresar a mi tierra natal, porque si lo que yo he buscado por tantos años está, por fin, realizándose, también yo tengo derecho a disfrutarlo, pues creo que he sufrido más que muchos otros en el estado. Por desgracia, el realismo me hace ver que no están tan contentos como uno podría suponer. Hay hombres que adulan y que siempre adularán, mientras tengan autoridades a quien halagar, con el fin de poder explotar a sus congéneres. Con esto no quiero decir que no se haya hecho nada allá. Me informan que el general Alvardo ha hecho lo que le ha sido posible en medio de la horrible corrupción en la que vive la sociedad. En cualquier caso, creo firmemente que las condiciones están mejor ahora que en los días de Ávila y Santos.

En efecto, poco tiempo después, Felipe encontró los medios para volver a Yucatán. Fue recibido en Progreso por Acrelio, quien recuerda que su hermano le confió una pequeña caja de metal que contenía uno de los documentos de Zapata. "Felipe me pidió", dijo, "que lo guardara con todo cuidado, y me sugirió que lo escondiera en el almacén del establecimiento de ventas al mayoreo de nuestro padre. El destino mandó que ese lugar, hecho de palmas de huano, se incendiara; y, desde luego, el secreto de la caja se perdió".

El atardecer glorioso, que tiñó el cielo de dorado y morado, se ajustó a las predicciones de Felipe; y en el recorrido por la Ciudad Blanca, de camino a nuestros respectivos domicilios, todavía pudimos ver el resplandor de la luz rosa reflejado en los muros de los palacios de mármol a lo largo del Paseo Montejo.

Esa noche hubo otro banquete; pero esta vez estuvo seguido de una conferencia magistral sobre Chichén Itzá, que nos sirvió como preparación para nuestra visita de fin de semana a la más famosa de las capitales prehispánicas de América —el sitio en donde se llevaría a cabo la futura investigación del Carnegie—. La conferencia nos mantuvo ocupados y entusiastas hasta mucho después de que las campanas de la catedral habían marcado las doce.

Una vez que estuve sola, mi mente comenzó a flotar entre confusas imágenes nocturnas de un radiante vestido de fiesta maya. Y durante las largas horas que estuve despierta, recostada en la oscuridad, la secreta intoxicación de un amor que recién estaba despertando en mí, se difundió a cada una de las fibras de mi ser físico y llenó de una magia inefable cada uno de mis pensamientos y de mis impulsos espontáneos. Juntos, mi mente y mi corazón vibraron ante el descubrimiento extático de que el cielo está unido a la tierra, y de que ninguna dicha prometida para la vida después de la muerte puede sobrepasar la herencia terrenal de la felicidad suprema, la que, en ese momento, abarcaba todo mi aquí y mi ahora.

Al día siguiente, temprano, la señora Marcelina Pérez, una modista simpática, fue a visitarme a la residencia Cantón. Me dijo que iba, a petición del señor gobernador, a tomarme las medidas para hacerme un traje de mestiza, si me parecía conveniente. Me explicó que don Felipe le había pedido que hiciera un hermoso traje con la mejor seda blanca y decorado con preciosos bordados *petit point* sobre satín color marfil. Me dijo, también, que haría su mejor esfuerzo por hacer algo "especialmente encantador" y que esperaba que me agradara el resultado.

IX

Motul

Cual si se hubiera ajustado a algún plan felizmente preordinado, la entrevista "formal" del viernes se llevó a cabo en Motul, la ciudad natal de Felipe, y no en la Liga Central, como estaba programada. Antonio pasó por mí con suficiente anticipación para que yo llegara puntual a mi cita de las 9:30. En cuanto llegó, me entregó una nota en la que su jefe idolatrado me sugería un cambio de plan. En el mensaje Felipe me explicaba que como ése era un "día libre" para que los invitados estadounidenses pudieran inspeccionar las escuelas, las iglesias, los mercados y los edificios históricos de la ciudad, también él había decidido tomarse el "día libre"; que iría a Motul y que le daría un gusto inmenso si yo lo acompañaba a visitar a su madre, quien ya había expresado su deseo por conocerme. Decía, asimismo, que si su plan me parecía "conveniente", él mismo me garantizaba que no me perdería ninguno de los puntos locales de interés que estaban incluidos en el itinerario del día de mis compañeros expedicionarios.

El viaje en tren, continuaba la nota, tomaría alrededor de tres horas, "lo suficiente para hacer *varias* entrevistas". Podríamos comer con su madre —en la misma vieja casa familiar en la que él había pasado su niñez—, visitar algunos lugares de interés y regresar a Mérida a tiempo para el banquete organizado para los arqueólogos y turistas en el vestíbulo del teatro Peón Contreras. Y añadía que la profesora Rosa Torre, la pequeña y diligente regidora que yo había conocido en Suma, también vendría con nosotros, pues tanto ella como su hermana Elvia, que ya estaba en Motul, iban a dar un discurso en la importante sesión regional de las Ligas Feministas que se llevaría a cabo ahí.

Acepté gustosa esa invitación tan prometedora. Así pues, Antonio me llevó a la estación del ferrocarril, en donde abordé el tren especial, y luego se fue de regreso a la Liga para recoger a Felipe y a la maestra Rosa. Cuando Felipe me saludó, bajo un haz brillante de luz solar, volví a experimentar el mismo estado de éxtasis de las horas de vigilia de la noche anterior. Su prominente figura ataviada en lino blanco, su sonrisa radiante y el fulgor que destellaba de las profundidades de sus "ojos de jade", se combinaron para darle crédito a la creencia que existía entre sus "inditos" —que después conocí— de que él tenía un halo. En lo que a mí concernía, a pesar del anacronismo arqueológico que implicaba, la mejor metáfora en la que pude pensar para describir su cualidad "resplandeciente" fue que él era la noble y gentil versión maya de Tonatiuh, la deidad solar azteca que desempeñaba la función del señor celestial, y cuyo espectáculo diario en los cielos estaba vitalmente asociado —en la religión de Anáhuac— con toda la existencia terrenal.

Felipe no me dejó en el abismo de la espera por mucho tiempo; con la invariable actitud de modestia con la que afrontaba todos los problemas, me dijo: "Bueno, Almita, ¡he aquí tu víctima voluntaria! Ahora sí puedes llevar a cabo tu amenaza de hacerme 'muchas preguntas personales', y voy a hacer mi mejor esfuerzo por darte respuestas honestas a pesar de la enorme vergüenza que esto pueda causarme". Antonio, que había acomodado el gran Packard rojo en el vagón de carga delante de nosotros para usarlo en Motul, se retiró con la profesora Rosa a la esquina opuesta del salón de tertulia, en donde, sin duda, intercambiaron sentimientos amorosos y hablaron sobre su matrimonio próximo. Felipe respondió alegre a mi aguijoneo periodístico y recordó algunos incidentes de su vida familiar, que sirvieron de preludio a mi encuentro con su madre, doña

Adela Puerto de Carrillo. En nuestra primera conversación, la que sostuvimos en el camino a Kanasín, él me la había descrito como "una mujer en verdad admirable"; pero esta vez, el tono de devoción filial se preñó de orgullo nacional cuando habló de su valor, de su profundo amor por su país y de los sabios consejos que ella le daba a cada uno de los catorce hijos que habían sobrevivido de los diecisiete que tuvo. Lo que le merecía su más profunda admiración, dijo, era el hecho de que además de la enorme responsabilidad de procrear y educar a su familia —que era muy numerosa *incluso* para Yucatán—, siempre se daba un tiempo para los asuntos impersonales que estaban fuera del círculo doméstico y dedicaba su pensamiento y sus esfuerzos en pro del beneficio general; vivía pSrofundamente alerta tanto a los intereses de su propia comunidad como a los problemas de todo el mundo. La gente cercana a ella, dijo, la consideraba una "matrona romana moderna" debido a su generosidad y a sus muchas virtudes cívicas.

Felipe mencionó varios ejemplos que demostraban el intenso entusiasmo de su madre por el bienestar común y por las causas inspiradas en la libertad de los pueblos indígenas, a pesar de que —y esto lo señaló con una sonrisa que evidenciaba lo irónico de la contradicción— se decía que ella era descendiente del conquistador Juan Díaz Solís. Entre ellos, me contó que una noche, durante el periodo en el que, cson la ayuda de sus hermanos, él estaba organizando las Ligas de Resistencia en Yucatán y en todo el sureste de México, doña Adela fue a cada una de las habitaciones de sus ocho hijos, que parecían dormitorios de internado alrededor del enorme patio de la casa de los Carrillo, los despertó con la luz de su linterna y les dijo en tono enérgico:

> ¿Qué es esto? ¿Cómo puede ser que los encuentre aquí, durmiendo con toda tranquilidad y rodeados de comodidades, mientras sus hermanos de sangre, los maya quiché, están luchando y muriendo en una revolución por la justicia en Guatemala? Dejen ya de organizar Ligas de sinvergüenzas y

> váyanse todos para Guatemala. ¡Váyanse y luchen junto a los revolucionarios hasta que los sufrimientos y los sacrificios de esos otros mayas consigan la victoria!

Felipe recordó también que, en varias ocasiones, durante sus rondas nocturnas de vigía con su inseparable linterna, doña Adela había descubierto bombas que sus enemigos colocaban frente a la casa, y lo que hacía era recoger con sus propias manos esos artefactos, que a pesar de ser simples eran mortíferos, y los llevaba al centro de la plaza de Motul para evitar que detonaran en un lugar en donde pudieran causar daños.

Yo le había pedido a Felipe que comenzara su historia desde el principio y así lo hizo. Me explicó que en 1880, Motul ofrecía muy pocas posibilidades académicas más allá de los grados de primaria; pero que los maestros eran tan meticulosos y concienzudos que, cualquier niño que fuera serio desarrollaba, durante los pocos años que estaba bajo su conducción, el deseo y los cimientos sólidos para poder continuar con estudios personales más avanzados. "El papel sagrado del maestro", observó, "es indispensable para el progreso del individuo y del estado". Y añadió que él, por ejemplo, guardaba recuerdos muy gratos del profesor José Isabel Manzanilla Medina, el director de la primera escuela a la que asistió y que una vez estuvo mantenida por el Ayuntamiento de Motul. Más tarde, se inscribió en otra escuela pública, ubicada cerca del Palacio Municipal, cuyo director era el profesor José Rivero. A causa del déficit financiero de la ciudad y, por ende, de la incapacidad de cubrir los salarios de los maestros, la escuela se cerró. Entonces, junto con su hermano Gualberto, entró en la escuela católica privada San Juan Nepomuceno, cuyo mantenimiento corría a cargo de los padres de los alumnos; su director era Juan de Anacona, otro maestro concienzudo, aunque menos estimulante, que después se volvió sacerdote. Con el reabastecimiento de la tesorería de Motul, las escuelas abandonadas se reabrieron y Felipe y Gualberto volvieron a la alentadora guía del profesor Manzanilla Medina. Después, cuando San Juan Nepomuceno fue reconstruida, los tres hermanos Carrillo, incluido Eraclio, que era entonces el más joven, regresaron a la institución católica.

Durante esos años de escuela, Felipe, a diferencia de sus hermanos, rara vez ayudaba en el establecimiento de carpintería y producción de armarios que tenía su padre, don Justiniano Carrillo. Él prefería trabajar al aire libre, y todas las tardes, al terminar las clases, se iba, a caballo, al pequeño terreno que don Justiniano acababa de adquirir a unos cinco kilómetros de Motul. Ahí, se ocupaba del mantenimiento y del cuidado del lugar, cortaba leña y abrevaba a las diez o doce cabezas de ganado. Más tarde, con respecto al tema de que Felipe se encargaba del ganado, Elvia recordó una ocasión en la que su generoso hermano regaló, sin permiso, una valiosa vaca lechera de la finca. Don Justiniano se puso furioso y fustigó al desautorizado donador del patrimonio familiar —esa fue una de las muy pocas veces que ella tenía presentes, en que su padre, que por lo general era una persona bastante tolerante, había levantado su mano en contra de uno de sus hijos por enojo—. Felipe recibió su castigo de forma estoica, pero con una intrigante capacidad profética en sus palabras gritó: "No me mates, papacito, porque yo voy a inmortalizar tu nombre".

En ese periodo, explicó Felipe, en Yucatán no se conocían las aspas de los molinos de viento, así que el agua tenía que sacarse a mano con cubetas, desde una profundidad de doce metros. Ésas y otras tareas que desempeñaba en la finca de su padre y en las plantaciones aledañas de henequén fueron las que lo pusieron en contacto cotidiano con los indios. Y gracias a que se comunicaba con ellos en maya, idioma que dominaba desde muy temprana edad, conoció los problemas que los aquejaban. A pesar de que todavía era un niño, le fue imposible no darse cuenta de que el sistema por el que estaban regidos siempre favorecía el lado de los ricos, y que los jefes políticos eran caciques que el gobierno ponía al servicio de los terratenientes.

El Motul de la juventud de Felipe, según la descripción de su hermano Acrelio, era una ciudad próspera de quince mil habitantes, que estaba comunicada, por medio de una autopista de cuarenta y cuatro kilómetros, con Mérida, y por otra carretera que iba hacia el norte, con el Puerto de Telchac, a donde miles de familias iban cada verano a disfrutar sus playas limpias y frescas. Las suntuosas mansiones en la sección residencial evidenciaban la afluencia de los hacendados que, a finales del siglo, habían comenzado a generar enormes ganancias con el cultivo y la explotación del henequén. Las ostentosas salas de recepción de las casonas hacían gala de sus pianos alemanes y de las elegantes vitrinas austriacas colmadas de refinadas miniaturas. Los salones estaban adornados con muebles franceses de la época y cortinas brocadas de seda; y los servicios domésticos corrían a cargo de hermosas jóvenes vestidas en modo cautivador. Esa forma de vida lujosa estaba sustentada en la prosperidad de la que gozaba el comercio de Motul, ya que, además de su riqueza agrícola, la ciudad era el centro de comercio para los mercaderes de los pueblos aledaños. En la plaza central J. M. Campos, siempre fragante por los tulipanes, las rosas o los naranjos, se ofrecían conciertos de orquesta con regularidad. El espléndido Circo Teatro Motuleño fue la sede de las primeras corridas de toros, para las que se mandaban traer novillos de alta calidad de Piedras Negras y de Tepeyahualco. En las corridas, que se anunciaban con carteles llamativos importados de España, se presentaban toreros célebres, tanto mexicanos como españoles. Las compañías de dramas operísticos y de comedias musicales, acompañadas de artistas de gran categoría, daban sus funciones en el magnífico teatro Motul; y el cine Olympic y el Ideal siempre proyectaban las películas más recientes. Llegaban también circos renombrados, como el Chiacini y el Circo Ricardo Bell. Y las fiestas de julio y el carnaval, como lo dijo el propio Acrelio, "hacían historia".

El cenote de Motul, del que con tanto afecto Felipe me había hablado en el camino a Kanasín, se conocía como la Sambola. Una de las delicias de su niñez, me contó en otra ocasión, eran sus aguas límpidas y transparentes, que manaban con incesante frescura debajo de una sólida pieza de roca encorvada que formaba un pasaje protector natural.

Con sólo escuchar el recuento desapasionado de Felipe sobre el modo en el que, en los años que siguieron a su breve formación escolar, había conseguido su independencia económica, hubiera sido imposible encontrar un vínculo entre los quehaceres prosaicos que desempeñaba y el sentido que, más tarde, su vida iba a cobrar para la raza maya, la nación mexicana y el mundo del mañana. Sin embargo, conforme se desarrollaba la historia, su rutina monótona, que se limitaba al ejercicio físico de acarrear cargamento o de conducir grupos de mulas que transportaban carga pesada a lo largo de veredas en la selva para llevarla a haciendas distantes, fue adquiriendo una mayor relevancia en relación a su futuro cometido apostólico. Ninguna de las ocupaciones de esos años mozos, por humilde que fuera —poco a poco fui cayendo en cuenta de ello—, había sido inútil. Al igual que cada centímetro cuadrado del lienzo de una obra maestra de algún pintor inmortal, cada día de ese fatigoso periodo cumplió una función indispensable en la conformación de la imagen total de su madurez consumada. Al final, cada una de sus experiencias había emergido como algo necesario e incluso inevitable para alcanzar un conocimiento completo y profundo —la raíz misma— de los problemas sociales y económicos que más tarde sería llamado a resolver. Además, desde entonces, sus dos motivos fueron siempre los mismos: una lucha personal implacable y un esfuerzo valeroso y consistente por ayudar a los oprimidos y desvalidos.

Con detalles cálidos, Felipe continuó la narración de su historia que, no obstante su simpleza, resultaba en todo momento conmovedora. Al dejar la escuela, se fue a trabajar al ferrocarril, propiedad del general Francisco G. Cantón y administrado por su hijo, el licenciado F. Cantón Rosado. Gracias a su eficiencia y al esmero que ponía en sus labores, se convirtió, en 1891, en el conductor del tren de pasajeros que corría entre Mérida y la Hacienda Caucá, un centro para los trabajadores que habían llegado allá para comenzar los trabajos de construcción de la vía férrea hacia Valladolid. Durante la mayor parte de los muchos años que trabajó como conductor también cubrió la posición de jefe de equipajes, en la que era responsable de revisar que todo el equipaje descendiera en las estaciones adecuadas.

Las características que lo hicieron capaz de cumplir al mismo tiempo con las abrumadoras exigencias de ambos cargos fueron su vigor y su resistencia extraordinarios. Salía de Caucá a Motul a las siete de la tarde con un carrito de mano de tres ruedas; regresaba a Caucá a las cuatro de la mañana y salía de nuevo para Mérida después de dos horas de descanso.

Con el dinero que ahorró de sus trabajos en el ferrocarril, inició un negocio propio de acarreo en Valladolid. Transportaba henequén y maíz a Motul con tres carretas y con sus correspondientes grupos de mulas; él mismo se encargaba de conducir una de las carretas. Él y sus dos asociados, que eran indios mayas, hacían viajes comerciales a las regiones del este y del noreste del estado, para llevarles sal y otras provisiones a los mercaderes de Valladolid, Tizimín y Espita. Una de las características especiales de esa empresa era que acarreaban mercancías a haciendas aisladas, casi siempre por senderos en medio de la selva, y que desde ahí cargaban el henequén de los almacenes para luego transportarlo hacia los puntos de embarque.

Es poco probable que Felipe hubiera escuchado alguna referencia sobre el colonizador estadounidense del siglo XVIII, Johnny Appleseed, que predicaba las palabras de los profetas del viejo testamento y de Swedenborg, y que iba plantando semillas durante sus recorridos a lo largo de Ohio, dejando tras de sí árboles frutales como monumentos vivos de su pasaje por las tierras vírgenes. Había, sin duda, una enorme divergencia en los mensajes de estos dos humanistas del Nuevo Mundo —uno inspirado de forma religiosa y el otro, racionalista—; no obstante, el ardiente deseo de ambos por mejorar la condición de sus congéneres servía a una causa común. Los dos hicieron de sus constantes peregrinaciones, que eran el eje mismo de su subsistencia, el medio de llegar a la gente, de comunicarse con ella, de instruirla; la suya fue una labor generosa y de entrega que ha pasado a formar parte de la leyenda del continente americano. Un recuerdo de ese periodo sobre Felipe, que más tarde dio a conocer Mario Negrón Pérez, amigo suyo y habitante también de Motul, lo asemeja, por lo menos en cuanto al método, al cruzado que citaba la Biblia y echaba semillas entre los montañeses de Ohio:

> No era raro ver a Felipe en una encrucijada o en la plaza de algún pueblo yucateco, mientras descansaban las mulas de su carreta, ocupándose de traducir al maya los artículos de la Constitución mexicana para beneficio de los indios, que se agolpaban alrededor suyo, y de enseñarles a conocer los derechos que la Carta Magna les garantizaba pero que sus patrones arrogantes pisoteaban.

El 2 de febrero de 1898, cuando todavía tenía veintitrés años, Felipe se casó con Isabel Palma, de Motul, hija de un hacendado conservador. Todos los miembros de la familia Carrillo —como más adelante me lo informó Elvia— se negaron a asistir a la boda; su ausencia era una protesta en contra de las crueldades del hermano de la novia, Pedro Palma, al que ellos le atribuían la muerte, cuatro años antes, de su esposa, la sensible y talentosa Enriqueta, la más grande de las hijas Carrillo. Elvia, que en ese entonces no tenía ni siquiera diez años, recuerda cómo Felipe, afligido, corrió a su casa y se la llevó cargada en los brazos para que por lo menos una de sus hermanas estuviera presente en la ceremonia.

Antes de su boda, Felipe había incrementado a cinco el número de sus carretas, pero como las nuevas responsabilidades familiares requerían una ganancia aún mayor, dejó el negocio de transporte y se fue a Tampico, Tuxpan y Tabasco, en donde compró mulas para revenderlas en Yucatán. Ese negocio no tuvo éxito y, por lo tanto, reanudó su grupo de mulas de transporte en Motul. Continuó desempeñando esa labor fatigosa hasta que, una vez, durante uno de sus viajes de rutina, sufrió un grave accidente. Luego de haberse recuperado, Felipe puso en marcha un servicio local de entregas, en el que transportaba mercancía y material de construcción de la estación del ferrocarril a las tiendas y a las compañías constructoras. Fue en el transcurso de esa empresa, que funcionó como su primera cooperativa sistemática, cuando puso en práctica su idea de "eliminar al jefe del trabajo". Cada sábado por la noche, en una esquina del parque José Marín Campos, saldaba las cuentas con sus trabajadores y compañeros con base en la repartición de las ganancias.

Felipe estaba hablando y yo escribiendo en taquigrafía cada una de sus palabras cuando Rosa y Antonio, que estaban a una distancia en la que podían escucharlo, le dijeron, bromeando y con la misma libertad con la que se lo hubieran dicho a uno de sus familiares, que tuviera cuidado de no "subestimarse". "No seas tan modesto, por favor", dijo Rosa, "recuerda que ésta es una buena oportunidad para que el mundo conozca nuestro Partido y a su jefe incomparable, porque Almita va a escribir en sus periódicos todo lo que estás diciendo".

Y entonces, le pedí a Felipe que me platicara sobre lo que a mí más me interesaba, los acontecimientos e incidentes que le habían dado forma a su desarrollo intelectual y espiritual. Yo quería saber cuándo, cómo y por qué se había convertido en una persona con "conciencia social"; qué era lo que había provocado su despertar a la necesidad de un sistema económico y social distinto; qué le había dado origen a sus conceptos sobre la relación del hombre con sus semejantes y qué, al cambio en su perspectiva sobre la religión ortodoxa.

Ésas son preguntas muy profundas, Almita —me respondió—, por lo menos para una sola sentada. De cualquier modo, podría resumir las respuestas simplemente diciendo que mi "despertar", como tú lo llamas, llegó con dos experiencias dramáticas, una cuando tenía diecisiete años y otra después de los veinte. A pesar de que, como lo mencioné, mi escolaridad formal fue muy limitada, heredé de mis padres el amor por los libros y por la música; de hecho, teníamos una orquesta familiar, yo tocaba la flauta y el saxofón; además, desde niño fui un lector ávido. No recuerdo una sola vez en la que, con tal de encontrar un buen libro, no hubiera hecho un viaje largo; y me gastaba hasta el último peso para conseguirlo.

Me dijo que, en ese periodo, su fuente principal de literatura inspiradora era su amigo, el cura de Valladolid, quien no sólo poseía una magnífica biblioteca, sino un enorme conocimiento de la música clásica. Y con detalles pintorescos, me contó que siempre que pasaba por esa hermosa ciudad antigua, cerca de la frontera este de Yucatán, visitaba la Rectoría. Al igual que Miguel Hidalgo, padre de la Independencia mexicana; que Velázquez, el San Juanista y sacerdote patriota de Mérida, difusor de las doctrinas libertarias; y que el padre Alzate, el famoso científico contemporáneo y encomiasta de Benjamín Franklin, cuyas bibliotecas estaban henchidas con obras de los racionalistas franceses; el cura de Valladolid, explicó Felipe, había llenado los estantes de su biblioteca con volúmenes compilados por los enciclopedistas, los discípulos radicales de Diderot y D'Alambert que sometían todos los asuntos al análisis de la luz de la razón. A pesar de que Felipe no mencionó nada al respecto, sin duda, la razón por la que el cura lo invitaba a curiosear a placer entre sus libros era porque reconocía la superioridad de la mente y la generosidad del corazón de su joven visitante. En una de esas felices ocasiones que Felipe esperaba, según él mismo lo aseguró, con "tremenda anticipación", descubrió *Le Contrat Social* de Jean-Jacques Rousseau. Fascinado, incitado por la nueva pasión que iba emergiendo en él conforme leía el mensaje significativo del texto francés y, sobre todo, emocionado por el hecho de que sus propias intuiciones sobre la democracia y el gobierno con el consentimiento de los gobernados estuvieran avaladas por un pensador tan perspicaz, Felipe siguió leyendo toda la noche, olvidado de todo excepto de la provechosa, si bien lenta, tarea de extraer, uno a uno y de un idioma extranjero, los cimientos espirituales para construir su nuevo universo. Ya al amanecer, le pidió permiso a su comprensivo anfitrión para quedarse "unos cuantos días" mientras estudiaba todas las palabras esclarecedoras del trascendental documento revolucionario de Rousseau.

"No salí de la Rectoría sino hasta dos semanas después", admitió Felipe.

Y durante todo ese tiempo, estuve fuera de la biblioteca del cura sólo el tiempo necesario para comer y para bañarme. Esa experiencia determinó lo que más tarde serían mis conclusiones sobre los problemas vitales de la humanidad y, en gran medida, trazó el curso de mis esfuerzos personales para mitigar algunas de las peores condiciones. En todo caso, lo que hizo fue espolear mi ambición por remediar las terribles injusticias que veía a todo mi alrededor en Yucatán.

El segundo suceso de su juventud que, como él lo señaló, iba a tener repercusiones de por vida en sus propósitos y acciones, ocurrió un domingo por la mañana en una enorme plantación de henequén cerca de Chemax, en donde se había detenido a entregar provisiones. Ahí, vio que, frente al edificio de la administración, los guardias, con sus fustes, estaban agrupando a todos los trabajadores varones esclavizados, que estaban saliendo del servicio religioso en la capilla de la hacienda, para formarlos en dos filas paralelas, muy cerca una de la otra. Pensó que los hombres iban a ser objeto de algún tipo de inspección, pero después le dijeron que una mujer, que había llegado tarde el día anterior al momento de pasar la lista y sin justificación alguna, estaba a punto de recibir un castigo. Luego, escuchó los sollozos y gritos agónicos que provenían de una joven maya, completamente desnuda, a quien los guardias estaban arrastrando hacia la cabeza de las dos filas para exponerla ante la mirada pública, y desde ahí fue forzada a caminar a lo largo de la pared doble conformada tanto por hombres de su propia raza, como por yaquis, chinos y coreanos. Ella se arrojó al piso en un esfuerzo por ocultar su vergüenza, pero en ese momento los guardias la sujetaron con rudeza y, a empujones, la hicieron recorrer esa larga y estrecha vía dolorosa.

Felipe no condujo a su grupo de mulas de regreso a Motul ese día. Decidió quedarse a hablar con los trabajadores de la hacienda; sin embargo, para evitar la suspicacia de los guardias, se dirigió sólo a individuos o a grupos pequeños. Por medio de sus palabras llenas de pasión, les hizo comprender, con plena conciencia, que lo que acababan de presenciar era una atrocidad en contra de sus propias madres, esposas e hijas, una ofensa escandalosa en contra de toda la gente del Mayab. En su lengua ancestral, los exhortó a organizarse en secreto y a permanecer fuertes y unidos para cuando llegara el momento inevitable en el que se levantarían por su libertad. En las juntas subrepticias de Chemax nació el sueño de la Liga de Resistencia, mismo que logró concretarse y que poco a poco fue extendiéndose hasta convertirse en la poderosa federación yucateca que más tarde penetró y abarcó los seis estados del sureste mexicano, en donde se ganó la lealtad de los millones de explotados y le dio forma a su fe y a su esperanza.

Edesio, uno de los siete hermanos menores de Felipe, nos fue a recoger a la estación del ferrocarril y nos escoltó a la casa de los Carrillo, en donde vivía con su madre y atendía el establecimiento contiguo de venta al mayoreo que había dejado su padre. Muy parecido a Felipe, pero con ojos azul grisáceo en vez de "ojos de jade", el guapo Edesio, blanco, de complexión atlética y rasgos bien delineados, hubiera atraído la atención en cualquier parte como un espécimen soberbio de la juventud masculina. Tuve la impresión de que él hubiera podido sustituir honrosamente a Pantarkos, el modelo preferido del gran Fidias cuando esculpió en su roca pentélica blanca al inmortal efebo —el ideal del joven griego—. Quince años menor que Felipe, Edesio tenía ya una carrera pública bien establecida. No sólo estaba a cargo de la Liga de Resistencia en Motul, sino que lo acababan de elegir alcalde.

Desde el momento en el que doña Adela nos recibió en su sala de techos altos y decorada a la antigua, me di cuenta de que Felipe la había descrito con toda precisión como "una mujer en verdad admirable". Muy delgada, con un peso que no rebasaba, por lo menos en apariencia, los cuarenta y cinco kilos, y con el pelo suave y ondulante, todavía de color negro brillante, doña

Adela, no obstante sus setenta y dos años de edad,[1] era una mujer tan ágil y certera en sus movimientos físicos como lo era en su rapidez intelectual. Un porte innato de dignidad y su vestido largo y sencillo de tafetán color azul marino, con su viejo *fischu* de encaje, le añadían un carácter imponente a su delicada y erguida figura compacta. Sin embargo, era la expresión alerta y examinadora en sus ojos oscuros, que, detrás de sus anteojos bifocales, irradiaban una conciencia terrenal y espiritual, la que dejaba entrever que bajo su serena figura de mando y su discreta sabiduría fluía una corriente intensamente cargada de dinamismo personal. Desde que la vi supe que la iba a querer y a admirar.

Felipe la abrazó con calidez y la cargó, como si se tratara de una niña chiquita. Al tiempo que cerró sus ojos para besarla, me dijo: "Almita, quiero que conozcas a mi maravillosa madrecita, y que la conozcas muy bien, porque ella es perfectamente *digna* de ser la madre de Felipe Carrillo".

En cuanto Felipe la dejó otra vez sobre sus pies, doña Adela estuvo lista con una respuesta en el mismo tono juguetón; con voz de fingida incredulidad, nos preguntó: "¿Escucharon lo que este gran egoísta acaba de decir? Uno se imaginaría que nuestro gobernador socialista piensa que es digno de ser hijo de sus padres".

Desde antes de que llegáramos, Elvia se había ausentado de la conferencia feminista para darnos la bienvenida. Pero luego, Rosa y Felipe la acompañaron de regreso a la sesión y acordamos que estarían de regreso en una hora, con dos o tres amigos, para compartir una de las famosas comidas caseras de doña Adela al estilo de Motul.

Una vez que nos quedamos solas, le dije:

---

[1] En general, en este capítulo aparecen varias inconsistencias en la cronología y las edades de los integrantes de la familia Carrillo Puerto. La autora propone, por ejemplo, dos edades distintas para doña Adela: en su sinopsis, dice que tenía setenta años cuando diseñó la lápida de su hijo Felipe Carrillo Puerto y, aquí, que cuando la conoció, tenía setenta y dos años. De igual modo, la autora nos dice que Felipe Carrillo se casó a la edad de veintitrés años y un poco más adelante dice que cuando se casó, "no tenía ni siquiera veintidós". (N. de la T.)

Señora madre de Felipe, su hijo es muy bueno con los indios, pero es un poco terco conmigo. No me dice lo que necesito saber acerca de su niñez y de su juventud aquí en Motul; pero me aseguró que usted tiene una excelente memoria y que puede contármelo todo. No es por curiosidad que le pido que me platique estos detalles, sino porque estoy escribiendo un artículo sobre él y su trabajo que se va a publicar en una de nuestras revistas nacionales y en varios periódicos de Estados Unidos.

Ella aceptó, con gusto, contarme "todo lo que pudiera recordar"; y yo le supliqué que "comenzara con los ancestros".

Para eso, niña, tendríamos que ir al Registro Civil de Mérida; pero te puedo platicar sobre algunos de ellos. El padre de mi bisabuela materna nació en España, pero ella, doña Santos Díaz de Solís, era de Peto. Su hija, mi abuela, también era de Peto, y se casó con Manuel Puerto, un comerciante de Motul que viajaba mucho. Tuvieron tres hijos y una hija, mi madre. Ah... mi abuela era una mujer temeraria, muy energética y muy rica; era dueña de un establecimiento de seda en la plaza de Motul y de muchas propiedades en la ciudad. Una vez, después de esperar un tiempo considerable a que mi abuelo regresara del viaje que había emprendido, mi abuela decidió ir a buscarlo; pero los viajes que ella hacía llegaban a durar hasta dos o tres meses y, en ese periodo, uno incluso se confesaba antes de embarcarse en Sisal para La Habana.

Doña Adela me contó que su madre, Josefa Puerto, se casó con Domingo Mendiburu, un trigueño de Motul; y que le apenaba mucho decirme que él había abandonado a su esposa y a sus cuatro hijas, todas mujeres, y que se había ido a Belice, en donde se casó con Lucinda Kelly, de Inglaterra. A su regreso, después de catorce años, le hizo saber a la joven Adela que él era su padre; pero ella, lacónica, tan sólo respondió: "Tal vez". Doña Adela continuó con su propia familia:

No tenía ni quince años cuando me casé con Justiniano Carrillo; él tenía treinta y tres. Era militar. Tenía pelo castaño y llevaba bigote. Era un hombre blanco y muy colorado, y sus ojos eran color avellana claro y brillantes. Sus rasgos eran muy delicados, como los de mi hija Ernilda. Su padre, Felipe Santiago Carrillo, nació en Sotuta; era dueño de una enorme tienda de mercaderías y de una destilería ahí. Era muy guapo, blanco y de ojos azules. La madre de don Justiniano, Josefa Pasos, nació en Tixkokob. Cuando mi esposo tenía quince años, se vino a vivir a Motul con su prima Condia. Fue miembro de la columna volante durante trece años consecutivos. A la llegada de Maximiliano y Carlota a Campeche, en mayo de 1864, Justiniano, que entonces tenía dieciocho años, fue uno de los cuatro soldados jóvenes seleccionados, por su fuerza y su apariencia, para cargar a la emperatriz desde la proa hasta el pequeño muelle en la orilla; con todo cuidado, la llevaron sobre las olas hasta dejarla en tierra firme. "Bien, muchachos... Valientes, mis soldados", dijo ella en agradecimiento a su ayuda galante y, después, los recompensó con un uniforme nuevo y un par de zapatos.

El padre de don Justiniano —continuó doña Adela—, de quien Felipe recibió el nombre, era poeta. Don Justiniano mismo escribía versos con frecuencia. Cuando salía a jugar, quizás con cinco pesos, me decía: "Voy a apostar esto por diversión". Todo lo hacía con serenidad y moderación. Ganaba mucho más de lo que perdía, pues sabía detenerse después de haber ganado. Cuando regresaba del juego, escribía en verso en su cuaderno "Las impresiones de un jugador". El tío de Felipe, también Felipe Carrillo, era otro de los miembros de la familia que escribían poesía.

Le pregunté a doña Adela si tenía a la mano alguno de los versos de don Justiniano. "Hay muchos en sus cuadernos, pero no sé dónde están guardados", me contestó. Sin embargo, me dijo que se acordaba de uno y que lo recitaría para mí. Don Justiniano lo había escrito cuando fue alcalde de Motul, durante los meses que Felipe estuvo trabajando en el Registro Civil. Uno de sus deberes ahí, me explicó, era incinerar los huesos de las personas pobres que habían sido desenterradas y cuyos restos no eran reclamados por amigos o familiares.

Un día, don Justiniano fue a ver cómo estaba cumpliendo Felipe con sus responsabilidades en el cementerio; ahí, se encontró el cráneo de una niña chiquita, le dio vuelta con su bastón, y vio que en una de las cuencas de los ojos, que estaban ya cubiertas de tierra, había una flor diminuta. Trajo el pequeño cráneo a la casa, lo limpió y lo regresó al Registro Civil, para que se usara como báscula, y después escribió estas líneas:

¡Bella flor, qué funesta es tu suerte,
que al primer paso que diste
tropezaste con la muerte!
Llevarte es cosa triste,
y dejarte en donde naciste
es dejarte con la muerte.

Cada tanto, don Justiniano pedía cerveza. Y cuando estaban todos sentados a la mesa, servía un poco en cada vaso. Jugando, y siempre con total libertad, los niños le preguntaban:
—¿Qué pasa, papá?
—Bueno, quería un poco de cerveza y pensé que quizás a todos ustedes les gustaría beber un poco también.
De vez en cuando, hacía lo mismo con una botella de vino muy dulce —vino de San Juan—. Pero la moderación era la norma en todos sus actos, y sus hijos eran un modelo de la abstinencia. De niños, ninguno de ellos estuvo jamás cerca de una cantina. Crecieron en un hogar humilde, sin lujos, pero con lo suficiente, y a ninguno de ellos le faltó lo necesario en cuanto a salud y a comodidades promedio. En todo momento había, por lo menos, veinte personas en nuestra casa —catorce de la familia, tres niñeras, una cocinera y una lavandera—. De puro pan para la merienda eran dieciocho

pesos diarios y quién sabe cuánto más del desayuno. En las mañanas, cuando llegaba el panadero y ponía el pan en la mesa, cada niño escogía pan dulce, teleras o bolillos, según su gusto. "Mamacita, ya dame el mío", me pedían, pero yo los hacía esperarse hasta la hora del desayuno. Si don Justiniano estaba ahí, me expresaba su desacuerdo, aunque siempre en un tono cordial, diciéndome: "Déjalos que se lo coman; para eso estamos trabajando tú y yo, para darle a los pobrecitos chamacos lo que necesitan y lo que quieren". El desayuno era a las diez; la comida, a las cuatro y el chocolate se servía a las seis, y antes de la hora de dormir, había arroz con leche o chiote[2] con miel en lugar de dulces. Rompían tantos platos, que tenía que estar comprando nuevas vajillas todo el tiempo. Finalmente, desesperada, decidí comprar una tinaja llena de jícaras, y desde entonces comieron con puras jícaras.

Enriqueta, la más grande de las hijas, fue la que les enseñó los modales y la cortesía en la mesa. Ella estudió en el Colegio Francés, en Mérida, para ser maestra; pero como don Justiniano no quiso que se desempeñara como maestra, se volvió una experta en contabilidad.

Doña Adela me explicó que la forma en la que don Justiniano había educado a sus hijos era muy especial, distinta por completo a la de esa época; y es que en Yucatán, la educación se basaba en el catolicismo o, por lo menos, estaba influenciada por sus doctrinas. Me describió a su esposo como un "libre pensador, un hombre medianamente cultivado que estaba dedicado a su trabajo y a su familia y que siempre se ocupó de proteger a los pobres y a las clases trabajadoras". Era un hombre muy querido, me dijo, en la ciudad de Motul y en su natal Sotuta, "la ciudad del gran rey maya Nachi Cocom, a cuya familia él pertenecía; el quinto descendiente en línea directa".

---

[2] Quizás sea una referencia para achiote, el término náhuatl para *k'uxub*, una semilla que al molerse produce una pasta rojiza que se usa para darle color a los platillos yucatecos, así como los españoles usan el azafrán.

Para mostrarme el gran sentido de justicia y la simpatía por los explotados de don Justiniano, doña Adela habló de cómo él había procedido cuando adquirió el pequeño terreno. Un amigo suyo lo había invitado a conocer el lugar, y le gustó tanto que, pensando en que Felipe y Gualberto podrían ayudarle a cultivarlo más adelante, decidió comprarlo. Durante el proceso para delimitar las colindancias de la propiedad, don Justiniano, cuya visión liberal era bien conocida por todos, les dio a los trabajadores tres veces más de lo que se pagaba en la región por ese tipo de trabajo. Los vecinos fueron a verlo en grupo para protestar por su acción y le pidieron que no les pagara un salario tan alto a los indios, pues no debían acostumbrarse a recibir cantidades mayores a las establecidas. Don Justiniano les respondió a sus amigos que el salario le parecía muy razonable y que, por lo tanto, no tenía por qué perjudicar sus intereses.

Doña Adela creía que la independencia mental de don Justiniano, al igual que su discreción, se evidenciaban por medio de las opiniones que con frecuencia expresaba sobre la educación de sus hijas. Cuando llegaron a la edad de quince, les permitió, como era la costumbre, asistir a las reuniones sociales, visitar amigos y participar en diversiones sociales como fiestas, bailes y ceremonias religiosas en iglesias públicas. Cada vez que las invitaban a danzas populares, les permitía, con todo gusto, aceptar la invitación, pues él mismo disfrutaba mucho ese tipo de entretenimiento. Sin embargo, su actitud respecto a las reuniones religiosas era completamente diferente. A quienes las invitaban, les respondía con alguna justificación que pudiera evitar que ellas asistieran; les decía, por ejemplo, que sus hijas no le iban a entender al cura porque hablaba en latín y ellas no habían estudiado latín. A otros, les respondía que, con gusto les daría a sus hijas el permiso de ir al evento en la iglesia, si le aseguraban que iba a haber una buena orquesta; la música, decía, las podía distraer de lo que, al no entender las maniobras de los curas, se convertía en una experiencia fatigosa y aburrida. De ese modo, explicó doña Adela, don Justiniano logró que sus hijos no albergaran ningún resentimiento particular en contra de la Iglesia y tampoco, amor por la religión; en todo caso, eran indiferentes a ella.

Lo que doña Adela platicó sobre la disciplina familiar dejó en claro que el suyo era un sistema avanzado para cualquier época y lugar. A los hijos varones se les consideraba ya como hombres una vez que cumplían los quince años, y desde ese momento no tenían por qué pedirle permiso a sus padres para salir en las noches a divertirse con sus amigos. A pesar de que don Justiniano no les fijaba una hora de llegada, los chicos siempre regresaban a su casa entre las 10:30 y a las 11:00 de la noche. Don Justiniano nunca ponía bajo llave ni la mercancía ni la caja registradora de su tienda de abarrotes, que estaban al alcance de todos. En las mañanas, después del desayuno, cada uno de ellos iba a la caja y sacaba una cantidad razonable para gastar en fruta y otros dulces. La suma de la que podían disponer no era una cantidad fija, esa decisión formaba parte de las amplias libertades de las que gozaban los hijos de los Carrillo. Doña Adela dijo que ella y don Justiniano lo preferían así, "pues a todos nos generaba la sensación de que estábamos trabajando juntos, padres e hijos, por el bienestar y la felicidad comunes".

Esa libertad le permitió a Felipe desarrollar su naturaleza altruista desde muy temprana edad. Estaba siempre al pendiente de los niños pobres de Motul, en especial, de los que se habían quedado sin padre, con quienes invariablemente hacía amistad, y a todos ellos los abastecía, de la tienda de don Justiniano, con los lápices y cuadernos que no podían comprar. La generosidad innata de Felipe se evidenciaba de muchas maneras; sobre ella me hablaron doña Adela y, tiempo después, varios de los vecinos que habían crecido con él en Motul. Recordaban cómo Felipe dividía sus dulces entre los niños pobres y les prestaba sus juguetes; y cuando jugaba, demostraba su sentido de ecuanimidad y aceptaba con calma las decisiones justas, sin importar si ganaba o perdía.

Después, cuando doña Adela comenzó a hablar sobre la adolescencia de Felipe, lo describió como un "joven inquieto";

ella recordaba que a él no le gustaba la idea de quedarse en la tienda, prefería ir de aquí para allá y conocer el país; pero le causaba pesar desilusionar con eso a su padre. "Pobre de mi papá", le decía a ella.

Felipe siempre fue muy varonil para su edad, era un muchacho alto y bien parecido. Cuando tenía apenas once años, insistió en que quería llevar pantalón largo; de hecho, el mismo día de su cumpleaños, para celebrarlo, nos tomamos unas fotografías. Llegaba a la casa con su saquito lleno de leña y me pedía que se la comprara al indio que la estaba vendiendo. A mí me parecía que él era un predestinado, alguien que había nacido para ayudar a los desvalidos. Cuando se hizo adulto, su mente parecía estar ocupada, casi exclusivamente, en los sufrimientos y los problemas de los mayas. En repetidas ocasiones, don Justiniano le advertía: "No es bueno ser redentor". Pero Felipe respondía: "No estoy trabajando para que me paguen, sino para liberar a los indios... Aunque salga crucificado, yo no retrocedo"... Y don Justiniano insistía: "Los indios nunca te van a agradecer ese favor". "Sin embargo", contestaba Felipe, "debo seguir adelante".

No obstante, en una ocasión, cuando tenía dieciséis años, Felipe tuvo que reconocer la validez de la advertencia que su padre le hacía sobre la ingratitud del "papel de redentor". De eso me enteré tiempo después en *De la cuna al paredón*,[3] de Edmundo Bolio Ontiveros, en cuyas páginas se lee un episodio que involucra a una joven y hermosa contorsionista, la hija de Pancho Quijano, el dueño de un circo itinerante que llevaba su nombre. Durante la prolongada estancia de esa compañía en Motul, Felipe se enamoró de la niña a la que anunciaban en la cartelera como "la niña Elvira"; pero al romántico joven le horrorizaba pensar que todos los días ella

---

[3] Eduardo Bolio Ontiveros, *De la cuna al paredón (anecdotario de la vida, muerte y gloria de Felipe Carrillo Puerto)*, Mérida, Talleres Gráficos y Ed. Zamná, 1973.

tenía que hacer exhibiciones difíciles y arriesgadas ante la mirada de un público aburrido que estaba buscando nuevas emociones. Pancho Quijano, que estaba siempre alerta ante la posibilidad de descubrir nuevos talentos, al ver la simpatía que existía entre su hija y el atlético muchacho, convenció a Felipe de que aprendiera los "trucos del oficio", y él mismo se encargó de entrenarlo en los actos gimnásticos sobre la barra y en otras acrobacias espectaculares. El ágil y dinámico Felipe, que demostró una gran aptitud como alumno, recibió la invitación de acompañar al circo a Tixkokob en calidad de ejecutante profesional; y así lo hizo, pero sin consultar a sus padres. Doña Adela y don Justiniano, consternados y armados con una orden del jefe de la Policía de Motul para que les devolvieran al menor fugitivo a su custodia legal, salieron hacia Tixkokob. Cuando llegaron al pueblo, a unos doce kilómetros de Motul, se quedaron estupefactos al ver los muros y las construcciones cubiertos con carteles enormes que anunciaban el debut de un nuevo trapecista sensacional, el joven Carrillo Puerto, de Motul. En cuanto presentaron la orden que llevaban, las autoridades de Tixkokob tomaron las medidas necesarias para la inmediata entrega de Felipe a sus padres. Estaba en verdad arrepentido, dijo, por haberles causado tanta preocupación y problemas; pero, como se los explicó, y más adelante también a sus compañeros, su acto impulsivo no sólo se debía al gran afecto que sentía por "la niña Elvira", sino porque temía que durante la ejecución de sus contorsiones en la arena del circo, ella pudiera sufrir un accidente o poner en peligro su vida. Él había albergado la esperanza de que esa devoción, que ella parecía corresponder, hubiera podido alejarla de los "sufrimientos aborrecibles" y, así, "redimir" a la adorable e infeliz criatura de una vida de penurias y peligro constante.

Doña Adela, al volver la mirada atrás, hacia el largo periodo que compartió con don Justiniano, me dijo que ésos habían sido tiempos muy felices y muy gratos para el espíritu a pesar de las tristezas inevitables y de la pérdida de tres de sus hijos.

Los recuerdos que más atesoro sobre nuestro compañerismo, dijo, son las horas que pasábamos sentados en nuestras mecedoras durante las noches cálidas, aquí en el patio. Él me leía un rato mientras yo tejía o cosía pequeñas prendas para los bebés que venían en camino; tenía una voz extraordinaria y disfrutaba leer en voz alta los pasajes de sus libros favoritos.

Una suave nostalgia reemplazó la agudeza y la profundidad de la expresión de sus ojos alertas cuando habló sobre los últimos días de su marido.

Él tenía treinta y dos años —dijo—, cuando dejó el servicio militar y comenzó a dedicarse al negocio de la ferretería, aquí, en esta misma construcción. Cuidó su negocio con atención estricta a cada detalle —y siempre brindando asistencia social— hasta el tiempo de su muerte, hace ocho años. Cuando llegó el fin, estaba rodeado de todos sus hijos; fue el 26 de febrero de 1915, a la edad de setenta y ocho, y después de varios años de padecer problemas del corazón, murió en los brazos de Ernilda, la esposa de Eraclio. Desde esta misma casa, nuestros ocho hijos llevaron su ataúd al cementerio; cuatro de ellos cargaban el cuerpo de su amado padre durante un tramo, después se detenían y los otros cuatro tomaban sus lugares. Hubo un motuleño que, al paso del cortejo, destacó ese hecho ante un visitante: "¡Dichoso él", le dijo, "esos son sus ocho hijos!".

Toda la ciudad de Motul y muchas personas de diferentes estilos de vida y desde pueblos cercanos y distantes asistieron a su funeral. Era amigo de cientos de personas, y su fallecimiento fue muy sentido en toda la región.

Después de eso, doña Adela volvió a mi petición de hablar sobre la juventud de Felipe, y recordó un acontecimiento que causó gran conmoción en Motul, pero, al mismo tiempo, demostró la sinceridad, casi ingenua, del espíritu de su hijo, que siempre estaba en búsqueda de la verdad:

Un día, unos meses después de haberse casado, cuando no tenía ni siquiera 22, Felipe desapareció misteriosamente. Isabel envió a alguien a la casa de la familia para saber si él estaba ahí. Doña Adela le aseguró que no lo había visto, pero que sus veinte mulas se habían quedado en el patio. Don Justiniano estaba muy ceñudo e incluso enojado por la seriedad de las varias complicaciones que habían surgido: los muchachos que llevaban las carretas se habían ido de borrachos y dos de ellos ya estaban en la cárcel, y don Justiniano había enviado a la policía a rescatar a otro más.

—¿En dónde están tus compañeros?, le preguntó el inspector.

—Están borrachos.

—¿Y en dónde está tu jefe?

—Quién sabe.

Doña Adela tenía sus sospechas, pero aun así, mandó a los sirvientes a buscar en el pozo en caso de que Felipe se hubiera caído dentro. Durante todos esos días, don Justiniano y los hermanos tuvieron que sacar el agua del pozo a mano para abrevar a las mulas. Y a las once de la noche, para no enardecer la ira de don Justiniano, doña Adela se salía en silencio a los corrales para alimentar a los animales hambrientos; llevaba diez sacos de maíz en cada hombro y una vara en su mano para intimidarlos. "Morillo", "Pajarito", "Canela", "Castaña", los llamaba conforme ponía los sacos en sus narices. Finalmente, después de cinco días Felipe se presentó a medianoche.

—Buenas noches, mamacita.

—Gran sinvergüenza, ¿en dónde estabas?

—Ah, qué lástima, mamacita, nunca me fui de Motul. Estaba con mi gran amigo, el cura Martín Calderón. Me estuvo enseñando los libros maravillosos que tiene; los sacó todos de sus estantes para mostrármelos.

—Los muchachos están en la cárcel, borrachos.

—Por favor no te preocupes, mamacita.

—Pero debo calmar a tu padre. Le voy a decir que te fuiste a la finca a ver unas mulas.

—Está bien, mamacita, pero después tengo que decirle que fui a ver unos libros. Me pasé un buen rato buscando el poema que mi papacito recita:

*Cualquiera hija o criatura de cura o fraile
que con pastor se casare,
que tenga por cosa segura,
que a los cuatro meses pare.*

—¿Y para eso me dejaste con veinte mulas durante cinco días?

—Es que era muy importante, mamacita. El cura me dijo que la religión católica no es otra cosa que un esfuerzo por proteger la moral pública, y que sirve como una rienda para la humanidad... Me lo comprobó todo con sus libros.

El programa de la sesión matutina de la reunión de las Ligas Feministas regionales —que Elvia había fundado en Motul en 1912, como el primer grupo de sufragio e igualdad de derechos en la República— fue el tema principal de conversación en la mesa mientras disfrutamos de las delicias que había preparado doña Adela. Elvia, Rosa y dos de sus compañeras de la Liga se mostraron efusivas ante el discurso improvisado que Felipe les había dirigido durante su inesperada aparición en la reunión, en el que les pidió a las integrantes de la Liga que vincularan su visión maternal y de preservación de la vida con la cuestión de la agresiva guerra internacional. Propuso, comentaron ellas, un plan pacifista drástico para terminar con el conflicto armado.

Ustedes, mujeres —les dijo—, tienen en su propio poder la posibilidad de cambiar la forma en la que el hombre concibe su sistema bestial de supervivencia en la selva. En unos cuantos meses, este insensato derramamiento de sangre, que ha perdurado durante tantos siglos, podría llegar a su fin por medio de un recurso muy simple, el rechazo colectivo al uniforme militar por parte de las mujeres. Si en verdad desean un mundo en el que sus hijos puedan vivir la vida que les corresponde sin estar abrumados por el miedo a quedar lisiados o a ser masacrados a manos de los hijos de otras madres, que son muchachos a los que sus hijos nunca han dañado, entonces tienen que armarse con el valor necesario para atreverse a rechazar y no alabar, como ahora lo hacen, a los hombres de la casta militar, que portan sus uniformes como símbolo de lo heroico.

Antes de que nos levantáramos de la mesa, les hice saber que doña Adela me había contado muchos datos interesantes sobre la familia y, en especial, sobre la niñez de Felipe. Y entonces, Elvia me preguntó si su madre me había platicado la historia de cómo Felipe protegía a los pájaros. Le respondí que con tantas anécdotas por contar y con tan poco tiempo, seguramente había muchas que se habían tenido que omitir; pero le dije que estaba ansiosa por escucharla.

Sonriendo, Felipe le pidió a Elvia que aplazara el "cuento de los pajaritos" y otras leyendas del "niño maravilla de Motul" hasta cuando estuviéramos de nuevo en el tren de regreso a Mérida, con tres horas a nuestra disposición. Y le dijo que le permitiera, en vez de eso, platicarme un acontecimiento en la vida de su padre que para él era una fuente constante de admiración y orgullo.

En reconocimiento, dijo Felipe, a los muchos años de un admirable servicio militar y, más tarde, de un destacado liderazgo cívico, el presidente Díaz nombró a don Justiniano como jefe político, un puesto envidiable que implicaba un poder prácticamente ilimitado y retribuciones como "jefe" de los gobernadores de los seis estados del sureste. Don Justiniano aceptó el nombramiento; pero al término de ocho meses, le envió una carta al dictador en la que, después de expresarle su profundo agradecimiento por el honor recibido, declaraba:

"Ya que me doy cuenta, señor, de que mi deber principal es devolver a sus dueños a los esclavos mayas que se han escapado, debo, a partir de este momento y con todo respeto, presentarle mi renuncia al alto cargo que con tanta generosidad usted me ha encomendado".

Cuando nos fuimos de la casa de los Carrillo, en la que incluso las paredes parecían vibrar con los impulsos nobles y los sentimientos generosos que eran el residuo espiritual de las vidas que habían albergado durante más de medio siglo, doña Adela le prometió a Felipe que iría a Mérida, en unos días más, para asistir a algunas de las festividades organizadas para los invitados del Instituto Carnegie. Y al despedirse de mí, con un abrazo cariñoso, me dijo que esperaba que esos "recuerdos" que había evocado me fueran útiles. También, me aseguró que pondría su mente a trabajar en el asunto, de modo que, quizás, para la próxima vez que nos viéramos en Mérida tendría para mí otros recuerdos y cuentos que en esa ocasión se le habían olvidado.

Cuando estuvimos de nuevo en el vagón de observación para el viaje en tren de regreso a Mérida, Elvia le dijo a Felipe que sería mejor que se pusiera algodón en las orejas porque ella le iba a "contar a Almita algunas cosas que su madre pudo haber pasado por alto", en especial, el cuento de cómo en su niñez él acostumbraba rescatar a los pájaros.

Mi hermano —dijo Elvia— comenzó con su labor a favor de los caídos, a la edad de ocho años. Durante los meses del verano, bajo nuestro tórrido calor y el prolongado periodo de sequía, los pájaros en todo Yucatán se mueren por miles. Felipe, que siempre fue el líder de sus hermanos y de sus compañeros de juegos, estaba profundamente conmovido de ver, cada mañana, los muchos pájaros que habían caído muertos en el patio. Entonces, decidió intentar evitar esa catástrofe y organizó a sus compañeros —niños de su misma edad— en un "batallón de misericordia" juvenil. Como primer paso, dispuso que todos reunieran ramas con las que pudieran construir jaulas pequeñas. Una vez hechas las jaulas, las colocaron en el patio y les pusieron pocillitos de agua y pedacitos de comida. Las puertecillas se dejaban abiertas y, de ese modo, hasta dos mil pájaros encontraban refugio cada verano en el enorme patio, durante los meses en los que la tierra está seca y el aire estático y sofocante. Como sabes, todos los ríos de Yucatán son subterráneos y cuando no hay lluvia, la tierra se vuelve muy seca. Así que, resollando por la falta de aire, las pequeñas criaturas entraban en las jaulas y se quedaban ahí, en donde, a lo largo de todo el verano, Felipe y sus ayudantes les daban agua y comida... Una vez que llegaban las primeras brisas del otoño, que anunciaban el fin del terrible calor, Felipe liberaba a los pequeños prisioneros diciendo: "Vayan mis hijos... Tengo tantos hijos... ¡Vayan a su libertad!".

Elvia concluyó "el cuento de los pájaros" diciéndome que, en ese tiempo, Felipe le parecía un "San Francisco de Asís joven o, incluso, un don Quijote niño con muchos Sanchos Panza a su lado".

X

Conflictos y amenidades

El banquete formal del 15 de febrero de 1923, en el teatro Peón Contreras de Mérida, "ofrecido" —como lo anunciaba la invitación impresa— "por el gobernador constitucional del estado de Yucatán, para los científicos del Instituto Carnegie y los turistas estadounidenses" fue, quizás, el indicador más claro de la mejoría en las relaciones entre Estados Unidos y México en más de una década.

Durante el largo periodo de la "guerra fría" de la era preatómica, que separó a los pueblos vecinos después del derrocamiento del régimen de Díaz en 1911, los actos de traición y violencia cometidos en ambos lados de la frontera enardecieron la amarga enemistad. El papel indigno que desempeñó el cónsul de Estados Unidos en México, Henry Lane Wilson, durante la Decena Trágica —que, a mediados de febrero de 1913, culminó con el asesinato del presidente Francisco I. Madero y del vicepresidente José María Pino Suárez a manos del general Victoriano Huerta, quien aprobado por la embajada estadounidense usurpó el poder supremo—, fue una de las ofensas graves que incitaron al mexicano común y corriente a odiar a los estadounidenses y, a muchos otros, incluso a buscar venganzas.

Del lado mexicano, fueron dos las atrocidades que, ordenadas por Francisco Villa y ejecutadas por sus jefes Rafael Castro y Pablo López, generaron indignación en todo el mundo. Sin embargo, esos dos actos perversos y despiadados se cometieron sin la autorización o conocimiento previo de ningún gobierno constitucional o legalmente establecido. El primero, el 10 de enero de 1916, fue el asesinato de dieciocho extranjeros, quince de los cuales eran estadounidenses empleados de una compañía minera. A todos ellos los balacearon en la estación de Santa Isabel luego de haberlos forzado a descender del tren que iba en ruta de Ciudad Juárez a Chihuahua; no obstante, uno logró escapar, y fue quien narró los detalles de la masacre ante el público horrorizado. El segundo, el 9 de marzo del mismo año, fue un ataque en el pueblo de Columbus, Nuevo México. Ahí, mataron a tres soldados; además, siete militares y cinco civiles resultaron heridos y muchos establecimientos comerciales fueron saqueados y quemados antes de que los agresores huyeran de regreso al territorio mexicano.

La ruptura entre ambos países se hizo más profunda debido a otra serie de agravios que, paradójicamente, tenían su fundamento en buenas intenciones. Ejemplo de ello son las acciones emprendidas por Woodrow Wilson, cuya intención de destruir el poder del traidor Huerta estaba planeada, sin duda, para ayudar al pueblo mexicano. Luego de que, habiéndole dado amplia oportunidad para hacerlo, el asesino de Madero y Pino Suárez se negó a renunciar, el presidente Wilson ordenó, el 21 de abril de 1914, que las tropas estadounidenses ocuparan Veracruz. En ese acto murieron dos defensores, hombres jóvenes y valientes, cadetes de la Academia Naval. La causa de la ocupación y el bloqueo, cuyo único propósito era expulsar a Huerta —y no invadir o anexarse el territorio—, fue el ataque que sufrieron unos marineros estadounidenses en Tampico. Pero con ello no se logró más que proveer al intransigente Carranza con material inflamable para avivar el fuego del nacionalismo mexicano. Incluso el mismo Plutarco Elías Calles, que había sido un ferviente partidario suyo, señaló este hecho cuando, desilusionado, renunció del gabinete de Carranza.

Esa "invasión" a Veracruz fue analizada con mayor profundidad por el historiador estadounidense Charles Callan Tansil, quien describe cómo el barco Alemán Ipiranga desembarcó en

Coatzacoalcos con las armas y municiones que Huerta había adquirido para usarlas contra el propio Carranza. A pesar de que el cargamento del Ipiranga y otro, también proveniente de Alemania, llegaron a tierra muy poco tiempo antes del derrocamiento del usurpador y de que, por lo tanto, las armas alemanas no le hubieran sido útiles a Huerta, el presidente Wilson —como lo señala en sus *Memorias*[1] Isidro Fabela, secretario de Relaciones Exteriores de Carranza— no podía descartar la posibilidad de que Alemania o alguna otra potencia europea, que estuviera haciendo negocios con Huerta, tomara el control. Sin embargo, para hacerle justicia al principio que sostenía Carranza, se tiene que decir que, si bien es cierto que su causa se hubiera visto enormemente beneficiada por la intervención, él no dejó de insistir, al igual que más tarde lo hicieron sus seguidores, en los derechos absolutos de México como nación soberana, a pesar de las debilidades o peligros internos.

A lo largo de la administración de Carranza, el ánimo que prevalecía en los círculos de los grandes negocios era el de una impetuosa promoción a favor de la intervención, y eso insultaba aún más al ya de por sí agraviado orgullo mexicano. La agitación que ocasionaron los grupos que exigían "la protección de los derechos estadounidenses" provocó que el Congreso decidiera formar un comité de investigación, mismo que encabezó el senador Albert B. Fall, quien más adelante fue encontrado culpable de tráfico de influencias en el escándalo del *Teapot Dome*.[2] En su informe, el comité recomendó que

---

[1] Isidro Fabela, *Mis memorias de la Revolución*, México, Jus, 1977. Si bien ésta es la fecha de la primera edición del libro, Alma Reed debe haber tenido acceso al contenido del mismo, o a partes de él, por medio de algún artículo periodístico que se hubiera editado antes de esa fecha. (N. de la T.)

[2] En 1921, Albert B. Fall, en calidad de secretario de Gobernación de Estados Unidos, convenció a la Marina para que le entregara el control de sus reservas petrolíferas en Elk Hills, California, y Teapot Dome, Wyoming. Una vez que consiguió la concesión, se las arrendó a dos compañías petroleras a precios muy bajos y sin licencia. Cuando el hecho salió a la

no se le diera reconocimiento a ningún gobierno mexicano a menos de que eximiera a los estadounidenses de algunas provisiones de la Constitución de 1917. Ante la negativa de México a aceptar semejantes condiciones, que afectaban los artículos 3, 27, 33 y 127 constitucionales, el comité urgió a "enviar a México un cuerpo policiaco compuesto por fuerzas navales y militares de Estados Unidos".

En el ínterin entre el estallido de la Revolución y su consolidación bajo el régimen de Obregón, hubo algunos esfuerzos, aunque esporádicos, en beneficio de la reconciliación internacional; no obstante, casi todos ellos fueron a nivel de intereses financieros en conflicto. Ambas partes convocaban reuniones de banqueros inflexibles, que eran los representantes de uno y otro gobierno, con el propósito de conseguir alguna ventaja para su país, pero ninguno mostraba un interés real en fomentar una cordialidad duradera entre las dos naciones. En general, el propósito de los estadounidenses era recuperar las enormes pérdidas que habían sufrido los negocios entre 1910 y 1920, y fijar una indemnización por las propiedades confiscadas y por las vidas de las víctimas inocentes del periodo de caos.

Por el otro lado, los mexicanos querían conseguir el préstamo de los fondos que tanto necesitaban para la rehabilitación y reconstrucción de muchas áreas del país luego de la revuelta. Ésa fue una labor difícil, pues a pesar de que, día tras día, el gobierno de Obregón estaba demostrando su estabilidad, había algunos elementos oposicionistas, al norte y al sur del río Grande, que porfiaban para impedir cualquier tipo de asistencia o incentivos por parte de Estados Unidos. Sólo la perseverancia de los hábiles negociantes mexicanos y el apoyo de algunos amigos leales a Estados Unidos, entre los que destaca el señor John Glenn, cónsul de Estados Unidos en Tampico, lograron finalmente persuadir a los inversionistas que estaban indecisos para que arriesgaran un capital adicional que posibilitara la

---

luz pública, en 1923, se descubrió que, a cambio de las concesiones, el secretario había recibido donaciones y créditos sin intereses. (N. de la T.)

supervivencia del naciente régimen revolucionario. También los movimientos obreros organizados, inspirados por sus líderes eficaces —Samuel Gompers, Andrew Furuseth y William H. Johnston, del sindicato de maquinistas— apoyaron con firmeza al sindicalismo mexicano. La solidaridad continental y los estrechos vínculos que existían con los trabajadores mexicanos fueron los asuntos primordiales del congreso de la Federación Panamericana del Trabajo[3] que se llevó a cabo en Laredo, en noviembre de 1918.

De igual modo, hubo unos cuantos estadistas y autores estadounidenses que, con arrebatada pasión, salieron en defensa de México. Estos grupos bien informados y amantes de la paz atribuían el fracaso en las negociaciones financieras a las exigencias injustas que Washington pedía como precio por su reconocimiento. A pesar de que en la prensa de Estados Unidos cada vez aparecían más críticas a las políticas rígidas del secretario de Gobernación Charles E. Hughes, la administración de Harding se mantuvo firme en la exigencia de un tratado previo al reconocimiento. Tanto en discursos públicos como en libros y artículos de distribución masiva, este pequeño grupo de portavoces extraordinariamente lúcidos insistía en el hecho de que durante los dos años anteriores México había disfrutado de un gobierno constitucional pacífico y progresista, que era, sin lugar a dudas, el más estable desde el derrocamiento de Díaz. Y sostenía que, bajo las condiciones que imperaban en ese momento, no había justificación alguna para que se mantuviera la actitud inflexible de Estados Unidos hacia México.

---

[3] La Federación Estadounidense del Trabajo, presidida por Samuel Gompers, fue el organismo que dio pie, a principios de 1917, a la creación de la Federación Panamericana del Trabajo, cuya labor fue, durante varios años, investigar y exponer los abusos cometidos en contra de los trabajadores en todo Latinoamérica. Sin embargo, esta federación se desintegró poco después de la muerte de Gompers, y no fue sino hasta 1948, y también gracias a la Federación Estadounidense del trabajo, que se logró conformar un organismo sucesor, la Confederación Interamericana de Trabajadores.

El 19 de julio de 1922, el senador por Dakota del Norte, E. F. Ladd, denunció ante el Congreso la negación del reconocimiento como "una separación desafortunada de nuestros estándares anteriores de negociaciones honorables y justas con otras naciones, tanto grandes como pequeñas". También declaró que esa negativa era perjudicial para los sanos intereses comerciales de Estados Unidos y de México, a pesar de que "pueda ser ventajoso para ciertas corporaciones e individuos en este país y en otras partes".

En su brillante alegato, el senador Ladd, perturbado y con estadísticas desafiantes, argumentó que la negación del reconocimiento le impedía al gobierno mexicano solicitar el préstamo de los fondos que necesitaba para restablecer el transporte, el comercio y la agricultura, y que además alentaba "ciertos intereses siniestros en el lado norte de la frontera que ya en el pasado hicieron intromisiones desafortunadas en los asuntos internos de México y que están mostrando un deseo evidente por hacerlo de nuevo". El perspicaz estadista terminó diciendo:

> Por último, aunque de ningún modo sea menos importante, pospone el desarrollo agrario e industrial de México, que de lo contrario, se convertiría rápidamente en uno de los mejores clientes de Estados Unidos; sus enormes órdenes de compra restablecerían nuestro lánguido comercio exterior y pondrían en marcha nuestras fábricas inactivas, lo que quiere decir que se abrirían plazas para nuestros trabajadores desempleados.

De cualquier modo, tanto los funcionarios como los financieros de ambos países estaban impacientes por ajustar la deuda de México. A pesar de que la administración de Obregón asumió honorablemente sus obligaciones fiscales anteriores —en las que algunas veces se había incurrido de forma ilegal—, se afanó en conseguir que las sumas astronómicas que le exigían los acreedores internacionales se redujeran a cifras más realistas. Y es que, como resultado de los millones de dólares que, durante la dictadura, México le había pedido en préstamo a las tesorerías extranjeras y a fuentes privadas a cambió de pagarés —que en muchos casos estipulaban pagos de cantidades mucho mayores a las que se habían recibido en anticipo—, la deuda nacional que pesaba sobre el pueblo mexicano, ya muy empobrecido, era, en ese periodo, una de las cuotas más altas *per cápita* en el mundo.

El banquete de Felipe para los expedicionarios del Instituto Carnegie, ofrecido noventa días antes de las célebres conferencias de Bucareli —inauguradas en la Ciudad de México el 14 de mayo de 1923— y cuando todavía faltaban ocho meses para que se otorgara el reconocimiento a México por parte de Estados Unidos, reflejaba ya una época de mayor comprensión, respeto y confianza; una época de relaciones humanas y sociales más estrechas entre los dos países. No hubo ningún antagonismo o controversia que impactara el ambiente festivo de ese cordial evento de "buena voluntad". La reunión, auspiciada por el estado y cuyo ambiente de alegría en ningún momento se oscureció con nubes de suspicacia o escepticismo, marcó el comienzo de una temporada que prometía un clima político distinto y, sin duda, mucho más conveniente.

Ni el estado socialista de Yucatán ni el renombrado Instituto Carnegie estaban obedeciendo a intereses ocultos; bajo el escudo universal de la ciencia, lo que subyacía en ese proyecto era un deseo sincero de colaborar en la tarea, impersonal, de penetrar el misterio de una admirable cultura autóctona del Nuevo Mundo. En Yucatán, los mexicanos y los estadounidenses se reunieron con espíritu fraternal para encontrar la forma y el medio de desenterrar el conocimiento de una herencia continental común. Por lo menos durante ese lapso, ambas partes pusieron del lado las cosas que desde mucho tiempo atrás las habían separado —los recuerdos de invasiones agresivas, arrebatos de tierra nefarios, enemistades ideológicas, traición y derramamiento de sangre—, para llevar a buen término su interés mutuo en un proyecto más grande y unificador; un proyecto que atañía tanto al gobernador Felipe Carrillo Puerto, descendiente de Nachi Cocom, Señor de Sotuta y último defensor de la soberanía maya, como a los eruditos de Estados Unidos, los diligentes buscadores de la verdad histórica. Así pues, parecían tener muy en claro que, *en ese momento*, sólo la acción conjunta permitiría recuperar y preservar para el futuro las evidencias consistentes de la esplendida civilización antigua de Yucatán, que era la clave de la gran historia continental americana —la dote preciosa de ambas repúblicas—.

Ésas y otras expresiones nobles se manifestaron en los brindis que, limitados a refrescos y bebidas no alcohólicas, se hicieron en español, maya e inglés, durante la noche de convivencia entre la élite yucateca y los científicos estadounidenses. En respuesta a la introducción que hizo el presidente de la Sociedad Arqueológica local, el doctor Spinden, que dominaba los tres idiomas, le aseguró a la congregación que él y sus compañeros investigadores de Estados Unidos habían ido a Yucatán con la esperanza de eximir una deuda que tenían desde que se habían convertido en una nación independiente; ya que sesenta por ciento de la enorme riqueza agrícola de su país —la más grande en toda la historia humana— provenía, señaló, del conocimiento intuitivo y de la experimentación perseverante que durante siglos la raza maya había desarrollado en el sureste de México y en Guatemala.

La iniciativa y el empeño paciente de los mayas, explicó, hicieron posible que el pueblo estadounidense alcanzara sus altos estándares de vida y que se estableciera la supremacía mundial de su economía. Los comestibles nutritivos que los mayas produjeron, y que eran desconocidos en la dieta del hombre antes del descubrimiento del continente americano, incluyen muchos de los cultivos más importantes de Estados Unidos y de la agricultura moderna del resto del mundo. Los campesinos indígenas de Mesoamérica le suministraron a Europa más del doble de la cantidad de alimentos que consumían. La ingenuidad y el trabajo sistemático de los mayas, añadió, contribuyeron con numerosos productos alimenticios que se consideran esenciales para la dieta del hombre. Entre ellos, papa, maíz, tomate, frijol, aguacate, chile, calabaza y otras verduras fibrosas, papaya y una variedad de especias y bayas. De hecho, la lista era tan extensa, que el doctor Spinden dijo que era imposible no cuestionarse qué era lo que se comía en la Europa precolombina.

Yo estaba sentada a la derecha de Felipe en la enorme mesa que habían adornado con flores y frutas. Ése era el lugar de honor que había ocupado desde la primera vez que aparecimos juntos en público; al parecer, semejante disposición se aceptaba como protocolo. Cuando Felipe se levantó a saludar a sus invitados, todos los ojos se posaron sobre él, como de costumbre, pero entonces caí en la cuenta de que yo estaba compartiendo la luz de sus reflectores. Me hice consciente también, aunque lo aceptaba con toda tranquilidad, de que además, la mirada colectiva estaba tomando nota detallada de mi apariencia personal. Mi vestido formal de satín francés azul, mi peinado sencillo y clásico y todos mis movimientos estaban siendo objeto de un escrutinio cuidadoso, y por lo que pude percibir, aprobatorio.

En sus breves comentarios, Felipe destacó el amplio conocimiento que poseía el doctor Spinden sobre la producción agrícola que había en Yucatán antes de la Conquista, y, riéndose, declaró que nominaría al sabio del Museo Peabody para el cargo de secretario de Agricultura del estado en cuanto el renacimiento maya le restituyera a la raza su antiguo prestigio y poder político. Después, cuando estaba explicando el programa del día siguiente, anunció que las horas de la mañana y del mediodía estarían dedicadas a visitar distintos puntos de interés en Mérida —la ciudad maya de T'Ho—,[4] que ya tenía mil años de edad cuando los españoles llegaron a Yucatán. Dijo también, que esperaba que no estuviéramos tan absortos en la fascinación de las muchas delicias que la Ciudad Blanca ofrecía como para olvidarnos de que teníamos que estar en nuestros respectivos domici-

---

[4] T'Ho era el nombre original de la ciudad prehispánica que los españoles llamaron Mérida.

lios antes de las once de la noche, pues debíamos abordar el tren de medianoche hacia Chichén Itzá. Ése, explicó, era el propósito primordial de nuestro viaje, el verdadero inicio de la prometedora aventura arqueológica que había llevado a tantas eminencias a la "tierra del faisán y del venado". El tren nos llevaría al pequeño pueblo de Dzitás, a unos doscientos cuarenta kilómetros de Mérida; ahí, habría una serie de automóviles esperándonos para recorrer, en caravana, otros cincuenta y seis kilómetros sobre la nueva carretera, que estaba casi terminada, hasta la base misma del Castillo, la gran pirámide en el corazón del centro ceremonial de la antigua capital de los itzaes, "hombres santos y sabios". Los miembros de nuestra expedición serían los primeros en usar esa carretera y, por lo tanto, en inaugurar lo que él esperaba que fuera una línea más directa de comunicación entre el pasado y el presente. Pero el camino de Dzitás, explicó, era tan sólo el primer paso de la red estatal de comunicaciones que pronto se llevaría a cabo y que eventualmente conectaría todos los sitios arqueológicos más importantes de Yucatán. No obstante, ese programa de gran escala se había diseñado para otros propósitos además de la investigación científica y el turismo. Lo que más le importaba, admitió con franqueza, eran los indios mayas. Además de facilitarles a los eruditos el descubrimiento de nuevos templos y palacios —que incluso podrían ser más importantes que los que ya estaban a la vista—, el proyecto de los nuevos caminos contemplaba a los mayas como sus principales beneficiarios. Él estaba convencido de que con el acceso a todas las magníficas estructuras que les habían legado sus ancestros, sería menos difícil despertar su orgullo en la capacidad racial y estimular la ambición y el esfuerzo necesarios para los logros personales.

De hecho, como Felipe lo había asegurado en el banquete, para los "yucatólogos" había mucho que ver en Mérida —y la mayoría de ello estaba íntimamente relacionado con la historia de Chichén Itzá—. El vínculo más punzante con la valentía de los descendientes de los "hombres santos y sabios en la boca del pozo de los itzaes"[5] era el edificio más famoso de Mérida, la casa de los Montejo. Por invitación de su dueño y ocupante, el aristócrata señor don Álvaro Regil, heredero de la familia Montejo, visité la residencia palaciega con un grupo que incluía a los esposos Barry y a la canosa señora William James, una integrante activa de la Sociedad Arqueológica local y por muchos años ya, residente prominente de Yucatán. La elaborada estructura, erigida en 1549, es un monumento tanto a la Conquista española como al gallardo espíritu indígena. En 1543, cuando el adelantado Montejo logró por fin convertir a Yucatán en una provincia vasalla de España —como unos años antes lo había hecho su jefe, Hernán Cortés, con Tenochtitlan—, intentó asentar su gobierno en Chichén Itzá; pero los itzaes se resistieron con tal encono a la profanación de su ciudad sagrada, que se vio obligado a evacuarla y a retirarse a T'Ho, capital de la provincia de Cehpech.

Sin embargo, la derrota de Montejo en Chichén Itzá no impidió que festejara triunfalmente sus victorias en otros lados de la península con esculturas ostentosas. Su costoso triunfo, conseguido sólo después de dieciséis años de lucha sanguinaria, quedó retratado sobre las paredes recargadas de adornos de su palacio, el cual construyó con piedras tomadas de las edificaciones prehispánicas y retrabajadas por las manos de artesanos nativos con mazos de madera y cinceles de nefrita, los mismos instrumentos que habían usado los antiguos constructores de los templos. A ambos lados del amplio balcón, ubicado en lo alto de esa fachada de relieves intrincados y ya suavizada por el tiempo, se erige, en dimensiones heroicas, la figura de un soldado español con barba y yelmo, en armadura completa y con una alabarda del siglo xv. Las figuras de los dos guerreros de semblante firme, y con los pies cubiertos por la armadura, se muestran pisoteando sin

---

[5] El nombre Chichén Itzá significa "en la boca del pozo de los itzaes". (N. de la T.)

piedad los cuellos de los nativos conquistados y doloridos. En medio de ellos, sobre un escudo enorme, blasonado en altorrelieve, está la insignia heráldica de Francisco Montejo, capitán general de Yucatán.

Esa noche, conforme a lo programado, el comité de hospitalidad recogió a los expedicionarios en sus hoteles o estancias privadas y los llevó a la estación del ferrocarril para que abordaran el tren de medianoche; Antonio pasó por mí a la residencia Cantón, igual que siempre. Como un gesto de cortesía, Felipe nos cedió, a Vera Barry y a mí, su compartimiento personal; él se quedó la mayor parte de la noche —de eso nos enteramos después— en el vagón de observación con el doctor Morley y el ingeniero José Reygadas Vértiz, representante del departamento de arqueología mexicano, revisando los detalles de la colaboración estatal y federal para el proyecto de exploración. La brillante y penetrante luz solar de Yucatán hizo que fuera imposible dormir después del amanecer y, a las seis, todos se presentaron en el carro comedor para desayunar. A diferencia de sus anfitriones yucatecos —que eran evidentemente madrugadores— la mayoría de los estadounidenses estuvieron en una especie de atolondramiento tropical hasta después de que el café de Xalapa, el pan dulce y el delicioso guacamole les devolvieron un poco del vivaz optimismo que había caracterizado al banquete oficial. La conversación, cada vez más estimulante, animó el ambiente mientras, por segunda vez en esa emocionante semana, recorrimos las kilométricas y monótonas plantaciones de henequén de camino hacia las ruinas mayas. La visita a Chichén Itzá, todos lo sabíamos, se trataba de una investigación preliminar; no habría ninguna decisión definitiva sino hasta después de que las recomendaciones se hubieran entregado en Washington, quizás al final del otoño. Pero, en ese momento, ningún miembro del grupo se imaginaba que pudiera surgir algún incidente que obstaculizara el proyecto de largo plazo que se proponía llevar a cabo el Carnegie.

En el asiento trasero del *Fordinga,* cuyo trayecto sobre las amplias y despejadas extensiones de blancura ininterrumpida se fue trazando en medio de la espesura de la vegetación, yo iba al lado de Felipe, que estaba alborozado, y Antonio, con igual alborozo, iba al volante. También con nosotros estaba Benjamín, el hermano preferido de Felipe. Aunque Benjamín, que tenía ojos oscuros y pelo café, era catorce años menor que Felipe, parecía más cercano a él en gustos y en su visión de las cosas que los hermanos mayores que yo había conocido. En esa ocasión, Benjamín iba acompañado de su esposa, una mujer vivaz, que hablaba inglés, y con la que se había casado unos meses antes, Pilar Díaz Bolio, hija de unos antiguos y prominentes residentes de Mérida. De finos modales y con una personalidad moderna como de "joven del mundo", Benjamín, igual que su hermana Elvia, parecía de ascendencia española más que maya. Era el doceavo hijo de la familia Carrillo y el único en abrazar la carrera militar. Al terminar la escuela preparatoria, continuó sus estudios en el Colegio Militar de Chapultepec y terminó con el grado de teniente segundo. En febrero de 1914, después de su "bautismo de fuego" —como él mismo lo había llamado en una carta que su madre atesoraba y que más adelante me mostró— en las campañas del territorio de Tepic, lo ascendieron al grado de capitán del 22 regimiento por valentía personal. Durante su estancia en la capital lo nombraron administrador del rastro público de Tacubaya y lo eligieron diputado federal. Cuando regresó a Yucatán, además de integrarse al Congreso local, se desempeñó como secretario de la Liga Central de Resistencia y como presidente de la Cámara Estatal de Comercio.

Cada tanto, Felipe se bajaba del auto para revisar el progreso de la caravana, conformada por unos doce *Fordingas* que llevaban, cada uno, a dos o tres estadounidenses escoltados por funcionarios federales o estatales, o por miembros de la Sociedad Arqueológica local. Felipe nos explicó que el último tramo de la carretera todavía no estaba terminado y que tardaría otros cuatro o cinco meses en estar listo; pero que manejando con cuidado era fácil recorrerlo con esos automóviles ligeros. Con detalles vívidos y divertidos, describió la forma en la que se viajaba antes a las ruinas de Chichén Itzá. Nos contó cómo los turistas valientes, si iban solos, podían estirarse por completo sobre el extraño artefacto que a la vista parecía un viejo carretón de entregas y que estaba sostenido por unos muelles gruesos de piel amarrados entre las dos ruedas enormes. En teoría, el ocupante debía ir cómodo sobre el colchón relleno de algodón de árbol que iba colocado encima de una red de cuerdas. Cuando había dos o tres pasajeros, se tenían que acomodar en forma transversal. El número de mulas que jalaban al volán coche, nombre con el que se conocía al tambaleante vehículo, dependía de la carga; podían ser tres o cinco. Una de las mulas se colocaba en medio de las barras gemelas, que eran muy cortas, y las otras dos o cuatro, a los lados o bien al frente de la primera. Todas estaban amarradas al volán con un arnés de cuerda y sin la faja de hierro que le permite a los animales retroceder o detenerse y, entonces, en las bajadas, tenían que mantenerse siempre adelante del volán porque si no, se caían bajo sus ruedas. En la orilla del colchón, sentado al frente del vehículo, el conductor blandía su látigo y agitaba sus riendas de cuerda; y al grito de la orden "váyanse" las mulas comenzaban su galope. Si tenía suerte y el volán no se volteaba y se arruinaba, durante seis dolorosas horas de camino abrupto, el desvalido viajero iba traqueteándose, rebotando sobre su cojín —supuestamente protector— y, al mismo tiempo, tratando de evitar que lo rasguñaran las ramas protuberantes a ambos lados de la estrecha vereda.

"Pero todo eso quedó en el pasado, al igual que las tundas de nuestros inditos en las haciendas", dijo Felipe con viva satisfacción. "Para julio, se va a echar la última capa de macadán y el tiempo de traslado entre Dzitás y Chichén Itzá se va a reducir a menos de media hora. Sí, ya fijé mediados de julio como nuestra fecha límite. Estamos planeando un festival espléndido, una reunión de miles de mayas de toda la península, la primera en siglos".

Después, me tomó de la mano y añadió con fingida solemnidad:

> Y recuerda, Almita, no importa a qué parte del mundo te envíe tu periódico capitalista, el estado socialista de Yucatán tendrá contemplada tu honorable asistencia a este histórico acontecimiento. De hecho, aquí y ahora, en mi capacidad oficial, ordeno tu asistencia, y Pilar, Benjamín y Antonio son mis testigos.

En respuesta a su humor juguetón, los tres levantaron sus manos en señal de aprobación a su orden ejecutiva; yo les aseguré, con toda sinceridad, que haría mi mayor esfuerzo para obedecer sus instrucciones. De hecho, en lo más profundo de mi corazón albergaba la esperanza de poder, de algún modo, arreglar las cosas para volver a Yucatán en el momento en el que Felipe iba a coronar sus esfuerzos de toda la vida por revivir el espíritu del Mayab. Sin embargo, la voz interior, que rara vez se equivoca, no dejaba de insistir en el hecho de que julio estaba aún bastante lejos.

La caravana de camino a Chichén Itzá, 1923.

En la medianoche del 16 de febrero de 1923, que registran con exhuberancia juvenil ese primer viaje a Chichén Itzá, evocan una atmósfera impregnada de magia. La alegría de nuestras risas y las expresiones felices de admiración mutua, que mostraban la dicha que sentíamos uno en compañía del otro, parecen resonar en ecos de ondas sonoras que vibran sin cesar en el espacio infinito. Las frases poéticas de mi diario, que intentaban comunicar los pensamientos y las impresiones de ese día, convocan desde el éter, que todo lo preserva, a los mudos, pero también imperecederos, impulsos y emociones. La adoración en la mirada de Benjamín, que volteaba constantemente hacia atrás desde el asiento del copiloto para ver a su radiante Pilar; mi propio placer extático ante la certeza secreta de la necesidad pasional de Felipe por mí... Ésas y otras emociones que se transpiraban en el silencio, vuelven a la conciencia como un chispazo y la encienden con toda su intensidad original.

Pero la hora encantada del camino de Dzitás pareció transcurrir a la velocidad de la luz, sin mostrar en su fascinante transcurso ningún indicio de la lúgubre hora que estaba gestándose en el futuro invisible que ya estaba precipitando su arremetida. En nuestro círculo mágico, circundado por la doble atracción magnética de la mente y el corazón, no se filtró ninguna premonición de la angustia que muy pronto destrozaría nuestra alegría, de la desesperación abismal destinada, antes de que otro febrero tomara su lugar en la sucesión de los meses, a sofocar las vidas y a desgarrar por siempre los sueños de cuatro personas enamoradas.

Portada de la revista *El Agricultor*, 1923. Alma aparece otra vez con su legendario terno bordado, regalo de Felipe. Colección Museo Nacional de Hstoria, México, Ciudad de México.

XI

La ciudad de los sabios itzaes

Durante casi un kilómetro, pudimos ver con toda claridad la pirámide que marcaba el punto final de nuestro viaje. No hubo, sobre la superficie plana de piedra caliza, ninguna curva o colina que obstruyera nuestra vista del magnífico macizo del Castillo. Conforme nos fuimos acercando a la grandiosa estructura, los extraordinarios ojos de Felipe comenzaron a destellar con el orgullo que nacía de su logro personal; pues él no sólo había planeado el camino, al que sentimentalmente llamaba *sacbeob* —una carretera de roca, en relieve, que conectaba las ciudades mayas antiguas—, sino que también había tomado parte en su propia construcción. Ya la maestra Rosa y Manuel Cirerol me habían platicado que, durante los últimos meses, su líder incansable se escabullía de Mérida sin decir palabra y horas más tarde lo encontraban manos a la obra en el trabajo, arremangado y transpirando bajo el calor intenso. Dejaba su saco de lino blanco y su sombrero Stetson de fieltro negro y ala ancha colgados en algún arbusto cercano y se ponía a picar piedra con un azadón o a limpiar el terreno selvático con una pala para sacar las raíces profundas que los tractores no habían podido recoger.

Al ver a Felipe, los cuatro músicos indígenas de la orquesta nativa de cuerdas comenzaron a dirigirse hacia él en fila para recibirlo con una tonada alegre; lo que tocaron conforme se iban acercando era probablemente el equivalente maya de "Hail

El Castillo en Chichén Itzá. Fotografía encontrada en la colección personal de Alma Reed, cortesía de Rosa Lie Johansson.

to the Chief".[1] Felipe saludó con calidez a los músicos y a sus compañeros de la Liga y me pidió que me quedara junto a él, con Pilar y Benjamín, para esperar la llegada de la caravana. Cuando llegó el último auto y los miembros de la expedición y los funcionarios yucatecos se reunieron con nosotros en el lugar en el que se estaba llevando a cabo la breve ceremonia informal, la banda estatal que venía acompañándonos desde Mérida comenzó a tocar el Himno Nacional mexicano.

Observé a mi alrededor y pude leer en las expresiones de mis connacionales —tanto en las de los eruditos reservados como en las de los turistas románticos y ansiosos— que también a ellos los había atrapado la profunda emoción del momento; y me pareció que la forma en la que estaban apreciando el verdadero significado de esa ocasión era en términos del humanismo de Felipe y no en sus propios términos arqueológicos. Todos estaban de pie y guardando un silencio respetuoso, como si estuvieran participando en un rito religioso solemne. Y las lágrimas llenaron otros ojos, además de los míos, cuando Felipe cortó el listón blanco para inaugurar lo que él creía, con enorme fervor, que sería el inicio de una nueva era para su raza ancestral.

---

[1] "Hail to the Chief" es una marcha militar que se toca en la ceremonia de toma de posesión de los presidentes de Estados Unidos. (N. de la T.)

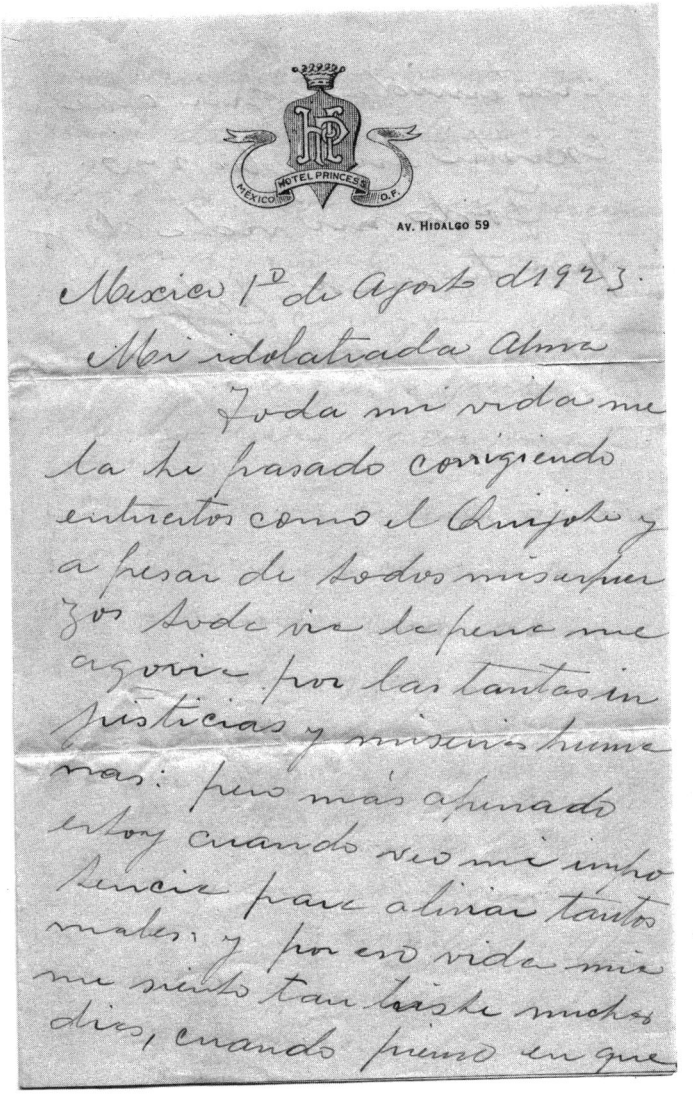

México 1º de Agosto d1923.

Mi idolatrada Alma

Toda mi vida me la he pasado corrigiendo entuertos como el Quijote y a pesar de todos mis esfuerzos todo se le pone me agobia por las tantas injusticias y miserias humanas; pero más apurado estoy cuando veo mi impotencia para aliviar tantos males, y por eso vida mía me siento tan triste muchos días, cuando pienso en que

Carta de puño y letra de Carrillo Puerto escrita en tinta roja sobre papel membretado del Hotel Princesa, México, Ciudad de México, 1º de agosto de 1923.

fraternidad que debe
existir entre tu y yo.
    Toda mi vida doy
por tu amor. Felipe

tú tambien podías ser
una de las victimas aca
chadas por la injusticia
y por el mal. y se re-
vela mi corazón al pensar
sar que alguna persona
se podría hacer mal.
Por eso me apresuro a ad
juntarte este cheque que
debe servirte cuando más
lo necesites. y espero que
tu me tengas como el
hombre que solo por el inte
res de verte feliz es capaz de
todo para conseguirlo.
            Te suplico Alma
de vida que recibas esto como
una demostración de la con

México, 1º de agosto de 1923
Mi idolatrada Alma:
Toda mi vida me la he pasado corrigiendo entretuertos como el Quijote y a pesar de todos mis esfuerzos todavía la pena me agovia (sic), por las tantas injusticias y miserias humanas: pero más apenado estoy cuando veo mi impotencia para aliviar tantos males y por esto mi vida me siento tan triste muchos días, cuando pienso en que tú también podrías ser una de las víctimas acechadas por la injusticia y por el mal: y se desvela mi corazón al pensr que alguna persona te podría hacer mal. Por eso me apresuro a adjuntarte este cheque que debe servirte cuando más lo necesitas: y espero que tú me tngas como el hombre que sólo por el interés de verte feliz es capaz de todo para conseguirlo. Te suplico Alma de [mi] vida que recibas esto como una demostración de la cofraternidad que debe existir entre tú y yo. Toda mi vida doy por tu amor.

Felipe

Detrás de nosotros, desde las excelsas alturas del gran Castillo y de los célebres monumentos de la antigüedad, muchos siglos estaban volteando la mirada hacia los hombres que habían invocado el pasado glorioso en otros tiempos y lugares. Los más famosos de estos predecesores, como lo registra la historia, fueron los conquistadores; los hombres que, por medio de la fuerza armada, llegaron a imponer su voluntad sobre los pueblos vencidos y a subyugarlos al despotismo de sus respectivas dinastías. Qué diferente, pensé ese día mientras Felipe estaba parado a la sombra de la majestuosa pirámide de Chichén Itzá, era el papel que él desempeñaba: el de un embajador de la hermandad. Irradiando esperanza y valentía, él había llegado como otro redentor al antiguo santuario de Kukulkán, el mesías de América, con el compromiso de sanar las heridas causadas por los hombres de la espada y el látigo, para romper los grilletes de la ignorancia y la superstición que, a pesar de la liberación política, todavía mantenían a los mayas en un cautiverio espiritual y económico.

Felipe mismo declaró su propósito con elocuencia en unas cuantas palabras simples que les dirigió a los indios mayas que estaban a su alrededor. "Hemos abierto esta carretera", dijo en su propia lengua, "para venir a contemplar la grandeza de nuestros padres; pues estoy seguro de que, inspirados en ella, aspiraremos también a ser grandes".

Seguidos por el acompañamiento simultáneo, y en momentos cacofónico, de los dos grupos musicales tan distintos, todos ingresamos al vasto cuadrilátero. Ahí, el señor Edward H. Thompson, dueño de la hacienda Chichén Itzá —cuyo terreno de 3.2 kilómetros de norte a sur y 2.4 kilómetros de este a oeste se extendía a ambos lados de la carretera y contenía las principales ruinas— abrazó a Felipe como a un viejo camarada y nos dio la bienvenida al lugar que, por más de treinta y ocho años, había sido casi exclusivamente su dominio personal. Para el explorador veterano de Nueva Inglaterra, ese día implicaba el inicio y también el final de una era; presagiaba el fin de la vida de trabajo asiduo que había desarrollado entre las ruinas y de su estudio intensivo sobre los habitantes de la región, los descendientes de los constructores de lo que, una vez, fue la magnífica capital maya y que todavía era impresionante. Don Eduardo, forma afectiva en la que lo llamaban en todo Yucatán, no sólo había conducido una serie de exploraciones extraordinarias en los cenotes y en los sepulcros sacerdotales, era autor de varios descubrimientos muy valiosos como la placa inscrita y grabada de las Series Iniciales y también se había convertido en una autoridad en casi todas las fases de la cultura maya: los hábitos y costumbres nativas, el idioma, la historia, las tradiciones y la religión. Y en ese momento, después de décadas de una espera paciente y fructífera, los emisarios de una institución poderosa y acaudalada de su propio país llegaban, por fin, para tomar el mando del trabajo solitario que él había desempeñado para proteger los vestigios del esplendor de Chichén Itzá de las fuerzas de la naturaleza y del vandalismo del hombre, que hubieran ocasionado su destrucción total.

Con la agilidad y el entusiasmo de una persona mucho más joven, don Eduardo nos guió por los escombros de los templos y palacios; conforme nos íbamos acercando a las diferentes estructuras, él nos narraba las leyendas vinculadas a cada una de ellas e interpretaba los símbolos de los abundantes adornos de sus muros y columnas. Mientras tanto, los científicos se enfocaron en el objeto de su interés inmediato, en la zona que se había designado en la planeación previa a la visita de su primera exploración. El sitio era una enorme área elevada, que asemejaba una cadena de colinas, y contenía, debajo de una cubierta de maleza tropical, enormes cantidades de material derrumbado y una serie de peristilos largos alrededor de una gran plaza al aire libre que tenía unos cuatro y medio acres de extensión. Se creía que ese sitio era el mercado de lo que en la antigüedad fue una metrópolis densamente poblada.

Pero todo lo que pudimos ver —de lo que ahora, después de las excavaciones exhaustivas y de una hermosa restauración, es el Templo de los Guerreros con su Patio de las Mil Columnas—, fueron cuatro o cinco centímetros de mampostería que aparecían por aquí y por allá sobre la densidad de la maleza enmarañada. El doctor Morley y los miembros de su equipo de exploradores parecían complacidos ante el hecho de que la selva se hubiera tragado el enorme complejo arquitectónico. Explicaron que, sin duda, la vegetación exuberante había servido como capa protectora para todos los bajorrelieves o inscripciones jeroglíficas que pudieran existir todavía sobre las columnas, que, según su juicio, debían tener entre dos y medio y tres metros de altura.

¿Quién hubiera podido prever, de frente al panorama de esa masa irregular de tierra tapizada de arbustos y escombros durante el primer día de la expedición preliminar del Instituto Carnegie, la cadenciosa magnificencia con la que, durante dos décadas continuas, irían emergiendo el vasto ensamble de pirámides, los pasillos con peristilos esculpidos con maestría, las plataformas masivas y las construcciones en estructuras escalonadas? ¿Quién hubiera podido predecir que en los templos enterrados debajo de templos más antiguos la arqueología iba a descubrir objetos tan preciosos como la célebre placa de mosaicos de turquesa, misma que posteriormente fue considerada por el propio doctor Morley como uno de los ejemplos más destacados del alto grado de desarrollo que tuvieron las antiguas artes autóctonas? ¿Quién hubiera podido adivinar en ese momento —casi cuarenta años antes de que el doctor Jorge Acosta terminara su exploración y restauración de las pirámides de Quetzalcóatl en Tula, en la meseta mexicana—, que el Templo de los Guerreros, enterrado bajo ese montículo que no llamaba la atención en absoluto, iba a divulgar el secreto que por tanto tiempo había guardado la identidad de los verdaderos constructores de Chichén Itzá, así como lo conocemos en la actualidad?

Sin embargo, no fue sino hasta la temporada de 1960-61 cuando se reveló el verdadero origen de los invasores de la capital maya en el siglo x. Las responsables de contar esa historia fueron las figuras talladas en bajorrelieve sobre las columnas del pórtico del Templo de los Guerreros, que son idénticas a las del pórtico de la pirámide de Quetzalcóatl en Tula. Esas representaciones de los guerreros coinciden a la perfección en todos los detalles que despliegan: rasgos, trajes, tocados, armas y ornamentos. Una segunda similitud, que resultó de lo más convincente, fue el hecho de que en ambas estructuras existe un pilar colocado en los extremos del noveno escalón de su amplia escalinata. Los elementos arquitectónicos análogos eran una prueba irrefutable del descubrimiento que hizo el doctor Acosta con respecto a que los toltecas de Tula y no los teotihuacanos, como se pensaba, eran los responsables de que la Ciudad Sagrada del Nuevo Imperio hubiera tenido influencias ajenas a las de la cultura maya.

Hubo muchos otros elementos provenientes de la cultura tolteca de la meseta mexicana, como más adelante lo indicó el doctor Alberto Ruz L'Huillier, que se integraron en las construcciones de Chichén Itzá. Entre ellos, las columnas en forma de serpientes emplumadas, los empalmes en los declives laterales de la base de los templos, el uso de un merlón en los techos, las esculturas humanas al estilo de "Atlantes", los portadores de estandartes, el Chac Mool, las serpientes entrelazadas en balaustradas y las pinturas de tigres y águilas devorando corazones. Sin embargo, no fueron estos elementos sino las representaciones de los guerreros en bajorrelieve y los pilares en el noveno escalón del Templo de los Guerreros los que lograron determinar, con la mayor certeza, que Tula era el origen de la influencia tolteca en la capital de los itzaes.

En lo que para la mayoría de nosotros fue la primera visita, don Eduardo hizo destacar algunas de las características más interesantes de los imponentes monumentos de Chichén Itzá; de esa forma, se anticipó, por muchos años, a las tácticas para despertar la atención que usan los guías de turistas contemporáneos de Yucatán. En el juego de pelota, por ejemplo —el más grande en toda el área maya—, él se paró en el extremo norte de la cancha, nos pidió que nos paráramos en el extremo opuesto y luego se dirigió a nosotros hablando con el volumen normal de su voz. Así fue como nos demostró las condiciones de acústica perfecta del lugar, pues, desde una distancia de ciento treinta y siete metros, podíamos escuchar cada una de sus palabras con absoluta claridad e incluso, el sonido de una moneda que dejó caer sobre la roca caliza.

Felipe dejó a los exploradores del Carnegie para que resolvieran cuáles iban a ser los métodos de penetración que iban a usar en la propuesta de sus colosales excavaciones y se unió a nuestro grupo en la cancha del Juego de Pelota. Don Eduardo recibió su llegada oportuna con una invitación para que él asumiera el papel de guía.

Voy a pedirle a nuestro gobernador, que es un amante del deporte —dijo—, que les platique qué era exactamente lo que sucedía aquí. Él sabe, mucho mejor que yo, cómo jugaban los antiguos mayas el juego de pelota o *tlachtli*, como lo llamaban en esos días; además, él es una autoridad en la versión moderna y menos complicada del *tlachtli* —no sólo es el mayor aficionado de Yucatán al béisbol, sino que también es rápido para convertir a todos los demás en aficionados—. Hace poco, el gobernador Carrillo organizó equipos de béisbol en todas partes del estado y se encargó de que tuvieran todo lo necesario para jugar; incluso, está dispuesto a revivir el *tlachtli* después de la inauguración oficial de la nueva carretera.

"Quizás así suceda alguna vez", contestó Felipe, "pero antes, nuestra nueva generación de jóvenes mayas va a necesitar mucha disciplina y perseverancia". Luego, ilustrando los momentos del juego ritual con gestos animados y movimientos rápidos, nos explicó que la meta era hacer pasar una pelota de caucho por las pequeñas aberturas de los aros de piedra, que estaban todavía en su lugar, sobre cada uno de los dos muros paralelos que formaban los lados de la cancha y que se elevaban unos 8.5 metros sobre el nivel del suelo. Nos dijo que siempre se maravillaba ante el hecho de que los jugadores mayas de los equipos rivales pudieran, usando sólo los codos, rodillas y caderas, tener éxito en llegar a la meta ganadora. A los vencedores se les permitía pasar entre los espectadores y quedarse con toda la diversidad de capas costosas de plumas que pudieran llevar consigo, pero esa recompensa, dijo, le parecía apenas justa después de llevar a cabo una hazaña tan enormemente difícil.

Felipe me ayudó a subir a lo largo de la empinada altura de la escalinata principal del Castillo. Antes de llegar arriba, nos detuvimos en silencio durante un momento para observar los alrededores mientras la ciudad deshabitada dormía bajo el sol matutino. Cuando rompió el silencio, fue para decirme lo feliz que yo lo había hecho con mi rápida respuesta ante la belleza creada por los pueblos antiguos de Yucatán. "Desde el principio estuve seguro", me dijo, "de que tú también ibas a sentir lo importante que es preservar lo que queda de todo ello para el futuro".

Yo sabía que Felipe, así como yo, había leído las obras provocadoras del doctor Auguste Le Plongeon, cuyas teorías, que en su tiempo fueron rechazadas por ser excéntricas, están adquiriendo cada vez mayor estima entre los estudiosos y una creciente aceptación pública gracias a que los llamados difusionistas han ido ganando terreno, día con día, en la controversia con los evolucionistas respecto al enigma del origen maya.

Subiendo la escalera principal del Castillo de Chichén Itzá.

Y sentí que sus pensamientos, al igual que los míos, agradecían la promesa inherente a la expedición del Carnegie. Los dos estábamos seguros de que la presencia de los científicos estadounidenses ofrecía, por lo menos, la esperanza de detener el decaimiento y la desintegración que el sabio francés había encontrado, medio siglo antes, en la capital maya abandonada, descuido que retrató en su libro desafiante *Queen Moo and the Egyptian Sphinx*.[2]

> Los templos de los sabios mayas —escribió Le Plongeon— están en ruinas, desmoronándose poco a poco hasta hacerse polvo, raídos por el implacable diente del tiempo y, lo que es peor, destruidos por la imprudencia de la mano iconoclasta de la ignorancia y la avaricia. Los santuarios se han convertido en la morada de murciélagos, golondrinas y serpientes. Y como son las madrigueras de las bestias salvajes de las espesuras, no sólo están abandonados, sino que también los seres humanos los evitan por el temor que les causan. ¿En dónde están ahora los sabios que se congregaban dentro de sus recintos sagrados para ahondar en el misterio de la creación, para arrancar los secretos del seno de la madre naturaleza? ¿Acaso sus espíritus todavía rondan la ciudad, como lo aseguran los nativos? ¿Será que, purificados de toda corrupción terrena, han sido reabsorbidos en el gran océano de la inteligencia, como nos lo hacen creer los budistas? ¿Están gozando del reposo perfecto en el Nirvana, esperando a ser convocados para comenzar otro ciclo de existencia mundana en mundos planetarios más avanzados que el nuestro?

Cuando se unieron a nuestro grupo los esposos Barry y otros expedicionarios, Vera le preguntó a Felipe cuál era, en su opinión, el propósito de la enorme estructura.

---

[2] No existe traducción al español de este documento. Auguste Le Plongeon, *Queen Moo and the Egyptian Sphinx*, New York, el autor, 1896.

Alma y Felipe en compañía de los "yucatólogos" al lado del Pórtico de los Tigres, en Chichén Itzá.

Creo, contrario a lo que dice Diego de Landa, —contestó—, que éste no era un templo para Kukulkán, sino uno dedicado al culto solar. Y ¿quién podría concebir una deidad más lógica o más indispensable, o a un benefactor más munificente para la humanidad?

Explicó que las dimensiones de la pirámide sustentaban esa teoría y señaló que las cuatro escalinatas, de noventa y un escalones cada una, más el escalón de la plataforma superior sobre la que estábamos parados, sumaban trescientos sesenta y cinco, el número de días del año solar. Además, en los nueve cuerpos escalonados hay cincuenta y dos paneles, que son el número de años que corresponden a un ciclo tolteca. Incluso, otra prueba más para sustentar la teoría de la identificación de la pirámide con el culto al sol, creía Felipe, era el hecho de que los nueve cuerpos escalonados, divididos por su escalinata, forman dieciocho segmentos en cada uno de los cuatro lados, número que corresponde a los dieciocho meses del año del calendario maya.

En ese entonces todavía no se sabía que debajo del Castillo había una pirámide más antigua, similar en diseño pero de dimensiones menores; y no fue sino hasta más de una década después que uno de los miembros de nuestro grupo la descubrió. Ese hallazgo se convirtió en una de las mayores sensaciones de la arqueología moderna en México. Cuando Manuel Cirerol, que había sido amigo e intérprete al inglés de Felipe y tesorero de la Liga Central, estaba trabajando con el Instituto Nacional de Antropología, encontró dentro del santuario del templo oculto, al que tuvo acceso luego de penetrar la estructura del lado este, un trono extraordinario con la forma de un jaguar de tamaño natural; las manchas del pelaje bermellón estaban representadas con incrustaciones de discos de jade, los ojos, con un jade de una especie única y los colmillos, con pedernal.

Después de dejar a Felipe al mando, don Eduardo regresó a su residencia, la *Hacienda House*, que estaba muy cerca de ahí, para supervisar que todo estuviera en orden para el almuerzo de sus muchos invitados. Nos urgió a que visitáramos el Cenote Sagrado antes de que el sol estuviera más alto y dijo que nos esperaba a la una para comer "tamales motuleños" preparados especialmente en honor a Felipe.

Llegamos al gran cenote de los sacrificios de los "santos y sabios itzaes" por un antiguo camino empedrado que estaba doscientos setenta y cinco metros al norte del centro ceremonial y en línea directa con la base del Castillo. La mayoría de los expedicionarios ya estaban familiarizados con las leyendas siniestras relacionadas con esa enorme boca circular del río subterráneo que corre 27.5 metros por debajo del nivel del suelo. Esas leyendas habían sido registradas por el obispo De Landa en 1566 y la traducción al francés de su obra, hecha por Brasseur de Bourbourg, difundió, para el público en general, la historia que escribió el fraile español:

> Tenía [Chichén Itzá] delante la escalera del norte, algo aparte, dos teatros de cantería, pequeños, de cuatro escaleras, enlosados por arriba, en que dicen representaban las farsas

> y comedias para solaz del pueblo. Va desde el patio, enfrente de estos teatros, una hermosa y ancha calzada hasta un pozo [que está] como a dos tiros de piedra. En este pozo han tenido y tenían entonces costumbre de echar hombres vivos en sacrificio a los dioses, en tiempo de seca, y pensaban que no morían aunque no los veían más. Echaban también otras muchas cosas de piedras de valor y que tenían preciadas. Y así, si esta tierra hubiera tenido oro fuera este pozo el que más parte de ello tuviera, según le han sido devotos los indios.[3]

El recuento de De Landa sobre la impactante tradición del Cenote Sagrado despertó en nosotros una ávida curiosidad; de hecho, el propio aspecto físico del cenote era un espectáculo de un misterio desconcertante. Sus paredes blancas, alineadas en patrones estratificados uniformes, daban la impresión de ser una herida abismal, una llaga amoratada en el corazón de la selva sombría que rodea sus bordes. Los rumores ambiguos con respecto a que el mismo don Eduardo había descendido al foso bostezante y había recobrado grandes cantidades del tesoro maya eran todavía más emocionantes. Sin embargo, los representantes del Museo Peabody nos habían advertido que ése era un tema muy "delicado" con don Eduardo y, por consiguiente, cuando llegamos a la hacienda, en donde nos brindó un cálido recibimiento, no hicimos ninguna referencia indiscreta a las investigaciones subacuáticas del explorador veterano.

Los tamales motuleños de don Eduardo le hicieron justicia a Motul, la ciudad natal de Felipe, y la limonada helada demostró ser la bebida ideal para después del ejercicio de la mañana bajo el calor tropical. Cuando terminaron de comer, la mayor parte de los integrantes del grupo se fue a descansar a la amplia terraza de la extensa mansión de estilo colonial antiguo, construida, como nos lo informó su

---

[3] Fray Diego de Landa, *Relación de las cosas de Yucatán*; México, Conaculta, 1994, p. 194.

dueño, sobre los cimientos de la estructura original, que databa de 1681. Sin embargo, yo utilicé la hora de la siesta para transcribir mis notas de taquigrafía y redactar el texto que iba a mandar a *The Times* por cable una vez que estuviera de regreso en Mérida, y para continuar el registro detallado que llevaba sobre las impresiones que me generaban las palabras de Felipe. Cuando estaba escribiendo, don Eduardo se sentó junto a mí y me felicitó por el "esmero" que ponía en mi trabajo mientras "las otras damas estaban meciéndose ociosamente en las hamacas". Después de preguntarme sobre mi labor periodística y sobre mi experiencia previa en el periodismo arqueológico, dijo: "Me recuerdas mucho a una niña que conocí hace ya tiempo en West Falmouth. Ella también era muy buena estudiante y tenía unos ojos azules enormes, como los tuyos". Después, bajó la voz y acomodó su silla un poco más cerca de mí para preguntarme si quería tener la historia exclusiva de "la mayor aventura arqueológica del Nuevo Mundo". Le aseguré que, sin duda, agradecería la oportunidad de ser la primera en contarle al público los detalles de un acontecimiento tan importante. "Bueno", continuó, "tendrás esa oportunidad, pero hoy no. Preferiría no hablar frente a la gente del Carnegie o del Museo Peabody; sería mejor que regresaras otra vez, después de unos días... y sola. Estoy seguro de que don Felipe puede arreglar todo lo necesario para tu regreso. He notado que él está dispuesto a hacer cualquier cosa que le pidas tan sólo para agradarte". Me explicó que la aventura arqueológica a la que se refería tenía que ver con el Cenote Sagrado, y me dijo que me iba a contar las experiencias interesantes y significativas que tuvo ahí, con la única condición de que le prometiera que lo iba a citar al pie de la letra. "La forma en la que se maneje mi historia", añadió, "es muy importante, pues, de cierto modo, tiene el carácter de una confesión. Los hechos tienen que saberse alguna vez, pero prefiero 'confesarme' ante una hermosa periodista joven y ambiciosa como tú, sobre todo porque eres muy simpática".

Alma y Felipe en compañía de los arqueólogos y "yucatólogos" durante la comida ofrecida por Edward H. Thompson en Chichén Itzá. Alma, la "del semblante encantador" es la séptima de abajo hacia arriba en la hilera de comensales a la izquierda.

Le agradecí su confianza y le prometí hacer un informe fiel sobre las "aventuras" de su cenote en un reportaje que iba a escribir para *The Sunday Times Magazine*. Él me pidió que, mientras tanto, mantuviera el asunto "estrictamente confidencial" y me advirtió que, en ese momento, el secreto que se había guardado con enorme celo durante cuarenta años estaba en peligro de ser divulgado debido al creciente interés en Yucatán y a que había "muchos eruditos alrededor" que formaban parte de instituciones rivales. "Un grupo", dijo, "posee algunos datos, pero tiene razones de peso para mantenerlos fuera de los periódicos. Al otro, le gustaría darle a mi historia la publicidad más amplia posible".

Una vez frescos y descansados, estuvimos listos para visitar las ruinas al sur del Castillo, entre las que se encontraban las más antiguas de Chichén Itzá. Por fortuna, el doctor Spinden, que en ese tiempo estaba preparando su ensayo para el Museo Peabody sobre la correlación entre las fechas del calendario maya y el nuestro, nos acompañó al más espectacular de los edificios del grupo sur, el Observatorio Astronómico, conocido como el Caracol. Vista desde la distancia, esa estructura circular elevada, erigida sobre tres plataformas rectangulares que sostienen una torre masiva de unos quince metros de altura, dominaba, con su enormidad, varios kilómetros de tierra plana. Conforme nos fuimos acercando, sus contornos, ya de por sí imponentes, se volvieron más impresionantes debido a algunos elementos sorprendentes como sus dos galerías circulares y la gran escalinata que conduce hacia un parapeto —de 6 metros de alto por 67 de largo— adornado con incensarios de piedra en forma de cabezas humanas. Algunos de los "yucatólogos" más emprendedores ascendieron por las escaleras interiores que van alrededor de un centro sólido en forma de caracol —de ahí proviene el nombre de la estructura— y conducen hacia una cámara que servía de observatorio para los astrónomos mayas.

El doctor Spinden explicó que las pequeñas aberturas en los muros gruesos apuntan a direcciones cardinales y a otras posiciones prominentes en la geografía celestial. El amable erudito —encanecido prematuramente, pero con una complexión vigorosa como la de un estudiante— dijo que, para él, era inevitable asociar el observatorio con el "científico desconocido" del continente americano, que, en el siglo VII d. C., concibió en forma asombrosa y luego, después de mucha paciencia, terminó la primera etapa de una ciencia sistemática en el mundo. "Fue este gran desconocido", nos aseguró Spinden, "un pensador digno de ser clasificado con Buda y Zaratustra, el que, por medio de su invento, la llamada 'máquina centroamericana del tiempo', resolvió el embrollo de los meses lunares discordantes, los ciclos planetarios y los años tropicales". El doctor Spinden consideraba que esa hazaña, al igual que las más admirables desde las observaciones de los astrónomos mayas, se había desarrollado "con las mismas herramientas de pensamiento que el propio científico había creado para su trabajo".

La sección sur de Chichén Itzá contiene un grupo importante de construcciones muy antiguas, pero el horario tan apretado que teníamos para esa primera visita nos limitó a visitar sólo cuatro. Primero, el Conjunto de las Monjas y el Anexo, cuya fachada occidental está adornada, desde la base y hasta la cornisa, con mascarones del dios de la lluvia en el estilo maya temprano llamado Chenes. El siguiente, hacia el sureste, fue el edificio que se conoce como la Iglesia debido a su ornamentación celestial; esa estructura, perteneciente al periodo clásico, destaca por los abundantes decorados en su fachada y por los mascarones de Tláloc, cuya nariz encorvada sobresale desde las esquinas y siempre provoca que los turistas saquen a relucir todos sus equipos fotográficos. Nuestra tercera parada fue la muy admirada Chichán-Chob o Casa Roja, que también pertenece al periodo clásico y es notable por su fachada volada y por su crestería, que conforman un muro de celosía.

Pero la construcción que más nos intrigó y que era, sin duda, la que atraía el más profundo interés de Felipe, era el templo Akab-Dzib, del que se piensa que es la estructura más antigua en toda la capital maya. Compuesto por varias superposiciones y añadiduras, recibió su nombre —cuyo significado es "la casa de la escritura oscura" o "escritura en la oscuridad"— de un dintel esculpido ubicado en la entrada de una cámara en el extremo sur. De acuerdo con la interpretación de uno de los arqueólogos locales, el tallado representa a un sacerdote, sentado en un trono, contemplando las inscripciones jeroglíficas de un jarrón o vasija cuya función era contener incienso.

El doctor Le Plongeon, una autoridad reconocida en los jeroglíficos de Egipto, Saba, Sumeria, Mesopotamia y otras tierras bíblicas, mantenía que el "registro horrible y tenebroso" se refería a la sumersión de un continente en las aguas del océano Atlántico cuyos confines eran Yucatán al occidente y África al oriente. El sabio creía que ése era el mismo cataclismo terrible que describe Platón basándose en la narrativa de Solón, quien, por su parte, había recibido el informe de los sacerdotes egipcios Psenofis y Sonchis. Muchos registros mayas, en especial el del Manuscrito Troano —uno de los tres códices mayas existentes— fija la fecha de la catástrofe en el "año Kan, en el

11 Muluc del mes Zac" y declara: "Hubo terribles terremotos que continuaron sin interrupción hasta el 13 Chuen". El relato afirma que fue en ese tiempo en el que:

> El país de las lomas de barro, la tierra de Mu, fue sacrificada. Después de dos conmociones, desapareció de pronto durante la noche siendo constantemente estremecida por los fuegos subterráneos que hicieron que la tierra se hundiera y reapareciera varias veces y en diversos lugares. Al fin, la superficie cedió y diez países se separaron y desaparecieron. Se hundieron sesenta y cuatro millones de habitantes, ocho mil sesenta años antes de escribirse este libro.[4]

Alma y Felipe exploran las ruinas de Chichén Itzá; da la impresión de que casi están tomados de la mano.

El doctor Le Plongeon declaró que la fecha de sumersión se convirtió en un nuevo punto de inicio para los cálculos cronológicos de los historiadores mayas. Desde ahí, comenzaron una nueva era y dedujeron las épocas de su historia al igual que lo

---

[4] Al parecer, en el Manuscrito Troano hay una especificación numérica para el año: "En el año 6 Kan…". De igual modo, parece ser que son ocho mil y no ocho mil sesenta años antes de que se escribiera el libro. (N. de la T.)

hicieron los cristianos a partir del nacimiento de Cristo y los mahometanos, de la Hégira o huída de Mahoma de la Meca.

Mientras estuvimos de pie dentro de la oscura cámara interior, la posible veracidad de esas tradiciones fue el tema de discusión de los científicos y los turistas. El doctor Merriam, evolucionista independiente confirmado, trataba las teorías de la "Atlántida perdida" con ligereza e incluso con desdén.

¿Por qué tiene que ser necesario —preguntó—, vincular las semejanzas entre dos culturas que presentan una separación tan amplia como la maya y la egipcia? ¿No es cierto que las tierras en donde ambas florecieron poseían más o menos la misma elevación y las mismas condiciones climáticas? ¿Acaso no es un hecho que los seres humanos que vivieron y crearon ahí, en esos dos lugares, eran idénticos de pies a cabeza? ¿No sería lógico pensar que sus reacciones ante condiciones naturales similares pudieran haber sido las mismas?

Para respaldar la postura del doctor Merriam, un expedicionario —también devoto de la escuela de los evolucionistas independientes— citó a Sir James Frazer, autor de *La rama dorada*, quien había adoptado la postura extremista de que el desarrollo paralelo se genera de manera espontánea en la naturaleza del ser humano como resultado de la unidad psíquica que conforma a todos los hombres, donde quiera que se encuentren.

A pesar de que Felipe escuchó atentamente nuestra discusión, no tomó parte en ella; no obstante su silencio, era evidente que él favorecía a los difusionistas y que no rechazaba del todo la idea de un continente atlántico sumergido, idea que parecía perturbarlo. Ésa fue la primera vez que vi cómo, en un instante, su típica expresión de relajamiento se convirtió en una de tensa preocupación. La sonrisa que, como lo escribió en ese tiempo el doctor Gruening, "podía conquistar la lealtad de un niño o atraerse los corazones de una vasta multitud" fue, de pronto, reemplazada por una extraña mirada de perturbación y perplejidad —la mirada de quien está completamente absorto en la búsqueda de una respuesta que sabe que por siempre lo va a eludir—. En cierto modo, su estado de ánimo me hizo recordar las palabras que había usado en nuestra primera conversación. En el camino a Kanasín, me había platicado de sus viajes "a lo largo y ancho del Mayab, a pie y a caballo, por Yucatán, las espesuras de Campeche, Tabasco, Quintana Roo, las selvas de Chiapas y hasta Guatemala" y de cómo, parado frente a los majestuosos monumentos de las ciudades silenciosas y desiertas "pensando y pensando" había tratado de penetrar el antiguo misterio que quizás lo acercaría a sus "hermanos de sangre, los mayas".

Mientras Antonio lo iluminaba con una linterna, Felipe observó con sumo cuidado el bajorrelieve del dintel de Akab-Dzib, que permanecía todavía en perfecto estado de conservación, igual al día en que salió de las manos del escultor. Él ya había visto esos tallados muchas veces antes y, sin duda, lo había hecho acompañado de su amigo, el poeta Luis Rosado Vega, quien en su oda Chichén Itzá se refiere al "lúgubre Akab-Dzib, en donde todo es silencio y espanto". Pero quizás nunca había estado presente en una disertación tan ilustrada en torno a la teoría de que la "oscura inscripción" registraba el desastre supremo de la humanidad. Detrás de su expresión de incredulidad, parecía estarse cuestionando a sí mismo: "¿Será cierto que la solución del enigma maya se encuentra en estas leyendas sobre el terrible cataclismo? ¿Sería posible que volviera a ocurrir una calamidad semejante?". El fervoroso devoto de la naturaleza —a la que personificaba en sus declaraciones públicas y en nuestras pláticas personales como la otorgadora generosa de múltiples dones sobre la buena tierra— se mostró, en ese momento, incapaz de reconciliar su visión esperanzada y su fe panteística con la ominosa "escritura sobre el muro". Pudo haber sido mi propia imaginación agitada, pero me pareció verlo palidecer ante el desaliento visible que le provocó la imagen atemorizante que habían evocado nuestras citas de Le Plongeon y de los códices mayas. Debido a la profunda sensibilidad que poseía y a su enorme amor por la gente —por los desvalidos y los afligidos de todo el mundo—, la posibilidad de que la gran Madre Universal, la del corazón cálido y generoso, poseída por una furia loca, hubiera destruido a millones de ancestros mayas y obligado a que los últimos sobrevivientes buscaran refugio en las márgenes del continente hundido, parecía pesar sobre su espíritu como un presagio maligno.

Con menos ánimo pero con más conocimiento sobre los antiguos mayas del que podían haber presumido cuando llegaron al célebre centro ceremonial de Chichén Itzá, los expedicionarios caminaron hacia el lugar en donde los *Fordingas* los estaban esperando, y bajo el crepúsculo, que estaba comenzando a oscurecer el cielo, recorrieron, una vez más, el nuevo camino hacia Dzitás para abordar el tren de regreso a Mérida.

XII

Ritmos del Mayab

La primera mitad de la estancia de la expedición en Yucatán estaba por concluir y, a pesar de que los recorridos dentro y fuera de Mérida continuaban a un ritmo ininterrumpido, todavía quedaban en nuestro programa muchos sitios arqueológicos y de interés histórico que debíamos visitar. Con la intención de ahorrar tiempo, y porque resultaba más conveniente, el comité de hospitalidad les propuso a los invitados oficiales que estaban alojados en residencias privadas que se cambiaran a los mejores hoteles céntricos. Por sugerencia de Felipe, a mí me hospedaron en el Hotel Imperial, ubicado frente a la placita de la Tercera Orden, muy cerca de los lugares a los que iba casi diario, la Biblioteca García Rejón y la Universidad del estado de Yucatán.

Los muebles monumentales de nogal que había en la habitación espaciosa y de techos altos que me asignaron en el hotel, eran los mismos —el propio gerente fue quien, con evidente orgullo, me lo informó— que los que había usado el presidente Porfirio Díaz cuando ocupó la suite y una habitación contigua a la mía en la visita que hizo a Yucatán con motivo de la celebración del centenario de la Independencia de México. Entre los muebles más espectaculares de ese fastidioso ambiente victoriano había un espejo enorme con un marco de madera tallada a mano, que abarcaba casi toda la extensión de la pared, y la cama elevada con sus cuatro pilares, también de madera de nogal, sobrecargada de adornos tallados y cubierta por un voluminoso pabellón de muselina. Para complementar la atmósfera ostentosa, el baño tenía una tina romana ahogada que estaba empotrada en un piso hecho con un diseño muy elaborado de azulejos —el símbolo perfecto de la inutilidad magnificente que cautivaba el gusto de la oligarquía típica del régimen de Díaz—.

Pero era muy poco probable que la reputación de elegancia conservadora que tenía el Hotel Imperial hubiera sido el factor determinante en la elección de Felipe de hospedarme ahí durante los últimos días de mi estancia en Yucatán. Muy pronto descubrí lo que después él mismo me confesó de buena gana: que había seleccionado el viejo edificio de piedra por su ubicación estratégica en una esquina, pues brindaba el escenario ideal para las serenatas. Debajo del balcón de mi habitación, en el segundo piso del hotel, Alfonso, el cantante preferido de Felipe —un hombre de figura alta y esbelta, con unos ojos negros conmovedores que evocaban a los trovadores tradicionales de la caballería española—, y los tres muchachos bajitos y regordetes de su cuarteto, se presentaban todas las madrugadas alrededor de las dos, para rasguear sus guitarras y cantar adorables canciones de Ricardo Palmerín, Guty Cárdenas y otros compositores locales, y una que otra canción melancólica en maya. Yo sabía que Felipe siempre estaba ahí, en alguna parte del trasfondo, rondando de un lado a otro de esa esquina tan conveniente. Yo, imitando el procedimiento prescrito en la literatura amorosa, me armaba de valor y, fuera del campo visual de los músicos, dejaba caer una rosa desde mi ventana, cual doncella romántica de la Castilla del siglo XVI –o de la Mérida del siglo XX—.

Mi serenata preferida era "Las golondrinas", cuyos versos eran del poeta Rosado Vega y la música, de una ternura entrañable, de Palmerín. El propio tema, que evocaba el famoso poema de Bécquer del mismo nombre, y que yo me sabía de memoria, comunicaba, por medio de una simpleza desconsoladora, la verdad cósmica de que todos los ciclos están destinados a cerrarse... "(...) en la mañana jovial de mi vida, vinieron, en alas de juventud, amores y ensueños como golondrinas bañadas de luz. (...) Mas trajo el invierno su niebla sombría, la rubia mañana llorosa se fue... se fueron los sueños y las golondrinas se fueron también". La letra me fascinaba por la relación ominosa que tenía, por lo menos en mis presentimientos extraños, con la pauta de la vida de alguien muy querido para mí —o ¿podría haber sido con la *mía*?—.

Otra serenata, "Mi guitarra", en la que los mismos dos artistas sensibles habían unido sus talentos, parecía hablarme con la voz de Felipe. En ella, tanto la música como la letra exquisita retomaban la tristeza inefable que envolvía la tierra natal de Felipe y de los músicos y la transformaban en cadencias prolongadas de dulzura. Y mucho después de que Alfonso y sus muchachos se hubieran desvanecido en la noche y de que Felipe hubiera recogido la rosa que yo dejaba caer con la esperanza de que pudiera expresarle las palabras silentes de mi corazón, la estrofa final continuaba resonando en mí como si fuera su mensaje personal:

> El hondo silencio a penas desgarra
> con tanta amargura mi canto de amor.
> ¡Escucha, Alma mía!, oye mi guitarra
> que canta y que llora mi misma canción.

A mí me fascinaban las canciones mayas con las que, por lo general, los cantantes, rasgueando acompañamientos monorrítmicos, concluían las serenatas. No me quedaba la menor duda de que el idioma maya era el que Felipe prefería y, aunque en su casa materna se hablaba español, aprendió la lengua indígena antigua desde su más temprana niñez y la usó durante toda su vida pública. Eso fue algo que me dijo lleno de orgullo; y con ese mismo sentimiento me explicó cómo, desde la Conquista, la gente del Mayab había logrado preservar la pureza de su idioma ancestral de la deformación que, a lo largo de siglos de hibridación, sufrieron muchas otras áreas de su cultura tradicional. El maya, me dijo Felipe, no sólo era el idioma de los tatarabuelos de los fundadores de Uxmal y Chichén Itzá, sino que era la lengua en la que se habían expresado, desde tiempos inmemoriales, los creadores de la raza y sus primeros descendientes.

A pesar de que algunas palabras mayas me parecían un tanto ásperas o ríspidas, sus sonidos siempre vibraban en mí con alusiones inquietantes a tiempos remotos y lugares lejanos e indefinidos. Como más adelante lo observó el profesor Esteban Durán Rosada, los tonos y las inflexiones del discurso maya son como "vientos marinos que soplan a través de un caracol". Mis propias impresiones quedaron confirmadas cuando el erudito yucateco señaló que las canciones mayas evocaban, de un modo extraño, el ánimo y las imágenes del pasado ya desaparecido, del tiempo en el que, en esa misma tierra, en las noches iluminadas por la luz de la luna, los mayas se congregaban junto a los cenotes o bajo las frondas de las ceibas para escuchar a sus poetas, acompañados con los acordes monótonos de *zacatanes* y *tunkules*, narrar leyendas venerables e historias fantásticas de *xtabayes*: sirenas que recorrían los *sacbeob* —los caminos blancos del Mayab— para seducir a los viajeros cándidos y hacerlos caer en la ruina.

Desde nuestras primeras conversaciones, descubrí el deseo vehemente de Felipe por perpetuar la lengua maya. Como me lo había imaginado, el interés primordial de su campaña era otorgarle a esa enorme mayoría de la población yucateca que no hablaba español un arma defensiva con la que pudiera luchar para conseguir y mantener el control de sus propios asuntos cívicos. Y muy pronto me enteré de que una de las muchas formas en las que estaba demostrando su espíritu de cruzado era con el patrocinio del *Diccionario de Motul*. Un poco antes de que nos conociéramos, había comisionado a su amigo, el doctor William E. Gates, eminente historiador y etimólogo estadounidense, para que preparara la obra monumental con una traducción al inglés y una versión ampliada al español. El doctor Gates, que había estudiado los problemas de la lingüística maya durante toda su vida y que era una autoridad renombrada en glifos mayas, fue quien tradujo al inglés *Las cosas de Yucatán*, del obispo Diego de Landa; además, escribió varios tratados interpretativos sobre los códices, entre ellos, el *Códice Maya-Tzental-Pérez*, publicado en 1910 por el Museo Peabody de la Universidad de Harvard.

Felipe me aseguró que muchos de los elementos del idioma maya reflejan con enorme fidelidad el temperamento y el carácter de los mayas. Me explicó, por ejemplo, que los mayas rara vez afirman categóricamente y que casi nunca se comprometen a sí mismos aseverando que algo es bueno o valioso a menos de que hayan reflexionado con madurez y seriedad sobre el asunto. Esa actitud de duda permanente, señaló, está inserta en el propio lenguaje con la forma *bey ulale*, que es una frase que encierra un significado semejante al de *así será* en español; y aunque puede parecer un sinónimo de obediencia o resignación, *bey ulale* es, en realidad, una expresión de ironía que provoca una sonrisa interna misteriosa —una que nunca llega a los labios de los mayas—. En cambio, la negación *ma*, "no", se escucha constante y enfáticamente. En la definición pintoresca que le dio el profesor Durán Rosado, la palabra *ma* representa "la coraza espinosa que protege la flor del sentimiento maya, mismo que el atavismo racial protege con enorme celo". Fieles al retraimiento hermético de su raza, los mayas dicen "no" incluso cuando el deseo de decir "sí" los está consumiendo. Y era a ese mismo retraimiento hermético al que Felipe se había referido, de modo implícito, en nuestro memorable recorrido a Kanasín —era esa dolencia espiritual en el corazón de la conciencia racial la que él estaba tratando de desentrañar y de sanar con terapia psicológica—. Él estaba convencido de que el respeto de los mayas por su idioma ancestral era un tipo de estímulo que podía ayudar a que un pueblo "triste" se transformara en uno alegre, y a despertar en ellos la capacidad de sentir orgullo y felicidad, de responder más rápidamente al "sí" que al "no" después de haber vivido un periodo tan largo de humillación, dolor y escepticismo.

Una mañana, poco después de haberme instalado en el Hotel Imperial, Antonio se presentó con una canasta llena de tulipanes radiantes y una caja de cartón en la que traía el traje de mestiza que yo tanto anhelaba: mi vestido de fiesta junto con el rosario dorado de filigrana y el crucifijo. En la nota que venía con las flores, Felipe me pedía que le dijera cuándo podía recibir al fotógrafo Badia para que me retratara como "una guapa mestiza de Yucatán"; decía también que esperaba que yo tuviera tiempo para visitar con él el nuevo Museo Arqueológico del que su amigo, el poeta Rosado Vega, era el director, y de acompañarlos después a comer. Yo había conocido a don Luis en las recepciones para los expedicionarios, pero debido a la creciente admiración que le tenía a su poesía y a sus leyendas y canciones, quería conocerlo mejor. Y es que, apenas unos días antes, había recibido, como primer regalo de Felipe, las obras completas del poeta en dos volúmenes, uno titulado *Libro de ensueño y dolor*, y el otro *Alma y sangre*.

Cuando llegamos a la antigua iglesia de San Juan de Dios, ubicada en el corazón de la ciudad, vimos a don Luis supervisando las adaptaciones que se le estaban haciendo al edificio para que desempeñara su nueva función como Museo Arqueológico. Entre otras cosas, se estaba construyendo una nave adicional para exhibir la colección que, si bien ya era bastante amplia, continuaba incrementándose cada día. Con sus más de cuarenta años, vigoroso y de complexión media —a pesar de que al lado de Felipe parecía más pequeño de lo que era en realidad—, don Luis, cuyos ojos destellaban un entusiasmo fervoroso detrás de sus lentes bifocales, nos condujo alrededor del atrio y por rincones ocultos del antiguo templo hacia la sacristía, en donde estaban almacenando temporalmente las piezas más valiosas de los objetos antiguos. Quedaba claro que la suya era una labor de amor y que su naturaleza de poeta estaba respondiendo de todo corazón a la empresa cultural que Felipe le había encomendado.

Felipe siempre estaba al tanto del proyecto del museo, pues tenía la esperanza de que quedara terminado antes de la inauguración oficial de la nueva carretera a Chichén Itzá; sin embargo, don Luis lo sorprendió cuando, en modo triunfal, destapó varias piezas magníficas que había reunido durante la semana en la que todos habían estado ocupados en los recorridos para los expedicionarios del Carnegie. El lote recién adquirido incluía un Chac Mool, dos figuras grandes —un guerrero y una diosa—, mascarones de Tláloc y otros tesoros que, de no ser por la existencia de ese nuevo museo, hubieran sido enviados al Museo Nacional de Antropología de la capital mexicana. Fue muy conmovedor observar cómo los hijos del Mayab —que eran hombres completamente modernos—, manipulaban con reverencia, e incluso mimaban, las vasijas y los artefactos que sus ancestros habían creado conforme a su espíritu de devoción religiosa y que habían dejado como legado artístico para las generaciones por venir.

Deseoso de mostrarme el verdadero significado y el amplio alcance del programa educativo del museo que él y Felipe habían ideado, don Luis hablaba a toda velocidad y enfatizaba sus observaciones con gestos muy peculiares. Por lo general, sus palabras tenían un gusto picaresco, y eso generaba un contraste muy pronunciado con el romanticismo gentil de sus versos. "Los socialistas", comenzó, "no son nunca ortodoxos"; le guiñó un ojo a Felipe y continuó, "por lo tanto, aquí, en este estado socialista, nuestro museo no va a funcionar con los estándares habituales, en lugar de eso, vamos a implementar una serie de actividades con el propósito de darle un nuevo significado a las cerámicas y a las piedras esculpidas que exhibimos". Entre las innovaciones, citó los modelos a escala de los monumentos más importantes de Yucatán que ya los diestros artesanos nativos estaban construyendo, las bibliografías con referencias especiales a las diversas teorías del origen de los mayas que se estaban preparando y las clases que recientemente se habían organizado para el estudio de los antiguos códices y de otros documentos históricos relacionados con los mayas. Destacó que uno de los aspectos más importantes del programa educativo, y que atañía de manera directa a la realidad económica de ese momento, era el lanzamiento de una campaña para promover la estilización maya en el arte y en los trabajos arquitectónicos. Don Luis creía que todos esos factores conformaban un conjunto que iba a sintetizar los muchos esfuerzos de Felipe y a fomentar su propósito implícito y sus objetivos sociales: incitar y activar entre los indios mayas, esos seres pacientes que habían sufrido durante tanto tiempo, recuerdos de la épica raza aborigen de Yucatán.

Felipe no fue el único en recibir una sorpresa agradable por parte de don Luis. Cuando salimos del Museo Arqueológico con rumbo a la pequeña fonda ubicada lejos del Paseo Montejo y en un ambiente tropical —Felipe la recomendaba ampliamente por su extraordinario pollo *p'bil* y por sus sorbetes, que eran mis preferidos—, el poeta me dijo que también tenía una sorpresa para mí.

> Espero que la sorpresa le agrade —me dijo—. Es una canción, compuesta con cariño y admiración. Desde el momento en que nos conocimos supe que debía escribirle una canción. Pero sólo me corresponde la mitad del crédito por el resultado de mi impulso. Verá, no tomé la decisión solo... justo cuando se me ocurrió esa idea, supe que nuestro buen amigo aquí, don Felipe, había concebido la misma idea. Y en nombre de nuestro largo compañerismo, me suplicó que le escribiera y le dedicara a usted "la verdadera obra maestra" de mi carrera.[1]
> No sólo me dio el título: la Peregrina; sino que, durante estos días, en los que ha desahogado conmigo los pensamientos y sentimientos que tiene por usted, me ha provisto también, sin querer, con muchos de los matices y frases que la componen. Así que ahora, señorita Alma, usted va a ser la Peregrina; y, muy pronto, nuestras palabras van a tener acompañamiento musical.

"Sí, *muy* pronto", añadió Felipe, rebosante de alegría ante la expectativa. "Palmerín, el mayor compositor de Yucatán, ya está trabajando en la música. Ya conoces algunas de sus canciones: "Mi guitarra", "El rosal enfermo", "Las golondrinas"... las que Alfonso ha cantado para ti. Pero creo que Palmerín se va a superar a sí mismo con *tu* canción".

---

[1] Para la historia "oficial" de la composición de esta danza yucateca, véase mi estudio preliminar al principio del libro.

En cuanto nos sentamos en la mesa de la terraza de la fonda enmarcada por palmeras, le supliqué a don Luis que recitara los versos de mi canción. Mientras leyó "La Peregrina" de una hoja escrita a mano, me pareció escuchar en su voz ronca algunos de los matices nostálgicos de las serenatas en tono menor de Alfonso. Y cuando terminó me entregó el manuscrito con una reverencia al estilo de la galantería española quijotesca. Leí de nuevo las frases que exaltaban mis ojos "claros y divinos", mis "labios purpurinos", mi "semblante encantador" y mi "radiante cabellera como el sol" y, al igual que le hubiera sucedido a cualquier otra mujer joven en circunstancias similares, me sentí profundamente complacida de que el poeta, cuyo trabajo tanto admiraba, me hubiera descrito en términos tan resplandecientes. Sin embargo, a pesar de los cumplidos y de las metáforas halagadoras, la canción misma no me hacía sentir alegre. No lograba comprender cómo era posible que esos sentimientos amorosos no despertaran una respuesta de dicha en mi corazón y cómo, en lugar de eso, me entristecían; pero pronto me di cuenta de que la alusión a una añoranza insatisfecha, la profecía implícita de la separación y el énfasis que ponía en las enormes distancias entre "la nieve virginal" de mi "tierra lejana" y los "palmares" y "las flores de nectarios perfumados" de la "tierra tropical" de Felipe, evocaban la tristeza que se experimenta al separarse por siempre del ser amado... Sentí ganas de llorar —aunque logré poner una sonrisa en mis labios— cuando comprendí que esas palabras mostraban una profunda resignación ante la imposibilidad, y que la petición reiterada de Felipe en los últimos versos no hacía más que enfatizarla: "No te olvides, no te olvides de mi tierra, no te olvides, no te olvides de mi amor".

Esa noche, fui con Felipe y don Luis a la modesta casa de Ricardo Palmerín, ubicada en una colonia pobre de las afueras de Mérida. En un jardín fresco, iluminado por la luz de la luna, Felipe y yo nos sentamos debajo de unos naranjos en flor, en una banca frente a la puerta abierta del pequeño estudio austero del compositor. Dentro, Palmerín estaba tocando un piano vertical y don Luis estaba de pie, a su lado, escuchando con toda resolución las varias frases musicales que el teclado murmuraba en una rápida sucesión melódica. Pero ninguno de los muchos acordes hermosos resumieron, en los oídos sensibles de los dos jueces, la determinación "inevitable" de que serían el tema de "La Peregrina". El músico, un hombre bajito y corpulento —que por su expresión apacible, su porte sereno y su bigote negro arreglado parecía más un médico o un miembro de la profesión legal que un experto tejedor de la tela invisible del sonido etéreo—, aceptó sin despecho el veredicto desfavorable. De hecho, nos aseguró que el ánimo y el ritmo correctos estaban ya gestándose dentro de él y nos pidió que regresáramos después; Felipe le aseguró que volveríamos en una semana.

Mi segundo viaje a Chichén Itzá, para escuchar la "confesión" de don Eduardo sobre las hazañas en su Cenote Sagrado, se organizó de modo que coincidió con las visitas regulares del programa de Jueves Agrarios de Felipe. Salimos de Mérida en el tren de la mañana y viajamos juntos a Dzitás; ahí, me estaba esperando uno de los leales *Fordingas* para llevarme, sobre la nueva carretera, a la antigua capital maya, y Felipe continuó su camino rumbo a otro pueblo, unos cincuenta kilómetros más adelante. Quedamos en que, después de la repartición de tierras, él me iba a recoger en la Hacienda House de Thompson y regresaríamos en el tren a Mérida. Felipe me dijo que sabía que teníamos un día completo, pero que, si todavía me quedaban ganas, podíamos ir una vez más con don Luis a la casa de Palmerín.

De camino a Dzitás fue casi imposible retomar la entrevista que le estaba haciendo a Felipe sobre sus antecedentes y que, respecto a lo programado, estaba ya retrasada, pues todavía no habíamos cubierto los primeros años de su vida pública; y es que, la mayor parte del viaje él estuvo conversando con los funcionarios agrarios sobre los detalles que tenían que resolverse antes de la ceremonia de los ejidos de ese día; pero me prometió "solemnemente" hablar "sólo con Almita" durante el viaje de regreso.

XIII

El pozo de los sacrificios

Cuando llegué a Chichén Itzá, don Eduardo me anunció que estaba listo con todos los datos de la "mayor aventura arqueológica de América" para mi artículo en *The New York Times Magazine*. Pero me advirtió que los datos solos no eran suficientes; pues, para que yo narrara su historia como debía ser, era esencial que *sintiera* la tragedia que se había representado tantas veces en ese lugar durante los tiempos remotos. Me dijo que iba a tratar de *hacerme sentir* esa tragedia antigua para que yo fuera capaz de transmitir cómo, desde el principio, los valores humanos implícitos en el sacrificio ritual maya habían suscitado en él una respuesta que lo impulsó a correr los riesgos terribles que implicaba descender al Cenote Sagrado. Estuve de acuerdo con él en que sentir era un elemento indispensable en el periodismo efectivo o, para ese caso, en cualquier forma de comunicación. Y entonces, con los ojos bien abiertos por la expectativa, escuché al explorador —un hombre ya entrado en años— conforme evocaba a una hermosa y joven fantasma de las profundidades del cenote.

La aptitud natural de don Eduardo para "construir" atmósferas y para crear escenarios dramáticos le hacía justicia a cualquier director de escena profesional. Comenzó su relato misterioso conduciéndome desde el Castillo, por todo lo largo de los doscientos setenta y cuatro metros de la calzada pavimentada con macadán, hacia el tétrico pozo salino que yo había visto, por primera vez, apenas unos días antes en esa misma semana. Durante el camino, ayudándose con movimientos descriptivos y cambios vertiginosos en la expresión facial, creó la imagen de una doncella de belleza impecable justo en el momento en el que emerge del santuario que corona la magnífica pirámide. Tan sólo un lunar en la mejilla, señaló don Eduardo, la hubiera descalificado para la excelsa misión pública a la que se habían consagrado toda su educación y entrenamiento espiritual. La doncella lleva una corona nupcial de flores blancas. Los sacerdotes, cubiertos con máscaras negras, la van escoltando desde la cámara esculpida. Descienden la imponente escalinata al ritmo de los tambores de la muerte, del chillido estridente de un silbato de caña y de las notas burlonas de una flauta aguda. Abajo, a la sombra del enorme monumento, la espera una procesión solemne conformada por otros sacerdotes y un grupo de nobles. Temblorosa e indefensa, se une a ellos para continuar la marcha a lo largo del camino sagrado. Se detienen a la orilla del cenote. La música siniestra aumenta de volumen al tiempo que, sin que ella oponga resistencia, la elevan a la plataforma de granito que sostiene el pequeño templo. Los nobles y los sacerdotes se acomodan en una sola hilera alrededor del borde circular del pozo y levantan sus voces en una fuerte súplica. A una señal, arrojan dentro del agua color verde pálido sus joyas preciosas, sus adornos atesorados y vasijas de incienso humeante. Luego viene un momento de sosiego —el momento del sacrificio supremo para la deidad ofendida—. Uno de los sacerdotes comienza a entonar un canto y, al mismo tiempo, otro le arranca el badajo a la pequeña campana de cobre que la doncella lleva alrededor del cuello; para los mayas, ese acto significa la muerte. Por misericordia, a la novia mística le han dado *balché*,[1] el néctar sagrado. Toda su vida ha sido la prepara-

---

[1] Balché es el nombre de un brebaje prehispánico preparado con agua, miel y las raíces o corteza de un árbol, el *Lonchocarpus lengistylus*. Su consumo fue prohibido durante el tiempo de la Colonia por medio de un decreto real.

ción para ese momento; ella cree que su matrimonio simbólico con Chac —el dios del agua— en las profundidades del Gran Cenote es el único modo de salvar a su pueblo del desastre presente o inminente. Cree, también, que el cenote es la única puerta hacia la felicidad inmortal. Sin embargo, el instinto que la jala hacia la vida y el amor es más fuerte que la droga y que la fe, y cuando la arrojan de cabeza hacia ese abismo bostezante de agua, lanza un alarido de desesperación que perfora la selva.

Mientras estuvimos sentados en la plataforma pétrea del templo, que sobresalía unos sesenta centímetros del borde del cenote, don Eduardo me explicó que ese ritual cruel se ejecutaba cuando la peste, la hambruna o la derrota militar amenazaban a los itzaes; y que siempre que terminaba, los espectadores aguardaban el regreso de la bella víctima durante un rato, pues estaban convencidos de que un milagro semejante significaría una respuesta inmediata a sus plegarias. Se dice que sí sucedió, que en una o dos ocasiones la doncella sí logró regresar.

Una vez que terminó el relato, don Eduardo continuó con la historia, también dramática, de cómo él había traducido las leyendas de la tradición del pozo de los sacrificios en hechos históricos concretos; de cómo, después de años de una labor solitaria, había comprobado que el Cenote Sagrado era el lugar en el que se hacían los sacrificios humanos, así como lo habían reportado el obispo Diego de Landa en su libro del siglo XVI, *Las cosas de Yucatán*, fray Diego López de Cogolludo y otros cronistas.

> El aspecto misterioso y lúgubre del cenote —dijo don Eduardo— me impresionó tanto como su leyenda de ser el lugar en el que se hacían ofrendas humanas para los dioses. Durante años estuve convencido, y cada vez con más certeza, de que los informes de los historiadores españoles eran precisos, a pesar de que ellos mismos aclaraban que todo cuanto reportaban sobre los espantosos ritos religiosos que se practicaron aquí hasta el tiempo de la Conquista provenía de los rumores que escuchaban.

Pero como yo intuía —continuó don Eduardo— que efectivamente existía un vínculo muy estrecho entre la concepción religiosa de los mayas y la naturaleza física, me decidí a buscar pruebas de sacrificios humanos en las profundidades sombrías del cenote. Yo tenía la impresión de que, si era cierto que en Yucatán a los seres humanos se les había confinado a un sepulcro de agua cuando se trataba de evitar el enojo o de ganarse los favores de una deidad, el sitio lógico para ese funesto destino sería aquí. Ya había visto el cenote bajo todas las diferentes condiciones de luz: el suave brillo del amanecer, la resplandeciente luz del mediodía y la luz plateada de la luna, y siempre me sugería solemnidad, misterio y tragedia.

Don Eduardo me contó que cuando decidió verificar las leyendas sobre el cenote se topó con obstáculos que, desde todos lados, lo confrontaron. Su fe se enfrentó a las acusaciones de ridículo que le hacían los laicos y a la desaprobación de los científicos. El erudito W. H. Holmes, al visitar Chichén Itzá en 1895, escribió sobre su plan:

> Se ha estado discutiendo la posibilidad de explorar el fondo del cenote con la esperanza de recobrar obras de arte y otros tesoros. Pero ésa sería una tarea en verdad formidable y va a requerir la erección de árganas sólidas y dragas eficientes. Parece poco probable que los resultados que ese trabajo promete sean suficientes como para justificar el enorme gasto que se requiere para que pueda completarse.

Don Eduardo dijo que él estuvo perfectamente de acuerdo con Holmes en el hecho de que era una tarea en verdad formidable, en especial porque el dinero para las "árganas sólidas" y para las "dragas eficientes" no estaba disponible. El cenote mide cincuenta metros de diámetro, su pared de piedra caliza desciende, en promedio, dieciocho metros desde el borde rodeado de árboles hasta la superficie del agua y, debajo de unos diez metros de profundidad hay una capa de lodo de nueve metros de espesor. Don Eduardo recordó que después de buscar y no encontrar el apoyo adecuado para su gran acometido, decidió trabajar con métodos de investigación menos costosos. Aprendió el arte del buceo de un buzo de esponjas griego y, noche tras noche, descendía con su traje de buzo; pero debido a su inexperiencia, sus tentativas estuvieron llenas de percances, de hecho, en muchas ocasiones, a duras penas logró escapar de la muerte.

En el reverso de esta fotografía se lee: "Gobernador Carrillo y miembros de la expedición del Carnegie junto al Cenote Sagrado. Yo soy la cuarta, en la primera fila, con sombrero enorme".

La hazaña que pretendía llevar a cabo don Eduardo tenía muy pocos precedentes. Años más tarde, los historiadores destacaron el hecho de que la única persona de la que se sabía que había descendido al Cenote Sagrado y había regresado para contarlo era Hunac Ceel, quien por ello se convirtió en el gobernante de Mayapán. Muchos de ellos ponían en duda la aseveración de Richard Haliburton, el popular escritor de viajes, de que también él lo había hecho en dos ocasiones.

Las leyendas sostenían que, además de las doncellas a las que sacrificaban, algunas veces arrojaban al cenote a otras víctimas para que recibieran mensajes de Yum Chac, el dios de la lluvia. El ritual se llevaba a cabo al amanecer, y si la víctima lograba sobrevivir hasta el mediodía, la rescataban y le pedían que revelara el mensaje que había recibido respecto a las lluvias del año siguiente. Pero ese acontecimiento era tan extraordinario que, una vez que el sobreviviente emergía del Cenote Sagrado, se le rendían los más altos honores; tal fue el caso de Hunac Ceel, de Chichén Itzá.

Una noche, continuó don Eduardo, su perseverancia fue recompensada con el descubrimiento de huesos humanos que correspondían con la fisonomía de una niña de entre doce y dieciséis años. Ese logro intensificó su entusiasmo y, finalmente, gracias a su inquebrantable fuerza de determinación, atrajo el interés y la ayuda de un estadounidense acaudalado. Para 1903, ya había conseguido e instalado una draga simple. Poco después, se puso en marcha el trabajo, y eran los indígenas quienes, con la fuerza de sus brazos, operaban las grúas. Las extracciones produjeron resultados casi desde el principio, y de nuevo emergieron huesos humanos a la superficie —entre ellos, huesos de niñas que sirvieron para apoyar la teoría de los sacrificios—. Poco a poco, en las porciones de sedimento que se recogían, empezaron a aparecer objetos preciosos de la época precolombina. La diversidad de los hallazgos incluía jade, oro, cobre, ébano, bolas de copal, obsidiana, dagas, armas decoradas con mosaicos de turquesa e, incluso, fragmentos de tejidos de los que, hasta entonces, no se tenía ningún conocimiento. Don Eduardo me confesó que ese tesoro estaba en el Museo Peabody, pues, durante todos esos años, él mismo había enviado, por medio de la valija del correo consular de Estados Unidos, las piezas que iba recobrando durante sus operaciones de buceo en el cenote.

"Ahora, ya conoces la historia completa", me dijo, al tiempo que nos levantamos y nos dirigimos hacia la antigua calzada y fuimos dejando atrás el Cenote Sagrado y sus tradiciones tétricas. "Es una confesión que se tenía que hacer tarde o temprano; y creo que la vida es demasiado incierta y ya he esperado bastante". Le agradecí de nuevo su confianza en mí y le aseguré que, sin duda, mi primera publicación sobre sus magníficos descubrimientos iba a sobrepasar mi ambición de alcanzar el éxito como reportera de arqueología.

Conforme a lo acordado, Felipe llegó por mí a la Hacienda House de Thompson al atardecer, una puesta de sol resplandeciente. Detrás de él venía un grupo de mayas que lo idolatraban y que se quedaron cerca de la terraza mientras nos despedimos de don Eduardo. Después, nos dirigimos hacia el centro ceremonial de Chichén Itzá en donde Antonio estaba esperándonos al volante del *Fordinga*; los "inditos" continuaron siguiéndonos desde atrás hasta que Felipe les hizo una seña para que se reunieran con nosotros y, avergonzados, se acercaron. Felipe se dirigió a cada uno de ellos por su nombre, y me presentó como "la indita blanca Pixan Halal". Los saludé con las poquitas frases mayas que había aprendido y estreché sus manos, que extendían con timidez. Sus sonrisas de aprobación parecían acogerme como a un miembro de su tribu antigua. En palabras que Felipe tradujo para mí, el joven portavoz me devolvió el saludo y dijo: "Quédese con nosotros, adorable Pixan Halal, pero si debe dejarnos ya, ojalá que su ausencia no se prolongue".

El pequeño grupo se quedó alrededor de nosotros mientras estuvimos parados disfrutando el espectáculo de los cambios de luz sobre el símbolo colosal del esplendor ancestral maya. Desde su enorme base y hasta su elevado santuario, el monumento estaba inundado de un brillo dorado que desvanecía la escena melancólica que tan vívidamente me había descrito don Eduardo en su narración dramática. En mi mente, se disolvió la imagen de la doncella a la que conducían a su destino fatal y que descendía la gran escalinata en medio de hileras de sacerdotes cubiertos con máscaras negras y al ritmo ominoso de los tambores de la muerte, y, otra imagen, una que proyectaba el amor y la compasión supremos, fue la que tomó su lugar en mi visión del Mayab. Algunos de los hombres de mayor edad se colocaban muy cerca de Felipe para poderle tocar, con un respeto lleno de afecto, el borde de su saco de lino blanco o la parte superior de sus botas de cuero negro para montar. Era evidente que para cada uno de esos humildes "inarticulados", el sólo hecho de su presencia implicaba consuelo y seguridad. Esa imagen me hizo recordar la forma en la que el señor Hart lo había descrito: "imponente por sobre sus inditos —en verdad, un dios entre ellos—". Y fue entonces cuando percibí que ésa era la relación que él tenía con los pueblos explotados de su tierra. Semejante relación explicaba la razón por la que Eurípides, el griego, exaltaba el heroísmo humano por sobre la divinidad de las deidades arrogantes y vengativas. Y, sin duda, yo estaba muy consciente de que ese momento, ese atardecer en la capital de "los hombres santos al lado del Cenote Sagrado", iba a determinar, irremediablemente, lo que yo habría de reconocer, desde lo más íntimo y profundo de mi ser, como aquello que de verdad importaba en mi vida. Pues fue en ese instante en el que me di cuenta, por primera vez, de que no podía pedir ninguna plenitud personal más completa que el privilegio de adorar a Felipe por el resto de los días que quedaban, de trabajar al lado de él en su labor mesiánica y de servirlo mientras él luchaba por recobrar para los millones de desvalidos de la tierra, el derecho a la belleza, a la dignidad y a la alegría creadora; los mismos derechos de los que, durante tanto tiempo, habían sido despojados. Y también fue entonces cuando supe, con el conocimiento cabal que colma los sentidos como una marejada vigorosa de discernimiento profético, que sin importar qué nos deparaba el futuro, mi propio destino estaba ya unido, con un vínculo ineludible, al del salvador maya.

Esa noche quise compartir con mi diario los sentimientos que me habían abarcado bajo la sombra de la inmensa pirámide de Chichén Itzá. Pero las palabras que hubieran descrito mi despertar a posibilidades inimaginadas de conciencia rehuyeron a mi pluma fuente, que por lo general cooperaba de buena gana. Al igual que un rayo de luz solar repentino y fugitivo sólo puede ser captado por la película fotográfica más sensible, la energía radiante que llenaba mi espíritu desafió el proceso inepto del análisis escrito. Finalmente frustrada, desistí. En lugar de esas palabras, bajo la fecha del 22 de febrero de 1923, y a modo de posdata para las notas que hice sobre la "confesión" de Thompson respecto al Cenote Sagrado —que hasta ese momento era uno de los dos sucesos más sensacionales de mi joven carrera periodística— registré en una frase breve, la experiencia emocional que le dio cabida al recuerdo más mágico de mi vida:

"¡El amor, más allá de todos mis deseos y sueños, por fin llega a mí!".

Al final, las palabras que podrían haber expresado lo que yo sentía por Felipe en ese momento, cuando mi corazón tomó su decisión, sí se escribieron. Un año después, el perceptivo doctor Ernest Gruening, historiador y estadista estadounidense, escribió en tributo para su amigo Felipe Carrillo Puerto:

Como un gran cometa surgió de la oscuridad inmemorial, elevando a su paso la mirada y el corazón de los hombres; un símbolo brioso de los ciclos proyectándose hacia la vastedad de lo desconocido: una visión inolvidable. Fue una figura cósmica; reunió en su sola persona la vasta épica de la gran raza americana y la épica inagotable de la búsqueda humana de la libertad.

XIV

La arena política

Estábamos solos en el vagón de observación del tren con destino a Mérida. El brazo derecho de Felipe, que se había convertido en un símbolo de protección a lo largo de todo el estado de Yucatán, estaba recargado sobre el respaldo de mi asiento, meneándose al ritmo del movimiento del tren, y eso me brindaba una sensación reconfortante.

Mis emociones más íntimas estaban todavía bajo el efecto del hechizo del atardecer en Chichén Itzá, y yo hubiera preferido quedarme sentada en silencio junto a él y observar la forma en la que el viento jugaba con ese rizo rebelde que le caía sobre su amplia frente y que me había fascinado desde la primera vez que nos vimos. Pero me fue imposible escaparme del pensamiento obsesionante de que las horas que íbamos a pasar juntos estaban contadas. Impulsada por un sentido compulsivo del deber, decidí que tenía que saber todo cuanto fuera posible sobre el transcurso de su vida desde el principio. Conocer a detalle sus razones, sus actos y sus anhelos, era motivo de máxima urgencia para mí, no sólo por mi propio deseo vehemente de comprenderlo totalmente como hombre, sino porque mi espíritu de cruzada pretendía poner al alcance de los lectores de entonces y de los futuros, los hechos que les harían conocer el verdadero significado de Felipe como figura pública.

Casi sin entusiasmo, ante la idea de perturbar con datos históricos ese ánimo dichoso, que nos mantenía inmersos por completo en "la belleza misma de nuestro transcurso" y con la emoción despojada del ayer y del mañana, saqué mi lápiz y mi cuaderno de reportera. Felipe observó mi determinación con un aire desilusionado; ésa era la primera vez que no estábamos con una multitud o, por lo menos, con una tercera persona. Su voz reveló un dejo de resentimiento cuando dijo:

Desde luego, preferiría hablar de *ti*... Tengo menos de una semana para convencerte de que te deberías de quedar aquí con nosotros o de que regreses cuanto antes a Yucatán. No tienes hijos que cuidar y no estás casada con tus periódicos capitalistas. ¿Por qué no consideras una nueva vida?; una vida que estoy seguro que será más satisfactoria y que, incluso, te va a dar un éxito literario más rápido del que te ofrecen tus ocupaciones actuales.

Luego de sugerirme que escribiera libros sobre arqueología, añadió:

Hay mucho que aprender de nuestros mayas y de otras razas avanzadas del México antiguo. Éste es el mejor momento para desentrañar la verdad sobre el pasado que por tanto tiempo ha estado en el olvido. Y mientras participas en esta gran aventura de redescubrimiento podrías, también, satisfacer tu propio amor por la humanidad trabajando por las causas que nosotros defendemos y que son también las tuyas.

Le prometí considerar sus palabras con toda seriedad, pero le recordé que, como experiodista, sin duda podría comprender que en los compromisos que yo había adquirido "el tiempo era indispensable", y le supliqué que retomara la historia de su ingreso a la arena política de Yucatán desde el punto en el que se había quedado en la entrevista anterior, misma que habíamos dejado inconclusa.

—Muy bien, Almita, tú ganas. Si esto es lo que te hace feliz, voy a hacer mi mejor esfuerzo, ahora y siempre... cosa que, seguramente, ya sabes.

Sin rodeos y con la modestia que lo caracterizaba, Felipe narró la sinopsis cronológica de los acontecimientos de su vida. Los puntos en los que su modestia en subestimar algunos detalles dejó el recuento incompleto se han ampliado gracias a la información que obtuve en conversaciones posteriores con su madre, doña Adela, con sus hermanos Elvia, Acrelio, Benjamín y Gualberto, y por medio de los recuerdos de amigos de la familia. Cada una de esas fuentes brindó testimonios nuevos que confirman el hecho ineludible de que Felipe vivió toda su juventud en condiciones de lucha incesante, de sacrificio y peligro constantes y con el ánimo puesto en la meta única de conseguir, para su pueblo desvalido, el sustento de sus necesidades e impulsos sociales.

Existen informes publicados en los periódicos de ese tiempo que documentan gran parte de su historia desafiante. Él comenzó su narración explicándome que la primera vez que lo condenaron a prisión, cuando todavía era un adolescente, fue porque se enfrentó al propietario de una enorme plantación de henequén que había ordenado que se cerrara un corredor para los indios a modo de represalia, pues se habían atrevido a reclamar su derecho a las tierras comunales. Después de dar un discurso enardecido, el cruzado, siendo apenas un muchacho, derribó, resuelto, las vallas que detenían el tráfico.

En 1906, más o menos al mismo tiempo que las huelgas cruciales de los trabajadores de la industria textil en Río Blanco y de las minas de cobre en Cananea, Felipe lanzó un periódico semanal con el nombre de *El Heraldo de Motul*. Esa publicación era un órgano que pretendía eliminar el sistema inadmisible del enganchado y de las tiendas de raya; condición que, muy pronto, fue dada a conocer en el mundo anglo-parlante con las revelaciones de John Kenneth Turner en su *México bárbaro*. Durante ese mismo periodo, Felipe trabajó también como corresponsal para *La Revista de Mérida*, y en ambas publicaciones, denunció enérgicamente las prácticas abominables en las haciendas y el desacato flagrante de sus propietarios a las leyes de la nación.

Los rumores que corrían respecto a la intención de silenciar al periodista joven y osado eran tan comunes en Motul que don Justiniano le insistía una y otra vez que tuviera cuidado de los asesinos a sueldo. Pero Felipe, negándose a escuchar las advertencias de su padre, le respondía: "No, papacito, tú en cada individuo ves a un enemigo mío".

La oposición de los propietarios de esclavos frente a la postura pública de Felipe se intensificó después de que, en 1907, se conformó en Mérida el Centro Electoral Independiente, que fue la agencia que lanzó la candidatura de Delio Moreno Cantón a la gubernatura de Yucatán. Felipe se volvió un ferviente partidario de ese hombre que, además de ser un poeta virtuoso y un editor valiente, era también paladín de los métodos democráticos. Para vigorizar la campaña, Felipe organizó a los elementos liberales de la región de Motul y dirigió al Centro Electoral Independiente en su lucha contra el Partido Demócrata, que llevaba en el nombre la ironía, pues era obvio que su declaración de principios era una mera farsa; y es que Molina, uno de los hombres más ricos de la República y el latifundista más poderoso e inhumano de Yucatán, se reía del voto popular como medio para obtener su reelección. Sin embargo, los arreglos de las fuerzas políticas y financieras que disfrutaban de la protección del gobierno no lograron debilitar los esfuerzos de Felipe a favor de la reforma, de entre los cuales estuvo la creación del Centro Obrero Motuleño. Por medio de esta organización, dedicada al progreso intelectual y material de los jornaleros locales, Felipe difundió el conocimiento de los derechos humanos y civiles e incluso logró establecer una biblioteca para beneficio de los miembros.

Mientras tanto, para promover el programa liberal morenista, Felipe reclutó algunos colaboradores diestros para el *El Heraldo*, su publicación veraz e incorruptible; entre ellos, al profesor don Pedro Pérez Miranda y al doctor don Manuel Amézquita. Los colaboradores de Centroamérica incluían al doctor Silvio Salas y a don Mariano Tovar. Otros de los escritores de renombre, cuyas columnas le daban distinción a *El*

Heraldo, eran don Luis Librado Montesinos, de Tampico, y don Salvador Martínez Alomja, de Campeche, quien en ese tiempo estaba viviendo en Motul. Para hacerle frente a las acusaciones en contra de los políticos gobernantes y de los monopolistas, la camarilla del gobierno fundó un periódico de oposición, *La Gaceta de la Costa*.[1] Y conforme las incriminaciones y las reconvenciones incitaban polémicas apasionadas y enardecían la situación, ya de por sí explosiva, los funcionarios locales, determinados a vencer a Moreno Cantón y temerosos de sus propuestas de reforma, provocaron el arresto y la detención de Felipe con imputaciones fraudulentas respaldadas por "el abuso de poder del jefe del Ministerio Público, Manuel Palma Cervera", exdirector de *La Gaceta de la Costa* y sobrino del jefe político, quien, por medio de su poder absoluto, se encargó de que Felipe fuera enviado a la penitenciaría Juárez de Mérida bajo el argumento de que era en esa ciudad en donde vivía el denunciante.

Respecto al "proceso jurídico inusual" que siguió el Ministerio Público, *La Revista de Mérida* declaró:

> El señor Carrillo, por su honestidad y su independencia de carácter, es altamente estimado por la sociedad de Motul, a la que le apena ser testigo de las injusticias cometidas durante los procesos en su contra. Sin embargo, la declaración del presidente de la República en cuanto a que 'debemos tener fe en la justicia', nos da la certeza de que el señor Carrillo muy pronto volverá a respirar el aire de la libertad.

Después de haber pasado veinte días en la penitenciaría, Felipe fue liberado y absuelto de los cargos, y el mismo periódico anunció su vindicación con la siguiente nota: "Ayer por la tarde, cuando el señor don Felipe Carrillo llegó a Motul, luego de haber sido injustamente encarcelado, recibió una cálida bienvenida

---

[1] *La Gaceta de la Costa* fue la publicación semanal que editó Julián Alcalá Sabido en Motul entre 1896 y 1897.

por parte de sus muchos amigos y de los admiradores y bienquerientes que llenaron la estación del ferrocarril".

El espíritu generoso y la naturaleza tolerante de Felipe, al igual que su voluntad de pasar por alto las injurias y de perdonar a quienes le habían causado daños, se evidencia en la anécdota que, en relación a ese incidente, narró su hermano Acrelio. A pesar de que, con toda malicia, Manuel Palma Cervera había causado su encarcelamiento, en cuanto Felipe se enteró de que estaba muy enfermo —para sorpresa de la familia Palma Cervera— fue a visitarlo. Le recordó la vieja amistad que tenían y le aseguró que comprendía a cabalidad las maquinaciones engañosas de la política que a pesar de haber ocasionado la ruptura entre ellos no habían logrado destruir los muchos años de buena vecindad que habían compartido.

Después de 1908, con la propagación del movimiento a favor de Francisco I. Madero para presidente, surgió un nuevo reto para el idealismo y la inagotable energía de Felipe. Durante ese periodo, él convocó y asistió a reuniones secretas, muchas de las cuales se celebraban en su propia casa, con el propósito de protestar por la nula disposición de Díaz para ceder la presidencia, de acuerdo con la promesa que él mismo le había hecho a James Creelman en la entrevista publicada en la *Pearson's Magazine* de marzo de 1908. Conforme se acercaba la fecha de terminación del octavo mandato del dictador, treinta y tres años en posesión del cargo, la oposición de Felipe contra los reeleccionistas, encabezados en Yucatán por el gobernador interino, Enrique Muñoz Arístegui, se volvió cada vez más fuerte. La condena pública que hizo Felipe tras la elección como candidato a la vicepresidencia de Ramón Corral —el odiado gobernador de Sonora y artífice de las abominables deportaciones de miles de indios yaquis a Yucatán para esclavizarlos en las haciendas—, desencadenó represalias severas. Una vez más, Felipe fue enviado a prisión junto con otros rebeldes locales que se oponían al despotismo de Díaz, entre ellos, Carlos R. Menéndez, periodista yucateco. Y con la intención de silenciar su voz popular, los políticos mantuvieron a Felipe incomunicado. No obstante, con la ayuda de sus seguidores leales, logró emprender una campaña de propaganda eficaz desde dentro de los muros de la prisión; y, poco después de su liberación, se dedicó a trabajar intensamente a favor de la no reelección y de otras campañas políticas que, con frecuencia, requerían su presencia en Valladolid, un centro de efervescencia en el que estaba naciendo la resistencia colectiva.

El señor Rafael Quintal, de Motul, que conocía a Felipe desde que había comenzado a trabajar en el ferrocarril, en 1891, y que era quien lo sustituía durante sus licencias o periodos vacacionales, recordó un incidente que demuestra la elocuencia de los métodos "humanos" con los que Felipe abordaba los problemas y que lo ayudaron a ganarse la fe y el apoyo de los miles de desheredados de Yucatán. El señor Quintanal cuenta que él estaba en Valladolid con Felipe en una de las ocasiones que, desde el estrado, se dirigió a una congregación de indios. Cuando estaba por terminar su discurso, un indito viejo, que estaba literalmente en harapos, descalzo y con el sombrero raído, le dijo:

—Oye, *chanzul* (joven caballero), en otro tiempo vino ya con nosotros otro como tú. Nos dijo que quería hacer en las fincas las cosas que ahora tú quieres hacer... Pero nunca cumplió... Nunca.

—¿El tal don Fulano les habló de este modo?... ¿Qué dice usted?, Felipe respondió.

—Digo que nunca cumplió... Y digo en este momento que los mayas se levanten. Y voy a decirles que se vayan a Mérida a urgir a otros a que hagan lo mismo. Tengo noventa y seis años; soy muy pobre; sólo tengo a mi nieto.

—¿Por qué está tan pobre?, le preguntó Felipe. ¿Por qué no tiene ropa?, ¿por qué está sin zapatos, camisa y calzones?

—No hay pesos para nosotros... ¡En ningún lado!

—¿Hay alguien aquí que pueda hacerle la ropa que necesita? Si es así, yo voy a comprar la manta blanca y voy a conseguir un sombrero y un sarape para usted... Pero ayúdeme a hacer que las condiciones mejoren para todos. Ayúdeme con sus conciudadanos para que *yo* pueda cumplir... Aquí le doy treinta pesos; guárdelos por si se enferma.

Felipe volvió a Valladolid unas semanas después. El viejo indito llevaba zapatos, sombrero y nueva vestimenta y estaba listo para recibirlo... "Vengan para acá", les gritó a sus compañeros mayas... "Aquí está *chanzul*". Y dirigiéndose a Felipe dijo:

"¡En Valladolid estamos llenos de alegría porque ya regresaste... a cumplir!".

Pero el momento en el que Felipe realizaría su mayor logro todavía no había llegado. Estaba destinado a luchar durante cinco años más antes de que se concretara la promesa que les había extendido a los indios de Valladolid en 1910, respecto a la supresión de la esclavitud en las fincas y de la pobreza abyecta a la que quedaban sujetos cuando ya estaban demasiado viejos y débiles para hacer el trabajo arduo que les pedían sus dueños despiadados. Y Valladolid iba a presenciar un terrible derramamiento de sangre y de lágrimas antes de que se rompieran las cadenas que mantenían al Mayab atado a la degradación.

En general, a Felipe se le reconoce como el director intelectual de lo que se ha llamado "la primera chispa de la revolución social" —el levantamiento de los trabajadores de Valladolid del 4 de junio de 1910—. Como conductor y jefe de equipajes en los ferrocarriles de Yucatán, y como organizador de la clase obrera durante los años que precedieron a la rebelión, Felipe aprovechó sus frecuentes escalas en Valladolid para reclutar seguidores maderistas y diseminar ideas revolucionarias en sus reuniones secretas por medio de argumentos persuasivos. Cuando finalmente estalló la rebelión, en la que tomaron parte mil quinientos campesinos, una ola de consternación cubrió al estado y a la nación, que ya de por sí había estado sometida a un nerviosismo generalizado frente a la posibilidad de que se desencadenaran acontecimientos alarmantes. En seguida se enviaron tropas federales al lugar de los hechos, pero llegaron días antes de que los rebeldes abandonaran la ciudad que tenían tomada. Los tres jefes principales, Maximiliano R. Bonilla, Atilano Albertus y José Kantún, fueron capturados y asesinados el 25 de junio por un pelotón de fusilamiento en el patio de la iglesia de San Roque, en Valladolid. Otros dos líderes de este movimiento armado frustrado lograron escapar. Uno de ellos, Miguel Ruz Ponce, se refugió en las selvas de Quintana Roo; ahí se casó con la hija de un cacique nativo y volvió a Yucatán después del derrocamiento de Díaz. Y el otro, Claudio Alcocer, fue asesinado más adelante.

En su libro *Mi vida revolucionaria*,[2] Félix Palavicini, intelectual mexicano y editor de *El Universal*, registra que don Francisco I. Madero declaró en una entrevista: "Si hay una revolución social en México, va a comenzar en Yucatán". Sus palabras proféticas, como lo señala Antonio Bustillos, se cumplieron al pie de la letra, pues la Revolución que el propio Apóstol de la democracia encabezó, había estallado cinco meses antes en Valladolid, Yucatán, liderada por Felipe Carrillo Puerto.

Una vez, Felipe me dijo que había estado encarcelado en las prisiones de Yucatán en cinco ocasiones distintas, y por un total de siete años, acusado de cargos vinculados a sus actividades políticas. Sin lugar a dudas, él era el blanco fundamental de los ataques de los enemigos de la renovación social; así que, para evitar nuevas sentencias y, quizás, incluso la muerte, se escapó a Estados Unidos inmediatamente después del levantamiento en Valladolid, en el que los rebeldes fueron aniquilados casi por completo. Las distintas declaraciones que se han hecho sobre lo que en realidad sucedió durante el verano de 1910 dejan una laguna en el registro certificado de ese periodo tan crucial. Una de las versiones que se publican con frecuencia explica que, en cuanto Felipe cruzó la frontera, se puso en contacto con Madero, quien, a principios de octubre, se había escapado de la cárcel de San Luis Potosí y, disfrazado como jornalero, había huido a Texas. De acuerdo con Edmundo Bolio, Felipe se fue directamente a Nueva York, en donde trabajó en los muelles como estibador. A diferencia

---

[2] Félix Palavicini, *Mi vida revolucionaria*, México, Botas, 1937.

de lo que otros afirman, en la opinión del profesor Bolio, que fue su amigo cercano y más tarde director de los programas culturales de la Liga Central, Felipe no conoció a Samuel S. Gompers, presidente de la Federación Estadounidense del Trabajo, ni en ése ni en ninguno de los tres viajes que hizo a Estados Unidos.

El profesor Bolio me informó que su amistad con Felipe databa de 1909. Lo conoció cuando Gualberto Salazar, el jefe político, lo invitó a Motul a asistir a una reunión en su casa. Bolio era maestro en la escuela de Izamal, y Salazar esperaba que el docto maestro, una autoridad en el idioma, la historia y las leyendas mayas, hablara en forma laudatoria de su administración. Sin embargo, después de que Felipe expuso el historial de Salazar, en el que se demostraba que no sólo no era amigo de los indios mayas, sino que era su enemigo, el profesor Bolio, en lugar de alabarlo, lo censuró públicamente. Casi se desató una pelea a puñetazos, pero otros de los invitados lograron impedirla. No obstante, sabiendo que el maestro estaba en peligro, antes del amanecer, Felipe lo escondió en su carreta, en la que quedó cubierto debajo de sacos de forraje para ganado, y se fue rumbo a Temax; una vez ahí, dejó a su nuevo amigo en el tren con destino a Mérida.

Cualesquiera que hayan sido los vínculos que Felipe estableció al norte de la frontera después de lo de Valladolid, su ausencia de México no puede haber durado más de tres meses; pues ya el 13 de septiembre de 1910, estaba en San Luis Potosí como uno de los dos delegados de Yucatán al Tercer Congreso de Periodistas de Prensa de los Estados. El otro delegado, Carlos R. Menéndez, revela en su libro *Noventa años de historia de Yucatán: 1821–1910*,[3] que juntos presentaron una moción que, "envuelta en grandes aplausos, fue aprobada por aclamación". La moción requería que se enviaran dos telegramas urgentes, uno dirigido al presidente de la República, el general

---

[3] Carlos R. Menéndez, *Noventa años de historia de Yucatán: 1821-1910*, Mérida, Compañía Tipográfica Yucateca, 1937.

Porfirio Díaz, y el segundo al gobernador Muñoz Arístegui de Yucatán. "Por acuerdo unánime" el mensaje decía: "Este Congreso solicita respetuosamente que se conceda la libertad a todos los prisioneros políticos que están languideciendo en el castillo de San Juan de Ulúa y en la penitenciaría de Mérida, y les implora que al amanecer del centenario no haya un solo mexicano en prisión por causa de sus convicciones políticas". En la reproducción del telegrama, a modo de posdata, el señor Menéndez menciona que ni el presidente Díaz ni el gobernador Muñoz Arístegui se tomaron la molestia de responderle al Congreso. En ese tiempo había cinco mil simpatizantes de Madero en las cárceles mexicanas.

Por medio de las referencias efímeras que él mismo hizo respecto a sus movimientos después de San Luis Potosí, y de los recuentos detallados de varios de sus asociados en ese periodo ominoso, supe que, antes de volver a Yucatán, Felipe fue a Belice por provisiones de armas para la lucha que ya anticipaba. Sin embargo, durante su breve estancia en Champotón, en la costa de Campeche, se enteró de la vertiginosa sucesión de eventos de la última semana de mayo de 1911. Esos acontecimientos —quizás los más asombrosos que hasta ese momento la historia moderna de la nación había presenciado en una sola semana— comenzaron el 24 de mayo cuando Porfirio Díaz presentó, aunque muy a su pesar, su renuncia como presidente. El 26 de mayo, Francisco de la Barra, miembro del gabinete de Díaz y exembajador en Estados Unidos, asumió la presidencia interina. Ese mismo día, Madero, el líder insurgente, emitió un manifiesto en el que llamaba a la ciudadanía a reconocer el gobierno interino de De la Barra y afirmaba: "Ciertamente, él está de nuestro lado". Por último, el 31 de mayo, entre gritos de "¡Muerte al dictador!", Díaz, a sus ochenta y dos años de edad, "por respeto a la voluntad del pueblo", se embarcó en Veracruz para navegar hacia su exilio en Europa. Ese hecho confirmó el triunfo de la Revolución liderada por Madero.

Felipe regresó cuanto antes a Mérida y de ahí se fue a Motul, en donde encabezó a los partidarios de Delio Moreno Cantón, quien había sido electo, por segunda ocasión, como candidato a la gubernatura por parte del Centro Electoral Independiente. El candidato que se le oponía era el licenciado José María Pino Suárez, también independiente y editor del periódico liberal *El Peninsular*. Pino Suárez buscó la ayuda de Madero e intentó, por medio de varios incentivos, que Felipe se pasara de su lado. Pero, consciente de que la confianza y las esperanzas de los campesinos y de los obreros estaban depositadas —con toda razón— en quien, a lo largo de mucho tiempo, había comprobado que era su defensor, Felipe, indignado, rechazó las ofertas y prefirió, como él mismo lo dijo, quedarse con Moreno Cantón aunque perdiera. El propio Madero le había sugerido a Pino Suárez, en una carta con fecha del 15 de agosto de 1909, que apoyara a Moreno Cantón para gobernador "a cambio de la ayuda de todos sus agentes para la campaña nacional antirreeleccionista del siguiente año". Sin lugar a dudas, Madero compartía la fe inmutable de Felipe en Moreno Cantón, pero su decisión sobre el asunto estaba inspirada más en la conveniencia política que en la convicción personal. Como lo señala Stanley Robert Ross en su biografía *Francisco I. Madero*:[4]

> A pesar de que creía que la candidatura de Moreno Cantón era más conveniente para el objetivo de largo plazo, retuvo su apoyo hasta después de que hubiera tenido lugar la convención estatal y, de ese modo, demostró su respeto a los deseos locales. Al gobierno no le interesaban las preferencias de la gente y el gobernador Enrique Muñoz Arístegui se reeligió. Y fue hasta entonces cuando Madero pudo señalar los acontecimientos sucedidos en Morelos, Sinaloa y Yucatán como prueba de que Díaz no iba a promover un gobierno de verdad democrático.

En respuesta a mi pregunta respecto al hombre que compartió el destino trágico de Madero, Felipe me contó que Pino Suárez

---

[4] Stanley Robert Ross; *Francisco I. Madero: apóstol de la democracia mexicana*. México, Grijalbo, 1959.

era originario de Tabasco y que había llegado a Yucatán cuando era joven. Ahí, como abogado y como periodista, defendió a los trabajadores mayas de las haciendas y, "como poeta, avivó la llama revolucionaria". Pino Suárez fue una de las seis personas que recibieron a Madero en los muelles de Progreso cuando, en junio de 1909, llegó a la capital yucateca envuelto en una tremenda ovación. A lo largo de todo el siguiente año y hasta la víspera de las elecciones "fraudulentas", Pino Suárez estuvo organizando grupos antirreeleccionistas en Tabasco, Campeche y Yucatán; sin embargo, durante el periodo electoral, tanto él como Delio Moreno Cantón se vieron obligados a esconderse. En mayo de 1911, en nombre del Ejército Revolucionario, Pino Suárez firmó el Tratado de Ciudad Juárez, en el que se pedía la renuncia de Díaz y de Ramón Corral antes de que terminara el mes. El Tratado también proveía que Francisco León de la Barra, secretario de Relaciones Exteriores, fuera designado como presidente *pro tem* de la República y que fuera él quien convocara a elecciones nacionales. Durante la presidencia interina de De la Barra, Pino Suárez fungió como gobernador de Yucatán.

Una vez electo presidente constitucional, el 15 de octubre de 1911, Madero, con la enorme influencia que tenía como ídolo nacional, consiguió que el comité de nombramientos del Partido Constitucional Progresista se inclinara por Pino Suárez, a pesar de que la popularidad del candidato opositor, el doctor Francisco Vázquez Gómez, era mucho mayor. Le bastó dar un sólo discurso laudatorio para inclinar el balance de los indecisos hacia el lado de su candidato favorito. Ese acto fue interpretado por muchos de los revolucionarios más firmes del periodo —y, por el tono de Felipe al referir el asunto, infiero que él era uno de ellos— como una "imposición" evidente. El juicio de esos revolucionarios ha sido apoyado por muchos de los historiadores que estuvieron presentes, entre los cuales estaba Jesús Silva Herzog, quien sostiene que el apoyo vigoroso de parte de Madero a Pino Suárez provocó la enajenación de muchos simpatizantes del presidente electo y marcó el comienzo del declive de su brillante estrella política.

De pronto, todo el largo de las vías del ferrocarril se recubrió con amapolas radiantes y frente a semejante paisaje de flores bermellón, que destellaban como llamas sobre la monótona extensión de arbustos leonados, dejé de tomar notas y Felipe exclamó: "Mira, Almita, ¡qué preciosas! Deberías llevarte unas". En cuanto lo dijo, me cuestioné cuál sería la forma en la que ese impulso poético se podría concretar; pero la respuesta llegó muy pronto... Felipe se levantó y se dirigió hacia el último extremo del salón de fumadores, despertó a Antonio que estaba dormitando y le entregó una orden para el ingeniero. Poco después, en respuesta a su mensaje, se presentó un trabajador, a quien Felipe le pidió que hiciera retroceder el tren lentamente por uno o dos kilómetros. Cuando llegamos a donde estaban las amapolas, Felipe se bajó del tren y juntó un ramillete de flores. Ese episodio me dejó una impresión indeleble, pues ilustró de forma evidente la actitud racional que él tenía con respecto a la función de las máquinas, cuyo papel era servir al hombre y no, en cambio, ser su amo. También dejó entrever su filosofía, en la que la belleza era parte fundamental de la vida. Pero la magia, provocada por el intermedio lírico de las amapolas, que inundó el ambiente, se desvaneció en modo abrupto cuando Felipe retomó su narración. Pues fue en ese momento en el que me enteré —de hecho, él fue el primero en informármelo— de la tragedia que ensombrecía los años de su juventud.

No es fácil para mí, Almita —comenzó Felipe—, contarte algo que, tarde o temprano, tienes que saber sobre mí. Unos años antes de que comenzara mi vida pública, maté a un hombre. Fue un acto en defensa propia. Recibí un disparo por parte de un enemigo político, un hombre al que los opositores ricos y poderosos le habían pagado para que se deshiciera de mí; el mismo que, durante mucho tiempo, se hizo pasar por un amigo de la familia. Su nombre era Néstor Arjonilla. Y ya que insistes en indagar sobre el pasado de un líder socialista, me parece, para ser justos, que tienes que conocer todas las circunstancias".

Así pues, Felipe me contó que el 16 de julio de 1911, cuando iba de camino a la estación del ferrocarril de Motul para esperar la llegada de los periódicos en los que él trabajaba como agente y corresponsal local, Arjonilla se le acercó para quejarse de las críticas tan severas que habían aparecido en la prensa de Mérida sobre los funcionarios de la ciudad. Felipe le respondió que si los reportajes estaban firmados por el corresponsal, entonces él mismo los había enviado. Después, comenzaron a insultarse, y Arjonilla se ufanó de que Motul apoyaba a José María Pino Suárez y no al amigo cercano de Felipe y, también, colaborador del periódico, Delio Moreno Cantón. Me explicó que la enemistad había surgido en el momento más álgido de la lucha entre los dos candidatos a la vicepresidencia, y me dijo que Moreno Cantón, con quien él había estado vinculado desde 1906 en los movimientos de reforma, era el candidato popular, mientras que Pino Suárez había sido impuesto por Madero.

En el clímax de la discusión, Arjonilla arremetió con una fuerza tan violenta que Felipe se dobló ante el golpe sorpresivo de su agresor y, aprovechando la situación de aturdimiento, Arjonilla le disparó desde muy cerca y le perforó una de las mangas del saco.

Cuando vi que estaba preparando su segundo disparo, —continuó Felipe—, me di cuenta de que para salvar mi vida, tenía que dispararle. Desde luego, no disparé para matarlo, sino para desarmarlo. La bala le entró por el antebrazo derecho, cerca de la muñeca, pero, por desgracia, describió un curso tan extraño, que terminó alojándose en su corazón.

Otros detalles sobre el intento frustrado de Arjonilla de eliminar a Felipe de la escena política quedaron registrados en los anales de Motul y se preservaron en la memoria colectiva. Tiempo después, yo conocería la historia completa y sus consecuencias gracias al recuento de don Efraín Palma Castro. Él estaba con Felipe cuando iba de camino a la estación del ferrocarril y, de hecho, le había advertido que quizás los rumores que se escuchaban en la calle eran ciertos. Don Efraín, que vivió en Yucatán hasta su muerte, en 1958, acostumbraba contar cómo Felipe, inmediatamente después del encuentro fatal, fue a la tienda de su papá y le dijo: "Papacito, sucedió lo que tenía que suceder: creo que maté a Arjonilla, porque lo vi tendido en el parque José María Campos". Don Justiniano, que ya había puesto sobre aviso a su hijo, pues ciertos incidentes le habían despertado la sospecha de las intenciones asesinas de Arjonilla, le aconsejó que fuera al cuartel de la policía, solo, y que se entregara a las autoridades.

Con el orgullo invariable que se reflejaba en su voz y en sus ojos siempre que hablaba de sus padres, Felipe recordó un detalle. Me dijo que después de haberse entregado y mientras lo mantenían encerrado, su padre fue a la plaza, al lugar en el que había ocurrido el tiroteo y en donde, en ese momento, había una multitud congregada alrededor del cuerpo de Arjonilla. Don Justiniano pasó entre la gente y con enorme osadía se dirigió a quienes habían tramado el plan del asesinato; en tono desafiante y de modo que todos los presentes pudieran escucharlo, dijo: "Si tienen otro toro, yo tengo más toreros. Uno de ellos está ahora en prisión por la perversidad de la que ustedes son capaces, pero tengo otros que están preparados. Sólo díganme quién es su próximo toro para que yo le pueda dar instrucciones a otro torero". "En esos días no había muchos hombres", observó Felipe, "que, como mi padre, se atrevieran a enfrentarse a los terratenientes ricos y a los funcionarios serviles que estaban protegidos por el despiadado poder porfirista".

Un cacique local tiránico, controlado por el jefe político, sentenció a Felipe a un largo periodo de prisión. Finalmente, después de estar encarcelado más de un año —en vez de las setenta y dos horas que decreta la ley en caso de homicidio en defensa propia— el veredicto fue revocado bajo el argumento de "fallas legales" en el proceso y se afirmó que Felipe había matado en el acto de defender su propia vida. El testimonio que se presentó en la segunda audiencia demostró que el jefe político, que había hecho uso de su gran influencia en la corte, también había exigido que el señor Palma Castro, testigo presencial, declarara a favor de Arjonilla, que lo describiera como un "trabajador honesto" y que señalara que "Felipe se merecía su propio ataque". Pero el señor Palma Castro permaneció firme y declaró que sólo podía testificar la verdad y lo que él había visto.

A pesar de que la corte absolvió a Felipe de la culpa, tanto en ese momento, conforme me contaba los detalles, como en todas las ocasiones que hablamos del asunto, era evidente que el hecho de haber matado a Arjonilla le pesaba como una causa inextirpable de profunda aflicción. Su aversión a la violencia, que parecía haberse incrementado con los años, se volvió tan firme, que incluso se negaba a participar en la caza deportiva de animales. Con la mirada de quien todavía está sobrecogido por una experiencia pavorosa, me contó que una vez, con un grupo de amigos suyos, había tomado parte en un safari al oeste de Yucatán. De pronto, en la cima de una colina, apareció un ciervo con una cornamenta majestuosa. Apuntó, disparó y el magnífico animal cayó desvalido a sus pies... sus grandes ojos cafés parecían suplicarle que le tuviera piedad. Esa imagen lo saturó de un remordimiento tan estremecedor, que determinó, en ese mismo instante, que ésa sería su última aparición como cazador.

Después de la absolución de Felipe en el caso de Arjonilla, vino un periodo de intenso trabajo físico y mental. Se retiró a la finca de su padre, Akim Kek, cerca del pueblo de Uci, y ahí, se dedicó a cortar madera y a realizar otras faenas pesadas del campo. Durante su tiempo libre estuvo consagrado a terminar y editar su traducción al maya de la Constitución mexicana y a divulgar, entre los grupos de indios que no hablaban español, los derechos humanos y civiles que garantiza la Constitución.

Como parte de su desafiante "trabajo de campo", organizó a —las que hasta entonces eran— las masas de los sin voz y las agrupó en unidades coherentes y articuladas dentro de las distintas áreas. Esa insistencia suya en que los miles de esclavos yucatecos se volvieran conscientes de su cautiverio ilegal era lo que, en primer lugar, había provocado la hostilidad de los hacendados y la contratación de Arjonilla para que llevara a cabo sus planes siniestros. El recuento de Felipe se centró, casi por completo, en los momentos cruciales del camino, peligroso y desigual, que lo condujo a su futuro liderazgo político. En ese tiempo, yo no tenía información suficiente como para poder hacer preguntas que pudieran despertar en él otros recuerdos de experiencias determinantes durante sus años de juventud, como por ejemplo, del periodo de cautiverio en las selvas del sureste mexicano.

Pero de hecho, la historia de su secuestro no se conoció en Yucatán sino hasta cuando, como parte de sus primeros actos oficiales en el cargo de gobernador, Felipe invitó al general Mai, el gran jefe venerable de los mayas de Quintana Roo y el responsable por su secuestro más de diez años antes, a visitar Mérida en calidad de invitado de honor del estado. La cálida bienvenida y el ciclo de festividades coloridas para recibir la llegada del gobernante aborigen de pelo largo y nariz perforada, que se presentó cubierto de plumas —así fue como, con lujo de detalle, me lo describieron Elvia y la maestra Rosa, quienes estuvieron presentes en la recepción señorial— estaba motivado por el siguiente antecedente:

Unos años después de haberse casado, Felipe desapareció misteriosamente; había emprendido uno de sus viajes habituales a Belice, en los que intercambiaba herramientas para el campo, armas y mercancía miscelánea por el chicle que producían los nativos del interior, pero no regresó. En ese tiempo, él estaba a cargo de la oficina de correos que estaba ubicada en su propia casa, frente a la plaza de Motul. Después de varios meses sin noticias suyas, Isabel fue designada para sustituirlo. La familia ya había perdido toda esperanza en que regresara, incluso le habían guardado luto. De pronto, sin previo aviso, y para la dichosa sorpresa de todos, Felipe apareció un día, varios kilos más pesado que cuando se había ido de Motul y con la piel oscurecida por el sol, que contrastaba de modo intrigante con su pelo rubio al hombro y su barba larga. Explicó que en su viaje de regreso, un grupo de indios mayas lo había capturado y lo había mantenido prisionero en las profundidades de las selvas de Quintana Roo. Ahí, le indicaron que su función era servir como intérprete e instructor para organizar el comercio del chicle, la madera dura y otros productos de la selva. Los indios le demostraron de muchas maneras la confianza absoluta que tenían en él para que protegiera sus intereses tribales al negociar con los astutos mercaderes de Belice; pero, así como le manifestaban la entera confianza que tenían en él para que condujera sus asuntos mercantiles y lo trataban con todas las consideraciones posibles, también lo mantenían bajo una estricta vigilancia de noche y de día, para impedir que se escapara o que pudiera comunicarse con el mundo exterior. Gracias a su profundo conocimiento del idioma maya, Felipe le enseñó al general Mai a hablar español, y poco a poco desarrolló con él una plataforma sólida para las negociaciones financieras y los intercambios. Luego, una mañana fue liberado y escoltado hasta la orilla de la civilización, entre expresiones de profunda gratitud por parte del jefe y de los miembros de la tribu que estaban congregados. Cuando Felipe hablaba sobre su ausencia prolongada con los miembros de su familia y con sus amigos íntimos, no daba la impresión de que ese periodo "perdido" en el que estuvo en cautiverio le pesara en el ánimo. Les aseguraba que esos meses en los que había compartido la vida diaria de los pueblos de la selva tropical le habían dado información de primera mano respecto al carácter bondadoso de esas personas y a sus problemas más serios, misma que no hubiera podido adquirir de ningún otro modo. Lamentaba mucho, les decía, haberles causado a todos ansiedad y temor por su seguridad, pero tenía la certeza de que esa extraña aventura le iba a servir como una guía invaluable en sus planes para terminar con el aislamiento de los millones de indios mexicanos.

La confusa multitud de construcciones de la Ciudad Blanca cobró un aspecto hermoso bajo la pálida luz de la luna, que envolvía de igual modo las fachadas virreinales y los exteriores inclasificables de las tiendas en una suave luminosidad de sombra. Mientras Antonio nos llevaba de la estación del ferrocarril a la popular nevería Colón, que estaba de frente al Parque de las Armas, la tosquedad y el desequilibrio estructural de la ciudad se desvanecieron y, también, los recuerdos trágicos contenidos en las piedras de las antiguas iglesias y palacios de Mérida. A pesar de la alegría de los paseantes nocturnos y del resplandor de la iluminación de la calle, todo parecía formar parte de un telón de fondo místico frente al cual, desde el reino en eterno retroceso de "aquello que *fue* pero que no puede dejar de *haber sido*", se representarían de nuevo los acontecimientos que Felipe había recordado en su relato.

Durante el recorrido de tres horas desde Dzitás, Felipe me habló de sucesos y actividades determinantes para su duro aprendizaje y me reveló facetas inimaginadas de su carácter integral. Y mientras nos demorábamos con nuestros sorbetes de guanábana y nos mirábamos con admiración, olvidados por completo de los mirones que se congregaban, como siempre, cada vez que aparecíamos juntos en un lugar público, no hubo ya ninguna necesidad de las palabras. Para regresar, tomamos la ruta más larga, que era una especie de rodeo desde la plaza central, y Felipe me escoltó hasta el vestíbulo del Hotel Imperial. De pronto, con un ánimo serio, Felipe hizo una pausa y luego dijo:

—Este día es un día importante en mi vida, Almita... Quiero que sepas que ya no me siento solitario... ¡ni solo!

Eludí su sinceridad con una respuesta defensiva e impersonal. Le aseguré que ése también era un día importante en mi vida, pues había aprendido lo consistente y valeroso que podía ser un joven mexicano en su lucha por un mundo más feliz y más sano.

Pero había muchos otros pensamientos, además de su verdadera grandeza como líder, que yo quería comunicarle en ese momento. No obstante, entristecida, me di cuenta de que, si alguna vez se iban a comentar esos asuntos profundamente personales, sería en algún momento futuro lejano. ¡Qué no hubiera dado, en ese instante, por que él supiera que representaba para mí todas las posibles relaciones bellas de la vida entre un hombre y una mujer: padre, hermano, amigo, camarada, amante, maestro, guía y símbolo de la mayor plenitud del ser!

Y cuando impulsivamente llevó mis manos a su corazón y las estrujó al tiempo que me dijo "Hasta mañana", sofoqué el impulso de quebrantar las reservas estúpidas de mi código conformista, y encerré el "te quiero" que no le dije en los escondrijos de mi conciencia; más tarde, esa misma noche, lo compartí con mi diario.

XV

FLOR DE PIEDRA

La visita a la gruta de Loltún, unos ciento sesenta kilómetros al sur de Mérida, fue el acontecimiento más emocionante de la última semana de la expedición en Yucatán. Varios de los científicos investigadores habían propuesto ese viaje no sólo porque Loltún —"flor de piedra", en maya— era considerada como una de las maravillas naturales más notables del sureste mexicano, sino, también, por las posibilidades arqueológicas que ofrecía; pues se decía que sus profundidades azarosas custodiaban piezas de cerámica de la etapa Tzacol, un periodo importante de la cultura maya. De acuerdo con el doctor Morley, la etapa Tzacol, que corresponde al Antiguo Imperio, presenció, durante el transcurso de sus fases temprana, media y tardía (317 d.C. a 633 d.C.), un gran desarrollo arquitectónico, en el que se incluye la aparición de los monumentos pétreos y las bóvedas mensuladas.

Felipe aceptó con entusiasmo la propuesta de los eruditos, pero les advirtió que ese recorrido no era fácil. Les dijo, también, que conocía muchas de las maravillas de la gruta gracias a que él mismo había ido en varias ocasiones, algunas de las cuales había estado en compañía de su amigo don Eduardo, que, quizás, era la persona más familiarizada con la estructura geológica de Loltún en todo Yucatán. Ya desde 1888, en sus años de juventud aventurera, el intrépido explorador había conducido a un grupo del Museo Peabody por los túneles y cámaras ocultas de la gruta; y había registrado sus observaciones y descubrimientos en el volumen de 1897 de las *Memoirs* de la Universidad de Harvard.

Por sugerencia de Felipe y por votación unánime del grupo, don Eduardo fue designado director general de la expedición. Tres días antes de que regresáramos a Nueva York, abordamos un tren en Mérida al amanecer para llevar a cabo una excursión de alrededor de cuatro horas y media. Fuimos con rumbo al sur durante unos ochenta kilómetros, luego, en Nuna, viramos hacia la región Puuc, o región de los cerros bajos, y recorrimos la misma distancia en dirección al suroeste. Nos bajamos del tren en Oxkutzcab; ahí, en la estación, el presidente municipal, los miembros de la Liga local y un gran número de escolares recibieron a Felipe y a sus invitados con una cálida bienvenida que estuvo animada por el acompañamiento musical de una orquesta nativa de cuerdas. Las feministas, que para la ocasión se habían ataviado con sus huipiles bordados y coloridos, estaban de pie delante de una serie de mesas largas que, en señal de hospitalidad, se habían dispuesto con arreglos frutales y bebidas frías y que estaban enmarcadas por una enorme cantidad de banderines triangulares de color rojo. Después del discurso oficial de bienvenida y de la respuesta de Felipe, ambos en maya, toda la población de Oxkutzcab, precedida por los músicos, nos escoltó a las plataformas que nos estaban esperando: vagones rasos —de hierro— tirados por mulas sobre las vías del tren. Para la comodidad de los estadounidenses, y por consideración a ellos, habían colocado colchones sobre las plataformas, que eran los vehículos de uso común para transportar henequén entre las haciendas a lo largo de la línea férrea. Nos acomodamos y nos dispusimos, con el ánimo optimista que envuelve el principio de una novela y de una emocionante aventura de grupo, a continuar el camino durante una hora más.

Los expedicionarios, que iban rebotando y sacudiéndose a lo largo del recorrido sobre la superficie desigual de los durmientes de Oxkutzcab, lamentaban, aunque de buena fe y agradecidos por los pequeños favores que se les hacían, que los colchones no fueran "más grandes, mejores y más abundantes".

Cada tanto, aparecían viviendas humildes con techumbre de paja que rompían la monotonía del paisaje leonado y árido que se extendía, hasta el límite de la visión, en una falange de colinas calcáreas. Y en una de las pocas áreas sembradas, erigida sobre un valle estrecho, vimos "la Ermita", una capillita dedicada a la Virgen María del Pilar.

En el último tramo del viaje, nos detuvimos en una casa que estaba deteriorada por el paso del tiempo y que funcionaba como albergue para el celador contratado por el gobierno, posada para alojar a los pocos turistas que pasaban la noche en la región y como estación para los guías. Ahí, se reunió con nosotros un grupo de chicleros del estado de Campeche, que estaba esperando nuestra llegada para acompañarnos en calidad de "cuerpo de auxilio".

Felipe saludó al líder del grupo chiclero, Nacho, como a un viejo compañero y lo presentó con los arqueólogos como "un buen colaborador". Nacho, al igual que otros chicleros perspicaces, nos explicó Felipe, llevaba una cadena al cuello de la que pendía una pequeña cámara que el Partido Socialista del Sureste le había dado con el propósito de que fotografiara ruinas mayas desconocidas que estuvieran ocultas tras la pródiga vegetación de la región productora del chicle: las densas selvas de Campeche. Por entregar un negativo con la imagen de un sitio o de una estructura que todavía no se hubiera descubierto o explorado, los chicleros recibían un bono de cincuenta pesos.

Este método de localizar zonas arqueológicas para investigaciones futuras, dijo Felipe, le ahorra al gobierno tiempo y dinero; y, a la vez —situación que nos parece de gran importancia—, les genera a estos pobrecitos explotados, que son personas cuyos breves periodos laborales están llenos de peligros, un mayor orgullo por los logros de sus ancestros mayas.

Felipe nos explicó que la razón por la que la vida de los chicleros era tan horriblemente corta no sólo se debía a los animales salvajes, reptiles e insectos venenosos de la selva, sino al derrumbe de los árboles. Casi siempre, los chicleros hacen un corte profundo en el tronco de los chicozapotes, los árboles altos de los que se extrae la resina lechosa con la que se produce la goma de mascar y que son los que abastecen el enorme mercado internacional y, la mayor parte de las veces, el árbol se derrumba y los chicleros son víctimas de contusiones graves e, incluso, mueren en esos accidentes. También nos comentó que los chicleros de Yucatán, Campeche y Quintana Roo ya se habían organizando en un sindicato y que la Liga de Resistencia estaba preparando una serie de exigencias para los empleadores con el propósito de proteger a los chicleros y a sus familias frente a riesgos o accidentes mortales originados por la industria del chicle.

En su papel de director general, don Eduardo se mostró como un guía autorizado, estimulante y entretenido; sus ocurrencias y sus recuerdos de historias increíbles nos hicieron olvidar que íbamos en un transporte primitivo, rebotando sobre el piso irregular. Conforme nos fuimos acercando a la boca ensombrecida de Loltún, guarecida por lo que parecía una barricada defensiva de piedras pesadas, don Eduardo nos narró las experiencias de su primer proyecto de investigación en Yucatán. "Nuestro propósito en ese tiempo", nos explicó, "era explorar las profundidades de la gruta, mismas que todavía permanecen desconocidas, y fotografiar sus muros cubiertos de musgo, en los que, en tiempos remotos, el hombre talló figuras extrañas y símbolos místicos". Y al tiempo que recordaba sus primeras impresiones de Loltún, el explorador señaló: "Fue como entrar a una tumba enorme —en verdad era como el lugar de los muertos—".

No logré apreciar la precisión descriptiva de don Eduardo sino hasta que yo misma descendí por los escalones abruptos de piedra hasta el piso húmedo y calizo de la gruta. Y es que si en algún lugar de la tierra se podía visualizar el inframundo, la morada lúgubre de los espíritus incorpóreos como la describen los mitos de la laguna Estigia y el libro sexto de la *Eneida* de

Virgilio, era precisamente ahí. Don Eduardo nos aseguró que la oscuridad que nos envolvía ocultaba cientos de accesos a cámaras más grandes y aún más impresionantes; cuando fijé la vista en el espacio negro sobre nuestras cabezas, perforado por aquí y por allá por puntitos de luz que se podían percibir con la misma claridad con la que se observan las estrellas en el cielo de la noche, sentí una enorme admiración por las referencias tan vívidas y tan exactas de nuestro docto guía.

En medio de inevitables alusiones a la muerte, los miembros de nuestro grupo se desplazaban lentamente y en una sola fila a lo largo del pasaje estrecho. Un grupo de indios, vestidos con camisas de algodón blanco, iba al frente para iluminar el camino con luz de velas, y otro, que llevaba cuerdas y poleas para usarse en caso de emergencia, venía detrás a modo de guardia. La fusión de los sonidos de las voces en maya, español e inglés, rebotaba en ecos que se extendían en el profundo silencio y que generaban una sensación espectral, cual si fueran los gemidos fútiles de almas perdidas. Felipe guió mis pasos por corredores extensos con accesos a cavernas artificiales —que quizás fueron planeadas como habitaciones humanas— y luego, llegamos a una galería de cuyos techos, altos y abovedados, pendían estalactitas de diferentes colores y tamaños. Algunas de las formaciones más grandes eran de color gris opaco o tenían manchas de un tono café rojizo —con una cubierta de moho que se había formado tras siglos del goteo del agua—, y otras, de formas delicadas, eran de color blanco inmaculado, y a la luz de las velas sus puntas cristalinas destellaban cual diamantes multifacéticos.

Dentro del lugar que al principio se nos presentó como un panorama de penumbra constante, descubrimos una serie de hermosos elementos diseñados por el arte de la naturaleza. Don Eduardo nos condujo hacia un pasadizo entre dos cámaras y nos señaló lo que él mismo había seleccionado como "lo más sobresaliente en el enorme museo subterráneo de Loltún". Ese objeto, que describió poéticamente citando sus *Memoirs*, era:

Un pedestal cilíndrico de estalagmita blanca con la base y las paredes acanaladas, cuya corona, redondeada, da la impresión de ser el brote de una flor blanca como la nieve y con los pétalos ceñidos; y en su centro hay una cavidad, en forma de cáliz, protegida por un velo transparente de piedra caliza.

Y como nos lo explicó, aunque ni una sola gota cae al cáliz desde el techo de la caverna, siempre está lleno de agua fresca y cristalina que se desborda por los lados del pedestal. Ese fenómeno intrigante del que fuimos testigos era el resultado de una reserva interna y de un sifón natural dentro de las paredes.

La espectacularidad y la magnitud de la gruta de Loltún que, según se creía, se extendía por kilómetros debajo de la cubierta de piedra caliza de Quintana Roo, cautivaron profundamente la imaginación de los "yucatólogos". Sin embargo, la fascinación que provocó en los científicos se debía a que era el depositario de vestigios del hombre antiguo y de sus trabajos manuales. Don Eduardo mismo había localizado varias señales de la ocupación prehistórica en la gruta, en especial, las gruesas capas de pedacería de cerámica y los *haltunes*, piletas de agua que el hombre había tallado en piedras enormes y que las había colocado en donde les cayera directamente el agua que se filtraba, gota a gota, desde los orificios de los techos. También nos señaló una amplia franja de jeroglíficos tallados sobre una sección lisa de la superficie de un muro vertical cerca de la entrada, cuyas inscripciones eran aún visibles a pesar de que el musgo las hubiera cubierto por completo. Los arqueólogos interpretaron algunos de esos símbolos tallados sobre la piedra como el diseño convencional con el que se representaban las momias, pero aceptaron que no se había encontrado ninguna prueba que pudiera indicar con certeza que las razas precolombinas del continente americano sepultaban a sus muertos al estilo egipcio.

Por una extraña casualidad, justo durante la charla erudita sobre los símbolos de las "momias", se produjo un apagón y nos quedamos en oscuridad total. Todas las luces de las velas se extinguieron al mismo tiempo y nadie supo por qué; y es que la confusión impidió que se pudiera verificar lo que era la causa más obvia: una fuerte corriente de aire proveniente de alguna de las aberturas superiores. El más osado de los trabajadores indígenas corrió para tratar de escaparse de algún terror indefinido; otros se quedaron de pie petrificados por el horror. Los murmullos comenzaron a aumentar de volumen hasta que se convirtieron en gemidos intensos que reverberaban a lo largo del espacio desconocido. Sin duda, los mayas interpretaron ese apagón repentino como un signo de desastre inminente. En los libros de viajes de todos los países existen muchos relatos de pánicos similares en sitios arqueológicos en los que se describe cómo los trabajadores nativos creen que sus antiguas deidades todavía poseen el poder para destruir a quienes profanan sus altares. Probablemente la mayoría de los expedicionarios estaba pensando en incidentes de esa índole. Mis propios pensamientos divagaron hasta el Valle de los Reyes, en la lejana Luxor, en donde los saqueadores de la tumba de Tutankamón se toparon con el hado funesto de la venganza que daba cumplimiento a la maldición de largo alcance del faraón.

Se sabía que los indígenas de la región de Loltún le tenían un temor reverencial a la gruta y, salvo en las ocasiones en las que fungían como guías de inspectores o turistas, evitaban entrar o lo hacían rara vez y en grupo. Parece lógico entonces, que en el misterioso apagón, leyeran presagios malignos, una advertencia sobrenatural de que sus peores miedos estaban a punto de convertirse en realidad. La situación, ya de por sí delicada, amenazó con salirse completamente de control cuando alguien gritó desesperado: "Estamos perdidos... No podemos encontrar el camino". En semejante conmoción, era casi imposible escuchar la voz un tanto nasal de don Eduardo, que estaba suplicándoles en maya que tuvieran calma. Al darse cuenta de que nadie estaba atendiendo esas súplicas, Felipe asumió el papel de director general y, con el efecto conmocionante de una explosión que sacude la tierra, comenzó a dar órdenes fulminantes en su lengua ancestral. Casi de inmediato, cesaron los alaridos, y todos los mayas que estaban presentes adoptaron una actitud de firme atención. Por fortuna, Felipe estaba preparado con una linterna eléctrica y, empuñándola como si se tratara de un cetro imperial, la movió con celeridad, pasando una y otra vez su luz sobre los rostros desmoralizados del "cuerpo de auxilio", mientras su voz estentórea continuaba retumbando con fuerza y tempo acelerados. Sus órdenes tuvieron una respuesta de acción inmediata. Los portadores de las velas las encendieron de nuevo con las provisiones de cerillos que llevaban los expedicionarios; Nacho y dos de sus hombres se fueron con don Eduardo a buscar el "camino perdido". Percibí una cualidad mística indefinible en la velocidad y precisión silenciosas con las que se llevaron a cabo todas las órdenes. Y pensé que la obediencia implícita por parte de los inditos se debía menos al temor que tenían de la autoridad oficial de Felipe que al reconocimiento del liderazgo tribal maya que le era inherente a su linaje real de Sotuta. Después de unos instantes de suspenso desagradable, Nacho regresó para anunciarnos que don Eduardo había localizado el pasadizo por el que, en el confuso laberinto de cámaras y túneles, nos habíamos desviado sin advertirlo.

Cuando, para el infinito consuelo de los exploradores más veteranos del grupo, finalmente salimos a la radiante luz solar, don Eduardo retomó su cargo de director general y nos aseguró que durante todos los años de su prolongada amistad, nunca había percibido una faceta tan "autocrática" en don Felipe. Al mismo tiempo que las indicaciones claras y directas tenían la intención de sacarnos de la gruta en el menor tiempo posible, dijo el explorador, el lenguaje que usó Felipe fue tan vehemente y estuvo tan cargado de vituperios pasmosos para todos los dioses del panteón maya, que difícilmente admitiría traducción al inglés, y mucho menos en "la presencia de damas". No cabe duda de que los inditos quedaron impactados por ese lado insospechado de la personalidad de h'Pil, como lo llamaban, su gentil "hermano mayor", el del corazón bondadoso; y se dieron cuenta de que Felipe era capaz, cuando la ocasión lo ameritaba, de hacer una imitación soberbia de una temible deidad enfurecida. Los arqueólogos también parecían deslumbrados por la demostración de ira imperiosa de su anfitrión, cuyos modales eran apacibles y su carácter, amable. Vera Barry después dijo que ella había alcanzado a escuchar las observaciones del doctor Merriam: "El gobernador Carrillo sabe cómo afirmar su antiguo linaje real y su sagacidad política moderna, y tanto en uno como en otro, con resultados constructivos. El suyo es un estigma poderoso y sin duda le temieron más que a la oscuridad".

Durante el viaje de regreso a Mérida, Felipe, con su serenidad y humor amigable de siempre, hizo observaciones ocurrentes con sus invitados sobre "los rigores del viaje, que, por circunstancias que están fuera de mi control y, a pesar de que haya sido con las mejores intenciones, les he hecho sufrir a todos ustedes; pues nos faltan caminos y alumbrado". Y luego nos aseguró: "Pero algo bueno va a salir de las incomodidades y peligros de este día, aun cuando los beneficios tardíos sean de poco consuelo para este grupo que ahora sufrió tantos inconvenientes". Explicó que, como resultado de nuestra experiencia, había decidido proyectar y construir, cuanto antes, una carretera directa a Loltún y equipar las cuevas con iluminación especial. "Cuando la naturaleza ha escenificado un espectáculo tan extraordinario, es nuestro deber que sea fácil y seguro para todos disfrutarlo".

XVI

Libertades civiles

Ya entrada la noche, de regreso de su viaje arduo y bastante perturbador a Loltún, los expedicionarios decidieron, por unanimidad, reacomodar el programa del itinerario, de modo que les quedara tiempo para relajarse y para hacer las compras de regalos de último minuto en Mérida. Ese "día libre" me quitó la preocupación que tenía sobre cómo terminar la entrevista con Felipe, que tantas veces se había interrumpido, antes de que nos fuéramos de Yucatán. Me quedaba claro que muchos asuntos legales se habían pospuesto debido al tiempo y a la atención que él, con enorme generosidad, había dedicado para el entretenimiento de sus invitados estadounidenses, y que para darles seguimiento, ya era indispensable la presencia de Felipe en la Liga Central. Tomé la iniciativa y le sugerí que continuáramos nuestras conversaciones ahí, durante los intervalos de sus actividades oficiales; y le aseguré que, sin duda, ésa sería la última oportunidad que yo tendría para victimizarlo con "preguntas personales". Pero los motivos que me impulsaban a ir de nuevo a la Liga no eran "sólo periodísticos". También le confesé con franqueza que yo albergaba "un propósito ulterior y un deseo reprimido"; este último, le expliqué, se trataba de fortalecer y fijar de una vez y para siempre, esa imagen-recuerdo, que tanto aprecio de él "en acción", misma que se había creado la tarde que nos vimos por primera vez, durante el lapso que lo observé mientras atendía con solicitud paternal las peticiones de sus inditos suplicantes.

A nivel profesional, me daba cuenta de que a la semblanza sobre su carrera pública le faltaba un capítulo importante, el periodo que va desde los años posteriores a su asociación con Zapata y su regreso de Morelos a Yucatán y hasta después de que asumiera la gubernatura.

Felipe aceptó la idea con entusiasmo, y me dijo que "el motivo romántico implícito" le parecía "de lo más atractivo". "Nos va a ahorrar tiempo y palabras que se podrían aprovechar en temas más valiosos que mi pasado desdichado; y me atrevo a creer que también, quizás, para platicar sobre nuestro feliz futuro mutuo". Además, me dijo que en la Liga había una colección completa de las publicaciones del Partido Socialista para que, si por alguna razón él omitía alguna información sobre sus antecedentes públicos, yo la pudiera encontrar en los folletos.

Antonio pasó por mí a las ocho en punto de la mañana del día siguiente y cuando llegué a la Liga, la enorme sala de actos del segundo piso estaba casi llena de peticionarios indígenas y mestizos; de hecho, me enteré de que había habido muchos más, pero que ya se habían ido, pues, como era su costumbre, Felipe había estado en su escritorio desde antes de las siete. Cuando entramos, se levantó con una sonrisa radiante y me indicó el lugar que me habían preparado y que estaba debajo de la plataforma ligeramente elevada que él ocupaba. Habían colocado para mí un escritorio con una máquina de escribir, y tenía, a la mano, una buena cantidad de folletos y panfletos acomodados por tema. Dos o tres de esos folletos trataban sobre el trabajo de los Congresos de Motul e Izamal; otros, contenían información sobre la educación patrocinada por el estado, el movimiento feminista, el control natal, las campañas de abstinencia, la reforma carcelaria, la distribución de la tierra y, en general, sobre la legislación progresista promulgada por el gobierno socialista. Al verme revisando esos folletos, se disculpó un momento con un grupo de maestros y escolares que querían un campo de beisbol en su pueblo y me mostró cuáles eran los folletos más "útiles" para mi lectura inmediata; de entre ellos, escogió un pequeño volumen, que me recomendó como una "buena síntesis". Se trataba del trabajo autorizado de su estimado compañero, Juan Rico, *La huelga de junio*,[1] que no tenía mucho tiempo de haberse publicado. Me dijo que era un texto claro y conciso, pero que, de cualquier modo, más tarde me aclararía los puntos que me resultaran confusos.

Leí con enorme interés la sinopsis de Juan Rico sobre los procedimientos de los Congresos Obreros de Motul e Izamal. Como ya Felipe me lo había señalado, esas dos juntas históricas fueron los eventos culminantes de la larga sucesión de esfuerzos que se habían realizado para conseguir la cohesión y solidaridad del movimiento obrero; y también estuvieron destinadas a definir, sin ambagajes, el transcurso futuro y el contenido esencial de la acción política de Felipe. A pesar de que las Ligas de Resistencia se habían organizado muchos años antes en varias comunidades de la península, dato que ya conocía pues Felipe me lo había dicho cuando narró la historia de su entrada a la vida política, no fue sino hasta 1917 cuando se consolidaron las diferentes unidades locales y se coordinaron los diversos programas que se habían creado para conseguir una vida mejor para la mayor parte de la población yucateca. Como lo informaba el autor de *La huelga de junio*, los preparativos se llevaron casi un año, pero en la mañana del 29 de marzo de 1918, con acometividad poética, se congregaron en Motul, la ciudad natal de Felipe, ciento cuarenta y cuatro delegados al primer Congreso Obrero en México. Nombrado por Enrique Jiménez de la Liga de Izamal, Felipe fue electo presidente y, junto a él, como miembros de la mesa directiva, fueron nombrados Bartolomé García, de Mérida, como vicepresidente y Gonzalo Ruz, de Valladolid, como secretario.

Es de destacarse que el primer tema en la agenda del Congreso era el cultivo de productos, no sólo del henequén, sino —y esto fue algo que Felipe defendió vigorosamente por el resto de sus días—, de cereales, tubérculos, plantas para teñir, frutos de la huerta, bayas, caña de azúcar y todas las plantas

---

[1] Juan Rico, *La huelga de junio*. Mérida, s.e., 1922.

que se sembraban en las regiones natales de los delegados. En esa primera sesión se alcanzaron conclusiones y decisiones que se reflejarían, a lo largo de los años subsecuentes, en el movimiento agrario mexicano y en las organizaciones de trabajadores agrícolas.

Entre las provisiones aprobadas en el Congreso de Motul estaba una que pedía el rechazo a los métodos rutinarios de agricultura que rinden "resultados mínimos a cambio de un máximo de trabajo", y, en lugar de eso, se propugnó con insistencia a favor de los métodos de producción intensiva aconsejados por la ciencia para el cultivo del maíz y de otros cereales que son productos alimenticios básicos. Para facilitar la consecución de este fin, se les pidió a las Ligas que se hicieran de dos hectáreas de tierra con el propósito de utilizarlas como estaciones locales de experimentación en las que los miembros pudieran tomar parte en prácticas de cultivo intensivo y aprendieran cómo evitar las plagas de las plantas. Se decidió, también, que se convocaría periódicamente a conferencias sobre estos temas. Y para alcanzar los objetivos específicos de incremento de las tierras de cultivo, renovación del suelo, ahorro de energía y máxima producción y rendimientos, las propias Ligas se harían responsables por la capacitación de los trabajadores en el campo experimental.

El Congreso se encargaría de la educación, en términos económicos, por medio de las Ligas, que serían transformadas en cooperativas de consumo, para que de ese modo, se consiguiera "la meta prevista por el socialismo, a saber, que no haya ni explotadores ni explotados". Se destacó que las cooperativas de consumo no habían dado resultados en la mayoría de los lugares y, en especial, en la península de Yucatán, por dos razones bien conocidas: incapacidad administrativa y falta de honestidad por parte de quienes habían sido encomendados para dirigirlas. La persona que encabezaba el comité encargado de formular el anteproyecto de las propuestas sobre las cooperativas era uno de los partidarios más confiables y diligentes de Felipe, el señor Francisco Aguilar, de Motul. En ese mismo comité estaba Roberto Haberman, un socialista rumano al que se le conocía como un "ateo profesional", que se había inmiscuido en los asuntos revolucionarios de México, según la opinión de muchos —y que fue la conclusión final a la que llegó Felipe—, con el único propósito de su engrandecimiento personal. Haberman era el confidente y el "operador político" internacional de Calles; de hecho, fue por conducto suyo que Felipe conoció a Calles, y era alguien a quien Felipe, algunas veces, aceptaba como a un socialista sincero y amigo leal de los trabajadores. Yo lo conocí en la Ciudad de México, antes de venir a Yucatán, y de sólo verlo desconfié de él; pero esa primera impresión se fortaleció más tarde con las revelaciones que me hizo en Nueva York el señor Harry Weinberg, el generoso abogado voluntario que se había encargado de la defensa de Ricardo Flores Magón, el pacifista encarcelado, y que fue una causa para la que tanto organizaciones sindicales como individuos en Estados Unidos y México habían contribuido con grandes cantidades de dinero que le dieron a Haberman como tesorero.

En referencia a la aprobación del plan para la creación de las escuelas nocturnas de las Ligas, se señaló en el Congreso que la ignorancia de la gran mayoría de los ciudadanos de los estados no sólo era una debilidad, sino también un grave peligro político y económico; y se describió, con lujo de detalle, la esclavitud total a la que los trabajadores habían sido sometidos. Una vez que los trabajadores, luego de una ardua lucha, habían adquirido sus derechos como ciudadanos, era indispensable que dieran el siguiente paso: buscar los medios adecuados para salir de la ignorancia y para volverse individuos conscientes que no pudieran ser arrastrados, de nuevo, por la corriente reaccionaria que constantemente trataba de hostigarlos. La cláusula sobre educación enfatizaba la urgencia de que los trabajadores adquirieran los rudimentos de la organización social y de las ciencias económicas. Los programas de estudio de las escuelas nocturnas se definieron, con toda claridad y por sobre todas las cosas, como socialistas, pues: "Descartan todo aquello que fomenta los prejuicios que se encuentran en los libros y en la propia voz de los maestros oficiales y que, hasta ahora, han sido un impedimento y un obstáculo para que mejoren las condiciones de vida del proletariado". Uno de los propósitos manifiestos fue "que la gente sepa que la libertad política es sólo un mito si no descansa sobre la libertad económica"; otro, que "bajo un régimen simple, el alma de los adultos despierte a la verdad y que los haga ser conscientes de sus opresores". El objeto primordial de las escuelas nocturnas no era "enseñarles a los trabajadores a leer, sino más bien, mostrarles cómo sacar conclusiones de sus lecturas respecto a su condición social".

Las resoluciones adoptadas por el comité estipulaban que: "Las escuelas nocturnas para adultos deben de confrontar con la verdad todos los errores que material y moralmente han esclavizado al pueblo". Los programas de estudio que se recomendaron incluían español, aritmética, ciencias naturales, e "ideas que puedan conducir a la rehabilitación colectiva".

Cuando se generó la discusión sobre cuál era la mejor manera de formar tesorerías para mantener las escuelas, Felipe, junto con Agustín Franco y Esteban Andrade, que eran miembros del comité de investigación, sugirieron que "una regla buena y segura era guiarse con la experiencia". A este respecto, Felipe declaró que podía señalar con orgullo el ejemplo de los campesinos de Espita, quienes, para reunir fondos para su asociación, decidieron cultivar mil mecates[2] de tierra.

> Creo —dijo— que si los miembros de otras Ligas hacen algo en el mismo sentido, muy pronto tendrán el fondo común que pretenden crear. Debemos tener en mente que las tesorerías de las Ligas son fondos comunes, es decir, resultado de los esfuerzos de todos los trabajadores y, por eso, cada uno de los miembros de la Liga contribuye regularmente con cinco o diez pesos para la conformación del fondo común; tenemos que estar dispuestos a dar cuatro o cinco horas de trabajo

---

[2] En Yucatán, un mecate es una medida lineal de superficie que tiene una longitud de 20 x 20 metros.

cada mes y dedicar todo el producto que ahí se genere al enriquecimiento de la tesorería. Este método no sólo es más representativo, sino que puede mejorar el funcionamiento de la cooperativa.

Además de los nueve temas programados que fueron considerados por el Congreso de Motul, en la última sesión los delegados discutieron las ideas relacionadas con el bienestar común. Entre ellas, la supresión de la venta de bebidas embriagantes, del uso de la marihuana, del que Florencio Ávila Castillo declaró que se estaba extendiendo "como una plaga", y de otras drogas venenosas. Uno de los temas más controvertidos que se debatieron de modo informal fue la prohibición de cultos religiosos, propuesta que hizo la brillante y apasionada Elena Torres, quien más tarde fue la líder feminista nacional en la capital mexicana. Cuando el delegado Ávila Castillo le recordó a la compañera Torres que la Constitución general de la República garantizaba la libertad de culto, ella respondió:

> Es cierto que no podemos actuar de modo contrario a la Constitución, pero creo que sí es posible eliminar el culto ostentoso. Sería fácil para el gobierno eliminar, por ejemplo, el tañido de las campanas de las iglesias que convocan a la gente a la misa y a otras ceremonias religiosas. Pues como católicos deberían asistir a las ceremonias en silencio, del mismo modo en el que los protestantes y quienes pertenecen a otras religiones observan sus respectivos rituales.

Ya antes de ser elegido como gobernador constitucional, Felipe había ocupado dos veces el cargo de jefe del Ejecutivo del estado de Yucatán en calidad de gobernador interino durante el ejercicio del cargo de su amigo cercano y colaborador socialista, el gobernador Carlos Morales, cabeza del sindicato de maquinistas de Motul. Su primer periodo duró solamente cuatro días, del 5 al 9 de septiembre de 1918, tiempo en el que el señor Carlos Morales estuvo en la Ciudad de México. Se dice que el gobernador Morales volvió a Mérida trayendo consigo una orden de Carranza para expulsar a Felipe del país por causa de las actividades radicales que realizaba a favor de la clase obrera. En cualquier caso, esa orden no hubiera sido un golpe demasiado duro o una privación severa para él, pues, desde mucho tiempo antes, Felipe deseaba visitar Estados Unidos. Su objetivo era entrar en contacto con los socialistas de allá y darles a conocer los logros del Partido en Yucatán. Quizás una razón más profunda, que fue la que refirió cuando le pregunté sobre ese viaje en particular, era la necesidad que tenía de despojarse del sentimiento de soledad y de aislamiento e integrar una comunidad de intereses mutuos con sus hermanos espirituales. Dijo, también, que quería experimentar la tranquilidad de saber que la causa que había abrazado con tanto fervor era universal y que en ella todos los hombres podían participar en cooperación fraternal y trabajar juntos por un mundo sin guerras y agresión, rivalidades por el poder y riquezas a expensas de los "inarticulados". En esa ocasión, al igual que en otras en las que Felipe hablaba del socialismo, me era inevitable asociar su concepto de sistema político con la clase de hombre "gentil" que había imaginado el joven Clement Atlee,[3] quien dejó su hogar de riquezas y tranquilidad para irse a vivir a los barrios bajos del Limehouse de Londres, desde donde escribió sus poemas compasivos, de los cuales mi preferido comienza así: "¿Cómo podrían ir a trabajar mañana aquellos que hoy no tienen pan?".

---

[3] Clement Atlee (Londres 1883–Londres 1967). Político y reformista británico. Durante sus años de estudiante de leyes se destacó por su tendencia radical imperialista y militó, por convicción, en el Partido Conservador. Sin embargo, cuando conoció la miseria y la tragedia del East End, el barrio pobre de Londres, rectificó su ideología y se unió al laborismo; comenzó a militar en el Partido Laborista desde 1907 y en 1921 fue elegido diputado. Entre 1929 y 1931 fue ministro en el gobierno de McDonald, el primer gobierno laborista de Inglaterra. Durante el gobierno de Churchill fue viceprimer ministro y en 1945, año en el que triunfó el partido laborista, fue electo primer ministro. (N. de la T.)

Así que de forma voluntaria, o como quiera que haya sido, poco antes de que terminara la Primera Guerra Mundial con el Armisticio del 11 de noviembre de 1918, Felipe se fue a Manhattan. Su llegada coincidió con el clímax terrorista de uno de los acontecimientos más represivos en la historia reciente de Estados Unidos: los infames *Palmer Raids*.[4]

En los pequeños libros y panfletos apilados sobre mi escritorio de la Liga Central no se mencionaba nada o, en todo caso, sólo aparecían referencias vagas sobre el itinerario impremeditado de Felipe. Pero con lo que él mismo recordó, cuando lo cuestioné sobre ese viaje, y con la información de las conversaciones que tuve en la Ciudad de México con el señor Jorge Rodríguez, quien fue el intérprete al inglés de Felipe durante toda su estancia en Nueva York, reuní detalles vívidos e incluso, algunas veces, divertidos. La experiencias significativas de Felipe en la Gran Ciudad no sólo arrojan luz sobre distintas facetas de su personalidad magnética, sino que ponen de relieve el miedo agudo y la suspicacia que se vivieron en Estados Unidos inmediatamente después del fin del conflicto internacional, así como las severas restricciones que burlaron las garantías constitucionales de privacidad y libertad de los individuos y que presagiaron la legislación reaccionaria de McCarthy y McCarran.

En ese tiempo, el señor Rodríguez era secretario del doctor Álvaro Torre Díaz, director general de la Comisión Reguladora del Mercado del Henequén, cuyas oficinas estaban en #120 Broadway. Como miembro de la Cámara local de Diputados, exgobernador interino y presidente del partido político más fuerte del estado, Felipe era considerado como el ciudadano

---

[4] *Palmer Raids*, que significa literalmente los ataques sorpresa de Palmer, es el nombre con el que se conocen los operativos anticomunistas comandados por el procurador general Mitchell Palmer entre 1918 y 1921 en Estados Unidos. Esta cruzada anticomunista, que les permitía actuar a los hombres de Palmer sin órdenes de cateo y pasar por alto las garantías individuales, fue aún más severa con los extranjeros, pues ellos tenían menos derechos que los ciudadanos. (N. de la T.)

más prominente e influyente de Yucatán, y, por consiguiente, quienes representaban los intereses henequeneros estatales lo trataron con la atención que merecía su estatus. El señor Rodríguez, comisionado no sólo para ser el intérprete de Felipe, sino su guía de tiempo completo, recuerda que la atmósfera neoyorkina de la época estaba cargada de la hostilidad que provocaba la suspicacia; y la creciente censura tanto de la palabra oral como escrita habían generado un fuerte resentimiento en los intelectuales y en la juventud animosa y progresista. No obstante, también la esperanza incipiente de un nuevo orden estaba ya en proceso de fermentación. Esa esperanza se había reanimado con el éxito de la Revolución rusa, que había logrado abrirse paso por Inglaterra y Vladivostok, a pesar de los esfuerzos del capitalismo internacional por impedir su avance con medidas como la devaluación de la moneda rusa, la negación del reconocimiento oficial de su gobierno y un ostracismo diplomático total.

Hasta antes de ese año, el ideal socialista no se había arraigado políticamente en ninguna parte del mundo salvo en México. En Nueva York, a los miembros del partido se les había prohibido, incluso, portar las tarjetas rojas habituales y las organizaciones fueron obligadas a cambiarlas por otras de color rosa. Quizás porque desconocía la situación real, Felipe hablaba con toda libertad sobre las ventajas del socialismo y auguraba su triunfo final. También manifestó un enorme deseo de reunirse con grupos distintos, pues creía que tenía algo alentador que decirles y porque se consideraba un portador de noticias gratas respecto a los logros del partido en Yucatán. Cuando los líderes del movimiento estadounidense lo conocieron, expresaron su enorme asombro ante los logros yucatecos: leyes de divorcio, legislación laboral, clínicas de control natal, "liberación" femenina, distribución de la tierra a los trabajadores y Ligas de Resistencia perfectamente organizadas. Estaban tan entusiasmados que lo invitaron, cuanto antes, a dar conferencias en diferentes centros, entre ellos, en la Rand School for Social Sciences. Con su modo directo y persuasivo, y hablando en español, Felipe describió los logros socialistas; y, a juzgar por los aplausos estruendosos que les arrancaba, el mensaje no perdió su impacto emocional en la traducción experta del señor Rodríguez.

Cuando se refirió a la transformación que había tenido lugar en Yucatán durante unos cuantos años, Felipe expuso la forma en la que, durante el régimen de Díaz, habían esclavizado a hombres y mujeres en las haciendas, en donde los azotaban públicamente y al capricho de los mayordomos por infracciones menores. Describió también el cambio en la actitud de poblaciones enteras y la nueva dignidad y la seguridad en sí mismos que adquirían los pueblos luego de que se les entregaba la posesión colectiva de la tierra a quienes la trabajaban, y explicó cómo todo ello había resultado en progreso material a lo largo del estado. El señor Rodríguez dijo que todas las recepciones de Felipe eran "nada menos que sensacionales", y declaró que era un "verdadero héroe" para sus audiencias, pues les mostraba los milagros que el socialismo era capaz de hacer.

La mañana después de un "mitin monstruosamente masivo" en un teatro del Bronx, el diario neoyorkino *The World* reportó que Felipe había generado tanta emoción, que la gente se asomaba desde sus ventanas, a ambos lados de la calle, para saber de qué se trataba el "gran alboroto".

El mismo Felipe una vez hizo un comentario con el que, sin quererlo, evidenció el hecho de que sus apariciones en la Rand School, el teatro del Bronx y en otros centros de Manhattan habían causado un "gran alboroto":

—La próxima vez que vaya a tu país, Almita, voy a llevarme muchos pañuelos y provisiones de corbatas.

—¿Y para qué el exceso de equipaje?, le pregunté.

—Porque me los robaron... a pedacitos... como recuerdos...

Las recepciones de Felipe en Nueva York pusieron de manifiesto la admiración que le tenían a él y a su causa, pero ante los ojos de los doce o más policías que mantenían vigilancia armada fuera de las salas de los varios mítines en los que Felipe habló, tanto él como su causa eran considerados altamente sospechosos y peligrosos. Cuando iban saliendo del teatro del Bronx, le preguntaron al señor Rodríguez, que estaba siempre al lado de Felipe:

—¿Son bolcheviques?

—No, somos mexicanos... si quiere investigar sobre nosotros vaya a las oficinas de la Reguladora. Tenemos ocho abogados ahí para que le respondan sus preguntas.

El impacto que provocaron la dirección ubicada al sur de Broadway y el tamaño del equipo legal de la Reguladora tuvo un efecto tranquilizador en los guardianes de la seguridad pública y, por lo tanto, les permitieron a los dos extranjeros irse en taxi en vez de en un vehículo policial. Poco a poco, como lo recordó el señor Rodríguez, Felipe se fue dando cuenta de los riesgos que corría y, hacia al final de su estancia, tuvo el cuidado de asegurarles a sus audiencias que el concepto que los estadounidenses tenían sobre México era un mito.

Felipe estaba especialmente deseoso de conocer a Morris Hilquit, un socialista brillante, abogado y autor nacido en Rusia y criado en el lado este de Manhattan. Hilquit estaba confinado en un sanatorio para la tuberculosis en Lake Saranac que, al igual que toda la parte norte del estado, estaba cubierto de hielo y bajo las constantes nevadas de ese severo invierno. De cualquier modo, acompañado del señor Rodríguez, Felipe fue a ver al veterano inquebrantable de incontables luchas obreras, al hombre que entre 1904 y 1933 —año en el que murió— fue el portavoz más autorizado del socialismo en las conferencias internacionales. Durante toda una tarde, como lo dijo el señor Rodríguez, los dos líderes mantuvieron una sesión apasionada en la que intercambiaron información sobre los avances que habían logrado los trabajadores por medio del gobierno socialista en Yucatán. Una semana después, en la fecha programada para su regreso a Yucatán, Felipe fue al embarcadero de la Ward Line acompañado de su fiel intérprete; pero antes de que se embarcara, surgieron complicaciones y retrasos en la aduana de Estados Unidos, pues estaba en línea con la vigilancia severa que el procurador general, Mitchell A. Palmer, había impuesto sobre "las idas y venidas de los extranjeros". Dos detectives empujaron a Felipe y al señor Rodríguez para hacerlos a un lado de la fila y les informaron que el suyo era "un caso federal". Después de sacar todos los cajones del baúl de camarote de Felipe, los *Palmer Raiders* anunciaron en tono triunfal que habían encontrado lo que estaban "buscando". La "revelación" consistía en mil banderines pequeños de satín rojo brillante con las palabras "Liga de Resistencia–Partido Socialista del Sureste" estampadas en dorado. Felipe los había mandado a hacer a un taller de insignias y emblemas y con enorme orgullo pretendía llevárselos de regreso a Yucatán para distribuirlos entre las Ligas como un recuerdo de su viaje a Nueva York. Jactándose y pavoneando como si fueran héroes que habían hecho un descubrimiento trascendental justo a tiempo para salvar a la nación de la catástrofe, los investigadores hicieron un espacio en el descargadero y, con todo cuidado, colocaron los pequeños banderines rojos en hileras, para que el mundo entero los contemplara. Luego, mientras un vigilante mantenía guardia al lado de "las evidencias de la subversión mexicana", llevaron a Felipe adentro para buscar más pruebas de la "intriga" que los dos detectives emprendedores habían concebido en su imaginación desenfrenada.

Hubo una conversación confusa sobre la posibilidad de detenerlo, pero de nuevo, el señor Rodríguez llegó al rescate; les habló del cargo oficial de Felipe, aludiendo así a la "influencia en Washington" de la poderosa Reguladora, con la que él mismo estaba asociado, y de la batería de ocho hombres de la Comisión que estaba lista para salir en defensa de su paisano. Un minuto antes de que se elevara la pasarela de embarque, los detectives decidieron permitirle a Felipe abordar, aunque con el baúl casi vacío. Mientras tanto, el viento elevó en todas direcciones los mil banderines escarlata con sus emblemas dorados que se deslizaron en una espiral como de hojas secas hacia el mar o hacia atrás, en dirección a las torres multimillonarias de Wall Street. Con el típico sentido del humor mexicano respecto a lo dramático, el señor Rodríguez me aseguró que no le sorprendería en absoluto que una parte de esa "evidencia" hubiera llegado más allá de la bahía, hasta la isla Bedloe, para quizás incrustarse en las lenguas de bronce de las llamas que brotan de la antorcha de la libertad que yergue la Diosa de la Libertad.

XVII

Justicia social

A las tres de aquella bochornosa tarde, Felipe, con el semblante cansado, pero con la voz y el ánimo alegres, anunció: "El hombre tiene que comer, y, de paso, las mujeres". Organizó su escritorio y dijo que, sin duda, los dos nos habíamos ganado "nuestro pan de cada día". Yo estuve de acuerdo con que cualquier código laboral le otorgaba, por lo menos, el derecho irrefutable a alejarse un momento de las duras exigencias de la presidencia del Partido Socialista del Sureste para poder hacer una comida pausada; y por mi parte, yo estaba muy satisfecha con el trabajo que había hecho en la mañana. Durante muchas horas, y en medio de llamadas telefónicas continuas, Felipe había estado escuchando y tomando decisiones, siempre con paciencia y cortesía, respecto a las peticiones, solicitudes e instancias que abarcaban una amplia gama de necesidades y deseos humanos —y había comenzado incluso desde antes de que yo llegara a la Liga—. A un connacional mío, un profesor de Chicago de ojos melancólicos y que hablaba español, le había dado información detallada de cómo la propuesta de la ley estatal de divorcio repercutiría sobre los extranjeros. A un comerciante de Montreal, le aclaró información complicada respecto al envío de henequén a Canadá. A un enorme número de peticionarios nativos, que eran en su mayoría inditos vestidos con camisas de algodón blanco y huaraches, les explicó cómo podían empezar a organizar Ligas locales, comités agrarios, granjas experimentales y clases nocturnas para los adultos. Con recomendaciones que él mismo firmaba, dispuso, ahí mismo, que las madres mayas, que estaban vestidas con sus huipiles bordados y rebozos oscuros, inscribieran a los niños de capacidades extraordinarias en escuelas técnicas especiales en las que pudieran aprender oficios y profesiones. A otras madres, que se acercaban a él —hablándole con mayor franqueza de la que hubieran mostrado ante su "padre confesor"— para lamentarse de que para ellas las familias tan numerosas eran ya una carga muy pesada, Felipe las dirigía a las clínicas de control natal recién abiertas.

Entre vestigios de la desvanecida elegancia de la era porfiriana, comí con Felipe en el Gran Hotel, en donde el propio dueño, el señor Rafael Gamboa, un cruzado socialista veterano al que de cariño llamaban Ravechol, se encargó de supervisar el servicio de la comida típica motuleña, que había sido preparada, él mismo nos lo dijo, en honor al "señor gobernador y a la encantadora periodista Almita". Mis esfuerzos por centrar el tema de conversación en los asuntos de los informes de Juan Rico sobre los Congresos Obreros fueron detenidos de forma inmediata y contundente. Con gentileza, pero con absoluta determinación, Felipe le puso fin a lo que él llamaba mis "preocupaciones periodísticas crónicas", y me aseguró que habría mucho tiempo a mi disposición durante el largo viaje de regreso a Nueva York para estudiar a detalle todos los pequeños folletos informativos que Antonio había conseguido en la Liga y que había hecho llegar a mi suite del Hotel Imperial. "En este momento", insistió, "estoy menos interesado en los hechos pasados, por más nobles que sean, que en los planes futuros —empezando por el plan encantador para esta misma noche— que es, por desgracia, la última que pasarás con nosotros, por lo menos durante un tiempo".

Me propuso que visitáramos de nuevo a Ricardo Palmerín para saber qué avances había en la composición de la música de "La Peregrina". Pasaría por mí, acompañado de don Luis, alrededor de las nueve, después de la conferencia que tenía programada con los arqueólogos del Instituto Carnegie para definir los acuerdos del permiso de trabajo en Chichén Itzá.

Yo llevaba ya varios días considerando la posibilidad de escribir, en algún momento futuro, una biografía de Felipe, pero no a modo de artículo de revista, sino de un libro bien documentado. Con base en lo que ya sabía y en lo que percibía sobre su postura ideológica, sus actitudes sociales y su programa y objetivos políticos, me daba cuenta de que la historia de su vida no sólo sería significativa para los lectores de México, sino también, para los del resto del mundo. Estuve trabajando en la terraza del hotel durante las horas frescas del atardecer, antes de nuestra cita, y conforme tomaba notas y organizaba el voluminoso material que definía los mayores logros de su carrera pública hasta ese momento, la idea de la biografía cobró una forma más concreta. Era casi imposible leer los informes sin darse cuenta de las implicaciones universales que tenía el papel de redentor inmutable que Felipe desempeñaba o las que tenían sus esfuerzos consistentes a favor del bienestar del hombre común en todo el mundo.

Hasta en el más superfluo de los estudios estadísticos sobre el trabajo y los logros de Felipe, quedaba demostrada su dedicación total a causas fundamentales, a causas diseñadas para elevar a la humanidad a niveles más altos de pensamiento y acción colectivos. Era evidente que, por lo menos durante los años de su madurez política, no había dejado pasar ni una sola oportunidad para contribuir al bienestar de su estado, de la nación y de la humanidad entendida como un todo. De hecho, implementó reformas esenciales incluso durante periodos en los que la autoridad le había sido delegada.

Antes de su elección como gobernador constitucional, Felipe fue llamado dos veces a ocupar el cargo de jefe del Ejecutivo del estado en calidad de interino. Ambas ocasiones fueron durante la gubernatura de don Carlos Castro Morales, un socialista que había trabajado en el ferrocarril y que había organizado a la clase obrera. El primer periodo en el que Felipe prestó sus servicios en el cargo de gobernador duró solamente cuatro días, del 5 al 9 de septiembre de 1918; la segunda vez que Felipe, entonces diputado dirigente del Congreso local, fungió como gobernador, fue entre el 11 de noviembre y el 24 de diciembre de ese mismo año, durante la prolongada visita que hizo el señor Castro Morales a la capital nacional. Y fue durante ese segundo periodo *pro tempore* de cuarenta y un días, en el XXV Congreso Constitucional, que promulgó, el 16 de diciembre, una de las primeras legislaciones laborales de carácter radical en México. El Código del Trabajo del estado de Yucatán, nombre que recibió esta legislación, prohibió el trabajo los domingos en establecimientos comerciales, fábricas y tiendas, y estableció una jornada laboral ordinaria de seis horas y una máxima de ocho. A diferencia del Código Laboral de 1916 del general Alvarado, el Código de Trabajo de Felipe autorizó las huelgas y reconoció el derecho de libre asociación o la organización de sindicatos para las negociaciones colectivas.

El Código del Trabajo, del que a menudo se decía que era "la legislación socialista más avanzada del planeta", se basó en los principios de que todos tienen derecho al trabajo, que cada uno debe trabajar y poder vivir del fruto de su trabajo y que nadie tiene derecho a explotar a los trabajadores. El texto añade que todos los trabajadores tienen derecho a conformar Ligas de Resistencia o asociaciones similares para unirse en defensa de sus intereses personales y comunes.

El Código insiste en que los contratos entre el empleador, que se conoce como patrón, y los trabajadores, a los que se designa como obreros, deben hacerse por escrito, y que ningún contrato es válido por más de un año. Cuando incremente el precio de las necesidades comunes o cuando, por cualquier razón, aumente el costo de la vida, el obrero puede exigir una revisión de su salario. Autoriza también a la Junta Central de Conciliación y Arbitraje para que fije un porcentaje de las utilidades del negocio que, en todo momento, le corresponden al obrero. Todas las disputas entre patrones y obreros deben remitirse a dicha Junta, cuyas decisiones serán definitivas.

El Código reconoce la validez de los contratos de trabajadores de ambos sexos a partir de los dieciocho años, pero las personas de entre quince y diecisiete deben obtener un permiso de sus padres o tutores, o en su defecto, del alcalde del pueblo en el que habitan. El Código reconoce las consideraciones habituales bajo las cuales se celebra un contrato entre patrones y obreros, pero hay un párrafo especial que estipula que si el patrón suspende las operaciones de su negocio sin que exista alguna causa que lo justifique, el gobierno puede tomar el mando de la empresa y administrarla, de modo que se "eviten las pérdidas para los trabajadores".

Muchas de las medidas que se adoptaron, desde entonces, en los sistemas más avanzados de seguridad social en Estados Unidos y el mundo, estaban ya contenidas en el Código de Trabajo de Felipe. Entre ellas, que en caso de que el trabajador sufra un accidente en el lugar de trabajo o contraiga una enfermedad durante la jornada laboral, continuará recibiendo su salario completo y cuando las enfermedades contraídas estén directamente relacionadas al lugar de trabajo, recibirán la mitad de su salario. En el caso de una enfermedad contraída en el lugar de trabajo, si el obrero ha sido empleado del patrón por más de un año, se le pagará su salario completo durante el tiempo que se prolongue la enfermedad; en el caso de muerte por accidente en el lugar de trabajo, se le pagarán los gastos funerarios y su pariente más cercano recibirá el salario correspondiente a un año.

Las cláusulas que regulan el empleo de mujeres disponen que cualquier empleada que esté por dar a luz puede ausentarse del trabajo para descansar en su casa desde dos meses antes y hasta dos meses después del parto. Una vez de regreso en el trabajo, podrá disponer de dos periodos libres cada jornada, de una hora cada uno, para alimentar a su hijo. Las Ligas locales, bajo la dirección de la Liga Central en Mérida, fijaron las cantidades de los salarios mínimos y determinaron que las horas extra de trabajo se pagarían al doble.

Como miembro de la Cámara Federal de Diputados, a la que fue elegido en julio de 1919, Felipe luchó a nivel nacional por el derecho de los sindicatos laborales a la huelga. El reporte que se hizo sobre su iniciativa en el Diario Oficial del 18 de septiembre del mismo año (No. 15, página 12) es el siguiente:

> El ciudadano Felipe Carrillo, presidente de las Ligas de Resistencia del Partido Socialista de Yucatán envía, desde la ciudad de Mérida, un telegrama en el que desde las susodichas Ligas le pide a esta Honorable Cámara que no se aprueben las reformas al artículo 123 de la Constitución, que solicitan la restricción del derecho a huelga y la sustitución de los Tribunales de Arbitraje conformados por un tribunal especial del Fuero del Trabajo, cuyas decisiones son irrevocables.
>
> Los abajo firmantes han examinado dicha petición y por encontrarla conforme al ordenamiento legal, se sienten honrados de someter el siguiente acuerdo económico a esta Honorable Cámara para su deliberación:
>
> El telegrama del ciudadano F. Carrillo debe ser entregado a las comisiones unidas del Trabajo y Previsión Social.
>
> Sala de comisiones. Cámara de Diputados... Sept., 17, 1919. Firmas:
>
> Manuel Andrade, José P. Saldaña
>
> La resolución se puso a discusión pero nadie quiso discutirla. Cuando fue sometida a votación, fue aprobada.

En oposición a la candidatura presidencial del ingeniero Bonillas, los líderes del Partido Laborista, cuyo lema era "Por la justicia y la democracia", celebraron su primera convención en Zacatecas, en donde el general Enrique Estrada, que era en ese tiempo un denodado obregonista, ocupaba el cargo de gobernador. Felipe estaba entre los cuarenta y cuatro delegados que se reunieron en el teatro Calderón de la ciudad de Zacatecas a principios de marzo de 1920. El grupo incluía a los generales J. D. Ramírez Garrido, Jesús M. Garza y Francisco R. Serrano, al licenciado Emilio Portes Gil, a Luis N. Morones, presidente de la CROM, y a los miembros de su Comité Central.

La causa socialista en Yucatán y quienes la encabezaban y la mantenían estuvieron destinados a sufrir un prolongado régimen de terror antes de que pudieran llevar a cabo el segundo Congreso Obrero de conformidad con el programa que se había fijado en Motul. La hostilidad que generó en los socialistas el hecho de que Venustiano Carranza impusiera al impopular ingeniero Ignacio Bonillas como su sucesor a la presidencia de la República dio pie a una persecución de "disidentes" que no terminó sino hasta finales de 1920. Luego de que Carranza le dio poderes plenos para aplastar a la oposición, el jefe de operaciones, el coronel Isaías Zamarripa, mató e incendió con un salvajismo bestial. El desorden se extendió por todo el estado y la agitación se agudizó tanto, que el gobernador Castro Morales fue a la capital para interceder ante el presidente y se negó a regresar a Mérida mientras Zamarripa continuara con su orgía de violencia. Cientos de personas fueron asesinadas y sus casas, destruidas; las Ligas fueron abatidas; los edificios, incendiados; y los escasos fondos que con tanto trabajo habían conseguido, confiscados.

Felipe y los líderes socialistas más prominentes lograron escapar vivos de las persecuciones, pero muchos otros no fueron tan afortunados. La única forma en la que se logró poner fin a los asesinatos y a la destrucción fue por medio de la intervención de Obregón, quien asumió la presidencia el 1 de diciembre de 1920. En el punto más álgido de las persecuciones de Zamarripa, instigadas y apoyadas por parte de los reaccionarios que se llamaban a sí mismos "liberales", doña Adela reunió a sus hijos y les dijo: "No salgan a la calle; no se expongan al salvajismo de los liberales. Pero si alguna vez, por desgracia, caen en sus manos, mátenlos o defiéndanse hasta que ellos los maten. Prefiero que me los traigan muertos a tratar de curarlos si me los traen todos rotos".

La advertencia de esta extraordinaria mujer yucateca se había expresado también en la gran tradición antigua de la valerosa raza autóctona de Estados Unidos. Los cronistas nativos cuentan que cuando un joven guerrero se iba de su casa para unirse a la batalla, su madre, conforme a la tradición milenaria, lo acompañaba hasta la puerta, le entregaba su escudo y le decía: "¡Vuelve a mí *con* el escudo o *encima* de él!".

Las elecciones de julio de 1921 designaron a Felipe, que era el candidato del Partido Socialista, como gobernador de Yucatán por un periodo de cuatro años. De acuerdo con todos los reportes de la prensa local, la jornada electoral se llevó a cabo "en un ambiente de agitación evidente, pero sin enfrentamientos sanguinarios". Por un margen apabullante, la opción popular le dio el triunfo a Felipe en lo que el doctor Ernest Gruening, testigo ocular del acontecimiento, describe como "una de las primeras elecciones imparciales que hayan tenido lugar en México". Durante el tiempo de las campañas, los hacendados, a quienes por primera vez se les obligaba a cumplir con los métodos democráticos, se quejaron de que su candidato no tenía acceso a las audiencias indígenas. De inmediato, como lo cuenta el estadista historiador, Felipe contrató un tren especial —cuyo gasto cubrió de su propio bolsillo—, se lo entregó a su oponente y emitió un anuncio por el que urgía a la gente a "prestarle toda su atención". Los resultados de la elección fueron 60 765 votos para Felipe contra 4 048 para el candidato de los hacendados y 621 para un tercer candidato. Del mismo modo, los votos para los quince diputados de la legislatura completa fueron para los socialistas.

De conformidad con el artículo 49 de la Constitución de Yucatán, al prestar juramento, el gobernador electo debía pronunciar un discurso en la toma de posesión. Durante la sesión especial del Congreso estatal, celebrada a las diez de la mañana del 1 de febrero de 1922, el diputado Ariosto Castellanos, que como presidente del Congreso era el encargado de tomar el juramento, le entregó el texto prescrito a Felipe, quien luego de leerlo, pronunció unas palabras personales. Primero prometió "cumplir y hacer cumplir la Constitución Política de Estados Unidos Mexicanos, la del estado de Yucatán y las leyes que de ellas emanan, así como desempeñar con lealtad y patriotismo el cargo de gobernador que el pueblo me ha conferido, buscando siempre el bienestar y la prosperidad de la Unión y del Estado". Para la sorpresa y la enorme satisfacción de todos los presentes, al terminar, añadió otra promesa que no aparecía en el juramento formal: "De igual modo, prometo cumplir y hacer cumplir los principios postulados en los Congresos Obreros de Motul e Izamal, y si no lo hago, que el estado y la nación actúen en mi contra".

Después, desde el balcón del Palacio de Gobierno, Felipe se dirigió a la enorme multitud que estaba congregada con el siguiente discurso en maya:

Compañeros:

Éste debe ser un día de júbilo y de enorme satisfacción para todos los trabajadores, porque hoy se ha cumplido uno de los más grandes sueños del Partido Socialista del Sureste; porque aquí están reunidos todos los verdaderos socialistas que han venido a celebrar el triunfo de nuestra causa, la causa por la que hemos luchado durante tanto tiempo. Debemos albergar una profunda gratitud en nuestros corazones, porque hoy es el fin de la era de la propaganda socialista y el principio de la era del trabajo; porque desde hoy podemos comenzar a hacernos cargo de aquello que nuestros enemigos impidieron durante tanto tiempo; porque desde hoy, no nos vamos a detener ni un momento en nuestro afán por hacer algo en beneficio directo de la mayoría obrera.

Compañeros:

Ha llegado el momento de demostrarles a los señores que sabemos cómo gobernar; que somos nosotros, y *no* ellos, quienes construyen. Es necesario que les hagamos saber que sin los trabajadores, esta suntuosa catedral no existiría; que sin los trabajadores, este palacio no existiría; y que sin los trabajadores, no tendríamos esta plaza encantadora a donde todos pueden venir a descansar y a disfrutar el aroma de las flores. Y por último, debemos recordarles que sin los trabajadores no existirían los ferrocarriles, los automóviles, los carruajes;

en suma, que sin los trabajadores nada de lo que le es útil al hombre existiría.

También es necesario que les digamos a los "todopoderosos" que sabemos con toda certeza que el trabajo viene antes que el capital; tenemos que hacerles entender que quienes producen lo que existe tienen el derecho a poseerlo, y no como a la vieja usanza, en la que la minoría siempre absorbe todo sin haber hecho ni el menor esfuerzo.

Ahora que se ha conseguido el triunfo glorioso y legítimo del Partido Socialista del Sureste, ahora que la gente me ha elegido para que la gobierne, les demostraremos a estos señores que no somos ladrones o asesinos, como siempre lo han aseverado, que no hemos venido a este palacio para robarnos los fondos públicos, que no estamos aquí para engañar a los trabajadores, sino que estamos aquí determinados a darles una tranquilidad verdadera y un bienestar auténtico.

Compañeros:

El gobierno tiene mucho por hacer y es indispensable que nuestros proyectos se materialicen. Es necesario abrir caminos para el tránsito de todo tipo de vehículos. Hay que establecer muchas escuelas, todas las que hagan falta para que sus hijos y ustedes mismos puedan aprender a leer y a escribir y, sobre todo, para que aprendan español y puedan hacer valer sus derechos. Queda todo el resto de la selva yucateca por sembrarse. Vamos a sembrar tanto como podamos; vamos a sembrar henequén, que tanta riqueza produce, para que esa riqueza llegue hasta las manos de la gente que tiene el derecho irrefutable a disfrutarla.

Les repito, la tierra es de ustedes. Ustedes han nacido aquí, aquí han crecido; aquí han pasado sus vidas, encorvados en el campo, cortando pencas para el amo que se ha apoderado de las tierras. Pero ustedes van a recuperar la tierra de acuerdo con las nuevas leyes que reconocen este legítimo derecho. Y como la tierra es de ustedes, y como son ustedes quienes la trabajan, lo natural es que las cosechas y la producción también les correspondan.

Todo esto, compañeros, ya lo saben; y si hasta antes de hoy no se habían dado cuenta de que todo le pertenece al proletariado es porque ustedes mismos contribuyen a ese aletargamiento cuando pierden su tiempo en las cantinas o durmiendo.

Ustedes serán directamente responsables por no aprender a leer y a escribir, por no conocer la Constitución de la República y la del estado y por no exigirles a los hombres a quienes eligen para los cargos públicos que cumplan con sus obligaciones, pues son ustedes quienes tienen que exigirles a estos mismos funcionarios que lleven a la práctica los acuerdos alcanzados en los congresos de Motul e Izamal.

Felipe mismo comentó sobre la tranquilidad y el orden que imperaron durante las elecciones en una carta que, con fecha del 21 de noviembre de 1921, le escribió desde la Liga Central al general Francisco J. Mújica, gobernador de Michoacán, y en la que se lee:

Mi muy distinguido y querido amigo:

El Partido Socialista del Sureste ganó en estas últimas elecciones estatales, y la forma en la que se tomó esta decisión democrática dio pruebas de un patriotismo loable y de solidaridad política; no hubo escándalos o enfrentamientos sanguinarios. La tranquilidad que reinó durante la contienda ha generado una enorme irritación en los reaccionarios, pues no saben en contra de quién disparar sus cañones de insulto y falsedad. En cuanto terminaron las elecciones y me liberé de la carga "política", dirigí mis pensamientos a un nivel superior, encaminé todos mis esfuerzos por el sendero correcto de la lucha social y a todos los socialistas les envié una circular, misma que te adjunto con la presente, para que puedas estudiarla y decirme qué piensas de ella, y es que, para mí, tu juicio tiene un valor real, pues tengo el más alto concepto de tu cultura y de tu talento. Tu firmeza al sostener los ideales radicales en esta tierra rica, en la que todavía sobreviven los recuerdos de Munguía que oscurecen el emblema de Ocampo, es una fuente de orgullo para todos tus correligionarios.

Es necesario luchar sin cesar y sin perder el corazón en el trayecto. Te envío mis más sinceros deseos de que seas feliz, y, una vez más, te manifiesto mi afecto, siempre tu amigo,

Felipe Carrillo Puerto

Uno de los factores que obligó a postergar el Congreso de Izamal fue que, por órdenes de Zamarripa, se habían quemado los archivos de la Liga Central. No obstante, los delegados lograron reunirse finalmente en el teatro Izamal el 15 de agosto de 1921, bajo la presidencia del gobernador electo, Felipe Carrillo Puerto. La agenda del Congreso estaba conformada por catorce puntos, cuyo objeto era determinar las formas y los medios más adecuados para mejorar la vida de los trabajadores, conseguir que las masas alcanzaran niveles culturales y sociales más altos y concretar las medidas para financiar los proyectos educativos y comunales de las Ligas. Una de las conclusiones más relevantes que se alcanzaron en el Congreso fue la que correspondía al "Tema Cinco", cuya materia de trabajo fueron los ideales cívicos, y que fue reportada por el comité presidido por el doctor Luis Torregrosa de la siguiente manera:

> La virtud, la educación, la unión, la economía, la higiene, el amor, el respeto por la mujer, el orden, el sacrificio y la valentía, son el complejo de preceptos que, una vez inscritos en las mentes de los trabajadores, van a conducirlos al camino de la liberación por el que estamos luchando.

Los asuntos culturales se analizaron en el "Tema Nueve", en el que se determinó solicitar apoyo y patrocinio para las bellas artes, en especial, para la música, el canto, la danza y el cine, por ser "modeladores del espíritu generoso de las masas, mismo que debe ser activado".

El "Tema Trece", cuyo asunto eran las cuestiones sociales, exhortaba a las Ligas de Resistencia a apoyar con entusiasmo y amor verdadero a las Ligas Feministas que, por medio de sus principios nobles y elevados, conducían a la emancipación integral de la mujer. "Y con la emancipación, las esposas y madres, cobijadas por el espíritu de la libertad y la justicia, le darán forma a las conciencias incipientes de los niños que están a su cargo y que más adelante recibirán la buena instrucción de los maestros".

Quizás, de todas las propuestas que se presentaron en el Congreso de Izamal, la que tuvo mayores alcances en cuanto al curso que seguiría la política en México fue la correspondiente al "Tema Catorce", el último en la agenda y en el que se expuso la siguiente cuestión:

"¿Sería conveniente que el Partido Socialista del Sureste y el Agrario de Campeche se unieran a la Tercera Internacional de Moscú?".

Todas las otras trece propuestas habían sido aceptadas por los delegados y con varias conclusiones, algunas de ellas se aprobaron hasta con diez conclusiones distintas. Solamente el "Tema Catorce" fue rechazado con una conclusión única por parte del comité encargado de presentar el informe, que estaba precedido por Juan Rico. La decisión decía lo siguiente:

"El Partido Socialista del Sureste y el Agrario de Campeche declaran que no se aliarán con la Tercera Internacional de Moscú a pesar de que puedan estar en completo acuerdo con los pasos que esta última ha tomado en pro de la transformación social del universo".

Así pues, como lo señaló el profesor Antonio Bustillo Carrillo, el historiador que desde 1909 desempeñó un papel activo en la escena política de Yucatán, el Congreso Obrero de Izamal sentó las bases de una orientación política nueva y superior al rechazar definitivamente las repetidas invitaciones que Moscú le hizo al movimiento socialista yucateco para que se alineara con la Tercera Internacional Comunista. Fue Felipe quien, en su calidad de jefe del Congreso, y porque la suya era la voz más influyente ahí, asumió una postura inequívoca en contra de que uno de los estados de México se volviera comunista, aun cuando años antes, al igual que un gran número de jóvenes idealistas mexicanos, él había sido miembro de la Comisión Continental de la Primera Internacional. El resultado general del Congreso de Izamal fue que se fortalecieron y se mejoraron tanto las doctrinas enteramente democráticas como las doctrinas socialistas evolucionistas de origen y carácter mexicanos. Con Campeche, Quintana Roo y Yucatán, el Congreso creó una Federación de Partidos del Sureste, sujeta a un Consejo Federal, con la intención primordial de alcanzar una unidad gloriosa en términos étnicos, revolucionarios y tradicionales. Ningún otro propósito podría haber sido más lógico o de índole más nacionalista, pues esas regiones de la República compartían la misma historia y sus pueblos eran descendientes de la misma raza, la que durante siglos inmemoriales vivió bajo los cielos despejados, entre las selvas y el azul celeste del mar.

De hecho, como lo sostiene el profesor Bustillo Carrillo, el Congreso Obrero de Izamal no hizo más que evocar los tiempos remotos del imperio maya, cuando la gente de esa jurisdicción creó la Confederación de Mayapán, un pacto de raza, de sangre y de estándares jurídicos y políticos para defender la libertad alterada por las invasiones toltecas. Esa misma base sirvió para conformar la Federación de Estados Centroamericanos, cuyo propósito fue unificar a los pueblos en defensa de su autonomía y de su independencia luego de que cayeron a los pies de los anfitriones de Cristóbal de Olid, Pedro de Alvarado y Francisco de Garay.[1]

El socialismo de Yucatán, de acuerdo con lo que señala el propio profesor Bustillo Carrillo, nunca adoptó prácticas comunistas. Siempre fue un partido de estado y nunca trabajó en secreto en las células de la Internacional Comunista o en el Partido Comunista Mexicano. En términos políticos, el socialismo se mantuvo dentro del Partido Nacional Revolucionario y su postura fue siempre clara, apremiante y definitiva. La influencia que ejerció el socialismo puede apreciarse, con

---

[1] Todos estos son nombres de conquistadores españoles reconocidos por sus valientes —aunque crueles— conquistas de diferentes partes de Mesoamérica.

el paso del tiempo, en las transformaciones que tuvo el PNR para conformarse en el partido político y en la Confederación Sindical, que, como sector, entró en la organización política dominante de México, el Partido de la Revolución Institucional, al que se incorporaron algunas de las figuras más distinguidas del Partido Socialista del Sureste.

Por tercera vez en dos semanas, volví con Felipe y el poeta Luis Rosado Vega al jardín de Palmerín, perfumado de naranjos e iluminado por la luz de la luna. Al igual que en nuestras visitas anteriores, el talentoso y modesto joven compositor yucateco nos recibió con unas palabras sencillas de bienvenida y de inmediato se colocó en su pequeño y viejo piano vertical. Y con el gusto propio de los artistas por los desenlaces dramáticos, poco a poco nos fue preparando para la agradable sorpresa que tenía para nosotros. Deslizando suavemente sus dedos sensibles sobre el teclado amarillo, nos mostró una serie de melodías en el tono de la tradición romántica de Yucatán, a la que había engrandecido con numerosas contribuciones. Felipe, que estaba sentado a mi lado frente a la puerta abierta del humilde estudio, escuchaba con oído crítico los posibles acompañamientos para mi canción "La Peregrina", pero su silencio y la seriedad de su expresión indicaban claramente su decepción.

De pronto, cuando Palmerín, con un cambio abrupto de carácter y tiempo, tocó una melodía completamente diferente, un brillo de emoción —la respuesta pasional de una maestría musical autodidacta— destelló en los ojos verde-jade de Felipe. "Aquí está", anunció el maestro con una sonrisa confiada y un tanto juguetona, "amigos míos, creo que ahora sí tenemos *algo*". Una y otra vez, con variaciones ocasionales, repitió las notas palpitantes del motivo inicial, como si estuviera asegurándole a su cautiva audiencia de tres que, a diferencia del famoso "acorde divino", los adorables acordes no se desvanecerían por siempre en el éter cósmico.

"Sigue tocando, hombre, por favor, sigue tocando", le suplicó Felipe. Después, corrió al estudio e impulsivamente levantó del banco del piano al bajito y rechoncho maestro y le dio un abrazo cariñoso. "Sí; sí, querido compañero", exclamó, "ya *tienes* algo, algo muy hermoso, ¡algo en verdad maravilloso! ¡Esto es lo que mi corazón estaba esperando escuchar!".

Don Luis, que durante todo ese tiempo había estado parado detrás del compositor, también manifestó su satisfacción y gratitud y felicitó al músico con un fuerte abrazo. Le aseguró a Palmerín que su música había hecho inteligibles todos los matices esquivos del sentimiento que quería expresar en "La Peregrina" pero que las puras palabras no tenían el poder de transmitir. Felipe y el poeta urgieron a Palmerín a que terminara el trabajo sin retrasos, para que se comenzara la orquestación lo antes posible.

Yo también estaba consciente de que lo que Palmerín nos había presentado era "inevitablemente" el tema para la conmovedora lírica del poeta. Pues incluso en ese momento, conforme los primeros compases de la composición hicieron vibrar la quietud perfumada de la noche tropical con su dolorosa carga de añoranza envuelta en una armonía recurrente que, sin saber cómo, parecía presagiar una tristeza futura desconocida, comprendí que Palmerín había captado mucho más que el dolor de un alma individual cuando se separa de la persona amada. Me di cuenta —y desde entonces esa es la imagen que permanece en mí del instante encantado en el pequeño jardín— de que el compositor había atrapado en la red mágica del sonido, tejida con armonías extáticas y evocadores matices menores, vibraciones que penetraban la inefable tragedia antigua del Mayab. Sus ritmos dulces y suaves, que provenían de un impulso creativo enraizado en algún ayer remoto, me condujeron hacia una nueva conciencia respecto al misterio portentoso que aún ronda la tierra yucateca; me revelaron, también, el orgullo racial que Palmerín sentía por la cultura maravillosa que una vez floreció en su tierra ancestral y, del mismo modo, su congoja innata, aunque no se expresaba de manera explícita, por que ese antiguo esplendor hubiera desaparecido para siempre —congoja que, desde su idioma musical, resonaba como un sollozo de angustia—.

Al día siguiente, 28 de febrero de 1923, los científicos estadounidenses y los "yucatólogos" se congregaron en la estación de trenes eléctricos de Mérida al mediodía para despedirse, muy a su pesar, de la Ciudad Blanca. De manera individual o en grupos, le agradecían a Felipe su magnífica hospitalidad y le manifestaban sentimientos de aprecio hacia la gente buena y el gran estado que él representaba por haber hecho posible la experiencia inolvidable que habían tenido. Le aseguraban también que en un futuro próximo volverían a esa tierra fascinante que, con tanto pesar, estaban a punto de dejar. Felipe y yo nos sentamos juntos durante el trayecto de cuarenta y cinco minutos hacia Progreso, los dos, con ánimo desenvuelto, intercambiamos ocurrencias de pasillo con nuestros compañeros de viaje. Entre nosotros sólo hubo unos cuantos comentarios personales, expresiones de dolor de Felipe ante mi partida y mis propias promesas enfáticas de volver cuanto antes. Sin embargo, nuestra cercanía y el hecho de que, cada tanto, nos tomábamos de la mano, nos sirvió para comunicarnos, en silencio, todos los pensamientos que estaban clamando por hacerse presentes con la voz en esos escasos y preciados momentos que nos quedaban. Ésa fue la forma en la que manifestamos nuestras emociones íntimas al separarnos, nuestra adoración mutua, los deseos incumplidos y nuestra fe en esa relación predestinada y en la necesidad que teníamos el uno del otro. La expresión del rostro de Felipe revelaba un ánimo acongojado; yo, luego de un enorme esfuerzo, logré contener las lágrimas. Lo único que me pudo brindar un poco de consolación fue un verso escrito mucho tiempo atrás por sir Phillip Sidney que, no sé por qué, recordé de mi curso universitario en literatura isabelina. Como quiera que haya sido, durante todo el trayecto hacia el embarcadero de la Ward Line, mi mente fue repitiendo el verso con el que el viejo poeta inglés expresa la realización suprema en la vida de la mujer que, con toda certeza, puede decir:

"Mi amor verdadero tiene mi corazón y yo el suyo".

Yo *sabía* que podía decir eso y que podía, incluso, gritarlo a los cuatro vientos, sin temor a ser rebatida.

XVIII

El viaje de regreso

Durante el viaje de regreso, el tono de las conversaciones que mantuvieron los pasajeros del vapor México fue radicalmente distinto al de la andanada de ataques de los hacendados reaccionarios de Yucatán que, menos de un mes antes, habían navegado en la misma embarcación que nosotros entre Nueva York y Progreso. Para consuelo de todos, los más gárrulos y vehementes enemigos políticos del gobernador Carrillo, con excepción del señor Luis G. Molina, se habían quedado en su patria chica para siempre o para tomarse un periodo prolongado de vacaciones fuera de la tierra norteña que habían adoptado. Muy pronto me enteré de que el señor Molina dejaba Mérida con un enorme pesar, pues había ido con el objetivo de cortejar a Gelitzly, la hija joven y rubia del gobernador, a la que conoció durante el tiempo en el que ella asistió a la Academy for Girls de Long Island. Por lo tanto, sus críticas al "ídolo rojo con ojos de jade", apodo con el que antes se había referido al hombre que para ese momento ya había escogido como futuro suegro, eran menos severas y menos frecuentes. Todos extrañaban a los esposos Barry, quienes habían salido de Mérida uno o dos días antes que nosotros para hacer un recorrido por la República mexicana. También faltaba el doctor Morley, él se había quedado en Yucatán para determinar los detalles de la exploración con Felipe y con don Eduardo Thompson.

Los arqueólogos y los turistas miembros de la expedición Carnegie, deseosos de comentar sus emocionantes experiencias comunes y de disfrutar las nuevas amistades que se habían forjado durante la aventura en Yucatán, se agruparon en mesas contiguas en el comedor. Durante las comidas, de una mesa a otra, los eruditos intercambiaban teorías o hacían predicciones sobre descubrimientos importantes en la majestuosa capital maya que apenas habían inspeccionado y que planeaban explorar la siguiente temporada. Para mi inmenso placer, muchas de esas pláticas comenzaban o terminaban con expresiones de aprecio a Felipe en las que se le reconocía como un servidor público sincero, capaz y diligente y como un promotor vigoroso de las artes y de las ciencias. Era evidente que estos hombres, representantes distinguidos de la investigación mesoamericana de mi país, lo consideraban un funcionario en el que podían confiar para recibir apoyo moral y ayuda práctica en su programa de trabajo de largo plazo. Cuando yo escuchaba los elogios que hacían del líder, cuya imagen se había convertido en mi emblema radiante de la plenitud de la vida, me sentía orgullosa de que mis intuiciones y mis convicciones intelectuales fueran verificadas por un juicio masculino tan autorizado.

Como durante la comida yo estaba en medio del doctor Charles Merriam, presidente del Instituto Carnegie, y del doctor Marshall H. Saville, director del Museo de Indios Americanos, Fundación Heye, pude escuchar sus ideas y las conclusiones a las que llegaban después de años de investigación en las ruinas mayas de varias regiones del sureste de México y Centroamérica. Sentado frente a mí, estaba el miembro más antiguo del grupo, el general William Barclay Parsons, quien encabezaba la junta directiva del Carnegie. Era un hombre con una apariencia impresionante, alto y de porte autoritario; sus rasgos finos y aristocráticos, su pelo canoso y su barba en pico meticulosamente recortada lo hacían ser el modelo perfecto del constructor de vías férreas y de puentes internacionales. La admiración evidente que sentía por Felipe encontró una respuesta ferviente en mis pensamientos y emociones íntimos, pues, así como lo había dicho en las oficinas de la Liga Central cuando lo conoció, insistía en afirmar que el gobernador Carrillo era el hombre más atractivo que había visto en todos sus viajes por el mundo.

Un tema que en varias ocasiones provocó comentarios de incredulidad u ocurrentes y que incluso arrancó suspiros de lamento, fue la historia de cómo Estados Unidos, por decisión propia, perdió la oportunidad que se le había propuesto de poseer tanto las ciudades precolombinas de Yucatán como la multimillonaria industria henequenera del estado.

Durante las comidas y en las reuniones en cubierta, los expedicionarios, que, en su mayoría, estaban muy bien informados sobre todas las fases del pasado remoto y reciente de la nación, revelaron datos poco conocidos sobre este periodo de la historia. Explicaron que ya antes de la crisis de 1848, la población de Yucatán estaba hastiada por el caos tan prolongado. Durante la dictadura de Santa Anna, tiempo en el que su "Alteza Serenísima" —título con el que él mismo se designaba— ocupaba el palacio presidencial entre sus periodos de exilio, el estado de Yucatán fue abandonado por lo poco que todavía funcionaba de la autoridad federal. Y el gobernador Santiago Méndez, que había trasladado la capital de Mérida a Maxcanú, fue acosado por el levantamiento masivo de los rebeldes mayas en venganza contra sus opresores blancos y mestizos. Esta rebelión radical, conocida como la Guerra de Castas, comenzó en 1847 y alcanzó su punto más álgido de terror con el colapso total de las fuerzas del gobierno y su retirada de Valladolid el 25 de marzo de 1848. Antes de que la revuelta concluyera su curso sanguinario, dejando a ambas partes agotadas tanto en recursos como en espíritu de lucha, más de la mitad de la población de la península de Yucatán había sido asesinada o enviada a la batalla; y los rebeldes mayas no habían conseguido expulsar a los ladinos, sus antiguos amos.

A la caída de Valladolid, el gobernador Santiago Méndez, desesperado, envió una carta idéntica a los tres poderes que estaban más vinculados con la situación política de Yucatán: Estados Unidos, que en ese tiempo —el periodo de la guerra entre México y Estados Unidos, 1847-1848— tenía sitiado a Yucatán; la Gran Bretaña, cuyo almirante en Jamaica tenía el control de los traficantes de armas de Belice; y España, que tenía posesiones en las antillas y un vínculo triple con la clase gobernante de Yucatán: el lenguaje, la religión y la tradición.

En la carta, el gobernador Méndez pedía "ayuda poderosa y efectiva", a cambio de la cual ofrecía, a la primera nación que respondiera a su llamado, "dominio y soberanía completos sobre Yucatán"; su ofrecimiento tenía un precedente español creado por el legendario conde don Julián, que, como lo aseguran los historiadores, invitó a los moros a España para vengar un insulto personal. Para fortalecer las negociaciones, el gobernador Méndez mandó a su yerno, el joven historiador e intelectual liberal, Justo Sierra, a Washington en calidad de enviado especial. Sierra ofreció la neutralidad de Yucatán en el conflicto entre México y Estados Unidos a cambio de que se cancelaran los aranceles sobre la transportación de bienes entre Ciudad del Carmen, Campeche y Yucatán.

El presidente Polk aceptó la concesión pero en su discurso ante el Congreso rechazó la idea de que Estados Unidos dominaran Yucatán y, a la vez, invocó la Doctrina Monroe para impedir que alguna potencia europea aceptara el ofrecimiento de Méndez. Cuando se sometió a votación el Proyecto de ley Yucatán, como lo llamaron, la postura del presidente fue respaldada por los senadores de los estados esclavistas del sur, que se oponían a la anexión del territorio sobre la base de que estaba poblado por una "raza de color".

En tono melancólico, al comentar sobre este incidente histórico, uno de los arqueólogos señaló: "¡Nada más imagínense, si nuestro Senado hubiera aprovechado esa magnífica oportunidad, ahora poseeríamos las zonas arqueológicas más maravillosas del mundo, justo en nuestro patio trasero!". Un representante de Harvester International, que se había unido a nuestro grupo, lamentó la pérdida desde el punto de vista financiero, pues explicó que, para empacar sus cosechas, los campesinos estadounidenses dependían por completo de la producción yucateca de soga de henequén. Mencionó algunas cifras que demostraban cómo, de haber poseído el "oro verde" de Yucatán, la economía estadounidense de los últimos cincuenta años se habría incrementado en cantidades astronómicas.

La Guerra de Castas y todos sus espeluznantes detalles seguían siendo un tema popular entre los expedicionarios, pues siempre estaban interesados en la historia. En las pláticas que sostuvieron respecto al conflicto que dejó cicatrices tan profundas en "La tierra del faisán y del venado" explicaron que después de que Washington rechazó el ofrecimiento de anexión de Méndez, Jacinto Pat —el más influyente de los jefes indígenas, presuntamente de descendencia irlandesa— y el gobierno yucateco negociaron la paz por medio de una Nueva Declaración de Independencia. En ese documento se exigía dar fin a la explotación y a la servidumbre de las que los mayas habían sido objeto durante tres siglos e incluía una provisión por la cual quedaban canceladas todas las deudas en las que los trabajadores indígenas hubieran incurrido con las haciendas; de ese modo, el documento se anticipó unos setenta años a la legislación que sobre el mismo tema hizo el presidente Álvaro Obregón.

Sin embargo, la paz que se consiguió por medio del tratado fue muy frágil y duró poco tiempo; faltaban todavía otros ocho años de lucha encarnizada, crueldades inefables, destrucción generalizada, convenios violados y rivalidad provocada entre los dos líderes rebeldes, Jacinto Pat y Cecilio Chi —a quienes, como me lo había dicho Felipe, conmemoraba el monumento central de la plaza de Kanasín—, antes de que la Guerra de Castas terminara de manera oficial en 1855 y, a pesar de ello, los brotes esporádicos de hostilidad no cesaron sino hasta 1912.

Sin embargo, para ese momento, la Nueva Declaración de Independencia tenía ya mucho tiempo de haberse convertido en pura letra muerta. El hecho de que los ladinos la hubieran reconocido, no se trataba más que de un recurso que les había comprado tiempo para llevar a cabo su determinación de subyugar y controlar a los indígenas, manteniéndolos esclavizados por medio del viejo sistema de servidumbre por endeudamiento, mientras producían las enormes riquezas que sustentaban la forma de vida, sibarita por lo general, que se daban los hacendados. Para lograr sus fines, los ladinos se basaron principalmente en la técnica maquiavélica de dividir las lealtades mayas, y lo que hicieron fue incitar, en primer lugar, la enemistad entre Jacinto Pat y Cecilio Chi. Los blancos, que fueron quienes derogaron los derechos civiles de los *indios*, reanudaron los actos de venganza en contra de los mayas pacíficos. En venganza, los macehuales,[1] nombre que se les dio a los rebeldes, declararon una guerra de exterminio total y quemaron poblados y sembradíos. Las atrocidades fueron cada vez peores hasta que, en medio de la devastación, el obispo del distrito de Tekax, alarmado ante la destrucción de los objetos religiosos y de la amenaza contra las iglesias, comenzó a predicar que la "justicia divina" recaería sobre quienes toleraran la expansión del secularismo. En respuesta a su amenaza, un grupo de jefes mayas congregados en Tabi le dijeron: "¿Sólo hasta ahora te acuerdas de que existe un Dios verdadero? Siempre enalteciste el nombre de Dios frente a nosotros y nunca creíste en Su nombre".

Finalmente devastados, tanto los ladinos como los macehuales dieron por terminada una lucha en la que no hubo victoria militar para ninguna de las partes. Y por la falta de líderes verdaderos —hasta que, después de cuarenta años, apareció entre ellos Felipe Carrillo Puerto—, los mayas fueron entrampados de nuevo y esclavizados en las haciendas. Esta vez, los terratenientes ricos y poderosos se unieron, en una alianza

---

[1] Al parecer, Reed se refiere a una adaptación del término náhuatl *macehualli* que significa campesino o comunero. En el México prehispánico, los *macehualli* vivían, por lo general, fuera de las ciudades y eran vasallos y tributarios de sus señores. (N. de la T.)

soez, a los jefes políticos inescrupulosos y sometieron a los mayas a una servidumbre más rígida y denigrante que la que, con una lucha tan desesperada, habían tratado de eliminar.

Muchos de los que se negaron a regresar a las haciendas se refugiaron en las selvas del sur y del este de la península. La falta de alimentos, ocasionada por el abandono de la agricultura, excepto en el oeste, durante la Guerra de Castas, forzó al resto de la población a migrar, y otros miles de personas fueron vendidas como esclavos en los mercados cubanos por parte del gobernador Miguel Barbachano. La severidad de las protestas que estallaron en la prensa mexicana forzó al gobernador a dar por terminado ese comercio y en lugar de eso, envió a los indios a Veracruz. Los refugiados que lograron sobrevivir a las penurias de ese fatigoso recorrido se establecieron en Quintana Roo, en un lugar llamado Chan Santa Cruz, unos veinticuatro kilómetros hacia el interior desde la bahía de Asunción y dos veces esa distancia hacia el suroeste de Tulum, la famosa ciudadela en ruinas que da la vista al mar. Ahí, en el corazón de la selva tropical, establecieron un centro religioso para el culto conocido como *Cruzob*, la palabra maya para "cruz". En esa sociedad mística esperaban encontrar consuelo y alivio espiritual para su dolor físico insufrible. Su símbolo y fetiche era una "cruz hablante", misma que manipulaba un ventrílocuo sacerdotal oculto en el suelo de una enorme iglesia con techumbre de paja. Su voz, que pretendía ser la del dios verdadero, pronunciaba consejos y mandatos que dirigían la vida de los fieles.

¿Quién se hubiera atrevido a predecir, durante esos recorridos eruditos al pasado trágico de Yucatán en la cubierta del barco, que el valiente racionalista que en ese momento estaba conduciendo a la juventud maya fuera del dominio dañino de los atávicos miedos supersticiosos y hacia la emancipación de una filosofía humanista, el hombre cuyas acciones políticas y sociales estaban dirigidas a erradicar el fanatismo religioso, un día le daría su nombre al pueblo que albergó el santuario de la "cruz hablante"? No obstante, para no romper con la ironía flagrante que acompaña casi todos los capítulos de la historia mexicana, fue precisamente eso lo que sucedió. Hoy, Chan Santa Cruz, antaño sede y lugar sagrado del culto *Cruzob*, que operaba por medio de un engaño fraudulento y que era una perversión extraña del ritual católico —el lugar que ahora ostenta una plaza con alumbrado eléctrico y en el que los devotos clandestinos conviven con los misioneros Maryknoll[2] debido a lo que los macehuales definen como infiltración ladina— se conoce como el pueblo de Felipe Carrillo Puerto.

Pero mucho antes de que el remanente de un Mayab orgulloso y desafiante honrara la memoria de Felipe dándole su nombre a ese refugio de su selva venerada, los macehuales que se quedaron en las tierras de cultivo tuvieron que soportar otras tantas décadas de agonía. Como lo narraron los historiadores que iban abordo del México con rumbo a Manhattan, la secuencia melancólica de los acontecimientos que tuvieron lugar a finales del siglo XVIII y la destrucción de las milpas, que eran la fuente principal de sustento en el estado, y de las plantaciones de azúcar, que eran el pivote de la economía, llevaron a Yucatán a su ruina casi total. La única forma de prevenir el colapso era sembrar un cultivo lucrativo que pudiera crecer en la tierra árida y pétrea de las extensas propiedades de los latifundistas de la región noroeste de la península. La respuesta fue el henequén; y, además, ése fue el mejor momento para producirlo, pues con la rápida expansión del desarrollo industrial que en ese periodo estaba comenzando a lo largo de todo el mundo, se crearon nuevas necesidades que se cubrieron con la variedad de usos que ofrecía la fibra resistente de Yuca-

---

[2] Desde 1911, los católicos de Estados Unidos decidieron responder al llamado de los pobres del mundo por medio de misioneros de la Orden Maryknoll. Hoy, estos misioneros ayudan a la gente de países extranjeros a construir comunidades en la fe. Algunos trabajan en zonas de guerra con los refugiados; otros, auxilian a los pobres, los ancianos, los huérfanos y a gente con sida. A través de vidas dedicadas al servicio, los misioneros Maryknoll traducen el Evangelio del amor a diferentes idiomas y culturas.

tán. Poco tiempo después, los hacendados poseían ya lo que correspondía a un monopolio global de henequén; y conforme remontaban sus utilidades, fueron adquiriendo mayor poder político. De ese modo, reforzaron su influencia sobre las cortes y mermaron la capacidad de los inditos para conseguir o incluso buscar compensaciones legales a las injusticias cometidas en su contra. Empobrecidos, frustrados, indefensos y siempre a merced de los mayordomos despiadados, los indígenas fueron objeto de golpizas, insultos y horas prolongadas de trabajos forzados; yo conocí estas condiciones por primera vez gracias a *México bárbaro*, el libro trascendental y perfectamente documentado de John Kenneth Turner.

A los "yucatólogos" más conservadores de nuestro grupo les resultaba muy difícil creer que las prácticas que los estudiosos estaban describiendo en verdad hubieran sucedido en alguna parte del continente americano durante el siglo xx. Cuando se estaba narrando uno de los capítulos más trágicos de la Guerra de Castas, la psiquiatra austriaca, que a lo largo de su estancia se había esmerado en conseguir información sobre la historia y los patrones sociales de los mayas, señaló: "Es cierto que estos horrores han sucedido en nuestro tiempo. Pero, ¿no es mejor enfrentar la verdad? ¿De qué otro modo podríamos valorar lo que ese gran hombre, el gobernador Carrillo, ha hecho y está haciendo por su pueblo?".

La parada de veinticuatro horas que hizo el México en La Habana fue tiempo suficiente para que me enterara de que nuestra llegada a la Perla de las Antillas estaba precedida por rumores hostiles. La prensa reaccionaria, opuesta por principio al programa socialista de Felipe, no sólo desacreditaba los programas estatales para la exploración del Carnegie en Chichén Itzá, sino que destacaba que el gobernador Carrillo estaba demostrando "atenciones muy evidentes hacia Alma Reed, la joven y hermosa corresponsal de *The New York Times*". El rosario de filigrana dorada, el discreto regalo que me había hecho Felipe, se mencionaba en términos tan presuntuosos que los lectores deben haber dado por hecho que se trataba, cuando menos, de una gargantilla de esmeraldas o de un brazalete de diamantes. Esa "noticia" les resultó de lo más divertida a varios miembros de nuestro grupo que también les llevaban a sus esposas o a sus hijas réplicas de ese rosario, un recuerdo típico de las artes populares características de Yucatán.

Nuestra breve estancia en La Habana me permitió mandarle un cable al editor de *The Times* en el que le anunciaba que Edward H. Thompson, excónsul de Estados Unidos en Yucatán, me había dado cuenta de sus exploraciones en el Cenote Sagrado de Chichén Itzá. Yo había tenido el cuidado de no mencionar nada sobre esa "confesión" a los arqueólogos por temor a que, de algún modo, el secreto que tan celosamente se había guardado durante veinticinco años pudiera divulgarse antes de que se publicara el reportaje especial de *The Sunday Magazine*.

El cable hizo que enviaran a un reportero "estrella" para entrevistarme en cuanto desembarqué en el muelle de la Ward Line de Brooklyn, en la mañana del 5 de marzo de 1923. El reportero me pidió que, en ese momento, le adelantara algunos detalles de la historia, pero le expliqué que le había hecho la promesa solemne al señor Thompson de escribirla precisamente como él me la había contado y que, incluso, antes de escribir cualquier cosa bajo mi rúbrica yo tenía que hacer algunas investigaciones. En cuanto llegué al Hotel Waldorf-Astoria, le comuniqué mi decisión por teléfono al señor Ochs y le expliqué que la narración del explorador veterano bien podría ser "un relato exagerado" o "el sueño de un lunático", una de las aventuras imaginarias de quien crea historias de ciencia ficción. Le recordé al ya famoso editor que él me había enseñado que la precisión era un precepto esencial del periodismo y él, riéndose, admitió que sus palabras habían sido atendidas con enorme meticulosidad. Muy pronto se hicieron los arreglos con el Consulado General Mexicano para que mi amigo, el señor Roberto Casas Alatriste, que estaba entonces en Nueva York en una misión oficial, y una mujer joven del servicio consular me acompañaran a Cambridge esa misma semana. Yo sabía que el señor Casas Alatriste podía representar a su gobierno como testigo calificado para verificar que las piezas del antiguo tesoro maya que se habían recobrado en el Cenote Sagrado, y cuyo peso ascendía a media tonelada, estaban todavía, como me lo había asegurado don Eduardo, preservadas en el Museo Peabody.

XIX

Cruzada por México en Manhattan

En cuanto llegué al Hotel Waldorf-Astoria, me recibieron con un cablegrama de Felipe. Encantada, en un estado emocional que sólo en contadas ocasiones volví a experimentar, lo leí una y otra y otra vez, deteniéndome en las frases en las que me confirmaba su devoción y que me hacían estremecerme. "Almita", decía el mensaje, "espero con enorme ansia noticias tuyas. Has dejado mi corazón colmado... Te amo profundamente. Todos mis pensamientos están contigo... Felipe".

La pasión de sus palabras enardeció mi emoción y me infundió un deseo vehemente de abordar el siguiente barco de pasajeros con rumbo al sur. Sin embargo, como había estado ausente durante todo un mes, desde que llegué a Manhattan estuve tan ocupada, que me quedaba muy poco tiempo para regodearme en ensoñaciones románticas. Había asuntos de trabajo y de labor social que tenía que atender de inmediato; conferencias con los editores de *The Times*, llamadas de teléfono y visitas de amigos que habían esperado mi regreso con una gran anticipación, entre ellos, el hombre encantador de la voz ronca, el que había ido a despedirse de mí cuando salí para Yucatán y que, en comparación con Felipe, parecía haber perdido todo su atractivo. También había juntas en la oficina del cónsul general mexicano para arreglar los detalles de la visita al Museo Peabody con el señor Casas Alatriste y con una joven secretaria de la Secretaría de Relaciones Exteriores que en ese momento estaba de vacaciones en Nueva York. Como el señor Ochs estaba muy ansioso porque escribiera cuanto antes el artículo sobre las hazañas de don Eduardo Thompson en el Cenote Sagrado, la ida a Cambridge se programó para el tercer día después de mi llegada. La nota de mi diario en la que declaro que dediqué algunas de mis preciadas horas libres a conseguir, en el centro de la ciudad, una máquina de escribir silenciosa, evidencia mi determinación de trabajar hasta ya muy entrada la noche sin el temor de perturbar el sueño de otros huéspedes del hotel.

Preparados con la "confesión" —partes de la cual estaban firmadas por el propio don Eduardo—, llegamos al Museo Peabody, pero al no encontrar el material recobrado del cenote en las salas de exhibición pública, pedimos permiso para inspeccionar el resto del museo. De mala gana, y sólo después de un retraso considerable y de una discusión prolongada, nos condujeron a un almacén, en uno de los pisos superiores del Museo, en donde, en hileras de vitrinas, encontramos la enorme colección tal y como me la había descrito el descubridor. Mi artículo, que detallaba la historia de los objetos arqueológicos que el museo poseía, apareció en *The New York Times Sunday Magazine* del 4 de abril de 1923, con el título "El pozo de los sacrificios humanos de los mayas". El primer párrafo decía lo siguiente:

> En algún momento de este año, el Museo Peabody de la Universidad de Harvard va a hacer un anuncio oficial sobre el descubrimiento del tesoro maya en el fondo del Cenote Sagrado de Chichén Itzá. Este descubrimiento, que se considera el más importante en la historia de la arqueología del continente americano, se mantuvo en estricto secreto durante dos décadas. La pregunta respecto a qué tanta luz va a arrojar sobre una de las épocas más oscuras de la civilización permanecerá sin respuesta hasta que el profesor A. M. Tozzer y el doctor Herbert J. Spinden publiquen sus disertaciones eruditas. Por el momento, lo único que se sabe es que se recuperaron una

buena cantidad de objetos preciosos y, con ellos, la leyenda sorprendente y misteriosa de un pasado que está cada vez más lejano. Pero, además de la leyenda que la ciencia busca confirmar, está también la leyenda que se origina durante esa búsqueda. El anuncio extraoficial de que se hayan recobrado huesos humanos, adornos de oro y objetos de jade, cobre y madera desde las profundidades del Pozo Sagrado o Cenote de los Sacrificios, promete una secuela digna para la historia que el mundo había olvidado.

Y continuaba con una descripción detallada de la información que don Eduardo me había referido durante nuestra entrevista en Yucatán. Redacté el artículo con la mayor precisión de la que fui capaz, pues estaba muy consciente de que esas revelaciones podían ocasionar una disputa internacional. Al día siguiente de su publicación, el editor de *The New York World* me pidió que reescribiera el artículo para su periódico. El 22 de abril, *The World* publicó mi reportaje en la primera plana de su edición dominical a ocho columnas bajo el título: "La historia de los descubrimientos de Thompson en Yucatán en sus propias palabras", y estaba ilustrado con las tres fotografías que les di.

Varios periódicos y revistas de Estados Unidos y de Europa me pidieron versiones ampliadas de la sensacional hazaña de Chichén Itzá y, durante meses, me mantuve ocupada escribiendo y dando conferencias sobre el tema. La "confesión" de don Eduardo provocó repercusiones inmediatas; y no sólo en las aulas de Nueva Inglaterra, sino en el Congreso de Estados Unidos y en las cortes mexicanas. No habían pasado ni sesenta días de la publicación de las revelaciones de don Eduardo —que habían creado un escándalo debido a que se trataba del cónsul de Estados Unidos en México— y ya el gobierno mexicano había interpuesto una demanda legal en contra del Museo Peabody, por la que exigía la devolución de la colección completa de los objetos antiguos o una indemnización por dos millones de dólares.

Durante ese tiempo, recibí la primera carta de Felipe, fechada el 10 de marzo. Pero cuando me la entregaron en la recepción del hotel, la emoción, que debió de haber sido puro entusiasmo, estuvo acompañada de un ligero sentido de sobresalto. Me di cuenta o, en todo caso, mi timidez me hizo creer —seguramente como consecuencia de la reacción rigurosa que había tenido el capitán de la Ward Line ante la noticia del periódico de La Habana— que el empleado de correos me había entregado la carta sólo después de un severo escrutinio al sobre, con todo y la ceja levantada, pues estaba dirigido en tinta roja. Me quedaba muy claro que, en esa época, semejante circunstancia podía despertar sospechas con toda facilidad y, en especial, en los círculos ultraconservadores de los alrededores del Waldorf-Astoria. Durante nuestro memorable recorrido a Kanasín, yo le había advertido a Felipe sobre la impopularidad de la tinta roja en mi país y le había dado a entender que su uso, excepto en las hojas de balance, se interpretaba como afiliación izquierdista. En tono juguetón, pero con una intención seria le había asegurado que, sin importar cómo firmara sus cartas, yo siempre tendría una pista infalible de su identidad. La tinta roja, le había explicado, era absolutamente impensable en la correspondencia que yo sostenía con otros amigos. Pensé, pues, que mi "comunicación sospechosa con el extranjero" podría volverse relevante en la mente del empleado de correos debido al emblema del Partido Socialista del Sureste que aparecía en la esquina superior del sobre: un globo terráqueo de color bermellón estridente abrazado por las manos entrelazadas de la hermandad universal. Y debajo del globo que simbolizaba la solidaridad se leía el lema de la Liga de Resistencia, que, desde luego, no estaba diseñado para mitigar los miedos acérrimos de los ultrapatriotas: "Tierra y Libertad". En ese momento, no imaginé que esas mismas palabras estaban destinadas a convertirse, muy pronto, en las más veneradas de mi vocabulario privado. En Yucatán, la tinta roja del emblema socialista no sólo me había parecido perfectamente natural sino, incluso, inevitable en el caso de un pueblo al que apenas habían redimido del hambre, la explotación y la esclavitud que prosperaron durante décadas bajo el disfraz de un régimen democrático. En Manhattan, una ciudad con una economía próspera y en la que recién había terminado la era de la cacería de brujas bolcheviques, los *Palmer Raids*, el color preferido del Partido al igual que su lema oficial podían ser interpretados por los fanáticos que tenían "puesta la camiseta" como subversivos o como signos de pertenencia a algún movimiento para derrocar al gobierno. De hecho, poco tiempo antes, a estadounidenses leales se les habían imputado acusaciones incluso más extrañas.

Pero todos mis miedos y dudas ingenuas se disiparon en su propia futilidad una vez que abrí la carta de Felipe. La tinta roja de sus páginas, escritas a máquina con muy poco espacio entre los renglones, me dio la impresión de ser el color más apropiado, más que el azul o el negro o el café, para comunicar sus anhelos humanos de amor y compañía y su afirmación de las posibilidades más radiantes de la vida en las aventuras de la mente y del espíritu. Escrita como respuesta a la nota que yo le había enviado desde La Habana, la carta decía:

> Alma inolvidable: No dejo de pensar en la simpatía que existe entre nosotros. Pero al considerar tu vida pública y el trabajo que haces en la prensa de Nueva York, a veces me parece que no puedes quererme o creer en el amor que nosotros, como latinos, sentimos con tanta pasión por la mujer que adoramos. Desde el día en que te conocí y hasta este momento, en el que te escribo, vives por siempre en mi mente. Estoy tremendamente desesperado por verte y las únicas cosas que me dan un poco de consuelo son tus fotografías y el rizo de tu pelo que me dejaste. No sé cuándo te voy a volver a ver, pero me conformo con amarte hasta quién sabe qué fecha futura.
>
> Hace poco fui a la gruta de Calcehtok, de la que te mando fotografías. Entramos a todas las galerías y, a durante el recorrido tuve siempre la sensación de que estabas junto a mí. La gruta está decorada con el maravilloso arte de la naturaleza

y es incluso más hermosa que la de Loltún. En una de las galerías, por la que tuvimos que pasar a gatas, encontramos una estalagmita que los indios, con mucha justicia, llaman *Lacichpanxinan*: "La hermosa dama". Pero ellos, nuestros pobres compañeros, están muy equivocados, pues la estatua que veo representada en mi Pixan Halal es mucho más encantadora y me hace permanecer en éxtasis la mayor parte del tiempo contemplándola con mi alma y lleno de un deseo que no tiene dudas.

Luego de Calcehtok fuimos a las ruinas de Oxcintok, en donde está el extraordinario montículo de Za Tun Zat, que quiere decir "Laberinto". Ahí, uno entra por una puerta y sale, en cuclillas, por otra distinta; bueno, siempre y cuando el guía conozca el terreno a la perfección. Hay muchos comentarios sobre este montículo, la mayoría de ellos, escritos por el ingeniero Reygadas, quien cree que es un extenso sepulcro de los mayas. Sin embargo, en la construcción no hay pruebas que demuestren que haya servido para este propósito y, más bien, parece indicar que era un lugar de vigilancia o inspección para quienes querían pertenecer a la religión de los habitantes de Oxcintok o vivir en su comunidad y que, antes de ser aceptados, debían superar severas pruebas de iniciación, como en la masonería. Tomamos una fotografía, misma que aquí adjunto, de una de las construcciones que está casi completamente en ruinas. Después visitamos una gruta muy bonita, que nada más tiene una sola sala enorme, en donde, de acuerdo con lo que dicen los nativos, los mayas celebraban sus fiestas. El lugar es tan grande que es fácil imaginarse que en ella cabían, como lo aseveran, miles de invitados.

Cuántas veces pienso en ti durante estos viajes, mi adorable Alma, y cuántas veces me doy cuenta de que mi alma está en Nueva York mientras mi cuerpo permanece en esta tierra sufriendo pesares, que ya llegaron hasta un choque en mi automóvil en el que me rompí el brazo. Sucedió cuando mi tranquilidad se había evaporado por completo y mis pensamientos se habían ido hasta donde tú estás con las dudas tormentosas que se generan en esta pequeña ciudad respecto a lo que dijiste en tu carta, tus sentimientos o de saber si te acuerdas de nuestras promesas de amor. Te envío varias fotografías ya coloradas para que se realce tu verdadero encanto, pues sin duda tu misión en esta tierra es salir adelante con tu intelecto y tu belleza.

Recibe mi cariño y mi deseo de que no te retrases en responderme, y en tu español delicioso... No firmo esta carta a mano porque sólo han pasado tres días desde que me rompí el brazo.

En la firma escrita a máquina por su secretaria, Felipe usó su nombre maya, hPil Zutilché. En el recorrido a Kanasín él me había dicho que algunas veces iba a firmar hPil en sus cartas porque ese era el nombre con el que lo conocían sus inditos y quería que me acostumbrara a él.

Cuando regresé de Cambridge, el señor Ochs me llamó para pedirme que nos reuniéramos para tratar un asunto de "enorme importancia". En nuestra cita, primero me felicitó por la cobertura que había hecho tanto en la capital mexicana como en la expedición del Instituto Carnegie y luego, para entrar en materia, dijo:

Si lo que has estado escribiendo para *The Times* en los últimos meses respecto al desempeño y al propósito del gobierno de Obregón es veraz, y no dudo de la veracidad absoluta de tu material, estoy considerando muy seriamente brindar apoyo editorial a favor del reconocimiento del gobierno mexicano por parte de Estados Unidos. La mejor prueba de las intenciones del presidente Obregón radica en el presupuesto de 1923, pero se va a hacer público hasta el 1 de septiembre. Así que, ahorraríamos mucho tiempo en la estabilización de las relaciones entre los dos gobiernos si tuviéramos las cifras del presupuesto por adelantado. Esas cifras nos van a mostrar en dónde se está poniendo el énfasis, pues podríamos saber qué cantidades se van a destinar a las actividades educativas y culturales y cuánto, al armamento y a propósitos militares.

El editor me dijo que sabía que yo tenía contacto con altos funcionarios del gobierno mexicano y riéndose comentó que había oído que yo "había encabezado el gran desfile de la celebración del Día del Armisticio de la Legión Americana[1] junto al presidente Obregón". Pero lo que a él le parecía lo más importante en ese momento, según me lo explicó, era la amistad que yo tenía con los miembros del comité técnico que estaba en Nueva York con la consigna de preparar los documentos necesarios para que entraran en vigor los términos del convenio De la Huerta-Lamont. Yo sabía que por medio de este acuerdo se habían desechado las deudas contraídas por el usurpador, el general Victoriano Huerta, pues no tenían obligatoriedad sobre el gobierno mexicano, mientras que todas las demás deudas sí la tenían, incluyendo las que se habían contraído con pagarés firmados por cantidades mayores a las recibidas y que gravaron al pueblo mexicano durante la dictadura de Díaz, las mismas que generaron, para quince millones de mexicanos, una de las deudas nacionales *per cápita* más grandes del mundo. El comité técnico, encabezado por mi amigo, el señor Roberto Casas Alatriste, a quien yo había conocido en el viaje a Yucatán con la expedición del Carnegie, incluía al señor Elías de Lima, un banquero prominente, al licenciado Miguel Palacios Macedo y, como secretario, al señor Olallo Rubio.

De inmediato reconocí la importancia de un apoyo periodístico tan influyente para el reconocimiento de Washington al gobierno mexicano y, cuanto antes, le informé al señor Casas Alatriste de las sugerencias que me había hecho el señor Ochs. El joven economista, un hombre brillante y patriota al que, J. P. Morgan Co., una importante firma de Wall Street le había

---

[1] La Legión Americana fue constituida en 1919 por el Congreso de Estados Unidos como una organización patriótica de veteranos de guerra para la ayuda mutua. Ahora es una organización de servicio a la comunidad con alrededor de quince mil establecimientos en todo el mundo que están organizados en cincuenta y cinco departamentos, uno por cada uno de los cincuenta estados, el Distrito de Columbia, Puerto Rico, Francia, México y las Filipinas. (N. de la T.)

hecho ofertas tentadoras por medio de su director, el señor Thomas W. Lamont, se comunicó con Chapultepec y recibió las estadísticas del presupuesto que había pedido el señor Ochs. El artículo a favor del reconocimiento del gobierno de Obregón apareció como la editorial principal de *The Times* del 29 de abril de 1923. Con dos cuartillas completas bajo el título: "El presupuesto de México demuestra progreso", la editorial decía lo siguiente:

> Con la publicación de su presupuesto federal para el año de 1923 el actual gobierno mexicano ha dado a conocer, en todo el mundo, un importante indicador de sus objetivos y políticas. Las cantidades netas muestran, con más claridad que los discursos oficiales, cuáles son las áreas en las que la administración del presidente Obregón se ha enfocado. El hecho de que este presupuesto sea el primero en una década en satisfacer todos los requerimientos constitucionales demuestra que el proyecto financiero de México está transitando hacia una nueva era, ya con ciertos resultados en cuanto a la consolidación interna y a la mejoría en las relaciones internacionales.
>
> El presupuesto que el poder Legislativo elaboró para el año en curso es el primero a favor del pueblo mexicano desde el Congreso de Madero de 1912. Salvo la legislación, no reconocida, del presidente provisional, Victoriano Huerta, los fondos públicos de México, desde 1912 y hasta enero pasado, se creaban y usaban según las disposiciones del presidente, que actuaba con "facultades extraordinarias en Hacienda".
>
> A lo largo de su régimen, Carranza se aferró a ese control no reglamentado de la utilización de los fondos nacionales con el argumento de que en el país imperaban las "condiciones de inestabilidad". Pero incluso después de la restauración del gobierno constitucional, y no obstante la lucha amarga y prolongada de los obregonistas, el primer jefe continuó impidiendo que la Cámara de Diputados ejerciera su derecho constitucional vital.

Sin embargo, en cuanto Adolfo de la Huerta, secretario de finanzas, concluyó la reorganización financiera del país, Obregón renunció de inmediato a las "facultades extraordinarias". Ese acto, que implica, no sólo la sinceridad del presidente sino, estabilidad nacional, permitió la elaboración del primer presupuesto respaldado por el pueblo de México.

La economía es la piedra angular de este presupuesto que, en comparación con el de 1922, presenta una reducción neta de diez por ciento. La cantidad provista para los gastos federales del año pasado fue de 383 658 608 pesos; este año, el presupuesto es de 347 006 719 pesos, lo que quiere decir que hubo una reducción de 36 651 889 pesos. Pero esta reducción cobra sentido a partir del hecho de que 11 470 000 pesos están destinados a saldar las obligaciones nacionales y de que treinta millones de pesos aparecen bajo un concepto nuevo: el primer pago que hace México de su deuda nacional, de conformidad con el convenio De la Huerta-Lamont del 16 de junio de 1922. Ya veintiún millones de pesos que corresponden a ese pago se depositaron con el comité internacional de banqueros, cuyas deliberaciones en esta ciudad con la comisión financiera de México recién concluyeron. El hecho de que México haya comenzado a pagar los préstamos que recibió del exterior es la ratificación del cumplimiento de las promesas extendidas por el presidente Obregón en su mensaje al pueblo de Estados Unidos del 26 de junio de 1921:

"Hemos declarado en repetidas ocasiones que México no va a desconocer ninguna obligación justa. Siempre hemos pagado nuestras deudas. No obstante que el préstamo de veinte millones de pesos, recibido en 1824, se convirtió, por arte de magia, en una deuda de más de cien millones de pesos; no obstante que fuimos testigos de que Maximiliano firmó una obligación por cuarenta millones de pesos a cambio de un préstamo de veinte millones de pesos y de que Miramón, el contrarrevolucionario, firmó un pagaré por quince millones de pesos a cambio de un préstamo de setecientos cincuenta mil pesos, ni una sola vez, incluso sometidos bajo el peso de estos atroces gravámenes, hemos promovido la idea del desconocimiento.

"A lo largo de la Revolución, declaramos en repetidas ocasiones que México saldaría todas sus obligaciones justas sin evasión alguna. Ésa es una promesa que se cumplirá al pie de la letra. En este momento estamos haciendo el plan por medio del cual se dará solución a todos los reclamos, de conformidad con los principios establecidos por la ley internacional".

La intención de solucionar de manera satisfactoria los complejos problemas y demandas generados por el caos revolucionario se muestra, también, en otras partidas de la deuda pública. Por ejemplo, hay una provisión de un millón trescientos mil pesos para redimir las obligaciones de los empleados del gobierno federal, a quienes, durante los días de Carranza, se les exigió aceptar esos títulos por veinticinco por ciento de su salario mensual. El año pasado, se les pagaron 2 827 618 pesos a los tenedores de títulos y con el pago de este año se saldará la deuda casi en su totalidad.

De conformidad con la ley del 1 de junio de 1920, se hizo una partida de ochocientos mil pesos destinados a cubrir los intereses sobre "la deuda agraria". El reconocimiento de adeudo por medio del pago de intereses a los dueños anteriores de las vastas propiedades no productivas, que se están repartiendo entre los campesinos o bien transformándose en colonias cooperativas, responde a la acusación de "confiscación" interpuesta en contra del programa agrario de México, no obstante se admita la imposibilidad de pago inmediato.

Hay una provisión de cuatro millones de pesos para el pago de los intereses de la deuda "reconocida" con los bancos, misma que se adquirió durante la revolución de Carranza. Una partida tan significativa como la anterior, que respalda la aseveración del presidente Obregón respecto a que "México no pretende ignorar los derechos ya establecidos sino actuar con honestidad y justicia de conformidad con los otros", es la de cincuenta mil pesos, destinados a "liquidar la deuda con los tenedores de cédulas oro nacionales, mismas que se obtuvieron contra depósitos hechos en papel moneda", de conformidad con el decreto de 1916 del gobierno *de facto* de Carranza.

Siguiendo la línea de la legislación progresista de Estados Unidos, quinientos mil pesos de la asignación correspondiente a "deuda pública" serán destinados a las pensiones de los maestros. Existe un total de cuatro millones de pesos para las pensiones de los empleados del gobierno, los oficiales y soldados de la milicia, los empleados de ferrocarriles y para quienes dependían económicamente de los empleados de estas ramas del servicio público que hayan fallecido.

El presupuesto de 1923 demuestra, sin lugar a dudas, que México está en armonía con los ideales actuales del mundo, pues existe una reducción sustancial en las asignaciones del Ejército y la Marina. Por decisión propia, y sin la presión de ser miembro de la Liga de Naciones o del Sindicato Panamericano, México está reduciendo su armamento. El gasto en el programa de defensa nacional es menor por treinta millones de pesos que el del año pasado. A lo largo de la administración de Obregón se han ido reduciendo las fuerzas armadas, de modo que se le ha dado continuidad a la política iniciada en 1920 por De la Huerta, el entonces presidente interino. Entre el 1 de enero de 1922 y el 1 de enero de 1923, alrededor de diez mil hombres fueron removidos de las filas del Ejército. Pero la "reducción" más drástica de generales y soldados en la historia de México es la que se ha realizado en los últimos tres meses.

Aparte de lo que significa en términos económicos, y de su evidente visión a futuro, la reducción de quince mil pesos en la partida de los fondos militares es un indicador claro de que el gobierno mexicano no está sustentado en la fuerza de las bayonetas, sino en la voluntad del pueblo, y es la mejor prueba de seguridad y orden interno desde el derrocamiento de la autocracia de Díaz.

Para la educación pública se asignó la cantidad de 52 362 903 pesos, es decir, cerca de quince por ciento del presupuesto total para 1923. En esta partida hay un aumento, respecto al presupuesto de 1922, de 2 436 187 pesos. Este incremento servirá para suministrarle fondos a dos movimientos importantes: la educación para los indígenas y la campaña para combatir el analfabetismo. En lo que va del año, se han designado trescientos nuevos maestros rurales residentes. Los maestros misioneros, que hablan los dialectos nativos, suman ya seiscientos cincuenta. El trabajo que ellos hacen consiste en establecer escuelas e impartir clases de agricultura en los pueblos más aislados con el objetivo de liberar a los indígenas de la ignorancia y la explotación que los oprimieron durante siglos.

Sobre la misma línea, está la partida de trescientos veinte mil pesos para el bienestar infantil, mismos que serán asignados a los "desayunos para los niños de escuelas públicas". El deseo del gobierno de fomentar una mayor comprensión internacional por medio de la educación se muestra en las siguientes asignaciones: trescientos mil pesos para "becas para los niños mexicanos en países extranjeros"; trescientos mil pesos para el "intercambio de maestros y alumnos entre México y países extranjeros, y para el pago de los salarios de los maestros extranjeros"; y ciento veinte mil pesos para "becas para sesenta niños centroamericanos en escuelas mexicanas".

Existe una reducción de 128 763 pesos en la cantidad que se destinará este año para el programa arqueológico de México; sin embargo, el análisis de las cifras muestra que los trabajos que se han emprendido en el área de la ciencia han llegado a buen término y que están en marcha nuevos proyectos de excavaciones que van a incrementar el conocimiento que el mundo tiene sobre los pueblos ya desaparecidos. A pesar de que en la República hay entre ochocientas y novecientas zonas arqueológicas, la mayor parte de la asignación otorgada al Departamento de Arqueología en 1922 se dedicó a la exploración de la ciudad de Teotihuacan, a unos cuarenta kilómetros de la capital. El año pasado se dio por terminado el proyecto con el que se descubrieron dos civilizaciones distintas y se hicieron labores de conservación en la Pirámide del Sol y en otras estructuras de la región. El presupuesto de 1923 provee cincuenta mil pesos para un "estudio de la zona etnológica de Oaxaca", que incluye las famosas ruinas de Mitla y Monte Albán, y otros cincuenta mil pesos para preservar e investigar la arquitectura maya de Yucatán y Chiapas.

México va a desarrollar estos grandes proyectos "siempre que haya dinero suficiente en las arcas". Sus logros presentes y sus proyectos inmediatos, según se muestran en este último presupuesto, indican que lo que está sucediendo en México es un milagro nacional. Pues, contrario a todas las teorías de gobierno, México subsiste hoy sin crédito nacional, bajo un boicot financiero y en un momento en el que cada una de las instituciones establecidas han sido abatidas y el viejo orden, completamente aniquilado. Si las cifras hablan, el presupuesto de 1923 cuenta su propia historia respecto a la forma en la que México le está dando solución a sus problemas; la forma en la que, por medio de la reducción de las fuerzas armadas, se ha sosegado la impaciencia de un pueblo empobrecido; y respecto a su voluntad de tomar su lugar entre las naciones más avanzadas del mundo.

La prensa mexicana reaccionó a esta editorial con sorpresa y agradecimiento. Todos los diarios más importantes de la capital hicieron referencia a que gracias al apoyo del poderoso *New York Times* el panorama respecto al reconocimiento era más esperanzador. El reporte enviado por cable de *El Heraldo* se intitulaba "Un indicador consistente respecto al progreso de México" y *El Universal* se refería al "extenso artículo como un estudio sobre el presupuesto federal actual que, con toda certeza, indica una nueva era de orden y prosperidad".

Al día siguiente de su publicación, el editor de *The New York Journal* me llamó para pedirme que nos reuniéramos. En la cita, en sus oficinas de Gold Street, me dijo que estaba al tanto de que yo había conseguido por adelantado las cifras del presupuesto mexicano para la editorial de *The Times* y me informó que el señor William Randolph Hearst también había decidido apoyar el reconocimiento a México por parte de Estados Unidos por medio de su cadena nacional de periódicos. Me pidió que escribiera una serie de diez artículos en los que se detallaran los diferentes aspectos del programa constructivo del régimen de Obregón. Y me explicó que como mi rúbrica ya estaba asociada a *The Times*, los artículos tendrían que aparecer firmados con un nombre falso, C. B. Travis, y fechados en México. Estaba tan deseosa de ayudar a que surgieran relaciones amistosas entre mi propio país y la tierra que ya se había ganado mi afecto y mi estima, que acepté de inmediato. El primero de los artículos de la serie periodística se publicó en la edición del 11 de mayo de 1923, a tres columnas y con el título enmarcado: "El presupuesto mexicano de 1923 confirma finalmente la estabilidad del gobierno". Abajo venía una nota en itálicas que decía:

> Ésta es la primera de una importante serie de artículos sobre las condiciones actuales en México, y cuyo análisis estará enfocado en la cuestión de la estabilidad y la integridad del presente gobierno. El hecho de que los enviados especiales del gobierno de Estados Unidos hayan salido el domingo de Washington con rumbo a la Ciudad de México con el propósito de alcanzar un acuerdo, es la evidencia más clara de que se puede esperar que muy pronto se otorgue el reconocimiento a México.

Los cables que se recibían en Nueva York y Washington enviados por los corresponsales mexicanos rayaban en la incredulidad. La mayoría de ellos parecía no comprender por qué la agencia periodística de Hearst, siempre de línea dura, de pronto y sin previo aviso había hecho un cambio tan radical en su política obstruccionista con el gobierno de la revolución. Uno de los diarios de la Ciudad de México, en un intento por analizar el cambio en la actitud tradicional de Hearst, se preguntaba en tono incrédulo: "¿Qué hay detrás de todo esto?".

Sólo un pequeño grupo de cruzados de Manhattan, que estaban a favor del reconocimiento de México, podían asegurar que lo que motivaba semejante revuelo periodístico no era otra cosa que el antiguo fenómeno de "lo que es inevitable".

XX

Amor platónico

De entre los eventos sociales a los que asistía, y que me liberaban un rato de mi concentración permanente en la tarea periodística de narrar la historia contemporánea de México, el que más disfruté y el que mayor satisfacción me brindó fue el baile de disfraces organizado a principios de marzo por el Grupo de Actores de Nueva York —precursor de "Equity"—.[1] Para una ocasión tan especial, fue inevitable que me presentara como una mestiza de Yucatán, ataviada con el vestido de fiesta exquisitamente bordado y adornado con encaje que Felipe había diseñado y mandado hacer para mí y que se había convertido en el conjunto más preciado de mi guardarropa. Los más de cien invitados al deslumbrante acontecimiento incluían celebridades del escenario como los Barrymore, Ruth Chatterton, Blanche Bates y otras personalidades distinguidas del mundo del teatro; todos, disfrazados de algún personaje conocido de la historia o de leyenda, desde el pirata Jean Laffite hasta Marco Polo y Helena de Troya. Cuando, para mi sorpresa, el jurado me otorgó el primer lugar por el traje "más hermoso, auténtico y original", supe que Felipe compartía ese honor conmigo y

---

[1] La Actors' Equity Association es el sindicato de actores y directores de escena que trabajan en el teatro profesional. Fue fundado en la ciudad de Nueva York en 1913 y surgió como el primer sindicato de actores de Estados Unidos. (N. de la T.)

recordé el profundo orgullo que él sentía por el arte tradicional de su amada tierra yucateca y su gran admiración por los coloridos vestidos nativos que llevaban las señoritas durante las celebraciones de los pueblos.

En muchas de sus cartas, que seguían llegando con cada barco de la Ward Line, Felipe mencionaba la fiesta de los actores. En una, fechada el 1 de abril, escribe:

"No me has dicho nada de la fiesta en la que participaste vestida de mestiza. ¿Ya te olvidaste de tu promesa? ¿Eres tan considerada que temes que mi pasión se convierta en un tormento? Te suplico, cuéntame algo, cuéntame de tus triunfos, que por un lado me llenan de alegría y, por el otro, me causan un pesar que nunca antes había experimentado". Pero en otra carta, escrita más tarde ese mismo día, en respuesta a una mía, que sin duda le había llegado con mucho retraso, lamentaba no haber podido estar presente en ese "tributo que un grupo de actores de una gran ciudad le hicieron a Pixan Halal y a la raza maya". En otra carta, escrita esa misma semana, decía:

> Es difícil creer que lo que me pasó a mí no le haya pasado a tus paisanos cuando vieron toda tu belleza natural ataviada en ese vestido de mestiza. Estoy lleno de tristeza, pues temo que después de esa fiesta de fantasía de la Sociedad de Actores, vas a dejar de escribirme. ¡Pero paciencia! Al final, sabré, por tu propia boca, todo lo que te has ofrecido a contarme respecto al evento.

Durante los meses de abril, mayo y junio, recibí cartas de Felipe todas las semanas vía el correo México-Cuba; de hecho, en muchas ocasiones, me llegaban incluso dos o tres cartas a la vez. Salvo muy raras excepciones, también recibía, cada mañana, un cablegrama en el casillero 393 de la recepción del Waldorf-Astoria. El cable con la fecha del 17 de abril anunciaba el descubrimiento en Chichén Itzá, por parte de Miguel Ángel Fernández, de un "nuevo Chac Mool, en una actitud distinta de la ya conocida y que mide ciento cincuenta centímetros".

Casi siempre, en sus mensajes, Felipe me expresaba el deseo que tenía de que yo estuviera en Yucatán. En su carta del 7 de abril decía:

> Por más que quiera, no me atrevería ahora a pedirte que pases tu vida a mi lado. Pero te suplico, ven por unos días —por lo menos un mes— y si sientes que ya no puedes quedarte más tiempo, regresa a tu febril Manhattan, en donde nadie conoce a sus vecinos, en donde uno pasa desapercibido, en donde no existe la humanidad y en donde, a pesar de todo ello, la gente habita, trabaja, prospera y muere. Es posible que vaya a Nueva York, pero no va a ser tan pronto como quisiera, cosa que me provoca aún más pesar. Mi presencia en este estado es indispensable pues si no estuviera aquí, quizás tendríamos que lamentar algunos incidentes dentro del propio Partido Socialista.

¡Qué visiones, del "regocijo que apenas se vislumbra", despertó en mí la mera sugerencia de Felipe respecto a que pasara mi vida a su lado! Con cuánta vehemencia hubiera navegado de regreso a Yucatán y a él, de haber tenido la certeza de que la tensión emocional que existía entre nosotros, y que se fomentaba con la separación y la comunicación cariñosa de casi todos los días por carta o por cable, permitiría la continuidad de la relación platónica que había surgido durante la breve estancia de la expedición del Instituto Carnegie. Sin embargo, cualquiera que fuera la situación, yo estaba consciente de que en Mérida los dos estaríamos expuestos a las insinuaciones y a las calumnias de sus afanados enemigos políticos. En ese momento, salvaguardar el prestigio de Felipe y el futuro impacto que provocarían sus valores más preciados —aquellos objetivos que, como me lo había asegurado, no le permitirían "descansar sino hasta que se convirtieran en una realidad"— era más importante para mí que darle curso a la tentación. Así que me afiancé a mi trabajo y tomé la decisión de irme al extranjero, de convertir la terrible cercanía del embarcadero de la Ward Line en una distancia de miles de kilómetros. De hecho, hice un intento muy serio por conseguirlo;

le pedí al señor Ochs que me enviara a Constantinopla a cubrir la historia de Kemal Pascha. En aquel tiempo, el líder revolucionario estaba luchando por modernizar Turquía y ya había conseguido abolir el anacrónico Califato y liberar a las mujeres de su país de las costumbres feudales. El jovial editor de *The Times* me prometió considerar el asunto y responderme cuanto antes. A finales de mayo, recibí su negativa; pero, al escuchar su contrapropuesta, lo que experimenté, como era de esperarse, no fue una decepción amarga, sino una emoción estremecedora:

> Ya tenemos muchos buenos reporteros en el Cercano Oriente que saben como lidiar con Atatürk y con las señoritas veladas a lo largo del Bósforo. Pero dependemos de ti para cubrir, en adelante, los acontecimientos en México. Conoces a todo el mundo allá y, además, tú fuiste una de las partes por las que *The Times* se comprometió con el reconocimiento de Washington al gobierno de Obregón, asunto que se va a concretar ya en cualquier momento.

Me sugirió que me preparara para regresar a la Ciudad de México a finales de junio o principios de julio. Y me dijo que me iba a dar una lista de los funcionarios más importantes a los que quería que entrevistara, entre ellos, el presidente Obregón, el general Calles, y el licenciado José Vasconcelos. A pesar de mi posición abiertamente racionalista, yo todavía no estaba liberada, por lo menos no del todo, de los conceptos esotéricos que subsistían en mí por los vínculos que había establecido en mi adolescencia con los teósofos y los rosacruces. Por lo tanto, acepté la decisión del señor Ochs como si estuviera respondiendo a un llamado del siempre bien intencionado Destino que, tarde o temprano, me haría regresar a Yucatán. Sin embargo, me quedaba la satisfacción moral de haber hecho un esfuerzo sincero por evadir esa convocación mística.

Y conforme continuaban llegándome las cartas en las que Felipe me expresaba su deseo desesperado por verme, yo seguía cuestionándome: "¿Hasta dónde va a llegar todo esto?". Aunque la respuesta me eludía, había una cosa de la que sí estaba segura, a pesar del impulso que me arrastraba hacia Felipe y de sus propias súplicas apasionadas, yo sabía que no volvería a Yucatán, que *no debía* volver todavía, a menos de que me enviaran allá a cumplir una misión periodística. Mi resolución no sólo estaba basada en lo que yo creía que era lo correcto, sino en una necesidad mucho más apremiante: el profundo interés que yo tenía porque el prominente servicio público de Felipe continuara progresando sin obstáculos; pues la causa por la que él había luchado y por la que se había sacrificado durante tantos años —el bienestar de la humanidad— también era de enorme importancia para mí. Siempre, desde que recuerdo, estuve involucrada, por lo menos emocionalmente, en varias "cruzadas". Ya desde la primaria, en la que ganaba los concursos anuales de oratoria, me expresaba con toda claridad respecto a varios movimientos de "elevación" y mejoría social, siguiendo así el ejemplo de mi padre idealista. La lista de mi apasionada lealtad juvenil y de mis discursos ocasionales incluía temas como la igualdad racial, el impuesto único, el salario mínimo, la independencia de los indios, la libertad de los irlandeses, la abolición de la pena capital y los derechos de la mujer. Todavía llevaba el pelo en trenzas cuando ya los miembros de la College Equal Suffrage League[2] —a quienes encabezaba mi amiga íntima, mi guía y "hermana mayor", la valerosa Charlotte Anita Whitney—,[3] me llamaban "la niña propagandista". En una

---

[2] La College Equal Suffrage League fue la asociación universitaria creada en 1900 por Maud Wood Park para promover entre los estudiantes el voto femenino y que, en 1908, se constituyó como la National College Equal Suffrage Association. (N. de la T.)

[3] Charlotte Anita Whitney (1867-1955). Partidaria del voto femenino, política radical y trabajadora social. Luchó por la libertad de expresión y encabezó campañas a favor de la enmienda constitucional por el sufragio femenino en California y en varios estados de Estados Unidos. En 1914 se unió al Partido Socialista y en 1919 ayudó a organizar la separación del ala radical del partido para fundar el Partido Comunista, del que, en 1936, fue nombrada presidenta. En dos ocasiones fue arrestada y sentenciada a prisión por su radicalismo. Murió el 4 de febrero de 1955 en San Francisco. (N. de la T.)

fotografía de ese periodo aparezco en un desfile, coronada y ataviada como la diosa de la justicia, entronizada sobre una plataforma flotante y sosteniendo en lo alto una balanza inclinada a favor de la igualdad en las oportunidades políticas y económicas para las mujeres de todas las naciones. La primera carrera en la que me quise desarrollar fue la del servicio social y, hasta antes del otoño en el que salí de San Francisco para hacer mi primer viaje a México, estuve comprometida con la labor social a través de mi columna diaria en el periódico, que estaba dedicada exclusivamente a obtener ayuda para quienes tenían problemas o carencias. En vista de mis actividades infantiles, de mis intereses congénitos y de mi temperamento "reformista", no fue más que una mera consecuencia lógica, el hecho de que yo reconociera en Felipe a un paladín, de lo más eficaz, de las mismas causas que habían reclamado mi entusiasmo juvenil. Yo estaba convencida de que el alcance de su acción compasiva en los ámbitos social, laboral y cultural, era universal, y de que, como él mismo me lo había asegurado, Yucatán era para él un "laboratorio".

Unos días antes de que el señor Ochs sellara mi destino —ésa era la forma en la que yo me refería al hecho de que me enviara de nuevo a México para el verano de 1923— le revelé a Felipe mis planes de viaje. Supuse que era más considerado anticiparle mi posible viaje al Cercano Oriente que darle una noticia tan desagradable sin previo aviso. Su respuesta me dejó profundamente afligida, pues me daba cuenta que él no alcanzaba a distinguir cuáles eran mis verdaderos motivos. Lo que es más, en una de sus cartas le atribuye mi decisión a la indiferencia:

Estoy sumido en la melancolía, pues veo que en lugar de querer estar más cerca de mí, cada día buscas alejarte más. Ahora, parece ser que ni siquiera estás pensando en regresar a Yucatán, sino en irte a Europa a trabajar y a mandar, desde allá, artículos para los periódicos de los que eres corresponsal, mientras tu pobre dragoncito se queda aquí, solo y, como lo he hecho hasta el día de hoy, esperando que regrese la dragoncita de ojos azules a la que sólo le importan sus periódicos. De verdad estoy muy triste, Almita, porque dejaste un enorme vacío en mi corazón. Nunca me imaginé que podría estar tan desesperadamente enamorado de alguien como lo estoy de ti. En tu carta dices que el amor hace posible la felicidad, pero, para mí, ha sido todo lo contrario, el amor que siento por ti me hace infeliz, porque sé que estás muy lejos de mí y que, día con día, pretendes agrandar la distancia que existe entre nosotros.

En la misma carta me pregunta: "¿No has sentido, también tú, algo del gran amor que tengo en el alma por ti?". Y añade:

El mío, no es un sentimiento de deseo carnal. Lo que siento por ti es una añoranza espiritual; el deseo de ver tus ojos, de escuchar tu voz, de ver tu rostro, de sentirte cerca de mí, de percibir el perfume de tu aliento. Todas estas cosas juntas transformarían mi existencia en una vida de dicha inexpresable.

Con gran alivio le conté que la propuesta de las entrevistas con Kemal Pascha había sido rechazada y que había aceptado la contrapropuesta que me habían hecho de que escribiera reportajes para *The Times* desde México entre los meses de julio y septiembre. Dando por hecho que Yucatán estaba incluido en el viaje a México, Felipe escribió en su respuesta:

Después de todo, y con grandes dificultades, vamos a lograr inaugurar, el 14 y 15 de julio, la carretera a Chichén Itzá. Te extiendo, de todo corazón, una invitación para este evento y te suplico que hagas todo lo que esté en tus manos para asistir y para quedarte unos días con nosotros. ¡No tengas miedo! Voy a ser el mismo que fui la primera vez que te vi. No voy a hacer nada en contra de tus ideas y puedes estar segura de que seguirás siendo para mí la misma estrellita que vi desde la distancia la noche que me rompí el brazo. Y cuando estés aquí, cerca de mí, voy a pensar en ti como esa misma estrellita, a la que no me atrevo a acercarme para no provocar diferencias afectivas.

Carrillo Puerto durante la inauguración de un tramo de la carretera de Mérida a Chichén Itzá. Ésta es una de las fotografías que el gobernador le envió por correo a Alma.

En esa misma carta, Felipe hizo algunos comentarios sobre mis observaciones respecto a la similitud entre su programa de la Casa del Niño y las ideas de Platón, el griego, quien abogaba a favor de que el estado se responsabilizara del cuidado y la educación de los niños.

> Es cierto —escribió— que tenemos en mente algunas de las ideas de Platón; pero no se las copiamos. Las ideas que estamos implementando fueron producto de la intuición. Sí, leí *La República* de Platón, pero no es de esa obra clásica de donde tomo mis ideas. Mis ideas comenzaron a cobrar forma gracias a las madres mayas, madres casadas o divorciadas, que me pidieron ayuda para con sus hijos. Ellas son las que me hicieron comprender la urgente necesidad de crear esta institución benéfica. Con ella, nos proponemos brindarles un verdadero hogar a los niños rechazados y abandonados, hijos de hombres sin valor o conciencia, en el que puedan desarrollarse normalmente y recibir una educación que les evite vivir una vida de miseria e inutilidad.

Nuestro programa se basa en la justicia más elemental, ya que a estos niños no se les puede culpar por la situación en la que viven; ellos no llegaron a la vida por voluntad propia. Éstas son las consideraciones que me indujeron a crear la Casa del Niño. Ahora estamos trabajando duro para construir buenas instalaciones y para inculcar un código moral menos ortodoxo y más humano. En unos días más te voy a enviar otra serie de iniciativas nuevas sobre las que ya estamos trabajando para el beneficio de la sociedad en general, pero en especial, para el del proletariado, que es la gente que más necesidades tiene. Esas propuestas legislativas te van a demostrar que no sólo estamos trabajando a nivel material, sino que nos estamos esforzando al máximo por alcanzar nuestros ideales, de modo que podamos mejorar las condiciones de vida de los humildes y de los niños desvalidos.

Te mando todas las fotografías que me pediste en tu cartita y espero que nunca te olvides de que tus peticiones son órdenes para mí y que las obedezco como si vinieran de mi madre adorada.

Te pido, en nombre del cariño que me tengas, que me escribas en español. Pues así podré estar feliz con la certeza de que nadie excepto yo va a leer tus preciosas cartas. Te pido también que no dejes de enviarme un cable en caso de que vengas a México. Por ahora, me despido diciéndote que te deseo éxito en todos tus valiosos proyectos y que quisiera, con toda el alma, poder verte y besarte. (Firma: hPil)

Un cable publicado el 4 de abril en *The New York Times* anunció que la legislatura estatal de Yucatán había ratificado una enmienda para que el divorcio pudiera otorgarse a solicitud de "una sola de las partes, sin motivo justificado". El reporte enviado desde Mérida con fecha del día 3 de abril y bajo el título: "El divorcio fácil es ahora más fácil con la nueva ley de Yucatán" decía lo siguiente:

Las enmiendas a las leyes que facilitan aún más el divorcio más fácil del continente americano entraron en vigor el día de hoy en el estado mexicano de Yucatán. La nueva legislación, ratificada por el gobernador socialista, Felipe Carrillo, provee que ambos o cualquiera de los cónyuges pueden requerir y obtener el decreto de divorcio con tan sólo solicitarlo ante un juez de paz debidamente autorizado.

La nueva legislación también reglamenta el divorcio entre los cónyuges cuyo matrimonio no haya sido celebrado en el estado o en la República mexicana. A los extranjeros se les pide, como requisito previo a la audiencia para la solicitud de divorcio, que presenten ante el oficial del Registro Civil un documento que compruebe su residencia en el estado durante un periodo no menor a un mes, y otro que avale que el matrimonio fue celebrado fuera del territorio nacional, entre extranjeros y de conformidad con las leyes del país en el que tuvo lugar.

En todos los casos en los que haya hijos, el acta de matrimonio debe de estar acompañada por una "protesta de comisión" en la que quedarán asentados los nombres y la edad de los hijos de la unión que está por disolverse, al igual que los nombres de quienes están a cargo de su custodia.

En los términos del Código Civil de Yucatán, "el divorcio puede ser de tres clases, divorcio voluntario o por mutuo acuerdo de las partes, divorcio contencioso con motivo justificado o divorcio contencioso sin motivo justificado".

Esta última clase de divorcio se otorga siempre que la parte interesada presente la solicitud ante la autoridad judicial competente, pero se obtiene sólo después de un juicio de conciliación, cuya duración es de un mes.

Si la solicitud se hace para divorcio con motivo justificado y el peticionario no logra fundamentarlo, su acción no perjudica en modo alguno la posibilidad de que el peticionario recurra a una segunda instancia y solicite el divorcio, "sin motivo justificado".

Las mujeres que soliciten un divorcio con motivo justificado y logren fundamentarlo, no cubrirán los honorarios del juez o de los abogados.

En Yucatán, el padre tiene la obligación de mantener a sus hijos, legítimos o ilegítimos, no obstante sea la madre quien los tenga bajo su custodia, hasta que los niños cumplan ocho años de edad, que es cuando pueden decidir cuál de sus padres se quedará con su custodia.

Unos días más tarde, recibí, en una de las cartas de Felipe, una copia impresa de la enmienda con el expediente legislativo oficial.

Obviamente, esto le allanaba el camino a Felipe para dar por terminado su matrimonio. Pero, ese hecho no era razón para alegrarse, en mi cabeza todavía persistía la angustia por "el qué dirán" respecto a Felipe. Pues, a pesar de que la sucesión de los eventos estaba documentada y eso comprobaba que él había propuesto la enmienda meses antes de que yo llegara a Yucatán, yo sabía que había muchas personas que, por mí, sospecharían de las verdaderas razones que habían impulsado a Felipe a darle refuerzo legal a la solicitud de "una de las partes, sin motivo justificado". Y me quedaba muy claro que las acusaciones de interés personal, por infundadas que fueran, terminarían debilitando la influencia de Felipe como pionero de su generación.

El hecho de que la enmienda se hubiera propuesto antes de que yo apareciera en la escena yucateca quedaba confirmado, para mi fortuna, en un artículo de *The Outlook Magazine* del 23 de enero de 1923, que me encontré por casualidad cuando estaba haciendo mi investigación en la biblioteca. La autora, Mary Turner Mason, después de desarrollar un estudio en Yucatán sobre las nuevas leyes de Felipe, escribió:

> Otras de las reformas propuestas por el gobierno socialista son leyes para facilitar el matrimonio y el divorcio y para legalizar a los hijos, para que cualquier niño, nacido dentro o fuera del matrimonio, tenga derecho a llevar el nombre de su padre y a participar legalmente de toda la herencia al igual que los hijos de la esposa legítima del hombre. Se dice que en la actualidad (1922), treinta por ciento de los niños en todo Yucatán, y cuarenta y cinco por ciento de los niños en Mérida son ilegítimos.

Mi diario, una fuente siempre confiable, me aportó otra prueba más. En él, yo había asentado que, durante los primeros días de mi estancia en Yucatán, Felipe me había informado sobre su proyecto de que la palabra "bastardo" se instituyera como una ofensa con pena de cárcel cada vez que se usara para agredir a una persona nacida en Yucatán, cuyos padres no estuvieran casados.

Sin embargo, la posibilidad de convertirme, sin querer, en una causa que retrasara o incluso anulara las contribuciones excepcionales de Felipe, era un miedo que estaba siempre presente en mí, casi al grado de una obsesión. Y me parecía que regresar de inmediato a Yucatán, implicaba justamente correr ese riesgo.

Sin duda, era del conocimiento público en todo Yucatán que durante tres años, mucho antes de que yo siquiera hubiera oído hablar de la existencia de Felipe, él había estado separado de la señora Carrillo y que durante ese periodo él había mantenido un hogar para ella en La Habana, en donde estaba viviendo. Todo Yucatán sabía también que, a lo largo de su gobierno, doña Adela, su distinguida madre, había hecho las veces de primera dama. Pero ante la ley mexicana, Felipe era todavía un hombre casado; y era muy poco probable que la verdad moral respecto a su situación marital alcanzara al vasto público "exterior" al que iba finalmente dirigido su gran proyecto educativo y de regeneración.

Mientras tanto, y hasta que se aclarara la posición de todos los involucrados, el curso lógico, aunque no por eso fácil para mí, era acallar la voz de mi corazón y mantener lo que debió de haberle parecido a Felipe una actitud de admiración despojada de romanticismo. Por primera vez comprendí el significado del canto de los poetas cuando hablan de un amor que es tan fuerte que es mejor dejarlo por la paz. Sin embargo, en ningún momento me abandonó la intuición que tenía respecto a que estábamos predestinados a estar "el uno con el otro". Yo todavía tenía confianza en que la pálida esperanza de nuestra felicidad mutua, un día, después de haberle demostrado al mundo de manera honesta e inequívoca nuestro derecho a estar inseparablemente juntos, se convertiría en una realidad radiante.

Antes de despedirme de las torres que rasgan el cielo desde Wall Street por segunda ocasión, y con mucho menos romanticismo del que cuatro meses antes me habían evocado esos mismos símbolos del poderío financiero centralizado, le envié un cable a Felipe para avisarle que estaba a punto de embarcarme, ese mismo día, 5 de julio, con destino a México.

XXI

Momentos ominosos

Dos jóvenes funcionarios mexicanos, uno, economista del comité técnico para el ajuste de la deuda nacional y el otro, miembro del personal del Consulado en Nueva York —quienes, durante los cuatro meses que estuve en Estados Unidos antes de viajar de nuevo a México, se encargaron amablemente de llenar mi agenda con cenas y fiestas del mundo del teatro, recepciones diplomáticas, conciertos y otros eventos sociales—, me acompañaron hasta el embarcadero de Manhattan, en donde, el 5 de julio, abordé el vapor Yucatán y me prometieron que pronto nos veríamos en la vieja Tenochtitlan. El barco, que tenía un largo registro de viajes entre Cuba y México, parecía un sobreviviente de un huracán severo. El capitán Blackadder, a cuya derecha estaba yo sentada durante la comida, se disculpó por la condición "estropeada" de su embarcación y explicó que no había tenido el tiempo suficiente, entre su llegada al puerto y la nueva salida, para reparar los daños que le había causado una "banda de chicleros revoltosos", quienes, luego de haber terminado su temporada de trabajo en las selvas de chicozapotes en Quintana Roo, navegaron en las aguas del Caribe. El vivaz escocés, veterano de los mares tropicales, nos hizo una descripción vívida de cómo esos "hombres de la selva se pusieron frenéticos y golpearon con varas y machetes todo cuanto sobresalía de las paredes o del techo". De hecho, un equipo de electricistas estuvo trabajando arduamente para reconectar las instalaciones que habían quedado colgando para que tuviéramos luz durante la cena.

El Yucatán atracó en La Habana desde el amanecer y hasta poco antes de la puesta del sol, pero yo sí desembarqué; salí temprano en la mañana acompañada por un soltero de Nueva Inglaterra; un hombre de edad madura que durante algunos años se había desempeñado como banquero en Manila y que estaba visitando Latinoamérica por primera vez. Después de enviar y recibir nuestros respectivos cables y cartas en la oficina local de la Ward Line, hicimos los recorridos a las atracciones turísticas más populares, la mayoría de las cuales las había conocido en mi anterior visita a La Habana, sólo que, respecto al itinerario de febrero, esta vez visitamos también el Castillo del Morro y la Fortaleza de la Cabaña. Desde el momento en que salimos del puerto de Nueva York, este hombre —cuyos conceptos conservadores, que se desprendían de su *statu quo* político, y sus juicios rígidos respecto al *American way of life* podrían haber sido el modelo original del "brahmán bostoniano"—, me había mostrado constantemente atenciones especiales sobre cubierta. Pasamos muchas horas en agradables conversaciones "teóricas" que revelaban una mente alerta y observadora y, no obstante su código puritano, un espíritu afable y compasivo. Y después, de forma inesperada, me confesó su interés romántico y la seriedad de sus intenciones con una propuesta de matrimonio que me hizo durante nuestro recorrido a lo largo del Malecón, el Vedado y Marianao. Me aseguraba, dijo, "una devoción de por vida y un hogar digno", que yo misma escogería, "en nuestro país". Estaba preparado, si yo lo aceptaba, a romper sus relaciones de negocios en Filipinas para poder viajar; que era, según sus propias palabras, una "diversión constructiva" que yo parecía disfrutar. En respuesta a su sinceridad, le dije que, a pesar de que me daba cuenta de lo halagador de sus palabras, en ese momento no tenía ninguna intención de dejar una forma de vida que me era enteramente satisfactoria. Sin embargo, el solo hecho de haber vivido algo así, puso de relieve, con mucho más claridad que cualquier otra de mis experiencias en ese periodo, el cambio tan radical que había tenido lugar en mí respecto a mis preferencias en lo que a compañía masculina se refería, desde que había entrado en contacto con México. Y se me ocurrió que, de haber sucedido un año antes, quizás hubiera considerado el desafío de transformar en amor el enorme respeto que me inspiraba ese pretendiente refinado, sensible, agradable y obviamente solo, que compartía mis tradiciones angloamericanas y cuyos estándares morales y perspectiva mental representaban para mí patrones familiares ancestrales. Aunque yo seguía admirando la firmeza y la seguridad de los valores que había recibido como herencia, ya me resultaban mucho menos atractivos que las profundas motivaciones emocionales y espirituales que recién había descubierto en la impulsividad y la calidez del temperamento latino. De hecho, el doctor Herbert J. Spinden, aunque sin saberlo, hizo un análisis correcto de mi cambio psicológico en el autógrafo que me escribió cuando me regaló una copia de su libro sobre la correlación del tiempo maya:[1] "Para mi amiga, Alma Reed, quien probó el trópico y encontró que su sabor es *bueno*".

Cuando regresamos al barco, el capitán Blackadder me informó que acababa de recibir la orden, por parte de "la autoridad suprema de Yucatán", de que debía atenderme en forma "muy especial", y añadió que, ya desde antes, ésa había sido para él una responsabilidad fácil y agradable. A pesar de que las palabras del capitán provocaron un desconcierto evidente en mi acompañante, no creí necesario darle ninguna explicación. Esa noche, el nuevo cónsul británico en Mérida y dos amigos suyos de Londres, que iban de vacaciones a un safari en las selvas de Campeche, hicieron una fiesta en la habitación del capitán, a la cual invitaron a una pareja joven de mexicanos, a una

---

[1] Todo parece indicar que, dadas las fechas que la autora señala, éste es el libro al que se refiere: Herbert J. Spinden, *Ancient Civilizations of Mexico and Central America*, Nueva York, American Museum Press, 1922.

atractiva viuda de Los Ángeles y a mí. A la mañana siguiente, el banquero de Nueva Inglaterra me expresó su desaprobación respecto a los anfitriones británicos y me dijo que, "para una jovencita tan seria", ellos eran "una compañía más bien frívola". Con la serenidad que me brindaba la confianza dichosa en que, en un lapso de veinticuatro horas, vería de nuevo la cara de Felipe, lo único que le di como respuesta fue una sonrisa. Pero de haber hablado, le hubiera dicho que ninguno de los pasajeros varones —sin importar que fuera tan frívolo como Pulchinela o tan solemne como Jeremías— representaba ni la más efímera rivalidad con la noble imagen masculina que dominaba mi conciencia, una imagen que cumplía todos mis sueños de perfección.

Y conforme se acercaba el momento tan esperado, entré en un estado de exaltación deleitosa. Ataviada para la ocasión con un hermoso vestido de organdí color azul pálido y una pamela del mismo tono, desayuné a toda prisa y, poco después del amanecer, salí a cubierta seguida de mi admirador intrigado. Como estaba muy ansiosa por ver la salida de la barcaza desde el muelle de Progreso, a ocho kilómetros de distancia, le pedí prestados sus binoculares al Capitán. Casi de inmediato, creí ver la figura alta y atlética de Felipe, casi indistinguible frente a la cabina del pequeño barco que, a toda velocidad y dejando tras de sí estelas de espuma blanca, recorría la extensión del agua color turquesa que nos separaba. Pero mi éxtasis desapareció en cuanto me di cuenta de que era una ilusión —una invención de mi anhelo—. Felipe no estaba a bordo de la barcaza a pesar de que su cable del 28 de junio decía que, junto con don Eduardo Thompson, me encontrarían a bordo del vapor en Progreso. Me sentí abatida; incluso humillada, pues ninguno de sus amigos o asistentes estaba a la vista. Pero mi decepción se convirtió en angustia en cuanto comencé a imaginar cuáles podían ser las razones que le habían impedido llegar. Sin embargo, ni el abatimiento ni la angustia duraron mucho tiempo, en cuanto Gómez, el cargador al que había conocido en el viaje anterior, saltó el barandal de cubierta del vapor, me anunció que Felipe había enviado su propia lancha con un comité de recepción encabezado por Manuel Cirerol y con una orquesta de cuerdas a bordo. Cuando su lancha estuvo lo suficientemente cerca, los músicos de Felipe, todos con su pañuelo de cuello y su faja de seda brillante, comenzaron a rasguear "La Peregrina". La instrumentación final de mi adorable canción todavía no estaba terminada, pero, en cuanto la escuché, reconocí el motivo musical que había surgido aquella noche encantada en el jardincito de Ricardo Palmerín. Escuchar los versos y la melodía juntos por primera vez fue una experiencia estremecedora, casi tanto como la segunda, cuando, unos meses más tarde y también en alta mar —a bordo del Jalisco, el crucero que fue sacudido por la tormenta—, escuché, a medianoche, afuera de mi camarote, el acompañamiento musical en su exquisita forma final. En unos cuantos minutos, la lancha de Felipe alcanzó al Yucatán y sus coloridos arcos de guirnaldas de buganvilias y tulipanes le dieron un toque de resplandor al casco deslustrado del vapor. Después de un abrazo cordial, Manuel me dio un enorme ramo de rosas rojas: "Son de parte de Su Majestad", me dijo y riéndose añadió, "como si hiciera falta decírtelo". El "primer ministro" —así era como, algunas veces, Felipe y yo nos referíamos a Manuel— iba acompañado por el vivaz pelirrojo, Louis Crossette, el representante personal del secretario de Agricultura de Estados Unidos, Herbert Hoover. El afable californiano había ido a Mérida para elaborar un convenio de compraventa directa entre las cooperativas henequeneras del Partido Socialista del Sureste y las organizaciones Grange de Estados Unidos. Pues, en ese tiempo, la enorme mayoría de los campesinos estadounidenses dependían de las sogas elaboradas con la fibra del henequén yucateco para empaquetar sus propias cosechas.

Ayudado e incitado por el persuasivo Crossette, Manuel, en su papel de "primer ministro", me insistió que "cambiara de barco" y le diera a Felipe "la dicha infinita de verme en Chichén Itzá en el día más importante para los mayas". Pero cuando se dio cuenta que sus argumentos eran inútiles, me entregó, "en señal de derrota" una carta de Felipe en la que me expresaba el "profundo dolor" que le causaba no haber podido recibirme en Progreso debido al "compromiso moral" que tenía "con los inditos que están llegando continuamente y por cientos desde todas partes de Yucatán". Él sabía que yo podría comprender su posición y, del mismo modo, él comprendía que también yo tenía buenas razones para no acompañar a Manuel a Mérida. Su carta terminaba con el emocionante anuncio de que el miércoles partía en el Esperanza para llegar a la Ciudad de México la siguiente semana y con la maravillosa promesa de pasar mucho tiempo conmigo allá.

Manuel también me entregó un sobre lleno de páginas cuidadosamente escritas a mano por el explorador veterano, Edward H. Thompson y un libro, con mi nombre grabado en letras doradas, que contenía todas las leyes promulgadas por el gobierno socialista de Yucatán. Las descripciones detalladas que hizo Manuel sobre los preparativos para la reunión histórica en Chichén Itzá me sirvieron como material para mis cables, mismos que él envió desde Mérida para *The New York Times* y *The United Press*. En el mensaje de radio que le mandé a Felipe, lo felicité por su logro memorable y le aseguré que esperaría con impaciencia su llegada a la capital.

El capitán Blackadder, a cuya salud brindaron el cónsul británico y sus amigos antes de desembarcar, aprovechó la presencia de los guitarristas de la serenata para anunciar que también él quería celebrar el hecho de que Felipe hubiera terminado la carretera a la antigua capital maya; desde ese momento y hasta que levaron anclas, el Capitán despachó hospitalidad líquida mientras los músicos entretenían a los pasajeros con su repertorio de tiernas canciones yucatecas.

Para el deleite y la información de todos los pasajeros, Manuel, en su inglés perfecto, hizo una reseña del significado y los objetivos de la celebración en Chichén Itzá. Explicó que, además de dedicarles la carretera a los mayas, el gobernador Carrillo quería aprovechar la ocasión para reunir a los indígenas de los pueblos más aislados, que nunca habían visto la magnificencia arquitectónica creada por sus talentosos ancestros y para que su pueblo cobrara conciencia y se enorgulleciera de la nobleza de su herencia cultural. Los mayas —alrededor de noventa mil—, dijo Manuel, permanecerían varios días en su antigua capital como huéspedes del gobernador Carrillo; durante ese tiempo, él trataría de imprimir en ellos el deseo de construir una nueva civilización sobre las sólidas bases de sus logros raciales en los siglos pasados.

Tres noches y dos días de impaciencia e inquietud fue el tiempo que duró el recorrido entre Progreso y Veracruz, en donde, luego de los trámites portuarios, abordé el tren de la mañana con rumbo a México. Para el desconsuelo del atento banquero de Nueva Inglaterra, acepté un asiento en el Pullman al lado del gerente de la Reguladora Henequenera Exportadora de Yucatán, el señor Tomás Castellanos Acevedo, a quién había conocido en los eventos sociales ofrecidos para los expedicionarios del Instituto Carnegie. Su nombramiento como líder de la industria henequenera había sido criticado por algunos miembros del Partido Socialista bajo el argumento de que el hacendado pertenecía a la clase aristocrática. Sin embargo, Felipe, en respuesta a esas críticas y como defensa de su elección, explicó que hubiera sido imposible encontrar en el estado a una persona que pudiera igualar la experiencia de Castellanos, a quien se le conocía como "el financiero", en la producción y venta del henequén. También señaló que, debido al periodo de crisis que se estaba viviendo, Yucatán necesitaba de un hombre con capacidad comprobada para manejar con eficacia el negocio del que dependía su economía.

En mi visita anterior a México, había viajado más allá de las alturas del valle de Oaxaca, hasta Tehuantepec y, en varias ocasiones, me uní a los recorridos que hacían los maestros misioneros, en camiones o ambulancias, hasta los pueblos aislados de Morelos, escondidos entre los peñascos de "mil cumbres". Pero en esta ocasión, conforme ascendimos a niveles más altos, el verdadero esplendor de México se reveló en un despliegue impactante de magnificencia. Ésa era la primera vez que yo hacía el viaje diurno en tren desde la costa del Golfo hasta el altiplano y sólo hasta entonces pude apreciar en toda su plenitud el amor que el mexicano promedio le profesa a su tierra natal y el atractivo magnético que ejerce el país sobre los muchos extranjeros que llegan como turistas y se quedan como residentes permanentes.

Don Tomás, con la actitud de un anfitrión que muestra con orgullo sus posesiones más preciadas a un nuevo huésped, iba señalándome los puntos de interés más importantes a lo largo de la ruta mientras recorríamos kilómetros de exhuberancia tropical. Pero menos de una o dos horas después, en agudo contraste con la radiante "tierra caliente", sus ricas plantaciones de café y sus jardines, aclamados como "el paraíso de los coleccionistas de orquídeas", entramos a una zona templada en la que las vías del tren colindaban con oscuros bosques de pinos. Más o menos a la mitad del trayecto, aparecieron las prósperas ciudades industriales de Córdoba y Orizaba, esta última, muy cerca de la base del alto pico del mismo nombre. El blanco inmaculado del cuerpo simétrico del pico, que dominaba el paisaje desde todos los ángulos, se dibujaba sobre el fondo azul claro del cielo, como si fuera una representación del concepto de un pintor japonés sobre el sagrado Fujiyama.

Sin embargo, a lo largo de toda nuestra extática contemplación por las ventanas del tren, en ningún momento perdí de vista las implicaciones personales de mi encuentro casual con don Tomás. Estaba consciente de que el astuto financiero, un hombre con la mente fija en el éxito, no me había invitado a sentarme junto a él, durante un recorrido de doce horas, tan sólo para intercambiar impresiones sobre la magnificencia del paisaje mexicano. Muy pronto pude inferir que su verdadero interés era conocer mis puntos de vista respecto a las posibles formas y medios de difundir en Estados Unidos y Europa información sobre Yucatán, sus recursos naturales, sus oportunidades de negocios y sus atracciones turísticas únicas. Al hablar de la perspectiva publicitaria, le sugerí que se hiciera una celebración yucateca por el reconocimiento de Washington a México, que ya parecía inminente. Me urgió a que le presentara a Felipe ésa y otras formas de promoción que se me ocurrieran, y yo le prometí que así lo haría. Tuve la sospecha de que, en vista de todos los chismes y rumores que estaban vigentes en Mérida, debe haber creído que yo podía influir sobre el pensamiento y la acción futura de Felipe. Por lo menos para sus propósitos políticos, podía serle útil el mero hecho de escuchar mis opiniones sobre varios de los asuntos públicos controversiales.

A diferencia de la primera vez que llegué a la capital, siete meses antes, esta vez, cuando, al atardecer, el tren entró a la estación de Buenavista, no había ningún comité de bienvenida con arreglos florales y jaulas de pájaros para recibirme. Sin embargo, tanto don Tomás como el banquero de Nueva Inglaterra se encargaron del equipaje y me escoltaron hasta el Hotel Regis. Cuando entré al vestíbulo, el camarero, el ascensorista y los botones me dieron una cálida bienvenida y, sin duda, alguien le había notificado mi llegada a la prensa, pues, de inmediato, los reporteros de los diarios más importantes me solicitaron entrevistas; al día siguiente, en *El Universal*, apareció un artículo de lo más halagador con mi fotografía. La nota en la prensa atrajo a varios visitantes; entre los amigos que me dieron la bienvenida y me hicieron sentir que mi regreso era, en realidad, como "volver a casa", estaban, el distinguido señor don Elías de Lima, que había sido el representante comercial del comité técnico para el ajuste de la deuda nacional; su hijo, Clarence, con su adorable y joven esposa, Carlota, hija del exsecretario de Relaciones Exteriores, Ignacio Mariscal, y su hermana, una guapa rubia, la señora Arthur Constantine, cuyo marido, el representante de la agencia periodística de Hearst, era el editor estadounidense más prominente en México; Bon y Aimee Rovzar, con su acostumbrado espíritu de calidez y el doctor Jorge Enciso, director de Restauraciones y Preservación de los Monumentos Artísticos e Históricos de la nación.

No obstante, muy pronto me di cuenta de que por parte de la administración del Regis había una extraña carencia de amabilidad con respecto a la actitud tan amigable que me habían demostrado el diciembre anterior, cuando incluso enviaron a un subgerente a la estación para despedirme con flores el día que salí para San Francisco. No tenía ni la menor idea qué era lo que había provocado ese cambio de actitud tan radical. Fue impactante, como lo registré en mi diario, que el gerente Montes me recibiera con la pregunta: "¿De vuelta a Yucatán?"; sobre todo porque en la entonación de su pregunta había un acento ambiguo y desagradable y un dejo de arrogancia. También había otros cambios lamentables. El ambiente del vestíbulo, que antes me había parecido un lugar adecuado para recibir a las visitas, me causaba aversión. Todas las sillas de brazo, al igual que las bancas acojinadas, estaban ocupadas, día y noche, por hombres que eran, indudablemente, oportunistas y estafadores; estadounidenses, en la mayoría de los casos, que conversaban con oficiales uniformados del Ejército mexicano. Uno de los participantes más frecuentes en estas conferencias internacionales era Joe de Courcy, el expugilista de peso ligero originario de Chicago que era el reportero de *The New York Times* en México. Se percibía algo tan pernicioso en el aire, que incluso anoté en mi diario las impresiones de ese "cambio" deprimente. Pero, jamás me imaginé que ese mismo grupo de haraganes de vestíbulo estaba maquinando una traición que iba a afectar mi vida de modo tan vital, bajo la dirección y la paga de Rodolfo Montes, el dueño y gerente del Hotel Regis y el agente publicitario en jefe de Adolfo de la Huerta.

* * *

Cuando estalló la revolución de De la Huerta, a principios de diciembre de 1923, Felipe estaba atendiendo con entusiasmo los detalles de su programa de gobierno. Estaba alegre; todo iba bien. No había ninguna interferencia por parte del jefe del Ejecutivo en las medidas que se estaban tomando para el bienestar de la gente y que estaban en continua expansión. La hostilidad de los hacendados que habían perdido parte de sus tierras era muy evidente, pero estaban bajo una supervisión constante y no se atrevían a tomar acciones en contra de la nueva forma de vida, en la que quienes antes habían sido esclavos eran ya ciudadanos orgullosos que participaban en el gobierno y disfrutaban del fruto de su trabajo.

Los rumores de que por todo el país había inquietud ya habían llegado a los estados del sureste, pero, en general, no se tomaban muy en serio. Después de tantos años de contiendas armadas, Obregón parecía estar bien afianzado en las funciones políticas y, al parecer, el pueblo lo apoyaba. Sin embargo, 1923 fue un año de desacuerdos permanentes; que quizás era lo lógico entre hombres que estaban intentando estabilizar el gobierno después de treinta años de dictadura y de la subsiguiente revuelta. Varios partidos, conformados al vapor, estaban luchando por el poder y, como la administración de Obregón estaba por terminar, había muchos individuos ambiciosos que estaban echándole el ojo a la presidencia. La razón más importante por la que se desencadenaron las deslealtades de algunos de los antiguos partidarios de Obregón, fue su respaldo incondicional a Plutarco Elías Calles, exgobernador de Sonora, como el próximo candidato presidencial.

Adolfo de la Huerta, un antiguo cantante de café, exgobernador de Sonora y secretario de Hacienda del gabinete de Obregón en el año crucial de 1923, había sido presidente interino después del asesinato de Carranza y, al parecer, el gusto por el cargo supremo se le había quedado en la sangre. Durante el gobierno de Obregón, había sido representante diplomático de México en Estados Unidos y su política, tenaz e implacable, había amenazado con convertirlo en un manojo de nervios. Estaba especialmente perturbado por los tratados de Bucareli, en los que, como precio por el reconocimiento, México fue obligado a conceder derechos económicos a su poderoso vecino. Cuando entró al gabinete de Obregón, De la Huerta estaba en un estado de duda y ansiedad tan evidente, que se volvió presa fácil de los políticos que pensaron en utilizarlo para sus propios fines; entre ellos, Jorge Prieto Laurens y Rafael Zubarán Capmany.

Al principio, estos hombres fueron clamorosos defensores de Calles y abrazaron su imagen con amor fraternal. Prieto Laurens dijo una vez: "Calles es el símbolo de la Revolución". Y, en el verano de 1923, De la Huerta, en su discurso ante una enorme congregación del Partido Cooperatista, dijo lo siguiente: "Por ningún motivo voy a traicionar a mi hermano del alma, el general Calles".

Sin embargo, la situación cambió cuando Calles se negó a tomar medidas para defender a Prieto Laurens en la disputa por la gubernatura de San Luis Potosí, en la que Laurens sostenía que había sido electo conforme a derecho. De la Huerta respaldó el reclamo de Prieto Laurens y lo puso a consideración de Obregón, quien dijo que era un asunto sobre el que debía decidir el estado. De la Huerta montó en cólera y amenazó con renunciar como secretario de Hacienda. Obregón ni siquiera trató de impedirlo; así que, el 24 de septiembre, renunció y se declaró, públicamente, enemigo de Calles. El 23 de noviembre, en la Convención del Partido Cooperatista, Adolfo de la Huerta aceptó la candidatura a la presidencia.

Para finales de noviembre, De la Huerta estaba convencido, con razón o sin ella, de que en dos ocasiones se había salvado de ser asesinado y sentía que su muerte era inminente si se quedaba en la Ciudad de México. De acuerdo con Alfonso Taracena, en *La verdadera revolución mexicana*[2], el 4 de diciembre, De la Huerta recibió el aviso de que su casa sería registrada en busca de armas, así que huyó y se escondió en casa de un amigo suyo. A las dos de la madrugada, un vocero del general Guadalupe Sánchez, quien estaba al mando de Veracruz, lo urgió a ir en cuanto antes a ese puerto, pues estaba ya enterado de que había una conspiración para matarlo ese

---

[2] Alfonso Taracena, *La verdadera revolución mexicana*, México, Jus, 1960. (Prólogo de José Vasconcelos)

día en la Ciudad de México. De la Huerta se escondió en una casa de Villa Guadalupe, en donde esperaría el tren nocturno hacia Veracruz. Zubarán Capmany y Prieto Laurens estaban también ahí, para alentar el espíritu del sonorense azotado por el pánico.

El tren llegó a Veracruz el 5 de diciembre, pero a su paso, el propio personal del tren arrancó las vías para que fuera imposible seguirlos. Al llegar, De la Huerta y sus amigos fueron recibidos por el general Guadalupe Sánchez. En la noche, la rebelión ya estaba instalada. Desde su hotel en Veracruz, De la Huerta elogió al presidente Obregón como un hombre de talento que, si controlara sus odios y sus pasiones, "podría ser considerado como un verdadero superhombre". Sus palabras consternaron a sus amigos. Prieto Laurens dijo: "Estamos en Veracruz porque no tenemos ninguna seguridad en México". De inmediato, se envió un comunicado a los cinco estados del sureste para que se unieran a la revolución. La Marina, apostada en el puerto de Veracruz, se puso a las órdenes de Guadalupe Sánchez, el comandante rebelde, y lo mismo hizo el ejército de esa zona.

El 7 de diciembre, De la Huerta emitió un manifiesto por el que desconocía el gobierno del general Álvaro Obregón y acusaba al presidente de actos tiránicos; entre ellos, de violar la soberanía de los estados y de imponer la candidatura de Plutarco Elías Calles. Obregón respondió con una fuerte declaración a favor de la Constitución y destacó la importancia de la lealtad y la disciplina del Ejército Nacional. De la Huerta rehuía la idea del derramamiento de sangre; cuando tomaron Xalapa, ordenó que no se matara a ningún prisionero y que a los militares de altos rangos se les permitiera ir y venir a voluntad. Zubarán, Prieto Laurens y otros creyeron que se había vuelto loco.

Durante ese tiempo, muchos generales, que terminaron siendo más de cien, se levantaron en todo el país. De la Huerta fue nombrado el jefe supremo de la revolución, pero entró en pánico y dijo que él ignoraba la existencia de una revolución.

Alonso Capetillo, en *La rebelión sin cabeza*,[3] dice que De la Huerta no poseía ninguna de las cualidades de un líder y que, más bien, montaba en cólera durante los momentos de crisis. Sus sospechas de otros, en especial de Antonio Villarreal —un general presidenciable, que también era rebelde por el odio que le tenía a Calles, y que había sido responsable de la muerte, en 1918, del gran amigo de De la Huerta, Lázaro Gutiérrez de Lara—, generaron una ruptura tras otra. No obstante, Puebla fue tomada temporalmente por Villarreal y se vieron en la urgente necesidad de enviar agentes a comprar armas a Estados Unidos, movimiento que fue frustrado de inmediato por parte de Samuel Gompers y de los sindicatos de trabajadores. Por medio de la Federación Panamericana del Trabajo, los trabajadores estadounidenses apoyaron al gobierno legítimo de México y, en los muelles, se negaron a cargar las armas y las provisiones para el levantamiento de De la Huerta.

Cuando Felipe, en su calidad de gobernador de Yucatán, recibió la invitación a rebelarse, que era, en realidad, una orden, actuó como jefe del Ejecutivo estatal y como líder del Partido Socialista del Sureste. Declaró su lealtad al legítimo gobierno federal y ordenó que se organizaran todas las fuerzas militares. Envió a Manuel Cirerol Sansores a Estados Unidos a comprar armas; para tal efecto, la Comisión Exportadora proporcionó doscientos mil pesos. Su plan era que cada hombre tuviera un fusil para que las Ligas de Resistencia pudieran defenderse en contra de la voracidad y la brutalidad de la reacción. Más adelante, en una carta, me escribió:

> ...y en medio de esta sangrienta y desesperada actividad, estabas siempre en mi pensamiento, adorada de mi alma. ¡Si supieras cuánto quisiera que estuvieras a mi lado! Sólo por el gran amor que le tengo a este país, porque lo amo con toda mi alma, no lo voy a abandonar. Es una injusticia involucrar a los

---

[3] Alonso Capetillo, *La rebelión sin cabeza (génesis y desarrollo del movimiento delahuertista)*, México, Imprenta Botas, 1925.

hombres en una guerra ocasionada por intereses personales y egoístas, que es lo que está sucediendo ahora. Siento que no nací para estos tiempos ni para esta tierra, llena de gente ambiciosa e inhumana...

Eulalio Gutiérrez, expresidente interino, lanzó, desde Saltillo, un manifiesto en el que condenaba a Guadalupe Sánchez y a Enrique Estrada, uno de los líderes rebeldes, e hizo un llamado a todos los soldados para que permanecieran leales al general Obregón.

El 12 de diciembre, a las ocho de la mañana, los presidentes de las Ligas de Resistencia de Mérida y de los pueblos aledaños celebraron una reunión. Felipe dispuso que los fondos del gobierno fueran trasladados del Banco de Lacaud a la Tesorería General, pidió a las tiendas un inventario de la pólvora, dinamita, etcétera, y dio instrucciones para que no se vendieran sin una orden de las más altas autoridades. A las once, él y algunos amigos fueron a la estación del ferrocarril para despachar a las tropas que, bajo el mando del coronel Robinson, en quien Felipe tenía plena confianza, iban a prestar ayuda a Campeche. Robinson era el jefe de la guarnición de Mérida y, al igual que Felipe, se negó a apoyar a los rebeldes. En otra carta, Felipe me explicaba:

> Tu casa ahora parece un cuartel; un grupo de amigos está conmigo aquí y hay una pequeña fuerza policial de guardia, por si algo sucede. En este momento no confiamos en nadie, porque incluso el menos pensado podría tener un amigo que es un traidor disfrazado de socialista y que sólo está con nosotros para espiarnos —en especial los militares—, de modo que no sabemos, en ningún momento, quién nos va a dar la puñalada por la espalda...

El coronel Robinson había tomado el lugar del teniente Valle, quien se había pasado del lado de los rebeldes. Mientras el coronel y su contingente abordaban el tren a Campeche, se escucharon muchos "¡Vivas!" para Felipe y Obregón. Pero el porvenir era incierto. Y es que la actitud del coronel Durazo, el jefe de operaciones militares en Campeche, era ambigua. Xavier Marín Alfaro, quien estuvo entonces con Felipe, narra lo que sucedió en un artículo que apareció en el periódico *Excélsior* del 20 de diciembre de 1962:

> El tren partió y todos estábamos convencidos de la lealtad de los soldados al gobierno federal. Fuimos, junto con Felipe Carrillo, a las oficinas del Partido Socialista, en donde se había instalado una oficina de telégrafos para que nos pudiéramos enterar de las noticias y conocer el progreso de las tropas militares de avanzada en Campeche, pues la seguridad del gobierno dependía de ellas.
>
> Nos enteramos de que en el pueblo de Umán, a ocho kilómetros de Mérida, el tren había sido detenido y las tropas se habían bajado a comprar aguardiente. Fue ahí en donde comenzó la traición.

El coronel Robinson no pudo controlar la situación. Los soldados comenzaron a corear "¡Vivas!" para Guadalupe Sánchez y Adolfo de la Huerta. Felipe y sus amigos estaban comiendo en casa de Felipe cuando llegó el primer telegrama de Robinson, en el que explicaba lo que había sucedido. Luego Robinson envió otro telegrama, en el que le sugería a Felipe que fuera por barco a comprar armas. Finalmente, Robinson fue hecho prisionero. Felipe y sus hombres no terminaron de comer; se fueron de inmediato al centro, pero ahí descubrieron que los comerciantes habían robado el Banco Lacaud. Después, se fueron a la estación del ferrocarril, en donde Felipe ordenó que le prepararan un tren. Ahí, se encontraron con un grupo numeroso de campesinos que llevaban escopetas; eran del pueblo de Kanasín y estaban encabezados por el presidente de la Liga, Entimio Ek, quien se dirigió al gobernador en su idioma indígena:

—No te vayas, Felipe. Quédate con nosotros. Vamos a luchar contra esos hombres perversos. Vamos a hacer que se vayan.

Felipe le respondió en el mismo idioma. Él y sus amigos debían esconderse, le dijo, pues los hombres perversos tenían buenas armas y se iba a derramar mucha sangre. También le prometió que regresarían con armas y que derrotarían a los rebeldes. Su plan estaba cobrando forma en su mente. Primero, iría a Motul, su pueblo natal. Después, él y sus hermanos conseguirían que el barco con rumbo a la costa este recogiera las provisiones. Una vez en Estados Unidos, sabía que podía contar con los sindicatos de trabajadores allá. En el preciso momento en el que estaba hablando con Entimio Ek, sus enemigos estaban robando las oficinas del Partido Socialista. Alfredo Ponce, uno de los propietarios de la fábrica de cervezas de Yucatán, a quien apodaban "Conejito", organizó una manifestación con automóviles, en uno de ellos amarraron la bandera triangular del Partido Socialista del Sureste y, a modo de humillación, la arrastraron por las calles de la ciudad hasta que se hizo pedazos.

Felipe sabía, con toda certeza, que la Iglesia y los hacendados de las plantaciones de henequén, que habían sido muy poderosos, estaban apoyando a Guadalupe Sánchez —el representante de la rebelión delahuertista en Yucatán—. Ésa era su oportunidad para recuperar las tierras y establecer, de nuevo, las condiciones de esclavitud; así que, aprovecharon el elemento sorpresa y se organizaron rápidamente. Hermenegildo Rodríguez se apoderó de la guarnición de Mérida, en especial, del batallón 18 y Juan Ricárdez Broca usurpó la gubernatura. La revuelta se estaba expandiendo a toda velocidad. El ejército de Guadalupe Sánchez tomó Orizaba, Córdoba y Xalapa. Maycotte, el comandante de zona en Oaxaca, salió de inmediato para la capital; ahí, recibió doscientos mil pesos por parte de Obregón para defender al gobierno y, después, se unió a los rebeldes.

A las tres de la tarde de ese día, 12 de diciembre, el tren salió para Motul, a donde llegó una hora después. En la estación había trescientos hombres, armados con escopetas y rifles, al mando de Edesio, hermano de Felipe y presidente municipal. También venía en camino un tren con fuerzas policiacas constitucionales al mando de Benjamín Carrillo. La mayoría de los hombres estaban angustiados, pero Felipe mantuvo su serenidad habitual. Edesio le dijo que podía reunir hasta cinco mil hombres, pero que necesitaban cartuchos para poder entrar en acción.

Felipe fue informado, por teléfono, que un tren militar los estaba siguiendo. Entonces dio la orden de que se enviara a Mérida una locomotora "salvaje" cargada de dinamita. La locomotora estalló entre Motul y Chacabal y cortó así toda posibilidad de comunicación. Eran alrededor de las cinco de la tarde cuando salieron, en dos trenes, con rumbo a Cansahcab. Ahí no había ninguna agitación, sólo estaban, igual que siempre, los vendedores ambulantes de comida. El agente de Hacienda de Temax le entregó los fondos a Benjamín Carrillo. Después, los dos trenes siguieron su camino hacia Tunkás. En Temax, Felipe sugirió que quien quisiera dejar el tren, se podía mezclar con la población para estar más seguro. Pero sólo dos o tres personas lo hicieron; los demás decidieron quedarse con él.

Los dos trenes llegaron a Tunkás un poco después de las seis de la tarde. Ahí, el gobernador pidió que se le entregaran los fondos municipales y obtuvo el gran total de nueve pesos con unos cuantos centavos. Benjamín Carrillo y el capitán Rafael Urquía le explicaron a la policía que debían quedarse en Tunkás, pues era imposible que continuaran el viaje con ellos hasta El Cuyo. Todos estaban armados. No obstante, el cuerpo policiaco amenazó con matar a Felipe si no les pagaba; así que tuvo que usar los fondos que habían conseguido en los pequeños pueblos y, también, lo que Xavier Marín había entregado. El tren de la policía fue enviado de regreso a Mérida y el de Felipe continuó con rumbo a Dzitás. Ahí, las autoridades les dieron de comer; luego, continuaron hacia Tizimín. Felipe le dijo al grupo que estarían de regreso en un mes. En Espita titubearon, pues no sabían qué ruta tomar o qué hacer en una condición económica tan crítica.

Al fin, el tren llegó a Tizimín con las siguientes personas:[4]

Felipe Carrillo Puerto
Benjamín Carrillo Puerto
Edesio Carrillo Puerto
Wilfrido Carrillo Puerto
Licenciado Manuel Berzunza
Capitán Rafael Urquía
Oficial Mariano Barrientos
Oficial Fernando Mendoza
Oficial Julián Ramírez
Adjunto Antonio Cortés
Cecilio Lázaro
Daniel Valerio
Pedro Ruiz

En la estación de Tizimín, se les incorporó una delegación de socialistas que llevaban caballos para el trayecto al Cuyo. Edesio no esperó a los caballos y se fue a pie a Sucopó, solo. Valerio, Lázaro y Cortés decidieron quedarse en Tizimín y esconderse. Más adelante, estos hombres, con garantías prometidas por Ricárdez Broca, rebelde y comandante militar del estado, se entregaron a Manuel Bates. Antonio Cortés no fue detenido y se fue a Mérida.

El objetivo era llegar al Cuyo, a ocho kilómetros de Tizimín. José Duarte, maestro de escuela y escritor, menos de un mes después, transcribió los acontecimientos. En la mañana del día 13, mientras él estaba dando clases en su pequeña escuela, fue a verlo Eligio Rosado Alonzo, el concesionario en jefe de la Cuyo Company para la extracción del chicle y la

---

[4] A partir de este capítulo, en el que la autora narra acontecimientos de los que no fue testigo, aparecen inconsistencias en los nombres de los hombres que acompañaron a Felipe Carrillo Puerto; sin embargo, para la presente edición se determinó utilizar el acta de la sentencia de muerte redactada por el Consejo de Guerra como fuente oficial de la información. (N. de la T.)

tala de árboles maderables. Alonzo le pidió a Duarte que le diera de desayunar a un grupo de extraños. De inmediato, Duarte ordenó que se preparara el desayuno. Nadie en ese distrito sabía de la revolución de De la Huerta.

El Chato, como le decían a Duarte, y Eligio llevaron el desayuno, a medio cocer, a un lugar llamado Moctezuma. En Canimuc se estremecieron ante la sorpresa de reconocer a Felipe Carrillo Puerto, sus hermanos y sus amigos —nueve en número y bien armados—. Felipe les pidió al Chato y a Eligio que se apartaran con él un momento, les preguntó si alguien había venido del Cuyo y les explicó que querían salir del país para conseguir armas y cartuchos. Les dijo, también, que, a su paso, habían destruido las líneas telefónicas y las vías del tren. "Pero", añadió, "mi gobierno es de construcción, no de destrucción. Espero que no pongan obstáculos en nuestro camino". Y, por último, les pidió que los acompañaran a lo largo de la tierra del chicle para no levantar sospechas.

Al darse cuenta de la seriedad del asunto, Duarte hizo un enorme esfuerzo por permanecer alegre y aligerar el ambiente. Le conmovía ver la avidez con la que se comían lo poco que había de desayuno. Continuó con sus bromas mientras Felipe se peleaba con una pierna de pollo. Y escribe: "Si hubiera seguido peleándose con ella un instante más, yo la hubiera despedazado con mi pistola". Como le era natural expresarse en verso, hizo alegres improvisaciones de poemas sobre el desayuno. Incluso Wilfrido y Berzunza, que estaban abatidos, le aplaudían.

Al mediodía, comenzaron el recorrido con Duarte y Rosado, iban de camino a Solferino y a San Eusebio. De Canimuc a El Crucero la distancia era de dieciséis kilómetros. El Crucero era el punto de división territorial entre Yucatán y Quintana Roo. Durante el viaje, una rama le raspó el ojo y la oreja derecha al Chato y se le hincharon tanto, que todos bromearon al respecto, incluso Berzunza, que había estado muy serio.

Así, riéndose, chacoteando y recitando versos, llegaron a El Crucero. Se detuvieron en una pequeña choza, en donde los invitaron a tomar café y, ahí, Felipe mostró su amor genuino por los nativos y le explicó a Berzunza por qué tenía que protegerlos y defenderlos.

"¡Mira", exclamó, "lo contentos que están estos camaradas aquí en las montañas!". Tienen sus escopetas para conseguir alimento y para defenderse de los animales salvajes. Y en este momento", observó su reloj que marcaba las cuatro de la tarde:

> ya terminaron de trabajar y están descansando para estar listos para las labores de mañana. No, no hay ninguna raza que merezca más protección que los indios. En ellos no hay falsedad; no conocen la perfidia de lo que llamamos civilización. Yo podría vivir muy feliz entre ellos, lejos de la ingratitud de los hombres de la sociedad.

Berzunza, que estaba acostumbrado a la vida en la ciudad, le dijo: "Yo no, Felipe".

Cuando llegó el tiempo de continuar el trayecto, Felipe abrazó a los trabajadores y les agradeció su hospitalidad. A las cinco, llegaron a Solferino y ahí estuvieron durante media hora. Mientras los otros descansaban, Felipe, sus hermanos y Berzunza tuvieron una junta. Felipe dijo: "Creo que deberíamos de ir directo a La Habana. Ahí podemos conseguir fondos y desarrollar, con mayor libertad, el plan para nuestro regreso inmediato". Berzunza creía que sería mejor ir a Belice: "Ahí vamos a encontrar menos impedimentos que en La Habana". Edesio opinaba que debían ocultarse en las montañas. Benjamín sugirió que fueran a Sayo Obispo o hacia esa área, pues desde ahí, podían enviarle un emisario al gobernador de Quintana Roo, que era leal a Obregón.

"Vamos al ingenio San Eusebio", dijo Felipe, "y luego decidimos. Allá es más seguro".

Salieron a las cinco y media. Sólo tenían que recorrer doce kilómetros, pero el camino estaba lleno de subidas y bajadas. Llegaron a las seis y media. Gracias a Eligio Rosada, les sirvieron una cena. Cenaron como lobos. Las tortillas parecían cuero, pero Edesio dijo: "Para buena hambre, no hay pan duro".

Después se fueron a dormir, algunos en hamacas y otros sobre el suelo. Wilfrido y el capitán Urquía montaron guardia. Sin embargo, casi de inmediato, hubo una plaga de jejenes y mosquitos. El único que durmió fue Berzunza, que no había dormido en tres noches.

El Chato no aguantó más y se puso detrás de unos sacos de maíz, pero la situación no mejoró. Su ojo derecho estaba completamente cerrado por la hinchazón. Muy pronto, Felipe, que tampoco podía dormir por la plaga de insectos, se unió a él y, al verlo, soltó una carcajada. "Chato, ¡te ves como el Cíclope! No, pareces un ídolo maya. Deberías de estar en un museo".

Después, seguramente familiarizado con la poesía y las obras del Chato, Felipe le pidió que recitara algunos de sus versos. Benjamín se reunió con ellos y, poco después, también los otros. Así, conversando y recitando poesía, pasaron varias horas.

Uno de los oficiales se había ido a Chiquilá para ver si era posible conseguir un barco. Cuando regresó, todos se sentaron a la mesa y tomaron café. De pronto, alguien gritó: "¡Ahí vienen!". Todos corrieron por su pistola; pero fue una falsa alarma.

A las dos de la madrugada Felipe dio la orden de que se aprestaran para ir a Chiquilá, Eligio preparó dos atados de tela de cáñamo con cobijas, cobertores y provisiones de alimentos.

Ese día, 14 de diciembre, a las 12:30 de la tarde, llegaron a Chiquilá, que estaba cerca del ingenio San Eusebio, sobre la costa y en las inmediaciones del puerto de Holbox. En el muelle había una canoa-motor, la Manuelita, que era propiedad de la Cuyo Company, pero su motor no funcionaba y no podía usarse a menos de que lo reparara un mecánico. El único mecánico que había era Pepe Padrón, pero estaba en Río Lagarto emborrachándose. Pedro Ruiz, que también sabía algo de mecánica y era marinero, intentó hacerle algunas reparaciones a la canoa-motor mientras los otros estaban sentados en el muelle, esperando. Finalmente, Ruiz dijo que era imposible hacerla arrancar.

Había otra canoa-motor amarrada al muelle. Después de despedirse del Chato y de Eligio, Felipe y sus amigos emprendieron su viaje junto con dos barqueros. Para pagarles, Felipe les dio todo el dinero que le quedaba y, también, su reloj de oro. Se fueron en dirección a Río Turbio, pues los barqueros habían dicho que era un lugar seguro. Sin embargo, de algún modo, estos dos hombres ya habían sido contactados por personas hostiles a Felipe y huyeron. Era muy probable que los hubieran contratado para averiar la maquinaria de la Manuelita. Los refugiados se quedaron en la playa bajo un viento severo y sin fondos, sin ningún tipo de recursos.

Era difícil decidir qué hacer. Al final, Felipe envió a Berzunza a buscar un piloto de puerto que pudiera esconderlos en las montañas, desde donde irían a Santa Cruz o a Guatemala. Cuando Berzunza pasó por la finca de Chiquilá un vigilante viejo lo vio y mandó un telegrama a Solferino para avisar sobre su presencia. Cuando el abogado llegó a la hacienda, fue arrestado por el mismo comisario que había armado a unos trabajadores del chicle y que había solicitado ayuda del agente del Cuyo para capturarlo. Cuatro jornaleros, armados, condujeron a Berzunza a Tizimín, a donde entró a pie a las tres de la madrugada. Ahí, lo llevaron a la casa del comandante militar Manuel Bates, quien, después, se lo entregó a Ricárdez Broca.

Felipe y sus compañeros se quedaron en Río Turbio, esperando a Berzunza. Al final, decidieron regresar a Chiquilá para saber qué había pasado. Había un ventarrón, y eso estaba retrasando la llegada del C. C. Wehrum, el barco de Tampa, Florida, que debía hacer una parada en Chiquilá para recoger un cargamento de madera aserrada. La violencia del clima fue fatal para los fugitivos. Para llegar a Chiquilá utilizaron una canoa-motor, el Salvamento, pero el viento, la incapacidad de los navegantes y, quizás, las averías en la maquinaria hechas por los mercenarios de los enemigos, los hicieron dar vuelta hacia Holbox, en donde encallaron en un banco de arena.

Al parecer, los enemigos conocían cada uno de los movimientos que estaban haciendo. El capitán José Corte fue enviado al Cuyo con veintiocho soldados. El 21 de diciembre, finalmente los aprehendieron y los enviaron a la cárcel pública de Tizimín.

A las diez de la noche, del mismo 21, llegó un tren militar, que se llevó a Fernando Mendoza, Daniel Valerio y Cecilio Lázaro a Mérida. A las 10:45, otro tren, al mando del capitán Corte partió con los demás prisioneros. El 23 de diciembre, dos días antes de Navidad, fueron enviados a la penitenciaría Juárez y encerrados bajo llave.

XXII

Martirio e infamia

De camino, el tren que llevaba a los detenidos a prisión hizo una parada en Motul, la ciudad natal de Felipe. Ahí, aprehendieron a sus hermanos Acrelio y Audomaro y se los llevaron junto con los otros. Era obvio que los líderes rebeldes, respaldados por los dueños de las plantaciones de henequén y por la Iglesia, pretendían inmovilizar a toda la familia Carrillo. No obstante, los dos jóvenes lograron escaparse durante la parada de descarga que hizo el tren en la parte trasera del Hospital O'Horan, aunque después, los capturaron de nuevo y los encarcelaron.

Hermenegildo Rodríguez, quien estaba al mando de los cuarteles del Ejército en Mérida, y Ricárdez Broca, que era en ese momento el dictador político, estaban conduciéndose con la insolencia cínica que les permitía la victoria fácil. El estado socialista no había sido preparado para la guerra y el odio, sino para la paz y la hermandad. Las masas de indígenas eran leales y estaban dispuestas a pelear hasta la muerte con machetes y con cualquier tipo de armas de fuego que pudieran conseguir; pero no había cartuchos. Por el otro lado, un gran número de tenderos, vendedores y funcionarios públicos se pusieron a los pies de los traidores, pues eran ellos quienes tenían las armas. En la capital federal, más de uno de los diputados por Yucatán en el Congreso mostraron abiertamente su simpatía por la contrarrevolución. Y en Yucatán, se llevaron a cabo reuniones secretas en las que se formularon los planes para cubrir los cargos lucrativos en el gobierno que, una vez más, estaba en manos de las viejas clases gobernantes.

Durante el mes de diciembre, las fuerzas rebeldes ganaron muchas batallas; si bien era cierto que la envidia y la suspicacia habían penetrado su liderazgo, la disensión todavía no había causado mella. Los insurgentes, que contaban con los fondos del gobierno que se habían robado, tenían la esperanza de que el país se levantara contra Obregón y ya sólo estaban esperando recibir los envíos de armas de Estados Unidos y Europa. Si sabían de la misión encomendada por Roberto Haberman, de la CROM, a Samuel Gompers para que impidiera que los trabajadores de los muelles en Estados Unidos cargaran las provisiones destinadas para los ejércitos de De la Huerta, queda claro que, en ningún momento previeron que esa circunstancia sería una de las armas más poderosas en su contra.

El 24 de diciembre, un día después de las encarcelaciones, Cristóbal Carrillo se preparó para ir a la penitenciaría con una bolsa que doña Adela les quería enviar a sus hijos. Un hombre de apellido Barbosa fue a toda prisa con unos oficiales rebeldes a decirles que probablemente esa bolsa contenía documentos. De inmediato, tres oficiales se presentaron en la casa de Pastor Campos, en donde estaba Cristóbal, y examinaron el contenido de la bolsa; pero lo único que encontraron fue ropa.

En el momento en el que se enteró de los arrestos, Carlos R. Menéndez, periodista y amigo íntimo de Felipe, le envió un telegrama a Adolfo de la Huerta, a Veracruz, para pedirle que, cuanto antes, tomara las medidas necesarias para proteger las vidas de esos hombres. Roque Armando Sosa Ferreiro (*Excélsior*, 4 de enero de 1954) afirma que el telegrama de Menéndez fue la única petición que se le hizo a De la Huerta para salvar la vida de Felipe. El líder rebelde le mandó un recado a Ricárdez Broca para que les otorgara garantías a sus prisioneros y para que los enviara al puerto de Veracruz. Broca prometió cumplir con las indicaciones, pero sostuvo que no había medios de transporte. De la Huerta envió al licenciado Arce Correa, quien llegó a Mérida el 26 de diciembre después de haber viajado en el barco noruego Fritzoe de Veracruz a Progreso. El abogado se reunió de inmediato con Broca, quien le prometió llevar a efecto las instrucciones de De la Huerta, a cambio de que el Fritzoe se pusiera a sus órdenes como gobernador y comandante militar del estado; también le dijo que podía hablar con Felipe siempre y cuando uno de sus propios oficiales estuviera presente. La conversación del abogado con Felipe fue breve. Más adelante, Arce dijo que a pesar de que Felipe estaba con ánimo melancólico, lo había escuchado con interés cuando le aseguró que, muy pronto, él y sus amigos estarían en Veracruz.

El historiador John W. F. Dulles declara, en *Ayer en México*,[1] que Felipe llamó a un abogado a su celda y le dijo que estaba dispuesto a pagar cien mil pesos por la libertad. El abogado le pidió, por sus servicios, un cheque expedido por un banco en Estados Unidos; después fue a ver a Ricárdez Broca. Cito al historiador Dulles:

> En el Palacio de Gobierno, Ricárdez Broca estipuló que los cien mil pesos se entregaran al mismo tiempo que se firmaran los papeles de la liberación y añadió que esa cantidad aplicaba sólo para Felipe Carrillo Puerto y que, por cada uno de sus compañeros encarcelados, solicitaban otros diez mil pesos.

Gustavo Arce Correa, un emisario de De la Huerta, se entrevistó con Ricárdez Broca en un esfuerzo por impedir cualquier acción criminal. El otro abogado, dice Dulles, "decidió partir cuanto antes a Estados Unidos para cobrar sus honorarios antes de que mataran a su cliente". Arce volvió a ver a Felipe y esa vez lo encontró "seguro, optimista, sin miedo del futuro".

A Eligio Erosa, secretario de Felipe, lo habían encerrado en la penitenciaría varios días antes de que apresaran a los otros. Cuando Felipe vio a su amigo, le dijo en maya:

---

[1] John W. F. Dulles, *Ayer en México*, México, Fondo de Cultura Económica, 1978.

"Envíale un mensaje a la señora James para pedirle que le escriba una carta a Alma, a mi Alma".

Erosa escribió una carta para la señora James y se la dio al comandante Palomo, pero el comandante fue acusado de confabulación con los prisioneros y destituido. Sus superiores se quedaron con la carta y nunca la enviaron.

Los soldados se reunían afuera de la celda de Felipe para ridiculizarlo e insultarlo. La sádica comandancia envió a unos mariachis para que, frente a su celda, tocaran "La Peregrina" una y otra vez, mientras ellos se deleitaban con la severa angustia de su víctima.

La última vez que Arce estuvo en la celda de Felipe fue el mismo día que Felipe le pidió a Erosa que le mandara la carta a la señora James. El oficial ayudante de Broca estaba presente. Broca le había pedido a Arce que hiciera los arreglos necesarios para que se pagara el dinero. La Comisión Henequenera en Nueva York, tenía ochenta mil dólares a su cargo, pero no los iba a liberar sin una orden escrita de Felipe Carrillo Puerto. Felipe dijo que esos fondos le pertenecían a la Comisión Henequenera, que operaba bajo su gobierno legítimo, y que él nunca se había ensuciado las manos con el dinero de otros.

Broca le prometió a Arce que enviarían a Felipe a Veracruz en el Fritzoe el 2 de enero.

El 29 de diciembre, Felipe, escoltado por un grupo de soldados, iba por el pasillo de camino a tomar un baño y, al pasar por la celda de Erosa, Erosa los detuvo y les dio a los soldados unos puros para que les permitieran hablar un momento. Felipe le dijo:

Sé que a mis hermanos y a mí nos van a enviar a Veracruz. Después de eso, estoy seguro que vas a tener más libertad, y cuando así sea, envíale esta carta a Alma. En cuanto me dejen en libertad, voy a ir a San Francisco, California, a casarme con ella. Te voy a avisar cuando esté listo para irme para que te vayas también tú. Mientras tanto, envíale esta carta lo más pronto que puedas.

Después, Felipe pasó sus brazos por los barrotes, abrazó a Erosa y le dio un beso en la frente.

La carta estaba dentro del libro, *La venta de indios*,[2] que el autor, Carlos R. Menéndez, le había regalado a Felipe. Erosa sacó la carta del libro y, por temor a que lo revisaran, la clavó debajo de su cama. Después, lo obligaron a cambiarse de celda y no tuvo oportunidad de recuperar la carta. Más adelante, cuando pudo regresar a la celda, la carta ya no estaba ahí; luego se enteró de que el comandante Fernández se la había llevado.

Cuando el licenciado Arce Correa hizo un último intento por volver a entrevistarse con Broca, no lo encontró ni en el Gran Hotel, en donde estaba viviendo, ni en el Palacio de Gobierno, ni en la jefatura de la guarnición. Era obvio que se estaba escondiendo del comisionado de De la Huerta mientras los planes de los reaccionarios de Yucatán se llevaban a cabo al pie de la letra.

Muy pronto se hizo evidente, como lo reportó José R. Juanes, amigo íntimo tanto de Felipe como de Arce Correa, que se había instaurado un Consejo de Guerra en la penitenciaría Juárez. Lo confirmó el licenciado Salazar Arjona, cuyo hermano estaba detenido en la prisión. También se supo que habían saqueado las oficinas de Felipe y que habían confiscado varios telegramas, documentos y circulares. Ese material fue usado por Hermenegildo Rodríguez, Ricárdez Broca y otros conspiradores en su intento miserable por armar un caso en contra del gobierno legítimo de Yucatán. Por órdenes de Rodríguez, a las diez de la mañana del 2 de enero, Felipe y sus compañeros fueron conducidos de sus celdas a una habitación grande al sur de la rotonda, en donde estaban reunidos los miembros del supuesto Consejo de Guerra. El Consejo estaba compuesto de la siguiente forma:

---

[2] Carlos R. Menéndez, *Historia del infame y vergonzoso comercio de indios, vendidos a los esclavistas de Cuba por los políticos yucatecos, desde 1848 hasta 1861. Justificación de la revolución indígena de 1847. Documentos irrefutables que lo comprueban*, Mérida, Talleres Gráficos de *La Revista de Yucatán*, 1923.

Presidente, coronel Juan Israel Aguirre; primer vocal, teniente coronel Rafael P. Zamorano; segundo vocal, teniente coronel Vicente Fontana, quien hizo las veces de secretario. Sustitutos: coronel Ángel González, teniente coronel Álvaro C. Hernández y comandante Luis Ramírez; juez instructor militar, Hernán López Trujillo; agente del Ministerio Público, licenciado Domingo Berny Diego; y secretario del tribunal, Samuel Jiménez.

Más adelante, Acrelio Carrillo escribió un recuento de lo sucedido durante ese día trágico, a partir de lo que pudo escuchar en el pasillo del ala de celdas en la que él estaba. En diferentes momentos, pasaron, uno por uno, Felipe, sus tres hermanos y sus compañeros. Acrelio se dio cuenta de que, durante ese día, ninguno de ellos regresó a su celda; eso le llamó la atención y lo comentó su hermano Audomaro a través del muro que los separaba.

Lo que sucedió en esa habitación siniestra ante el Consejo de Guerra es la evidencia más clara de que, una vez que sus enemigos tuvieron a Felipe en sus garras, no hubo, de su parte, ninguna intención de dejarlo ir a Veracruz ni de hacerle un juicio justo. Hernán López Trujillo, que como juez instructor fue obligado a estar presente, ha dejado un recuento conmovedor de los acontecimientos de ese día. Dice que Rodríguez estuvo todo el día en la prisión y que Ricárdez Broca estuvo presente la mayor parte del tiempo. A nadie se le permitió irse, ni siquiera a los meseros que sirvieron la comida del mediodía.

El Consejo se instaló con el teniente coronel Israel Aguirre en el atril. La parte acusadora mostró una circular, sin comprobar su autenticidad, y Trujillo declaró que ése fue el único documento que se entregó como evidencia. La circular decía:

> Este gobierno (es decir, el de Felipe) sabe ya que los enemigos del actual gobierno general de la nación están operando con intrigas, declaraciones, etcétera, a favor de los rebeldes De la Huerta y Sánchez. La orden es disparar a cualquier persona que sea descubierta trabajando para el enemigo, sin importar

la condición en la que se encuentre, pues ése es el trato que se les debe dar a los enemigos.

Trujillo y otros oficiales, que tenían una gran amistad con Felipe, trataron de disculparse de algún modo para poder retirarse, pero les advirtieron, con toda claridad, que de irse corrían el riesgo de enfrentar la misma suerte que los hombres a quienes se estaba juzgando.

Con un intenso pesar emocional, Trujillo escribe sobre lo que sucedió ese día:

> Cuando el teniente coronel Aguirre mandó traer a Felipe Carrillo Puerto para interrogarlo, entré en un estado de conmoción severa y me sentí desfallecer. Si me hubieran ordenado que hablara no hubiera podido pronunciar ni una palabra.
>
> Felipe Carrillo Puerto fue llevado ante el Consejo. El encargado de interrogarlo fue Aguirre; pero antes de que se le hiciera ninguna pregunta, don Felipe comenzó a protestar, con toda entereza, en contra del Consejo que lo estaba juzgando. Dijo que si había cometido algún crimen le correspondía juzgarlo a los cuerpos legislativos y no a un Consejo de Guerra, pues era únicamente para personal militar y él era un civil. El presidente Aguirre le dijo que debía responder a las preguntas.

Felipe negó todos los cargos. Negó también la autoría sobre el telegrama que el secretario Fontana leyó, que era presuntamente una respuesta para los presidentes municipales del estado, en la que Felipe les ordenaba que le dispararan a cualquiera que no fuera amigo del gobierno socialista.

Le hicieron otras preguntas. Entre ellas:

"¿Con qué autoridad le ordenó al director del Banco Nacional que entregara los fondos a esa institución?". (Al parecer se referían a los fondos del Banque Française.)

Felipe respondió que lo había hecho por consejo de Enrique Manero, quien creía que, por seguridad, los fondos debían depositarse en la Tesorería General.

"¿Por qué le dio la misma orden al director de correos?".

Felipe respondió que él no había dado ninguna orden semejante.

"¿Por qué ordenó el asesinato de Muna?".

Felipe respondió que no había ordenado ningún asesinato.

"¿Qué cargo desempeñaba en el estado?".

No desempeñaba, sino desempeñó el de gobernador constitucional del estado.

"¿Qué cargo político desempeñaba simultáneamente?".

No desempeñaba, sino desempeñó el de presidente de la Liga Central de Resistencia.

Uno a uno, los interrogaron también a los demás. Todos negaron los cargos menos Lázaro y Valerio. De acuerdo con lo que dice Trujillo, ellos aceptaron los crímenes, pero argumentaron que habían sido ordenados por el inspector de la policía, Wilfrido Carrillo. Wilfrido lo negó.

El horrendo tinglado al que llamaron juicio continuó durante todo el día y la mayor parte de la noche. El licenciado Hermilio Guzmán, agente del Ministerio Público del gobierno rebelde, formuló conclusiones en contra de todos los acusados excepto de Berzunza, pues dijo que era amigo suyo. Sin embargo, Berzunza rechazó esa excepción y dijo que cualquiera que fuera la decisión que se tomara en contra de Felipe y sus camaradas, él debía quedar incluido.

A Vicente Coy se le dio el privilegio de la excepción y lo aceptó.[3]

---

[3] Ésta es la primera y única vez que aparece el nombre de Vicente Coy en el texto de Reed. Por lo tanto, no se sabe si se trata de un correligionario de Felipe Carrillo Puerto y cuál es la razón por la que no fue condenado. Lo mismo sucede, más adelante, con Francisco Tejada, a quien se le menciona entre los condenados a muerte sin que haya sobre él ninguna referencia previa; con Fernando Mendoza, quien, a pesar de haber sido aprehendido junto con el gobernador Carrillo, como lo menciona la autora en el capítulo anterior, no fue ni juzgado por el Consejo de Guerra ni condenado; y con una serie de personajes a los que se les menciona una sóla vez sin que se aclare de quién se trata. (N. de la T.)

Después de la hipocresía del "juicio", el Consejo fingió deliberar para alcanzar un veredicto. Finalmente, por voto unánime —un voto de hombres aterrorizados—, se decretó la pena capital para Felipe, Benjamín, Edesio y Wilfrido Carrillo Puerto y, por complicidad con el gobernador en los crímenes que se le imputaban, también para el licenciado Manuel Berzunza y sus colaboradores, Rafael Urquía, Mariano Barrientos, Francisco Tejada, Julián Ramírez, Antonio Cortés, Cecilio Lázaro, Daniel Valerio y Pedro Ruiz.

Edmundo Bolio, amigo cercano y socio de Felipe, también escribió sobre este episodio de criminalidad trágica de la historia mexicana. Él dice que el teniente coronel Israel Aguirre, presidente del Consejo de Guerra, y los comandantes Ignacio L. Zamorano y Vicente Fontana fueron quienes dictaron las sentencias.

Durante el careo, Ricárdez Broca, que ya estaba ocupando el cargo de gobernador en lugar de Felipe, se dio cuenta de que ni el abogado López Vales ni Hernán López Trujillo estaban en sus lugares. Los localizó y les dijo que si querían esconderse, que lo declararan abiertamente. Sus palabras eran, con toda claridad, una amenaza y, por lo tanto, volvieron a los asientos que les habían asignado.

Después de que se aprobó la sentencia de muerte, el comandante Zamorano le advirtió a Trujillo que no debía tomar ninguna acción a favor de la defensa de los condenados. El asesor, el defensor y el Ministerio Público recibieron la misma advertencia. Trujillo dice:

> Queríamos comunicarnos con alguien en la calle para decirle lo que estaba sucediendo, pero la vigilancia era tan severa que fue imposible. (...) Nos habían amenazado tanto, que la defensa fue obligada a apegarse a la demanda del Ministerio Público.

Cuando regresaron a los hombres a sus celdas, Acrelio y Audomaro, los dos hermanos de Felipe, todavía estaban despiertos y escuchando, pero no sabían qué era lo que había sucedido.

Alrededor de las cuatro de la madrugada (ése fue el cálculo de tiempo que hicieron), escucharon que los soldados comenzaron a llamar a los condenados, uno por uno gritaban los nombres, seguidos por una retahíla de insultos e imprecaciones. Los dos jóvenes, de algún modo, se aferraron a la idea de que a Felipe y a los compañeros los iban a sacar para llevarlos a abordar un barco con destino a Veracruz.

Eran exactamente las 4:30 de la madrugada del 3 de enero cuando los trece condenados fueron convocados, uno a uno, por las guardias armadas. A Fernando Mendoza lo sacaron de la celda 14; la celda 13 estaba vacía. Pero uno de los guardias reconoció a Mendoza y gritó: "¡Éste no es!, ¡El otro se escapó!".

Ruiz, que debía estar en la celda 13, había roto la cerradura y se había ido a esconder a otra celda. Muy pronto lo encontraron y, con enorme violencia, lo arrastraron hacia el pasillo.

El recuento de Trujillo sobre lo que siguió es vívido y terriblemente desgarrador.

> Cuando pensé que ya todo había acabado (en el juicio) y que ya me podía ir a casa, el coronel Hermenegildo Rodríguez, que era el más involucrado en todo lo que estaba sucediendo, me ordenó que estuviera presente en las ejecuciones. Todas las súplicas y los ruegos que le hice fueron en vano; no fueron suficientes para convencerlo de que yo no debía estar presente en el fusilamiento. Traté de hacerle ver que eran mis amigos... fue inútil. Me tomó por el brazo y me metió en uno de los automóviles de la guarnición. Lo mismo sucedió con el doctor Guzmán Jr., a quien le dijeron que debía certificar la muerte de los acusados.

Sacararon a los prisioneros de la penitenciaría, amarrados de dos en dos y, a empujones, los metieron en dos camiones que los estaban esperando. Los automóviles guiaron el camino. Una vez que estuvieron fuera de las celdas, Felipe vio que su hermano Benjamín estaba a punto de sufrir un colapso. Volteó con un soldado que estaba desconsolado y le dijo: "Hombres, no se lamenten por mí, sino por mis hermanitos".

Los camiones se detuvieron frente a la entrada del lado este del cementerio. Las rejas de hierro estaban cerradas con llave. Uno de los conductores se brincó por el muro de la entrada para avisarle al vigilante. Pasaron quince minutos y luego, las rejas se abrieron de golpe; los camiones entraron primero y detrás de ellos, los automóviles.

Los camiones se detuvieron frente al paredón en el que los hombres iban a ser ultimados. Trujillo, que estaba terriblemente angustiado, se alejó un poco. "No quería estar presente durante esa atrocidad", escribió. "Desde donde estaba pude escuchar a Antonio Cortés y a Pedro Ruiz decir que eran inocentes. Una descarga silenció sus voces".

Felipe estaba en el primer grupo de siete hombres. Los otros estaban en tres grupos de dos hombres cada uno. El abogado Berzunza pidió que le dispararan a él solo, pero su petición fue rechazada. El capitán Urquía protestó, dijo que moría sin ser culpable de ningún crimen. Benjamín Carrillo abrazó a su hermano Wilfrido y le pidió al guardia que le disparara en el corazón. Wilfrido dijo: "¿Cómo le van a decir esto a nuestra madre?".

Felipe permaneció en silencio. Estaba más allá de cualquier emoción visible; en una inmensa quietud.

Benjamín Carrillo se dirigió al pelotón de fusilamiento y les suplicó que le dispararan en el pecho y no en la cara.

"Wilfrido Carrillo y Francisco Tejeda fueron los dos últimos", escribe Trujillo.

Cuando los llevaron al cuadro en el que yacían los cuerpos, Wilfrido suplicó que le permitieran hablar conmigo. Me llamaron. Wilfrido estrechó mi mano con mucho sentimiento. En su cara, devastada por el sufrimiento, vi que quería decirme algo en privado.

Pero había oficiales escuchando y sólo dijo: "Te suplico que vayas a mi casa y te despidas de mi mamá y de mis hermanos en mi nombre". Él y Trujillo estrecharon sus manos.

Después de los asesinatos, el cuerpo de Felipe quedó recargado contra el paredón. A su izquierda estaba Rafael Urquía y a su derecha Mariano Barrientos que había quedado desfigurado por la bala que le desgarró la cara. El cuerpo de Wilfrido Carrillo yacía frente al de su hermano Benjamín.

De regreso en la penitenciaría, Acrelio Carrillo escuchó el sonido del ir y venir de muchos hombres; eran las tropas que regresaban de haber cumplido su misión sangrienta. Acrelio oyó desde su celda a un soldado: "¡Éste es el fin del socialismo!". Otro dijo llorando: "¡Pobre, pobrecito de don Felipe!" y disparó su rifle. Otro exclamó: "¡Ah, fue una salvajada!", y, por eso, lo mataron. Sin embargo, en los periódicos se publicó que había sido un accidente, que uno de sus compañeros de la penitenciaría había disparado su arma sin querer y lo había matado.

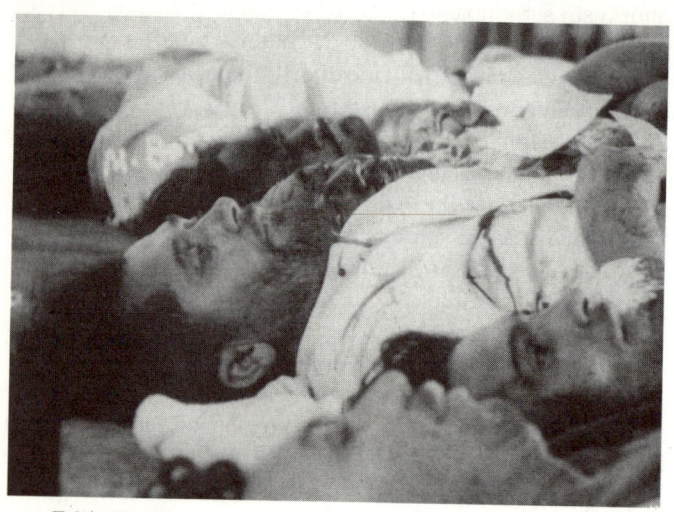

Felipe Carrillo Puerto después de ser fusilado, enero de 1924.

Un soldado que vio a otro llorar por Felipe le dijo con rudeza: "¿Por qué estás llorando?, ¡no eres su viuda!".

Finalmente, al ver a tantos soldados destrozados por el dolor, un oficial gritó:

> ¡Váyanse a la cocina o lejos de aquí a llorar o a lo que quieran! No generen un escándalo. Que no ven que aquí en la prisión hay miembros de la familia de don Felipe. Lo único que están provocando es que sus horas de encarcelamiento sean más difíciles y más dolorosas.

Esa mañana, la madre de los hermanos Carrillo Puerto fue con el director general del Registro Civil a pedirle permiso para colocar los cuerpos de sus hijos en los féretros para que la gente los pudiera ver en el depósito. Con ella estaban familiares y amigos. El director se negó a darles el permiso porque, dijo, los cuerpos estaban a disposición de Ricárdez Broca. Los hombres que habían acompañado a doña Adela se entrevistaron con Broca y también él se negó a dar el permiso, pues, dijo, los cuerpos estaban a disposición del general Hermenegildo Rodríguez; entonces, fueron con Rodríguez, pero también él les negó el permiso.

Los peticionarios decidieron esperar en el cementerio hasta que ordenaran el entierro; Rodríguez decretó que sería a las tres de la tarde. Los familiares y amigos de los hombres asesinados colocaron mortajas sobre los cuerpos. El entierro fue a las seis de la tarde.

[Alma: agrega, aquí o más arriba, lo que dijo doña Adela sobre los cuerpos mancillados y termina así el capítulo.][4]

---

[4] Ésta es una nota escrita por Ethel Turner, viuda de John Kenneth Turner, autor del ya citado *México bárbaro*, y amiga íntima de Alma Reed. Turner le estaba ayudando a Reed a corregir el libro y ésta es una sugerencia suya para la conclusion de este capítulo. La conservo para que quede documentada la participación de Turner en el proyecto del libro de Reed.

XXIII

Una infamia imborrable

Ricárdez Broca estuvo en el cementerio entre las 7:30 y las 8:00 de la mañana. Entró al depósito general a ver los cuerpos y le dio instrucciones al administrador Alfonso Baqueño para que le pusiera el nombre a cada uno de ellos y se los entregara a Rodríguez. En el depósito estaba apostado el teniente coronel Sumarano, quien hizo las veces de perro guardián durante todo el día: observaba a cada una de las personas que entraban al lugar, tomaba nota y, cada tanto, se comunicaba con el cuartel general de la guarnición. También había otro teniente apostado cerca del teléfono, en la oficina del depósito. Cuando Sumarano hablaba por teléfono, todos tenían que salirse de la habitación.

El 4 de enero, Enrique Manero, el líder de la Comisión Financiera del gobierno legítimo de Yucatán, que estaba en Nueva York para cumplir el encargo que le había hecho Felipe de comprar armas, le mandó el siguiente mensaje al presidente Obregón:

> Después de haber agotado, como lo sabe don Santana Almada, todos los recursos y los argumentos humanamente posibles para obtener la liberación de Felipe Carrillo Puerto, me acaban de informar que él y sus compañeros fueron víctimas de un asesinato infame. Lo exhorto a que, en nombre de la nación, se lance un anatema de oprobio en contra de los peores ase-

sinos y traidores que jamás hayan sumido en la vergüenza a nuestra nación.

Respetuosamente,
Enrique Manero

El 5 de enero, el siguiente texto apareció en la primera plana de todos los diarios de México:

> El asesinato de Felipe Carrillo Puerto lleva pesar a las casas del proletariado y a muchos miles de seres humildes que, al recibir la noticia, sentirán lágrimas de dolor sincero deslizarse sobre sus mejillas.
> Don Adolfo de la Huerta comprenderá la monstruosidad de su crimen cuando reciba las protestas furiosas que lanzarán los trabajadores de todo el mundo por el asesinato de Felipe Carrillo Puerto.
> La sangre generosa de Felipe Carrillo Puerto es el testimonio de la apostasía de De la Huerta. De ahora en adelante, ni él ni sus seguidores lograrán falsificar la verdad negando el origen y propósito de su movimiento.
>
> Á. Obregón

Ramón P. de Negri, subsecretario de Agricultura y Fomento, publicó una declaración en la prensa:

> El asesinato de Felipe Carrillo Puerto, además de ser un crimen en sí mismo, es una grave injuria a la causa del proletariado. (...) Carrillo Puerto, con su poderoso dinamismo y su absoluta sinceridad, consiguió que se transformara en realidad la doctrina luminosa de la emancipación, que hoy sostiene y que seguirá sosteniendo hasta el último de los trabajadores de Yucatán.

Decía también, que ya estaba cerca el día en el que el dominio infame de los hacendados terminaría para siempre gracias a la fuerza extraordinaria de Felipe Carrillo Puerto y que, no obstante la intervención de la reacción, sus asesinos pagarían muy caro el haber inmolado a Felipe. En ese momento había un crespón negro de luto en cada una de las banderas de la clase obrera de todo el mundo.

Hubo muchas otras protestas escritas, entre ellas, la de Calles, quien más adelante, al visitar Yucatán, mostró una indiferencia cínica ante la suerte de la familia Carrillo Puerto. Uno de los tributos más nobles a Felipe fue el que le hizo Ernest Gruening, que es ahora senador por Alaska en el Congreso de Estados Unidos. En un artículo para *The Nation* escribió:

"Así pereció el hombre más ilustrado, más valeroso y más adorable de México. La historia trágica de sangre y lágrimas de esta nación jamás ofreció a una figura más noble, más afable que él, como sacrificio para la libertad humana".

Los trabajadores de México celebraron una convención y propusieron represalias contra los responsables. Las manifestaciones de hostilidad en contra de los asesinos, dentro y fuera del país, eran tan osadas que Ricárdez Broca, arrogante como era, se acobardó e intentó culpar a alguien más por el crimen; incluso le escribió a Adolfo de la Huerta para decirle que uno de los instigadores intelectuales había sido el doctor Adolfo Ferrer.

Adolfo de la Huerta negó toda responsabilidad sobre lo sucedido. ¿Qué no había enviado a su comisionado, Gustavo Arce Correa, a Mérida para arreglar que los cautivos fueran transportados sanos y salvos a Veracruz? Además, insistió en que no se podía culpar a Ricárdez Broca por las complicaciones que habían terminado en los asesinatos; lo que es más, a petición suya, Broca ascendió al generalato y fungió como gobernador provisional de Yucatán, cargo que, de por sí, ya había usurpado. De la Huerta hizo recaer toda la culpa sobre Rodríguez.

Sin embargo, hay que destacar que Trujillo, quien estuvo presente durante los llamados juicios, escuchó a Broca exigir la pena de muerte en el caso del licenciado Berzunza, y no percibió, en modo alguno, que Broca se hubiera opuesto, de palabra o acción, a la ejecución de los otros. Después de la debacle de la revolución, Broca huyó de Yucatán. Hay quienes dicen que se fue a Honduras, en donde se suicidó; otros argumentan que fue asesinado por haber estado involucrado en la muerte de Felipe; y otros más explican, aunque sin pruebas, que, después de años de estar escondido, volvió a vérsele entre los vivos.

Hasta el final de la caótica rebelión, Yucatán prevaleció en estado de terrorismo. Dora Carrillo, hermana de Felipe, llegó a Nueva Orleáns el 5 de abril, después de haber viajado, ocultando su identidad, en el vapor Elena Valdez y dijo: "Mi madre, mis dos hermanos y mis hermanas todavía están escondidos en Mérida. Desde luego, no podíamos escondernos juntos mientras los soldados estuvieran buscándonos".

A pesar de que continuaba teniendo victorias militares, la "rebelión sin cabeza" comenzó a decaer desde los primeros meses de 1924. Los incentivos que habían llevado a tantos generales y figuras políticas al levantamiento eran, en casi todos los casos, fracasos personales y no tenían la fuerza para incitar a las masas a la insurrección. Los acontecimientos en Yucatán sacudieron profundamente al movimiento sindicalista en México, un movimiento joven y brioso que, junto con los sindicatos de trabajadores de Estados Unidos y con el apoyo de la Federación Panamericana del Trabajo, desempeñaron un papel fundamental en el derrocamiento de la revolución de De la Huerta.

En *La Federación Panamericana del Trabajo*,[1] el tratado, cuidadosamente documentado y publicado por la Duke University Press, el doctor Sinclair Snow examina las actividades de los sindicatos durante esos tiempos críticos. Dos días después de que la revuelta comenzara, el secretario de la CROM, Ricardo Treviño, le solicitó a Gompers, en su calidad de presidente de la Federación Panamericana del Trabajo, su ayuda para impedir que se les enviaran armas a los rebeldes. También Luis Morones le hizo una petición similar.

---

[1] Sinclair Snow, *The Pan-American Federation of Labor*. Durham, Duke University Press, 1964.

Cito a Sinclair Snow: "La respuesta de los líderes de la Federación Panamericana del Trabajo fue pronta e inequívoca. (...) Declararon que el gobierno de Obregón era el mejor gobierno que México había tenido".

Samuel Gompers, presidente de la Federación Estadounidense del Trabajo, simpatizaba con los jornaleros mexicanos, pues de joven, había trabajado con mexicanos en las fábricas de puros. Había seguido con interés el transcurso de la revolución para derrocar a Díaz y había protestado ante el gobierno de Estados Unidos en contra de la persecución de los enemigos del dictador. Por medio del contacto que tenía con el escritor y sindicalista John Murray, se convirtió en uno de los fundadores y pilares de la Federación Panamericana del Trabajo. Ante la nueva rebelión en México, Gompers fue franco y contundente en su condena contra De la Huerta y sus amigos.

Morones, como ya se dijo, había enviado a Roberto Haberman a Estados Unidos como su agente personal y como representante general de la clase obrera mexicana. Haberman se reunió con Gompers, quien le escribió a Hughes, el secretario de Gobernación, para hacerle saber que contaba con información confiable respecto a que De la Huerta había recibido armas por parte de algún distribuidor ilegal en Estados Unidos. Después, Gompers comenzó a solicitar apoyo para Obregón entre los sindicatos estadounidenses, en especial, entre los trabajadores de la industria de la transportación. Les dijo que el propósito de la rebelión en México era volver veinte años atrás y, por lo tanto, someter al país a un severo retroceso en su desarrollo. Envió a un comisionado a los puertos de Texas a investigar si los rebeldes estaban sacando armas de contrabando y también solicitó el apoyo de los trabajadores europeos a través de la Federación Internacional de Sindicatos, misma que le prometió cooperar.

Por irónico que parezca, dos miembros que hasta pocos meses antes se contaban entre los más apasionados de la Federación Panamericana del Trabajo y cuyas reputaciones iban en franco ascenso, se habían unido a la lucha de De la Huerta.

Estos hombres eran Salvador Alvarado y Antonio Villarreal. Villarreal había sido preso político en Estados Unidos y, como era amigo de Samuel Gompers, le escribió una carta emotiva, en la que, desde su nueva posición, atacaba a Calles y pretendía ganarle simpatías a De la Huerta. Sin embargo, sus esfuerzos fueron en vano.

A finales de febrero, Gompers le pidió al secretario Hughes que examinara el caso de la familia Carrillo Puerto y de los políticos vinculados a Felipe, pues estaban en peligro de perder la vida a manos de los delahuertistas. Entre las personas que le preocupaban a Gompers había tres integrantes de la legislatura yucateca que respaldaban a Obregón, todas mujeres: Elvia Carillo, hermana de Felipe, Bety Peniche de Ponce, Raquel Dzib y también Cirerol. El subsecretario de Gobernación, William Phillips, respondió en nombre de Hughes que, debido a que las personas mencionadas por Gompers eran "naturales" de Yucatán, Estados Unidos no podían intervenir.

La vigilancia de los sindicatos de transporte y de la zona portuaria fue muy efectiva. La labor que hicieron los trabajadores estadounidenses fue un revés letal para la revolución. La Federación Internacional reportó que no se había enviado ni un solo cargamento de armas para los rebeldes desde Europa. Sin embargo, esa información no fue exacta, como lo demuestra la declaración que más adelante cito de Howard W. Phillips. Durante muchos años, el señor Phillips ha sido el editor de *Mexican Life*. En 1923, llegó a México como periodista y cubrió el levantamiento de De la Huerta para el *Chicago Daily News*. Sus comentarios sobre lo sucedido en el puerto de Progreso, Yucatán, se acaban de publicar por vez primera. El silencio que mantuvo durante tanto tiempo fue el resultado de su decisión de no involucrar a Inglaterra, su tierra natal, en semejante conspiración. Ésta es su declaración:

> Cuando llegué a México, en mayo de 1923, el presidente Álvaro Obregón estaba amenazado por una contrarrevolución inspirada por los hacendados y la Iglesia, que se oponía tanto a que

entrara en vigor la normatividad de la Constitución Federal de 1917 para reglamentar la titularidad de las propiedades de la Iglesia, como a la eliminación de los clérigos extranjeros. En ese momento, Calles era el líder del movimiento agrario y de la CROM. En Yucatán, la organización que respaldaba a Calles era el Partido Socialista del Sureste. El abierto antagonismo de Calles frente al clericalismo de los hacendados fue lo que le ocasionó un sinnúmero de enemistades.

El líder escogido para encabezar la contrarrevolución fue Adolfo de la Huerta, un hombre que iba a ser cantante de ópera y al que, por su ayuda en el derrocamiento de V. Carranza, recompensaron con un breve periodo como presidente interino. A él lo respaldaban los reaccionarios que estaban buscando la presidencia al término de la administración de Obregón, pues Obregón apoyaba a Calles.

Los tratados de Bucareli, que se llevaron a cabo por iniciativa de Obregón y cuyo objetivo era la reanudación de las relaciones diplomáticas entre Estados Unidos y México, sirvieron de pretexto para la rebelión de De la Huerta. El resultado alcanzado en estos tratados fue, en esencia, un acuerdo tácito de concesiones mutuas por el que el reconocimiento y el apoyo de Estados Unidos al gobierno de Obregón–Calles se otorgaba *quid pro quo* a cambio de que se cumplieran las demandas de los terratenientes estadounidenses y de un arreglo verbal por el que México se comprometía a no aplicar la Constitución de 1917 como un medio para acotar las actividades de las compañías petroleras estadounidenses.

Considerados por los mexicanos reaccionarios como el sacrificio de la soberanía nacional, los tratados Bucareli sirvieron de *casus belli*. Jorge Prieto Laurens, líder de los mexicanos reaccionarios y político corrupto, le ofreció a Calles apoyo para su partido a cambio de la gubernatura de San Luis Potosí. Calles rechazó el ofrecimiento.

En diciembre de 1923, Prieto Laurens convenció a De la Huerta de que se fuera para Veracruz en secreto y que desde ahí lanzara una rebelión armada con el respaldo del general

Guadalupe Sánchez, el comandante de zona de Veracruz. Dos días después, el general Enrique Estrada, comandante de zona de Jalisco, se unió a la rebelión. Los rebeldes tenían veintitrés mil tropas de combate en contraste con las treinta y cuatro mil que estaban al mando de los oficiales leales al gobierno. Durante los siguientes días, de los quinientos ocho generales del Ejército mexicano, ciento dos se unieron a la rebelión. De la Huerta, que había sido el secretario de Hacienda, saqueó todo el efectivo de las reservas antes de irse.

La revuelta que comenzó en Veracruz y Jalisco se expandió rápidamente. Los hombres de Guadalupe Sánchez marcharon de la costa de Veracruz, hasta Puebla, Puebla, y ocuparon a su paso Xalapa, Córdoba y Orizaba. Las fuerzas comandadas por Juan Andreu Almazán los derrotaron en Esperanza, así que tuvieron que emprender la retirada hacia Veracruz. Después de tres meses de luchas encarnizadas, la rebelión fue sofocada y a la mayoría de sus líderes los aprehendieron y los pasaron por las armas. De la Huerta, Enrique Estrada, Prieto Laurens y otros de los instigadores recibieron asilo en Estados Unidos y durante la administración de Cárdenas se les permitió regresar a México.

En mi calidad de testigo de algunos aspectos de esta rebelión, hago un pequeño recuento de ciertos detalles relevantes. Cuando De la Huerta saqueó las reservas y se fue a Veracruz, la Huasteca Petroleum Company (sucursal de la Standard Oil) le ofreció de inmediato al gobierno de Obregón cincuenta millones de pesos de adelanto por impuestos futuros. Por el otro lado, un hombre llamado Rodolfo Montes, dueño del Hotel Regis y alto funcionario de El Águila Petroleum Company (sucursal de la Royal Dutch Shell), estaba involucrado en la conspiración de De la Huerta y, en apariencia, respaldaba la rebelión. Eso era porque las prerrogativas extendidas en los tratados de Bucareli a las compañías petroleras estadounidenses eran contrarias a los intereses de las compañías británicas, a las que El Águila representaba. (Montes se fue de México cuando la rebelión se colapsó, vendió el Hotel Regis y construyó un edificio de oficinas en Los Ángeles, California, que se conoce como el Edifico Montes.)

El gobierno de Estados Unidos le ayudó al gobierno de Obregón con armas y cartuchos y estableció un embargo de las mismas mercancías para los rebeldes. Sin embargo, como De la Huerta recibía armas por parte de Belice y Honduras Británica, era imperativo que mantuviera abierta la ruta de Belice, Yucatán y Veracruz. Ésta, me parece, fue la razón por la que el gobernador de Yucatán, que permaneció leal a Obregón, fue asesinado.

Existen testigos que vieron, en los "barrios alambre" locales organizados por los hombres de Guadalupe Sánchez, a algunas personas maniobrando con ametralladoras Vickers nuevas que nunca habían sido disparadas.

J. de Courcy[2] documentó una historia falsa sobre un bombardeo a la Ciudad de México por parte de aviones rebeldes. El gobierno mexicano lo detuvo y lo expulsó del país.

A finales de febrero, los rebeldes ya no representaban un peligro grave. Dos meses después del comienzo del levantamiento evacuaron el puerto de Veracruz. Algunos de los generales se unieron a los federales. De la Huerta y su contingente se fueron hacia Frontera, en Tabasco. El 15 de febrero, Veracruz se abrió de nuevo al tráfico internacional. En un esfuerzo por recaudar fondos, los rebeldes intentaron exportar chicle y drogas.

En *La rebelión sin cabeza*, Alonso Capetillo cuenta que De la Huerta sintió que se estaba volviendo loco y, en un estado de enorme ansiedad, habló con el general Cándido Aguilar. Le confesó que pretendía irse a Estados Unidos y cuando Aguilar trató de disuadirlo, le gritó: "¡No puedo hacer nada más! ¡Tantas intrigas! Allá voy a ser más útil que aquí". Se fue de México el 11 o 12 de marzo. Desde Nueva York, nombró a dos jefes supremos, Alvarado y Aguilar. La desmoralización estaba

---

[2] Joe de Courcy es el expugilista, al que Reed menciona en el capítulo XXI, que estaba en México como reportero de *The New York Times*. (N. de la T.)

haciendo grandes estragos por vía de la traición y el miedo; las deserciones eran continuas y casi no había nada que comer.

Alvarado, que se había ido a Estados Unidos a conseguir armas, regresó en abril. A finales de mayo, los rebeldes lo mataron mientras acampaba en Tabasco.

De la Huerta se fue a Hollywood, en donde por muchos años dio clases de canto a las estrellas del cine.

Nadie de los que estuvieron vinculados con el asesinato de Felipe Carrillo Puerto y sus compañeros fueron jamás capaces de borrar su infamia.

[Alma: cuenta sobre las procesiones que se hacen todos los años a las tumbas.][3]

---

[3] Ésta es otra nota de Ethel Turner, amiga y primera correctora del texto de Reed.

Bibliografía

Obras de Alma M. Reed

José Clemente Orozco, Nueva York, Delphic Studios, 1932.
Orozco, México, Fondo de Cultura Económica, 1955. (Versión original en inglés: New York, Oxford University Press, 1956)
Los cronistas de México (Trad. Jesús Amaya Topete), Puebla, Grupo Literario Bohemia Poblana, 1957.
The National University of Mexico: The Story of University City (La Universidad Nacional de México: la historia de Ciudad Universitaria), México, Editores Asociados, 1957.
A Man and His Liberal Heritage (Un hombre y su herencia liberal), México, M. Casas, 1958.
The Mexican Muralists (Los muralistas mexicanos), Nueva York, Crown Publishers, 1960.
Uxmal and the Cities of the Yucatan's Low Hills Region (Uxmal y las ciudades de la región Puuc de Yucatán), México, edición de la autora, 1960.
El cenote sagrado de Chichén Itzá cede de nuevo antiguo tesoro, México, P. Bush, 1961. (Publicación Club de Exploraciones y Deportes Acuáticos de México; 8.)
The Ancient Past of Mexico. El remoto pasado de México (Trad. al español), México, Editorial Diana, 1972.

Traducciones hechas por Alma M. Reed

Fiego, G. Consoli, *Cumae and the Phlegraean Fields* (*Cumae y los campos flégreos*), Nápoles, Mary E. Raiola, 1927.
Sikelianos, Ángelos, *The Delphic Word: The Dedication* (*La palabra délfica: la dedicatoria*), Nueva York, H. Vinal, 1928.

Monografía sobre Alma M. Reed

Finer, Neal, *Alma Reed: A Unique Bicultural Bridge Between North American and Mexican Cultures in the Twentieth Century* (*Alma Reed: un extraordinario puente cultural entre las culturas estadounidense y mexicana del siglo XX*), Tempe, Arizona State University Press, 1979.

Obras citadas en el estudio preliminar

Anreus, Alejandro, *Orozco in Gringoland: The Years in New York* (*Orozco en Gringolandia: los años en Nueva York*), Albuquerque, University of New Mexico Press, 2001.
Benton, Thomas Hart, *An American in Art: A Professional and Technical Autobiography* (*Un estadounidense en el arte: una autobiografía profesional y técnica*), Lawrence, University Press of Kansas, 1969.
Delpar, Helen, *The Enormous Vogue of Things Mexican: Cultural Relations Between the United States and Mexico, 1920-1935* (*La gran moda de México: relaciones culturales entre Estados Unidos y México, 1920-1935*), Tuscaloosa, University of Alabama Press, 1992.
Givner, Joan, *Katherine Anne Porter: A Life* (*Katherine Anne Porter: una vida*), Nueva York, Simon & Schuster, 1982.
Glusker, Susannah J., *Anita Brenner: A Mind of Her Own* (*Anita Brenner: una mente propia*), Austin, University of Texas Press, 1998.
May, Antoinette, *Passionate Pilgrim: The Extraordinary Life of Alma Reed* (*Peregrina apasionada: la extraordinaria*

vida de Alma Reed), Nueva York, Paragon House, 1993.

Orozco, José Clemente, *Cartas a Margarita [1921 / 1949]*. Introducción y notas de Tatiana Herrero Orozco, México, Ediciones Era, 1987.

Orozco, José Clemente, *Autobiografía*, México, Ediciones Era, 1970.

Rivas Mercado, Antonieta, *Obras completas de Antonieta Rivas Mercado*, Luis Mario Schneider (ed.), México, Secretaría de Educación Pública (Lecturas Mexicanas, núm. 93), 1987.

Robinson, Ione, *A Wall to Paint On (Un muro para pintar)*, Nueva York, A. P. Dutton & Co., 1946.

Ross, Ishbel, *Ladies of the Press: The Story of Women in Journalism by an Insider (Damas de la prensa: la historia de las mujeres en el periodismo escrita por una protagonista)*, Nueva York, Harper & Brothers, 1936.

Smith, H. Allen, *The Pig in the Barber Shop (El cerdo en la barbería)*, Boston, Little, Brown, 1958.

Walsh, Thomas F, *Katherine Anne Porter and Mexico: The Illusion of Eden (Katherine Anne Porter y México: la ilusión del edén)*, Austin, University of Texas Press, 1992.

Índice

Prólogo 9

Alma M. Reed "la Peregrina": estudio preliminar 15

Sobre esta edición 85

Peregrina 87

Prefacio de la autora 85

I
    Corresponsalía en Yucatán 95

II
    Rumbo al sur 109

III
    Interludio antillano 123

IV
    Reflexiones caribeñas 141

V
    El camino a Kanasín 157

VI
"Ultima Thule" 183

VII
Uxmal, "la tres veces construida" 197

VIII
"Tierra y Libertad" 221

IX
Motul 251

X
Conflictos y amenidades 279

XI
La ciudad de los sabios itzaes 297

XII
Ritmos del Mayab 321

XIII
El pozo de los sacrificios 331

XIV
La arena política 341

XV
Flor de piedra 363

XVI
Libertades civiles 373

XVII
Justicia social 387

XVIII
    El viaje de regreso 405

XIX
    Cruzada por México en Manhattan 417

XX
    Amor platónico 433

XXI
    Momentos ominosos 447

XXII
    Martirio e infamia 471

XXIII
    Una infamia imborrable 485

Bibliografía 495

Peregrina de Alma M. Reed
se terminó de imprimir en Octubre de 2020
en los talleres de Corporativo Prográfico, S.A de C.V.,
Calle Dos Núm. 257, Bodega 4, Col. Granjas San Antonio,
C.P. 09070, Alcaldía Iztapalapa, Ciudad de México, México.